博物馆藏品保护与展览

包装、运输、存储及环境考量

〔加〕 Nathan Stolow 著

宋 燕 卢燕玲 黄晓宏等 译

科学出版社

北 京

图字：01-2010-0661

内 容 简 介

随着博物馆事业的不断发展，馆藏文物预防性保护越来越受到人们的重视。本书是博物馆藏品包装环境控制领域的理论与技术丛书之一，内容涉及藏品管理与保护的理念、原则以及包装、运输、存储、环境考量方面的技术细节，附有大量照片、图表和实用信息，是保护工作者、展览组织者、技术人员和运输专家们的实践手册。

本书适合于博物馆及文物保护专业人员和从业者参阅。

图书在版编目（CIP）数据

博物馆藏品保护与展览：包装、运输、存储及环境考量/（加）斯托洛（Stolow，N.）著；宋燕等译. —北京：科学出版社，2010. 4

ISBN 978-7-03-027057-3

Ⅰ. 博… Ⅱ. ①斯…②宋… Ⅲ. ①藏品保管（博物馆）②博物馆—陈列工作 Ⅳ. ①G26

中国版本图书馆 CIP 数据核字（2010）第 048230 号

责任编辑：孙 莉 雷 英/责任校对：郑金红

责任印制：赵 博/封面设计：王 浩

科学出版社出版

北京东黄城根北街 16 号

邮政编码：100717

http://www.sciencep.com

涿州市般润文化传播有限公司印刷

科学出版社发行 各地新华书店经销

*

2010 年 4 月第 一 版 开本：787×1092 1/16

2024 年 8 月第三次印刷 印张：19 1/2

字数：437 000

定价：180.00 元

（如有印装质量问题，我社负责调换）

中译本序

1930年在意大利罗马召开的关于艺术品保护的国际研讨会具有里程碑意义，它第一次提出预防性保护的概念，即对博物馆藏品保存环境实施有效监控，这次会议肯定了实验室研究对文物研究的意义，在国际范围内达成了文物科学保护的共识。20世纪50年代后期，联合国教科文组织（UNESCO）与国际历史与艺术作品保护研究所（IIC）、国际文化遗产保护和修复研究中心（ICCROM）、国际博物馆协会（ICOM）、国际古迹遗址理事会（ICOMOS），组织资助一批富有经验的资深保护学家与博物馆学家，编写了一批具适用性的指导丛书，这批丛书具有严格的科学性、严密的理论性和系统性、方便的实践操作性。其中《博物馆环境》（*The Museum Environment*）和《博物馆藏品保护与展览》（*Conservation and Exhibitions*），已基本成为西方博物馆藏品预防性保护的指导手册。

中国历史悠久，文化遗产丰富。据2005年统计，全国文物系统有博物馆1507座，藏品1470余万件。2005年馆藏文物腐蚀调查项目显示，国内50.66%的馆藏文物存在不同程度的腐蚀损害，文物腐蚀损失状况相当严重并呈加重之趋势，究其原因，主要是藏品保存环境未能得到有效的监控。

监控博物馆藏品保存环境是实现藏品安全和长久保存的主要途径。2001年，国家文物局博物馆司与甘肃省文物局启动了“甘肃省博物馆标准化与博物馆信息化建设”纲要的编写工作，并于2003年基本完成了“博物馆藏品保存环境标准”草稿的制定工作。

“鸣鹤在阴，其子和之，我有好爵，吾与尔靡之。”借鉴国外成熟的研究成果，普及与提高我国博物馆藏品预防性保护的知识和水平，可快速推动我国博物馆藏品的预防性保护工作。本着普及博物馆藏品预防性保护知识的共识，国家文物局博物馆司与甘肃省文物局组织了《博物馆环境》与《博物馆藏品保护与展览》的翻译出版，企望成为博物馆工作者的基本读物和日常工作手册。

《博物馆环境》与《博物馆藏品保护与展览》知识面广，涉及学科多，给翻译和校译工作带来很多困难，通过向专家请教，反复校改，尽可能保证译文忠实于原著，为此大家付出了艰辛的劳动。如果中译本对普及和提高我国博物馆藏品预防性保护的知识和水平有所贡献，我们将不胜欣慰。翻译出版的主要参与人员兹列如下。

策划：孟宪民　董彦文　尹建明
　　　马清林　王旭东
组织：白　坚　仇　健　戴子佳
翻译：丛书序、序、目录、第1章：马清林（中国文化遗产研究院）；
　　　第2章、第3章、第4章、第5章、第6章：宋燕（中国文化遗产研究院）；
　　　第7章、第8章、第9章、第10章、附录Ⅰ：卢燕玲（深圳博物馆）；
　　　第11章、第12章、第13章、附录Ⅱ、附录Ⅲ：黄晓宏（甘肃省博物馆）；
　　　第14章、附录Ⅳ、附录Ⅴ：雷英（科学出版社）。
校译：宋　燕　雷　英
审稿：马清林

译　者

2010年4月

从 书 序*

人工制品和建筑物的保护历史悠久，但是保护作为一门学科真正出现，则源自于 20 世纪 50 年代国际博物馆藏品保护研究所（IIC）的创建（“博物馆藏品”后来更改为“历史与艺术作品”）及其于 1952 年出版的杂志《保护研究》（*Studies in Conservation*）。20 世纪 30 年代，哈佛大学佛格艺术博物馆（the Fogg Art Museum）出版了可视为《保护研究》一书前身的《美术领域的技术研究（1932～1942）》［*Technical Studies in the Field of the Fine Arts*（1932～1942）］，这成为引人注目的焦点，保护学领域的科学家随之出现，保护者的角色和修复者开始有了明显区别。

联合国教科文组织（UNESCO）通过其下属的文化遗产部，不仅对保护事业起到了积极的作用，在罗马国际文化遗产保护和修复研究中心（ICCROM）的设立过程中也起到了促进的作用，这些在保护事业的发展史上又是一大进步。这个中心建立的目的在于在国际范围内对解决保护所面临的问题提供建议，协调文物保护具体工作以及为文保培训设定标准。

专业化进步中最明显的证据是 1966 年纽约国际博物馆协会（ICOM）下属两个委员会的改革，其中一个是从事绘画保护的博物馆馆长委员会（创建于 1949 年），而另一个是主要从事科学研究的国际博物馆协会（ICOM）保护委员会（于 20 世纪 50 年代中期成立）。

1964 年，在威尼斯举办的第二届国际建筑师大会上发布了《威尼斯宪章》。在此之后，1965 年成立了国际古迹遗址理事会（ICOMOS），以处理考古学、建筑学和城市规划方面的问题，将古迹和遗址列入保护计划并监督相关的立法问题。

自 20 世纪 60 年代早期以来，由 IIC（国际博物馆藏品保护研究所）、ICOM（国际博物馆协会）、ICOMOS（国际古迹遗址理事会）和 ICCROM（国际文化遗产保护和修复研究中心）召开的国际会议（以及这些会议出版的论文集），不仅促进了该学科

---

* 此序为《博物馆藏品保护与展览》所属的 *Butterworth-Heinemann Series in Conservation and Museology* 的总序，由于考虑到其所提供信息的学术史价值，故将其译出收入本书——译者。

原丛书的已出版作品有：*Care and Conservation of Geological Material*（Howie）；*Care and Conservation of Natural History Collections*（Carter，Walker）；*Care and Conservation of Palaeontological Material*（Collins）；*Chemical Principles of Textile Conservation*（Tímár-Balázsy，Eastop）；*Conservation and Restoration of Ceramics*（Buys，Oakley）；*Conservation of Brick*（Warren）；*Conservation of Building and Decorative Stone*，Volumes 1 and 2（Ashurst，Dimes）；*Conservation of Earth Structures*（Warren）；*Conservation of Historic Buildings*（Feilden）；*Conservation of Historic Timber Structures：An Ecological Approach*（Larson，Marstein）；*Historic Floors：their Care and Conservation*，paperback edition（Fawcett）；*A History of Architectural Conservation*，paperback edition（Jokilehto）；*Lacquer：Technology and Conservation*（Webb）；*The Museum Environment*，2nd Edition（Thomson）；*Radiography of Cultural Material*（Lang，Middleton）；*The Textile Conservator's Manual*，2nd Edition（Landi）；*Upholstery Conservation*（Gill，Eastop）。

在不同专业技术领域的进展，而且还强调了保护人员之间的合作以及该学科的多学科性。

本丛书标题中保护一词，是指对可移动和不可移动珍贵人工制品的保护和处理的所有学科。但是在保护学科定义中，保护的意义则和修复有显著区别。这个特殊领域中的保护有两个方面含义：第一，控制环境，将藏品和标本的损害减到最少；第二，抑制损害并使其处于稳定状态，以防止发生进一步损害。修复是第二个步骤的延续，不容置疑，当保护处理显得不足时，修复则使藏品达到能够陈列的状态。

在保护领域中，基于审美、历史视角、技术等因素之上的不同价值取向间的争论通常是不可避免的。一个仍在发展中的学科，难免会出现竞争的态势和方法，这些分歧的核心通常是因为技术知识的缺乏。这就是编写此丛书主要目的之一。在大多数问题中，道德原则所引起的争论最多，没有任何通用的原则能概括说明建筑物、家具、油画以及被水浸过的木制品等所有方面的问题。

一个严格的并已经被大家普遍认可的原则是：所有的处理过程都应被完全记录下来。这里还存在一个一致的看法，即应当避免更改原有的结构和装饰。此外，还有其他三个原则，除非有特别重要的异议，它们通常都应该被遵守：

首先是过程的可逆性原则，是指在处理后，即使经过了较长的时间，如果需要，修复过的人工制品能被恢复到处理之前的状态。这个原则在某些情况下并不适用，例如，在一些情况下人工制品本身的存在就要依赖于一个不可逆的过程。第二个原则是整个学科的固有本质，即尽可能地保护而不是替换人工制品的损害部分。第三个原则是制作器物原始制作材料（如铜锈层）的老化产物通常不应该被掩盖或去除。这里包括一个从属的限制性条款，即后期修复的添加物不能保留在人工伪装的天然铜锈之下（即不能用天然的铜锈掩盖后期修复的痕迹）。

此系列丛书的作者们提出了对这些问题的观点，同时涉及他们所接触的各种类型的材料。他们在探讨人工制品的重要艺术价值以及历史学或考古学的重要性方面，充分考虑了它们之间的差别。

本丛书各卷册是统一的体系，并对理论材料和实践材料进行对比。在必要的地方，还有不同方法和步骤的客观对比。在丛书中，对美术（和装饰艺术）、考古和建筑等不同的考虑问题的角度都予以了权衡，这些分支的研究方向却有着共同的立足点，使我们不能偏废，这些在对宝石和玻璃的处理中以及博物馆环境的控制中都有体现。第一册出版后，已决定将相关的专著和技术研究囊括进本丛书中。为体现本丛书范围的扩大，丛书已经更名为《保护和博物馆学巴特沃斯系列》。

尽管本丛书在结构和论述细节上必然存在着差异（为了适应该学科的特殊需求），但是每一册都有相同标准，并与伦敦大学考古研究所、维多利亚和艾伯特博物馆、纽约大学保护中心、约克高级建筑研究所和国际文化遗产保护和修复研究中心（ICCROM）等单位的培训教程一致。

虽然作者都是从每个领域中公认的专家中挑选出来的，但是正如本丛书各专业卷册所示，知识和技术具有广泛性。所以在许多方面，特别需要跨学科著书的作者。

随着国际博物馆藏品保护研究所（IIC）、国际博物馆协会（ICOM）、国际古迹遗址理事会（ICOMOS）和国际文化遗产保护和修复研究中心（ICCROM）的成立，保护的原则和实践如同保护中所面临的问题一样已经变得国际化了。华盛顿佛里尔（Freer）美术馆保管部主任 W. T. 蔡斯（W. T. Chase）和 ICCROM（国际文化遗产保护和修复研究中心）前任主管伯纳德·M. 费尔登（Bernard M. Feilden），这两位顾问编辑之间的合作，将有助于确保本丛书中所讨论的实践问题能在世界范围内适用。

致谢

本书中图表的制作和彩版的印制得到了罗马国际文化遗产保护和修复研究中心（ICCROM）的大力支持。

序

此书于1966年即着手准备，那时我的第一本关于展览与保护的书刚在巴特沃斯（Butterworths）出版[29]。它主要关注于展出艺术品包装箱环境控制技术的发展，是技术方面而非人力方面的一本书。当时我在渥太华从事文物保护行政工作，故得以继续这方面的研究。实验室和研究设备起初设在加拿大国家美术馆，后来在我任主任时迁至刚成立的加拿大文物保护中心。这时第二本更全面、更实用的书已具雏形，1976～1977年，我开始大量收集注解、研究、实践和案例。我全力以赴，包括主动的国际求助，而世界各国同仁慷慨热情的回应常常让我备受感动。

在早期与编辑讨论时，他们建议我将主题扩大，但仍保留技术细节——首先应附有大量照片、图表和实践信息，使这本书成为保护工作者、展览组织者、技术人员和运输专家们的实践手册。巴特沃斯系列保护丛书的原则和读者也要求此书的内容必须针对这些不断增加的专业读者。删掉一些内容后，现在这本书已成为一本很方便的手册，并且我认为反映了目前展览保护方面的理论和实践现状。

毋庸置疑，越来越多的展览机构和权威部门将“高科技”用于包装、包装箱设计和运输的要求中。展览保护这一新门类正是其发展的一部分。让我们期待在新一轮日益增多的艺术品活动中，随着收藏的民主化和国际交流的频繁，我们能看到更优秀的保护实践，减少文化遗产的磨损和损毁。

致谢

该书的出版要归功于该专业同仁和相关领域的专家。首先我要感谢加拿大国家美术馆有先见之明并给予我支持的前任主任Alan Jarvis和Charles Comfort，后者于1976～1980年又接任了加拿大国家博物馆托管代理部部长职务。特别感谢慷慨提供照片、提供描述说明和重要技术信息的人，它们使这本书具备了国际意义。

图2.7由澳大利亚悉尼的David Horton-James提供；图3.1D由开罗的Zaki Iskander提供；图3.4由斯德哥尔摩的Bo Wennberg提供；图3.14由东京的Nobuto Ito和Kenzo Toishi提供；图4.2、图4.3、图5.6、图7.14、图9.14、图11.6、图12.1和图12.2由之前在都柏林圣三一学院图书馆、后任纽约大都会艺术博物馆技术人员的Peter Brown提供；图4.4和图4.5由渥太华的加拿大公共档案馆提供；图4.6、图4.7和图7.10由墨西哥城的Alejando Rojas提供；图4.8（最下面部分）、图4.9A、B和图11.4A、B由堪培拉澳大利亚国家美术馆的James Mollison及其行政人员提供；图5.2、图6.8B和图6.9由渥太华加拿大国家美术馆提供；图5.5A由纽约大都会艺术博物馆织物部和服装中心提供；图6.7由蒙特利尔加拿大工业有限公司提供；图6.11和图6.12A、B由巴黎卢浮宫的Madeleine Hours提供；图10.13和图10.14由瓦莱塔马耳他国家博物馆的Francis Mallia提供；图6.13A、B由布鲁塞尔上届特别贡献奖得主Rene Sneyers提供；图6.14和图

6.15 由墨尔本澳大利亚维多利亚国立艺术馆的 P. McCaughey、John Hook、Tom Dixon 和 Carol Henry 提供；图6.16～图6.19 由纽约现代艺术博物馆的 Jean Volkmer、Antoinette King、Eloise Ricciardelli、Mali Olatonji、Leonardo LeGrande 及行政人员提供；图6.20 采自 J. B. Gordon 和伦敦保护所的研究；图6.22 由旧金山 Ollendorf 公司的 D. S. Watanabe 提供；图6.23 由梵蒂冈博物馆的 Walter Persegati 提供；图6.28和图6.29 由荷兰莱顿的 Peter Hermesdorf、Ulestraten、Schietecoven 和 M. L. Wurfbein 提供；图6.31 和图6.32 由布鲁塞尔上届特别贡献奖得主 Rene Sneyers 和 M. J. Grünewaldt 提供；图7.8 由蒙特利尔艺术博物馆的 Myra Rosenfeld 和德国柏林的 KTS Climasafe, Schenker GMBH 提供；图7.9 由德克萨斯休斯顿艺术网的 Karen F. Leback 和 Christine L. Sitwell 提供；图7.11 由洛杉矶艺术馆的 Victoria B. Hill 提供；图7.12 和图7.13 由多伦多的加拿大帕尔马尔·罗斯曼斯有限公司的 Alan Hanlon 提供；图7.15 由德克萨斯州达拉斯市的 N. Stolow, Ross Perot 和 M. Stauffer 提供；图7.17 由德国德累斯顿的 Staatliche Kunst-Sammlungen 提供；图7.19、图7.20 和图10.1 由英国的 Peter Canonn-Brookes、Abingdon、Oxon 提供；图8.7 由哥本哈根国家博物馆的 Knud Holm 提供；图8.9 由 Myra Rosenfeld 和蒙特利尔艺术博物馆提供；图8.20 和图8.21 由南非斯泰伦博什大学的 O. E. H. Schröder 和 F. M. Hamm 提供；图9.4由渥太华加拿大国家美术馆的 N. Stolow 提供；图9.5 由日本的 K. Toishi 提供；图9.6 和图9.7由华盛顿特区的福尔杰·莎士比亚图书馆的 N. Stolow 和 F. Mowery 提供；图9.8由阿姆斯特丹国立博物馆的 Arthur Van Schendel 提供；图9.10 和图9.11 由纽约大都会博物馆的 Arthur Rosenblatt 提供；图9.12 由华盛顿特区的 Robert Organ 提供；图9.13 由加拿大温尼伯湖温尼伯美术馆的 Carl Noonan 提供；图9.16A、B 由纽约布鲁克林的 Susan P. Sack 提供；图9.17 由德国的德累斯顿州立艺术收藏机构的 Karl-Heinz Weber 提供；图10.2B由英国约克郡和亨伯赛德郡美术馆服务机构提供；图10.3 由 Fonda G. Thomsen、国家公园服务机构、开放图书馆和 W. Virginia 提供；图10.4 由加拿大阿尔伯达卡尔加里德文郡基金会的 B. L. Mackenzie 提供；图10.5～图10.7由渥太华加拿大国家美术馆的 G. Potoczny 提供；图10.8 和图10.9 由里士满弗吉尼亚艺术博物馆提供；图10.11 和图10.12 由华沙国家博物馆的 B. Marconi 提供；图10.17 和图10.18 由开罗国家博物馆和伦敦的 Wingate & Johnston（南）有限公司的 Ian A. Pearson 提供；图10.20 由罗马餐馆机构中心的 G. Urbani 和英国利物浦沃克美术馆的 Timothy Stevens 提供。

同样诚挚地感谢 Robert Feller 和 Robert Organ，他们在手稿准备的开始阶段阅读了材料并提出了有益的批评意见。文字输入工作最初由 Rita Bisenti-Bowie 在渥太华进行，更多的输入工作最近由 Carol Grazier 在弗吉尼亚的威廉斯堡完成。我尤其要称赞 John Lavender 在渥太华和多伦多准备的严谨的绘画和平面图，其中很多被复制。在不同阶段还得到了 Jean Pascal 提供的有益建议和精神支持。

N. S.

目　　录

1 绪 论

博物馆、展览馆、档案馆和类似文化机构面临的最大挑战，是平衡藏品保护与为公共教育和娱乐而进行的藏品展示之间的矛盾。一是物质实体保存，要保持藏品实体的良好状况，二是包括内部和外出展览中展品的搬运、处理和运输等。

20世纪二三十年代，很少有博物馆广泛举办各种展览活动，现在我们常见的大型展览在当时是不存在的。而在以后几年，博物馆逐渐由静态展出永久收藏品的收藏机构转变为动态教育和文化普及的中心，收藏管理退居次要地位。借展与巡展的增加[1,2]表明博物馆展览活动有了更大的活力，这个趋势没有减弱的迹象，而它会导致展品迅速劣化[3,4]。无疑，过度处理、不恰当包装、运输中的摇摆和震动以及剧烈的环境变化对艺术品和器物的精致结构会造成相应的损伤，即使起初并不很明显，稍后也会由于疲劳而出现裂隙、断裂、剥落或其他形式的损伤。

在毕加索（Picasso）的作品《格尔尼卡》（La Guernica）[5]从“暂居地”纽约现代艺术馆运回它在西班牙马德里的“老家”普拉多博物馆前夕，相关人员做出了此后停止巡展该画的决定，这是“阻止艺术品损坏”的经典案例。频繁地出借导致这一巨幅帆布油画的颜料结构出现了严重损坏。最终，保护人员提出的建议引起了人们的注意，作品的展出旅程被缩短。

国际博物馆协会[6,7]虽未提出正式警告，但已经开始关注展览中缺乏降低实体风险的有效方法这一事实。一些馆长和保护人员担心，如果这种趋势持续下去，会对相当一部分文化遗产造成无法挽回的损毁，我们的后代便只能阅读或通过其他媒介获取相应信息，而无法欣赏文化遗产的瑰丽多姿。博物馆专业人员中除馆长和保护人员之外的其他人往往认为上述担心虽然称不上“杞人忧天”，但至少是太过悲观了。他们始终认为：艺术品既然能历经战争、劫掠，以及长期储藏于黑暗、潮湿的城堡和宫殿的考验，也一定能够在流动展览时遭遇的“轻微”损伤中安然无恙。

部分极具责任感且富有远见的馆长和保护人员则站在了更为客观的立场。因为熟知藏品的实体状况以及环境对其结构的影响，他们认为，展览、运输和地点转换对藏品的确有害，甚或会导致永久性损坏。然而，如果恰当评估藏品的物理结构，就可以制定出包装、运输和展览管理的一体化方案，将可能造成的损坏降至最低。一些博物馆研究机构虽已着手研究该问题，但进展缓慢。

必须认识到这样一个事实：有些藏品单独放置，即使不会受到展览活动的影响，甚至是最适宜的环境下，仍会劣化。木材、纸张、皮革和颜料等材料会受到空气中氧气和湿气的影响。尽管变化的速率极低，但几乎所有材料都会发生氧化或化学变化。这种劣化与展览中引起的损害不同，只是一种潜在现象。

藏品在展出和搬运过程中，不仅处于压力、摇摆与震动的危险之中，而且大多数情况下，还暴露在湿度和温度的变化以及光线的照射之下。一些典型的影响如下：

- 以纸张、羊皮纸等光敏性物品为材质的作品，还有用精致染料或颜料完成的作品会由于长期曝光，特别是在强光下，容易变脆和褪色。
- 易受湿度影响的木质器物、版画、彩色木雕或木质家具，会因陈列室内空气湿度的剧烈变化而出现严重翘曲、开裂或断裂的情况。
- 某些玻璃制品保存于湿度不断变化的环境中时，会变得模糊。
- 铜合金器物暴露于高湿度、含氯化物的空气中时，会产生严重的、不可逆的腐蚀现象。

因此，研究和评估藏品所承受的各种压力和损伤是必要的，而且有助于保护人员和馆长采取相应的控制或保护措施，以最大限度地减缓衰退过程。

博物馆内由各种材料组成的大量藏品存在不同程度的老化，但是我们无法找到通用的保存标准和控制解决方案。某一类具体器物可能需要一套适用的湿度、温度或光照水平等环境条件，以利于保存，而这种条件可能并不适用于其他材质的器物。考虑藏品曾经所处的环境状况也很重要。因此，一件木质品在干燥环境下可以保存很多年，而一旦转移至热带潮湿地区的博物馆，或在多种不同环境下展览就会发生压力变化。

我们不可能让时光倒流，使博物馆减少或取消展览并重返至以收藏为主的时代。在那个时代，藏品在库房里很少见到阳光，多年处于静止状态。现在，很多保护人员都致力于建设性的工作，以解决保存和展览的冲突，并积极参与展览规划的制定。

本书的目的不仅是研究展览、收藏、处理和运输中的保护工作，而且从馆长、展览协调者、设计者、建筑者、登记员以及运输和包装专家的不同角度对他们所关注的问题进行了阐释。总的目标是形成完整的体系，确立相应的技术和标准，使藏品在展览和向公众展示过程中遭受的破坏降到最小。

国际博物馆协会早期即进行努力让这些项目引起人们关注，并促进保护和展览标准的调查和研究，特别为国际性借展和流动展览提供操作标准[8,9]。针对文化遗产交换与搬运过程中通常会遇到的风险因素，联合国教科文组织已经开始致力于制定相关的国际章程。在某些国家，个别博物馆协会已促进了保护、技术和运输方面的研究，目的是改进展览和展品流动过程中藏品管理的标准。然而，尽管有初始的热情，但多数努力还只是短期行为而已。

人们常常兴致勃勃，要求改进展品的保护管理与处理方式——特别是在事故发生之后。在做出国家间重要藏品出借和交流的决定时，政治因素总是更重于文物保护和博物馆馆长所关注的内容。还有一种，是带有浓厚商业色彩，一些是名震一时的展览[10]。例如蒙娜丽莎（Mona Lisa）的展览，米开朗基罗（Michelangelo）的圣母怜子像（Pietà）展，爱尔兰珍宝展和凯尔斯（Kells）书籍展，图坦哈蒙（Tutankhamon）展，北欧海盗（The Vikings）展，德累斯顿（Dresden）精华展，中国考古成果展（包括秦始皇兵马俑）等。与上述展览不同，还有相当一部分展览并不引人注目，但将它们集中在一起的确提高了公众对某些历史和文化区域的认知。

面对那些“无法控制”的展览活动，保护人员已不能只保持中立并满足于事后的处理工作。他们走出工作室，更多地参与到展览和运输计划的制订、技术和环境问题的解决中，严格检查处理、包装和运输模式，以确定它们对器物结构产生的短期和长期影响，重点放在单个器物的状况上。刚进入本行业的保护人员[11]要提升自身素质，尽快成为技能更全面的人，用更多科学方法开展工作，并关注预防性保护。保护人员的职责和活动包括：

- 评估器物和藏品状况，确定其对环境因素的反应及展览和运输的安全程度。
- 建立适合藏品在库房、展览区域以及其他场所保存的环境控制标准和指导方针。
- 制定开放和封闭空间环境水平的监测系统与方法。
- 对出借和巡回展览中的保护方法和技术提出建议，例如在出借协议中注明特殊包装和运输技术等内容。
- 对特展陈列室的建设计划和规范提出建议；与其他专家，例如展览设计者、登记员、建筑师等进行交流与协商。

很多登记员、设计者和展览协调者对保护的需求很敏感。他们以一种负责的态度参加研讨会，努力提升展览标准以改进管理和处理程序。

虽然本书主要讨论保护和展览技术状况，它也是馆长、登记员、行政人员、博物馆技师和运输专家的实践指南和参考资料。书中提出了展览中艺术品和藏品的管理、处理、包装、运输、安全存储以及展出方面的原则。

在藏品管理标准的发展和实践中，对保护原则的理解很重要。首要是让展品始终处于最安全的环境之中，无论是在储藏室和陈列室，还是在运输过程中。这些过程曾经被分别对待，每个过程都有不同的保护管理标准。因此，在某些展览活动中，虽然运输阶段的保护很有效，但展品抵达目的地后的保护工作却往往跟不上。

对于某些博物馆管理者来说，预防遗失和盗窃等安全问题才是头等大事。因此，当运送展品的飞机降落到机场跑道上时，那里的警察早已如临大敌，但殊不知，由于野蛮装运，箱内的珍贵文物可能已经在箱内遭受撞击，在机场转运的时候它们又会面临在雨淋日晒中长时间滞留而无人问津的尴尬。

关于本书的结构，我需要说明的是：各个独立的章节，尽管内在互相关联，但可以与相应的参考文献形成独立资料。更多详细的特殊素材以及表格材料都作为附录出现在本书后半部分。书中的插图、照片和表格由世界各地的同行提供，部分来自作者的记录，它们与章节正文整合在一起。插图与图注都具有很强的说明性，并与具体操作紧密相关。

第 2 章主要涉及基本的保护原则及储藏、展览和环境条件对藏品的影响。第 3 章论及检测程序和现状报告，这不仅是保护人员、馆长和登记员特别关注的方面，而且对管理者也有一定的参考价值。第 4 章中详细描述了不同种类艺术品、器物的准备和处理过程。第 5 章论述藏品储存。第 6 章和第 7 章全面论述传统和新型包装技术。第 8 章、第 9 章讨论包装箱和展柜内的环境控制，该学科近年来引起人们的广泛兴趣，“移动中的微环境”这一新概念开始受到关注。第 10 章，总体回顾了运输模式和策略，讨论了一些特定问题，用历史案例和实际信息阐明了相关内容。第 11 章讨论流动艺术、流动博物馆和大型展览等主题。第 12 章则讨论借贷协议。由故意破坏艺术的行为、火灾和其他形式风险产生的问题，以及针对安全和保护系统提出的建议，并在第 13 章中加以论述。第 14 章概括了标准和保护指南。附录部分是专题讨论。

综合论述不同要素，必须把一般情况和特殊情况融合在一起，亦需涵盖博物馆和美术馆的各方面经验。本书总结了基本原则，得出了适用于大部分类型的艺术品和器物以及多类展览项目的结论。

2 保护原则

2.1 藏品保护和管理

通过认真管理，采用基本保护原则可以减少藏品的磨损、破损和意外毁坏。经过培训的员工、足够的空间和相关设备对于在装运和接收区域内执行多种操作程序是必要的，临时和永久性库房以及制订展览计划和筹备展览也是必要的。

遗憾的是，由于缺乏规划、预算不足、建筑空间限制或其他原因，技术室与陈列室或管理办公室相比，通常都显得狭小。而处理和搬运艺术品、贵重物品的员工通常都缺乏适当的训练或只是临时聘用的员工。搬运时装货箱跌落、使用升降设备时因大意造成雕塑品破损、黑乎乎的手弄脏装饰艺术品表面、搬运卡车中临时堆积物意外撞击，所有这些意外都可能出现并确实发生过。

当饮食场所被用作交货地点时，情况会恶化；在这种地方，博物馆藏品及其包装材料存在着被昆虫和害虫侵袭的危险。空箱子和丢弃的展板以及其他随身工具的乱扔乱放更增加了风险。

筹备展览时，预展空间和陈列室内因过失操作造成的意外事故也有可能发生。我们已经知道，在保护和清理过程中也会发生损坏，特别是一些操作人员通常不是博物馆的合同聘用员工。由于这方面的问题并没有引起高级职员和馆长的足够重视，在这些地方，包括在摄影部门的确发生过意外。例如：油画从画架上落下，灯泡突然撞在一件珍贵的雕塑作品上等。在保管部门也发生过令人扼腕的类似事件。

最直接参与藏品管理的人是登记员，他参与建档、登记以及藏品放置或出借[12,13]。在登记员指导下进行的相关技术操作包括打包、拆包、建档、选择放置地点、存放和搬运。这些工作大部分都需要严格的保护管理标准。当这些研究机构组织广泛的流动展览和借展时，登记员及其同事要经常与保管部门保持联系，适当改进安全处理程序并解决包装、存储或库房保存环境的特殊问题。

正如在第1章已讨论过的，在展览和登记工作规模较大时，指定、选派一名保护人员作为展览管理人员[14]非常必要，也利于与登记员一起确保藏品的良好管理。

管理人员及其助理可能偶尔需要移动艺术品和器物。其他直接接触藏品的人员是摄影师、展览设计人员、灯光师；间接接触藏品的人员有机械工程师和清洁工。最后还有安保人员，他们对阻止公众危及展品的行为负有直接责任。

在正常工作时间之外，安保人员也可对建筑内可能出现的损坏进行监测，并调查和报告存在的其他危险，如一件器物从支架上跌落，或者一件超重艺术品的支撑力不足等。

2.2 保护和老化

受环境影响，艺术品和藏品在保存或展览时，甚至在进行保护处理时会进一步老化。这些由纤维素、纺织纤维、颜料、金属、动物组织或有机胶结材料组成的艺术品易因氧气、湿度、大气污染物或光线的作用发生化学或物理变化。

仅仅温度的影响可能都是相当大的，物理和化学变化的强度会随温度的升高而增加。温度上升 10℃，化学反应速率会加倍。一个显而易见的解决方法是让藏品在低温无氧的环境中保存和展览，这种做法对于博物馆学家和博物馆人员来说是不可思议的。建议采取的另一种方法是把器物保存在黑暗中，如黑箱子内，以消除光线的老化影响，这一建议同样被拒绝。有些材料（如干性油涂层）在没有光线照射时会变暗，其他有机材料在同样环境条件下也会发生颜色改变。易脆的和对环境敏感的器物可以保存在精心制作的箱子中，将箱子放置在可控制的环境下，以便将光线影响和氧化作用降到最低，但这样一来，要接触器物就比较困难了。美国《独立宣言》的保存就是使用固定封闭装置[15,16]的一个例子，这种保存方法非常有效地防止了损坏、故意破坏行为和其他风险。

老化过程的研究是保护工作中最重要的部分，因为只有正确理解这些过程，才能实施现实的保护措施。由青铜、黄铜或其他含铜合金制成的器物受大气中二氧化碳和水汽作用生成了典型的绿色铜锈。然而，如果大气中含有氯化物，就像在潮湿环境下一样，青铜器上会生成另一种腐蚀物，它会不断侵蚀器物，这种情况称作“青铜病”[17]。稳定或阻止这种状况的方法是使用一种封闭的、充满无氯化物干燥空气的箱子。

出土陶瓷制品的多孔结构中含有大量从土壤中长期吸收的可溶盐。如果暴露在特别干燥的空气中，这些盐会快速聚集到表面，导致表面迸裂或釉面脱落而损毁图案。如果适应了特殊地理或气候条件的木版画被搬运至更干燥或更潮湿的地方，其颜料可能会卷曲甚至成片破裂。这是木质网孔结构吸收和释放湿气循环过程中发生扩张或收缩导致的。

完全阻止老化是不可能的。因此，对保护人员来说，设计保护设备、保护层或可控制的封闭环境以减轻环境压力，将破坏作用减至最低，的确是一种挑战。展览次数的增多，特别是流动展览，使保护和展览之间很难协调。

2.3 湿度和温度

很多博物馆藏品、人工制品和艺术品都是由湿度敏感材料构成的，它们的尺寸随空气中湿度和温度的变化而变化。例如纤维质材料的纸张、有机质材料的皮革、皮毛、羽毛和骨头等尤其如此。在湿度和温度两个因素中，湿度对于结构变化起更主要的作用。湿度，尤其是相对湿度，影响湿度敏感性材料尺寸的变化，随之影响其强度。木质器物，例如一件大型彩绘木雕，或一件木质家具，当放置在相对湿度稳定的环境及常温下时，将在一段时间（几个月或几年）之后与环境达到一定程度的平衡。

器物会产生裂缝、发生变形，然而，在环境调节期间，这些缺陷或变形将趋于稳定。这时如果将器物移至或暴露于一个相对湿度不同的环境中，如包装箱内，木材会发生一个吸收或释放湿气的新的动态过程。这种变化的结果是木材中含有的湿气会扩张或收缩木质网孔，进而再次发生起翘、破裂或其他状况。对于彩绘雕刻或家具而言，暴露于相对湿度不断变换的环境中导致的最终结果是表面颜料剥落，或某些木质结构的破坏。相对湿度的控制是保持木器结构稳定的首要因素。

尽管为了保持外形结构稳定而控制相对湿度是必要的，但应该注意还有一些外界环境的限制。相对湿度越高，霉菌滋生和器物强度降低的速度就越快，而相对湿度太低时，器物又会因干燥而脆化。相对湿度的突然变化是最有害的，会增加破裂、剥落和结构性劳损。目前这种情形在博物馆库房和陈列室中普遍存在。

铁器、铜器、银器及其合金器物需要保存在可控的、最好是干燥环境中，才能将其表面的腐蚀或氧化作用降到最低。周围环境中温度的突然变化，例如降温，会使器物表面凝结水而产生铁锈。铜及其合金制品会与大气中的二氧化碳发生反应生成腐蚀层（如铜的碱式碳酸盐）；但是存在于有氯化物的大气（湿润气候）中时，则可能会发生上文提及的青铜病害。如果不及时处理，这种情况在低相对湿度的环境条件下（存储在干燥箱中）可能稳定存在。

考古发掘出土的含有少量活泼金属的黄金可能变色，而且在高相对湿度条件下，器物含金量低的部分可能会发生腐蚀[18]。纯金和白金在任何相对湿度条件下都是稳定的。玻璃也会受到气候变化的影响，当相对湿度达到极端水平时，某些古老的不透明或透明玻璃会发生“起皱”现象[19,20]。

纵观所有不同材质的藏品，不受湿度影响的材料非常少。某些情况下，器物的尺寸、形状将发生改变，而在其他情况下可能会产生腐蚀。

木材

许多研究成果揭示了相对湿度对木材造成的影响[21~23]，而针对博物馆藏品的研究[24~26]则历时不久。当暴露于较高相对湿度环境中时，木器体积会增大，而当暴露于相对湿度较低的环境中时，则会产生相反的结果。后一种变化发生的速率更慢一些，被称作“滞后作用”[27]，这在很多有机物（例如木材、羊毛、丝绸、羽毛和角等）材料中表现得很典型。在特殊环境下，木材发生膨胀和收缩的程度有赖于诸多因素，例如木材种类、木材先前所处的环境条件、砍伐方式及其在树上的位置[28]。

例如，一种固定的木质结构，如版画，由非吸湿性颜料和干性油组成的颜料层对相对湿度的变化反应不灵敏（石膏底层含有的动物胶或水溶性黏合剂可能在一定程度上使其对湿度的反应复杂化）。但是，画面下侧和边缘的木材则并非如此，吸收或释放湿气的结果使暴露部分在尺度方面产生更大变化，导致凸出或凹陷，发生变形。这种现象在彩绘木器、涂漆家具、漆器及其他器物上很常见。陈旧的绘画层很脆弱，不能适应类似变化而发生龟裂，最终会导致开裂和颜料脱落，如图 2.1 所示。

相对湿度与木材或其他吸湿材料吸收的湿气量之间有直接关系，称为平衡含水率（EMC），它是在特定相对湿度和温度下材料的特性值。平衡含水率是在饱和条件下的湿气含量，即恒定温度下所占物体干重的百分比，理解这个词中“平衡”的含义很重要。物体内部建立湿平衡很长时间后，才能确定平衡湿度值。例如，当一件大型木器在一种相对湿度环境中暴露不充分时，湿气可能来不及在其内部均匀地再分布，平衡含水率将随着样品的位置和深度而变化。任何时候，大型器物内的恒定平衡含水率可能要经过很长一段时间才能测得。

当含水率最终平衡后（经过几周或更长时间），湿度将达到一定值，如果周围环境中相对湿度和温度也恒定，平衡含水率也会保持恒定。如果相对湿度改变，器物将释放或吸收湿气直至达到新的平衡含水率。不同材质的器物，其平衡含水率也不同，特别是纤维质或蛋白质复合材料。在一定温度下平衡含水率和相对湿度之间的相对关系称为等温线。图2.2中绘制的是对保护研究很重要的不同种类材料的等温线[23,29]，例如：参照不同等温线，可以看到在20℃和50%相对湿度情况下，聚氨酯塑料或聚氨酯泡沫塑料的平衡含水率是1%，亚麻布是3%，木材是10%。

平衡含水率的测量：首先取一小部分材料样品，称重，然后在烤箱（大约200℃）中加热直到除去全部水分，同时还要连续称重，之后根据干重百分比计算失去的水分含量。很明显，我们不可能在珍贵艺术品或器物上取样，但是可以通过仪器[30]来估测平衡含水率。探针可用于木材和石膏，但需要仔细设定标准和校准方法。

温度变化对平衡含水率的影响值得注意。图2.3显示的是先前提及的湿度敏感材料在相对湿度保持恒定的情况下，平衡含水率和温度之间的关系。因此，为了保持器物平衡含水率的稳定，例如以此保持其尺寸大小的稳定，则相对湿度和温度必须保持恒定。

当一个物体已经被调节到相对湿度和温度恒定的固定平衡含水率时，它会随着温度升高或降低而变化，最终结果在某种程度上更难预料。当然，经过一段时间后，平衡含水率和相对湿度会达到新温度条件下的平衡。关于密封箱（展示箱或包装箱）内器物状况的理论性处理方法将在第8章和第9章中讨论。

总的来说，将一个平衡含水率已知的器物密封在箱中，当箱内空气量很少时，我们会发现，膨胀作用的结果是箱内相对湿度会随着温度的升高而升高，而温度降低后，相对湿度下降，这个现象可能令人惊讶，但是在理论上可以解释。

当器物处于更大的空间中时，相对湿度将与温度的变化方向相反。在开放的陈列室或画廊，由于艺术品暴露于大量空气中，这种情形就更加典型。对湿度敏感的器物在固定的相对湿度条件下，随着温度的上升将失去更多水分（导致出现较低的平衡含水率），而且还会伴随出现扭曲性收缩或其他变化。器物在尺寸和整体形状发生显著变化之前，通常都有一个可估计的和延长的温度变化（5℃左右）。

保护人员采用了大量方法使绘画或清漆工艺品保持稳定。如在暴露的木材表面覆盖水汽屏蔽层，或部分甚至全部除去木材而代之以对湿度反应迟钝或湿气不能渗透的材料[31,32]。又如在颜料出现裂缝的地方涂抹或注入一种水溶性附着物，重新保护底层和颜料层。

实际上，开裂（龟裂缝）状态可能会比较稳定，而且一直保持其原貌而无须更多关注。

应该严格监测开裂的长度和缝隙以防止其增大或剥落。只要存在这种潜在可能性，就需要严格控制环境。如果器物从一个相对湿度可控的环境运抵一个相对湿度完全不同的环境，会发生严重损伤，这样的器物就不应该搬运。震动和摇摆也可能造成破坏。由

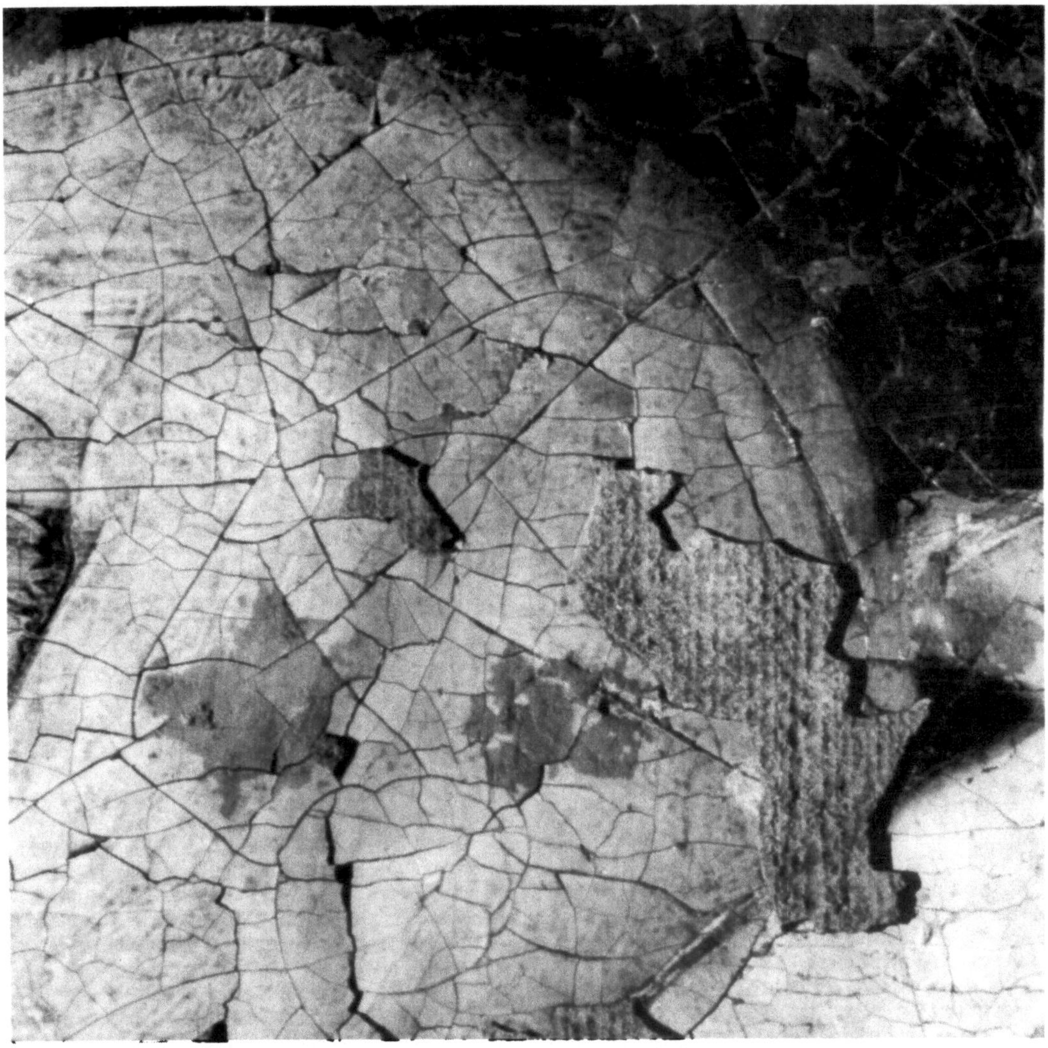

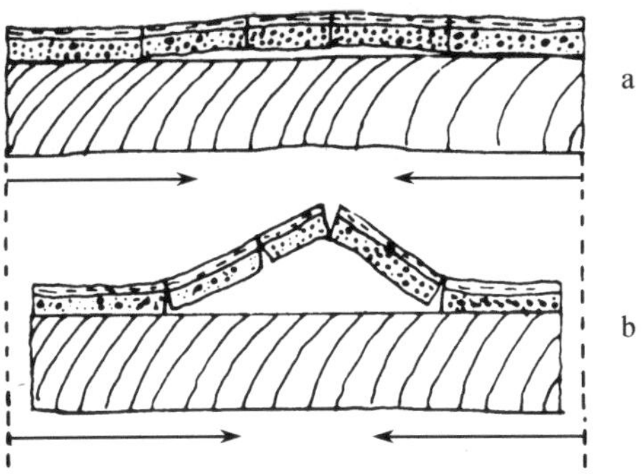

图2.1　（左）荷兰17世纪木版画，图中为颜料起翘区域（箭头）。示意图显示了木板收缩的情况（a至b）。
（上）17世纪帆布画，图中为龟裂、颜料起翘、剥落的区域。

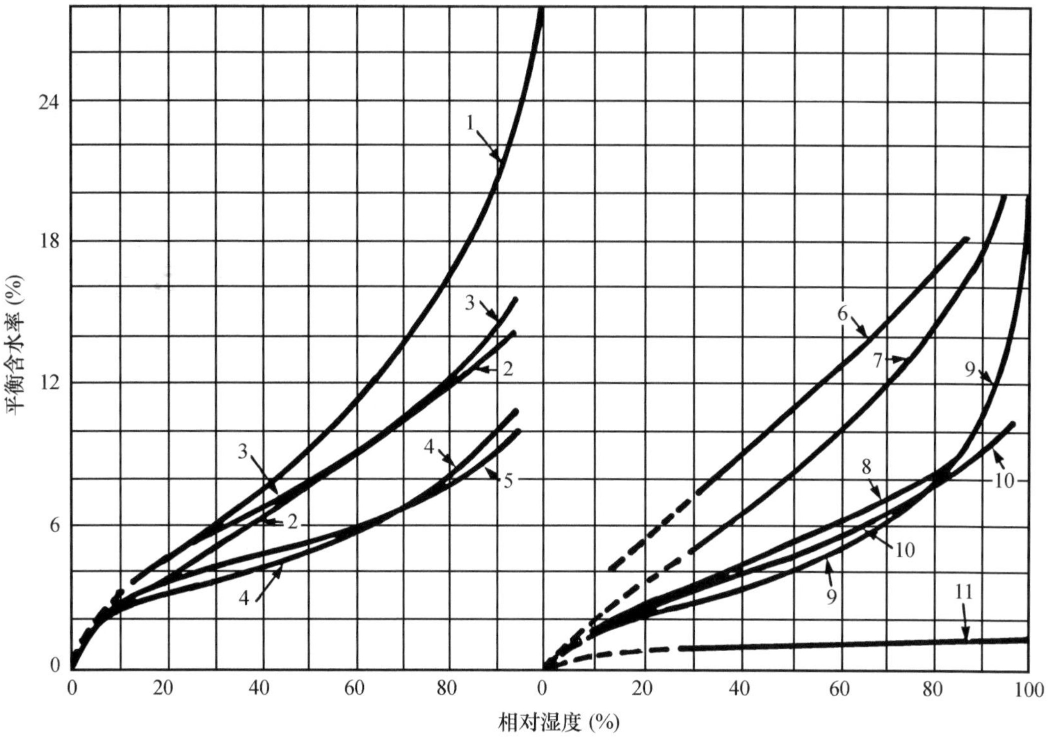

图 2.2　20℃下不同材料平衡含水率和相对湿度之间的关系。

1. 木材；2. 纤维板（白杨纤维）；3. 牛皮纸；4. 新闻纸；5. 带防水沥青层的多层牛皮纸；6. 杉木胶合板；7. homosote 纤维板（美国）；8. 硬纸纤维板；9. 棉布；10. 亚麻布；11. 膨胀的刚性泡沫聚苯乙烯和类似泡沫材料，如聚乙烯。

于这个原因，通常不允许搬运版画和彩绘雕塑，除非在严格控制的环境条件和无压力的情况下。

素面木器同样对湿度敏感，但是保护方面的问题相对较少，除非它们像家具一样是由复合材料制成的。接缝和其他固定部件比较棘手。如果器物没有固定，相对湿度变化只会导致扭曲或尺寸变化，而不一定造成永久性损坏。

据说随着木材的老化，其吸湿性会降低，但它仍会保持对相对湿度的总体敏感性[33]。在考古发掘品或古代木器中这是一个需考虑的重要因素。吸水性的例子如图 2.4 所示。埃及早期的随葬盒在运抵美国和加拿大这两个环境更加湿润的国家后，发生了进一步扭曲变形。但是，在其经历了许多次旅行返回开罗后，又恢复了原来的形状[34]。

由于过去的环境、收藏和处理方法的不同，人种学遗物、面具、雕刻作品和类似木器的物理状况也会各不相同。有些吸湿材料，它们中的某些结构相对稳定，例如黏土，而其他易脆的木材和精致结构则会对湿度变化产生反应。存入库房或展出之前对这些藏品进行处理很有必要，通常需要使用可控制小环境湿度的箱子。原始树皮绘画尤其

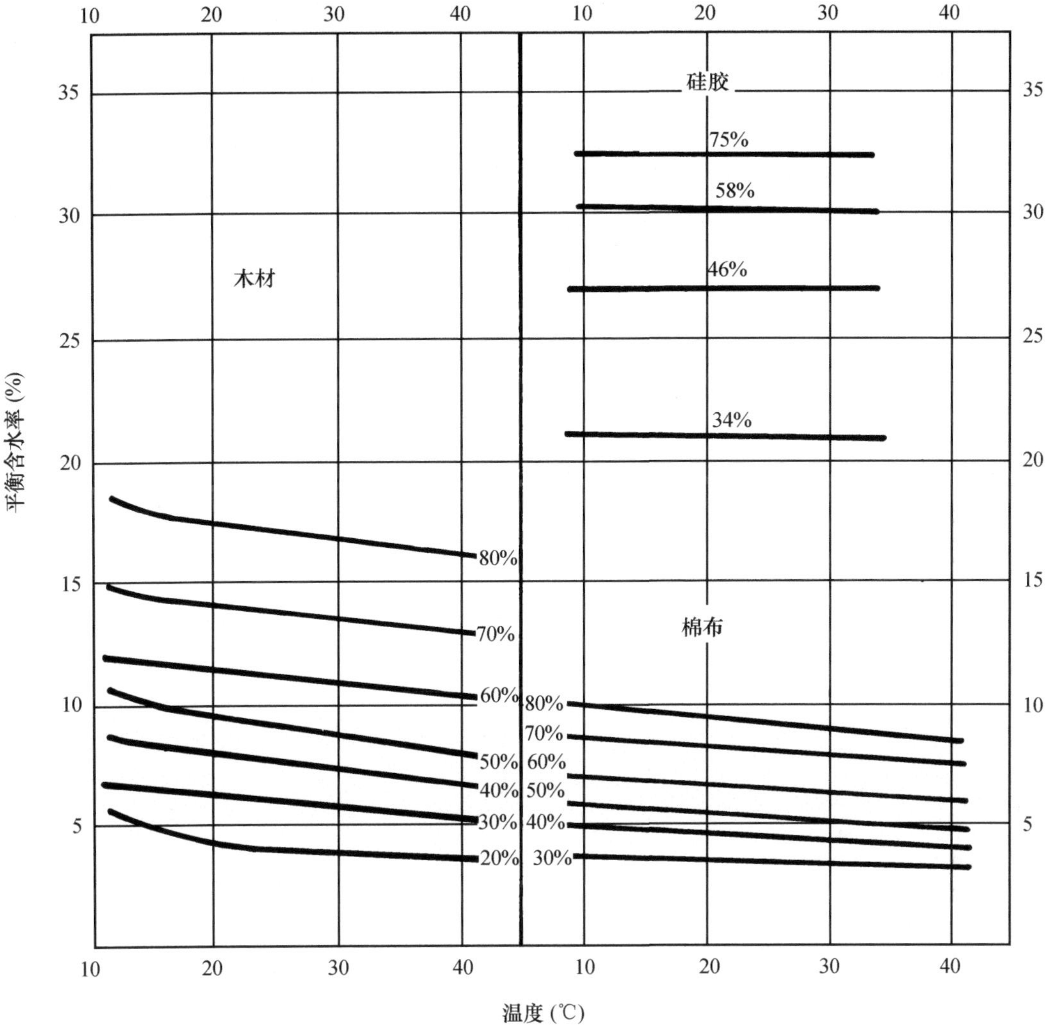

图 2.3 在相对湿度固定的环境下，木材、棉布和典型硅胶的平衡含水率与温度之间的关系。

易受相对湿度变化的影响。这给器物支撑部分的加固保护带来了更大压力。

来源于考古湿地和潮湿环境的浸水木器需要特别处理，以阻止损毁和水分丧失过程中的永久性扭曲和变形。我们已经写了很多关于这方面的内容，重点应采用介入性技术以加固其脆弱结构，或多或少保持其膨胀的原始的形状[35~37]。

帆布

亚麻布、棉布、黄麻或丝绸绘画也受相对湿度变化的影响，但是与木材相比所受的影响较小。这些材料质地轻薄，因而对湿度变化的反应通常更快，除非纤维素被涂上蜡或被覆盖[38]。它们的尺寸变化显著，大型绘画更是如此。其松弛或拉紧的变化程度取

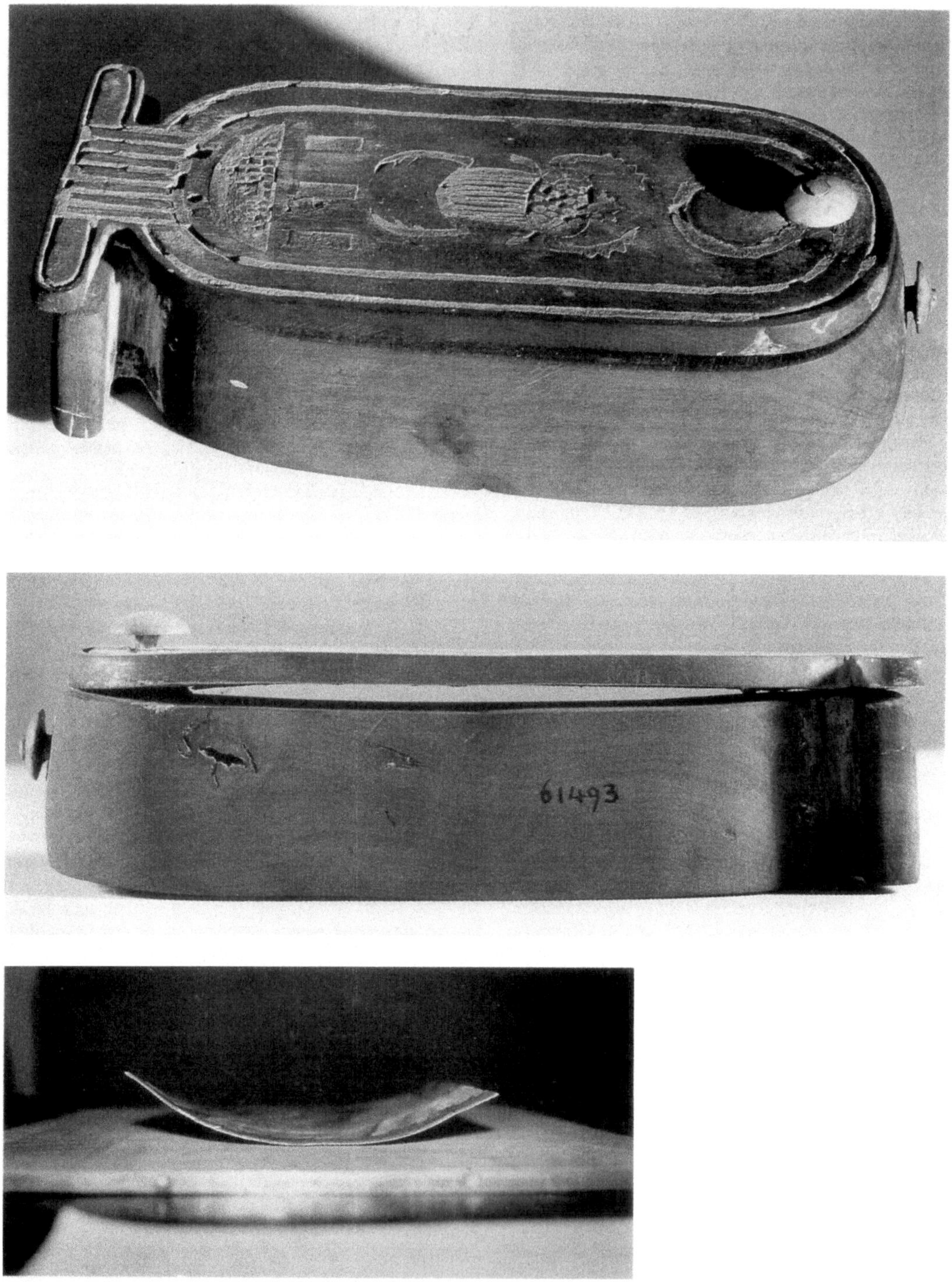

图 2. 4　（上）图坦哈蒙（Tutankhamon）随葬的小型带盖雪松盒全图；（中）相对湿度变化导致盖子翘曲变形的侧面；（下）木衬底上的埃及蜡画平视图，蜡画凹陷变形严重。

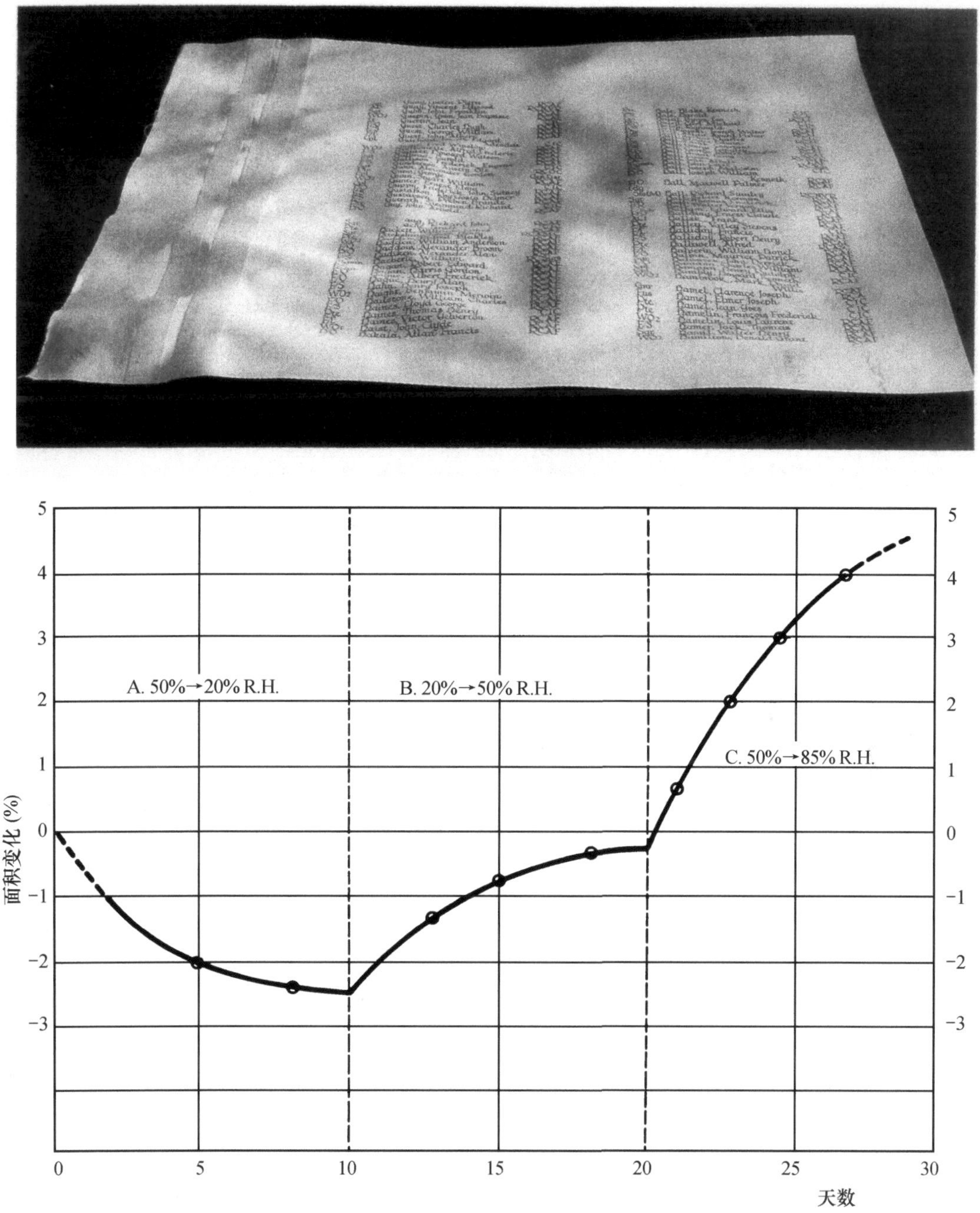

图2.5 不同相对湿度条件下羊皮纸尺寸（面积）的变化。

决于织物、织造方法以及是否存在对湿气敏感的胶水或黏合材料（如底层或隔离层）。

与版画一样，相对湿度阶段性变化会造成帆布的反复变化，导致颜料层出现裂纹和剥落。过去广泛使用的上蜡、加衬处理具有双重目的，不仅使其渗入帆布表面以保护松散的颜料，而且将整体降低帆布对湿度的敏感程度。

必须指出的是，尽管上了蜡的帆布画对相对湿度的短期变化反应较慢，但是在长期的季节变化中仍会变得松弛或紧绷。由尼龙制成的人工合成织物或其他聚酯材料由于平衡含水率很低，它们对相对湿度的变化反应较慢。玻璃纤维织品不易受湿气影响。但是，艺术家们还是更倾向于使用传统的织物或纤维板而不用这些人工合成的纤维材料。

纸张和相关材料

纸质艺术作品——印刷品、绘画、水彩画、树胶水彩画、墙纸以及书籍和照片材料都是合成纤维，都对相对湿度的变化产生反应。并且，由于质地轻薄，它们的反应更加强烈。将纸制品装框或装裱等方法，可以延缓相对湿度变化造成的膨胀或收缩。用丙烯酸和聚酯薄膜覆盖或塑封纸制品时，要确保薄膜中的微量化合物不会影响艺术品表面[39,40]。这种相对封闭的静态环境会促进霉菌的生长。

在相对湿度改变时，边缘或整个表面粘贴到裱褙的纸张会产生不可预料的张力。当裱褙材料比作品本身拉伸力更强时，这种做法可能给艺术作品带来危险，导致其出现裂缝或被撕破，因而要尽量避免。铰链支撑常作为附件，但对于重型作品则显然不合适。

粘贴到帆布上的纸质艺术品结构更复杂，如一幅地图或大型文档。由于气候变化可能会使其产生非常强烈的、不可预料的张力，最好是将这种经过黏合处理的大型作品保存在一个相对湿度稳定的环境中，在不展出时平放保存。

由于相同原因，固定于框架中的中国和日本式屏风易受相对湿度变化的影响，因而需要一个湿度水平相当稳定的环境[41,42]。东方使用的长纤维纸张，比西方惯用的纸张具有更强的抗拒气候变化的能力。封闭状态中的书籍和手稿对相对湿度变化的反应比单独纸张和纸张上单个作品的反应要快。

书籍的整体反应取决于上架方式、体积、装订方法、书页大小以及其他相关因素。当书籍在固定位置长时间展览时，暴露的单张书页将很快与环境水平达成平衡，相比之下，书籍其余部分的反应慢得多。由于书籍在固定位置长期展览而很难将其闭合，因此，这种问题在书籍和手稿展览中反复出现。

纺织品

文献资料表明，纺织品和织物上的绘画截然不同[43,44]。纺织品（棉布、亚麻布、羊毛、丝绸）对环境中相对湿度变化的反应直接取决于纤维的湿度敏感性。周围环境相对湿度的不同导致纤维经纬线交叉处出现松弛或收缩现象。

羊毛纺织品尺寸的变化幅度因编织样式而不同。由于纺织品中纤维的扭曲作用，当纤维暴露于相对湿度较高的环境中时可能会出现收缩现象，反之亦然。天然纤维纺织品在光线、氧、某些污染物和大气湿气的共同作用下，更易老化。

人工合成纤维（尼龙和聚酯）只吸收少量湿气。但是，在相对湿度较低的环境下，它们易带静电，使尘土和灰垢吸附于表面。

表 2.1 湿度对不同材料的影响[49]

I. 持续高湿度
相对湿度约在 70% 以上：
– 纸张、羊皮纸、皮革和有机物表面霉菌
– 纤维素、蛋白质和骨器张力的变化和尺寸的扩展，伴随材料软化导致处理危险性增强
– 含铁金属、铜合金腐蚀（可能是青铜病害的蔓延）
– 石头和陶瓷材料内部盐分变化；旧玻璃制品模糊变化
– 周围环境温度降到露点以下造成表面水分凝结导致的破坏
II. 持续低湿度
相对湿度约在 35% 以下：
– 纤维素，蛋白质和骨器干燥与脆化导致收缩及张力变化，造成处理困难
– 木材、木质结构收缩和扭曲变形，导致裂缝或破裂
– 多孔渗水物体内盐分变化
– 附加层和支撑层干化
III. 湿度变化
特别是高低相对湿度值之间的快速变化造成的破坏（例如每小时相对湿度的变化率为 5% 或更大）。季节性的缓慢变化对器物结构造成的危害比突然变化造成的危害小：
– 湿度敏感性材料膨胀和收缩；多次循环之后，导致扭曲、变形、开裂、裂缝及支撑层和部件脱落
– 盐分向陶瓷、石质材料表面或内部移动，伴随结构和装饰的破坏
– 露点温度时形成周期性水凝结和潮湿气氛，伴随水污染；金属生锈、腐蚀

正是这个原因使得这些材料表面的清洁和维护工作变得比较困难。大件纺织品、衣物和服装应小心地用宽大的衣架和其他可移动附加物支撑，并分散纤维制品上的重量和张力。

皮革和兽皮

人种学、人类学和历史类博物馆[45,46]对皮革和兽皮材料制成的物品的保护颇为关心。此类物品包括构成书籍或手稿的羊皮纸、牛皮纸以及大量有关历史和人种学方面的人工制品。皮革和兽皮中含有蛋白质，且容易吸收湿气，相对湿度的变化会很快导致其尺寸发生变化。

皮革的吸水程度取决于使用的制革方法（例如植物或矿物制革法）、材料厚度及有无涂层。在相对湿度较低的情况下，皮革在没有用矿物加工过（铬盐处理过的）时对湿度更敏感。而用矿物加工过的皮革更坚韧、抗化学变化的能力更强。羊皮纸和牛皮纸[47]对湿度变化的反应非常迅速；尺寸变化通常在短期内显现出来，如图 2.5 所示。

复合材料

雕塑、装饰艺术品、历史著作、人种学人工制品（和自然历史标本）中可能含有对湿度敏感和不敏感的复合材料。要确定最适合此类物品的相对湿度水平可能比较困难。例如由木材、皮革和青铜构成的器物，假设青铜已腐蚀，这是该艺术品最重要的特征。人们可能会建议将其放在干燥的环境下展出，尽管这样做对木材或皮革成分来说有一定危险。在湿度敏感区域（木材、皮革）粘贴保护性涂层是切实可行的，另一种方法是提供较高的相对湿度来满足木材和皮革的需求，并在青铜的湿度敏感表面覆盖抗湿涂层。

动物、鸟类和昆虫标本由不同的有机物组成，由无机或有机材料支撑或强化固定。它们的蛋白质（角蛋白）、骨头或纤维成分与博物馆其他种类物品一样，以相似方式对相对湿度和温度的变化产生反应，羽毛、毛皮、皮革和昆虫标本在相对湿度过低的环境中会变脆；而在相对湿度较高的环境下可能产生霉菌，这样在显微镜下便很难观察到昆虫标本的解剖结构[48]。

表2.1中总结了湿度对不同种类藏品的作用（假设周围环境的温度没有太大波动，保持在18～25℃之间）。

2.4　相对湿度和温度水平

显然，防止相对湿度和温度变化对器物造成影响的方法是：控制环境使相关数值达到安全和稳定的要求。但是什么样的数值才是理想值？在决定这个重要保护事项的过程中，必须考虑器物过去的环境条件（如果有校正处理的话）、现在的环境条件、脆性、地理位置、气候、建筑环境、公众舒适度以及该器物是否将运至异地展览。

在很多欧洲博物馆内，推荐的相对湿度范围大致为55%～60%，温度为15～20℃。此湿度和温度水平对于某些国家是可行的，例如英国、荷兰、比利时、法国、德国和斯堪的纳维亚半岛的一部分，因为这些地区冬季温和潮湿，夏季相对温暖湿润。在这些国家的建筑物内通过空气调节系统来保持较高的相对湿度是经济可行的。而南半球和北半球的温带，气候相对极端，冬季寒冷干燥，夏季温暖潮湿。在这些国家，冬天室内相对湿度的实际范围应在35%～45%。要维持较高的相对湿度，例如50%～60%，则需要非常特殊的绝缘设计、建筑物设计和精巧的机械系统。

出于保护目的，提供最适宜的相对湿度水平时，必须考虑器物的过往环境、气候状况及其特定反应。当一个器物暴露在平均相对湿度为40%（以年为基础）的环境中时，将其放入一个相对湿度为55%的任意可控环境内，将对它产生压力。因此，在亚利桑那或澳大利亚内陆这样干燥、温暖的气候中收藏和保存了多年的人类学和人种学器物，如果被置于欧洲标准的60%相对湿度和20℃温度的条件下，它将遭受巨大损伤。

同样，如果将爱尔兰（气候凉爽、潮湿）的牛皮纸手稿展品运到一个较干燥、温暖的地区[50]，它将面临湿度压力和结构损毁的危险。在存在多种气候带的国家中，将器物从一个地方搬运至另一个地方都可能存在问题，诸如前苏联、美国、加拿大、澳大利亚、中国和墨西哥都存在类似情况。

因此，在借展和流动展览中，器物由一个建筑物运至另一个建筑物、由一个气候带运至另一个气候带时，保持稳定的环境条件很重要。通常，做到这一点很难，但对器物的保护却很重要。一种解决方案是选择气候相近的两地进行流动展览，或调整日程使展品抵达时的气候正好适宜[51]。遗憾的是，这种方法常常由于计划和时间限制无法施行。

另一种方法是把器物放置在封闭的小气候环境中，一直保持合适的相对湿度（如果可能的话，也应保持合适的温度）。在展览或借展中不能确保运输中需要的气候条件和借展地的气候条件[50,52,53]时，这一原则已被运用（第8章和第9章将进一步讨论）。值得注意的是，许多运作大量展览计划的博物馆和美术馆，已留出专门的符合气候条件的陈列室以满足出借机构的气候需要。

目前，已经对博物馆和美术馆藏品进行了最佳相对湿度和温度水平的调查。表2.2列出的标准反映了不同研究机构[54]中文物保护人员、记录员和藏品保管人员提交的标准是一致的。虽因各地地理和气候条件（和公众能接受的水平）不同数据有变化，但对于保持特殊藏品需要的相对湿度和温度保持稳定这一点，大家已达成广泛共识。对湿度敏感性材料进行更加详尽的调查和研究很有必要，以便能更加准确地判断环境压力和结构稳定性之间的关系。不过，引用的标准也可能并不适用于特定器物。

表2.2 正常温度条件下各类藏品的建议相对湿度水平

藏品类别	建议相对湿度水平
考古标本（不在遗址）	湿度敏感材料（如木材，皮革，纤维成分），40% ~60%；石头，陶器，金属标本和其他惰性材料，20% ~30%；如果腐蚀成分或盐分活性高，则更低
武器，盔甲，金属	15% ~40%，根据金属和氧化物的构成状况；木质成分需要特别保护；磨光金属，例如铜管和青铜在15%或更低的相对湿度水平条件下，不会失去光泽
树皮，布，编织品，吕宋纸麻，剑麻，面具，羽毛，皮衣	40% ~60%，根据其特定的反应能力
植物性物品，干植物，种子	40% ~60%
陶器，瓦片，石头	20% ~60%，取决于包含的盐分。在户外，易受“冻融循环”损坏
硬币，奖章	15% ~40%，取决于腐蚀物、氧化物和铜绿的构成及其稳定程度
服装，纺织品，地毯，挂毯	30% ~50%，丝绸和羊毛比棉布和亚麻制品对湿气破坏更敏感。着色纺织制品对相对湿度变化最敏感。合成纤维反应较弱，但是在相对湿度较低时显示静电，容易在表面积聚灰尘
家具，镶嵌细工	40% ~60%，基本上取决于木材含量、颗粒、接缝以及表面或隔板的状况；极易受季节性相对湿度变化或循环的影响。有些木材由于树脂含量或结构不同而比其他品种反应弱
玻璃	40% ~60%，起皱的玻璃需要较小范围的可控相对湿度（例如40%）以阻止进一步发展。其他种类的玻璃对相对湿度的要求不苛刻
风干和固定的昆虫（昆虫学藏品）	40% ~60%
象牙，骨雕作品	50 % ~60 %，比解剖学藏品需要的相对湿度条件更苛刻，尺度的变化非常缓慢，除非是薄片形式，如小型象牙雕像
漆器	50% ~60%，日本权威人士建议的相对湿度水平为70%

续表

皮革，兽皮，黏合物

45% ~60%，根据制革方法的不同而变化

羊皮纸，牛皮纸

55% ~60%，由于具有很强的吸湿性而需要严格控制

纸张

45% ~50%，（部分专家建议低一些）

拉伸纸

45% ~55%，纸屏风、东方式屏风、蒙在框上的绘画，需要严格控制相对湿度

照片，底片（电影、音频和视频材料）

30% ~45%，凝胶和下面的基纸一样敏感，塑料底片则反应较迟钝

帆布画

40% ~55%，不衬里的绘画或带吸湿性黏合剂衬里的绘画，比蜡状物衬里或人工合成材料衬里的绘画反应更为强烈

木板画，彩绘雕塑

45% ~60%，取决于厚度、木材颗粒、板面、接缝黏合方法。有些版画需要严格控制相对湿度，从而将扭曲变形的可能性降到最低；大量木雕极易受季节性湿度变化的影响

各种彩绘、涂漆木材

45% ~60%，这类器物有乐器、模型、彩绘或带木质表面的装饰物

塑料材料

30% ~50%，总体来说，塑料材料，例如聚丙烯酸支撑物、雕刻、铸件对湿度有轻微反应，但当做成薄片并且处在变化的环境条件下时会扭曲变形。相对湿度较低时，因静电特性会积聚灰尘

因此，在博物馆中，一幅提香（Titian）版画应保存在相对湿度为 70% 的环境中，而非事先预计的 50% ~60%[55]。对于油画，较高的相对湿度水平更安全，因为木质支撑层在常规相对湿度环境中会扭曲变形。这个领域需要更多的探索研究，例如研究湿度敏感材料对长期和短期持续相对湿度变化的耐受力及其与以往环境条件的关系。

建筑物内，特别是老建筑物内，维持稳定的相对湿度和温度水平耗资巨大。因此，在实际操作中，允许相对湿度在预定的范围内有一定变化则比较经济。始终保持稳定的相对湿度是一种理想状态，但在大多数博物馆和美术馆建筑物内都无法达到。

在温带，夏季闷热潮湿，冬季严寒干燥，建筑物内的相对湿度和温度水平在一年内循环得很慢[56]，如图 2.6 所示。当对湿度和温度敏感的器物暴露在缓慢变化的环境中时，无法确定其长期影响。从能量角度（加热和制冷费用）来看也比较可行，当达到露点时，冬季窗户和天窗表面的凝结现象会减少。

用精确的环境控制系统保持稳定的相对湿度非常困难。实际上，图 2.6 所示的情形在实践中常常出现，因为建筑物内的机械控制系统并不能消除内部和外部环境条件的巨大差异。在某些地方，冬季非常寒冷、干燥（例如加拿大），在室温条件下，将相对湿度提升到 50% 是非常困难的。我们意识到，如果陈列室的温度降至 15℃ 或更低，将使问题有所缓解。将所有开放场地密封、绝缘，在窗户和天窗处装三层玻璃，但必须有自然光，那么机械系统在 20℃ 这样一个更舒适的温度条件下可以更有效地提高相对湿度。

始终监测库房、运输和处理区域、保护和保管部门、陈列室以及器物所在地的相对湿度和温度很重要。常规记录可以评估控制

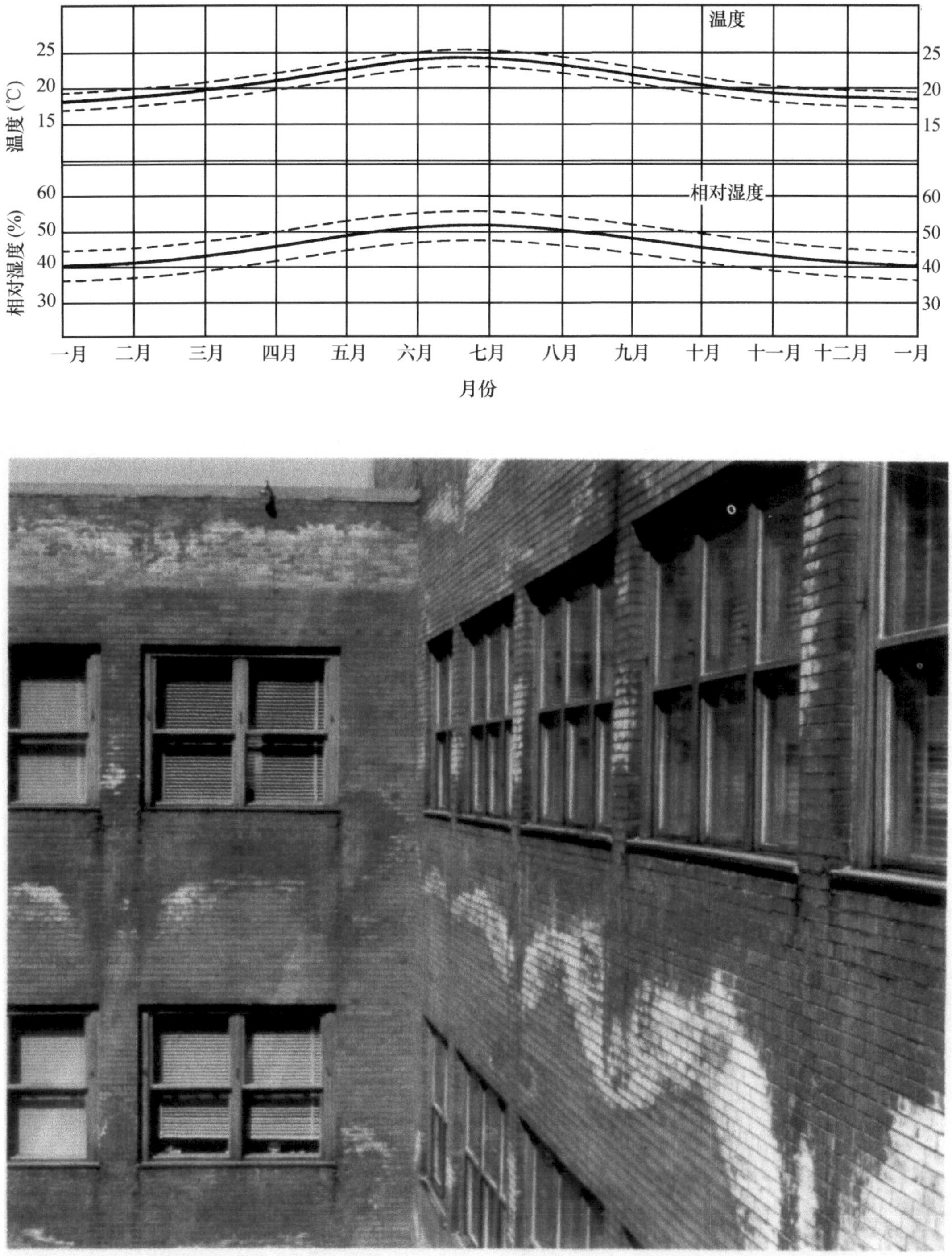

图2.6 （上）为降低建筑物的老化程度而制订的一年中温带地区相对湿度和温度变化范围表；（下）在冬季保持高相对湿度水平的博物馆建筑物外部的墙砖发生风化。

系统在这些区域的运行状况，并调整有问题的区域。在大多数博物馆，我们发现建筑物内控制区域的环境条件会变化。在隔离或封闭区域等没有适当通风的地方，相对湿度和温度往往不稳定。

可以把温湿计或干湿计中记录的每日和每周的相关数据转换成一张图。这种表示方法对于描述特殊位置环境条件的变化趋势或不稳定现象非常有用。这种图表对负责监测、调节空气和湿度控制系统的工程师与技师也很有帮助。

记录与点对点的监测结果往往会有偏差，就像用温湿计代替与远程计算机控制台相连的壁挂式传感装置一样。用这种方法可以更快地获取和分析环境数据，但是，信息的精确度和传感装置一样，需要定期校准。完全放弃相对湿度和温度的手动监测是不太可能的（特别是对于详细的定位研究）。在一段时间内标准的悬挂式干湿计以及阿斯曼干湿球湿度计还会使用。我们有必要知道：无法测量某些位置的环境条件是常见现象，例如一幅画的背后、一个展柜内或靠近陈列室中心摆放的一件展品。

2.5 大气污染物和尘埃

空气中的二氧化硫（以及三氧化硫）、硫化氢、含氯化合物、臭氧和多种氮氧化物等污染物使藏品老化[57,58]，这些污染物是由工业和车辆产生的，偶尔它们也会在某地区天然存在。二氧化碳一直存在于大气中，当然还有生命基础的氧气以及水分，它们参与大多数氧化和腐蚀过程。空气中多种多样的微粒也让人头疼。

含碳微粒，如煤烟颗粒，由化石燃料或木材燃烧生成。在工业区和高度发达的城市中心地带，含碳微粒含量增加，因为在这些地区上述燃料与燃油交替使用。煤烟颗粒对气体污染物有很高的吸附能力，例如吸附二氧化硫，生成一种腐蚀性（酸性）灰尘。

博物馆建筑物中的大气除含有煤烟外，还可能含有其他由空气传播的微粒，如建筑粉尘——混凝土、石材、大理石、塑料、石棉，以及由观众带来的纺织品纤维。艺术品或工艺品表面积聚的尘埃颗粒，如果在自然界中是酸性、含沙或坚硬的，则是有害的。从非常精致的藏品表面除去灰尘是一项重要的保护任务。真空吸尘器配合特别设计的刷子或吸嘴以及集尘板是一种广受欢迎的除尘设备。

一个设计精良的博物馆环境控制系统应包括相对湿度和温度调节以及足够的过滤系统，以去除大部分有害颗粒。要阻止通过门窗进入的有害污染物和公众带进来的污染物很困难。高密度人流也会增加陈列室内二氧化碳（以及氨）的含量，而且会扬起更多来自地面的灰尘[59]。建筑物内和陈列室顶部的空气流通可以驱散微小颗粒，却增加了灰尘含量。这一现象在具有未经处理混凝土墙的建筑物中已得到证实[60]。

如前所述，在海洋性气候中，诸如黄铜或青铜等铜合金遭受的损伤较重，因为其表面与氯化物、二氧化碳、湿气及其他污染物相互作用会发生青铜病害。纺织品、纸张、皮革、羊皮纸等材料在污染环境中，特别是在强光和高相对湿度条件下会迅速老化。较低的相对湿度（低于30%）和较低的温度将会减缓这一过程。

博物馆的大气污染可以通过在空气通风口安装过滤系统得到有效控制。过滤系统应该由高效过滤器和碱性冲洗设备组成，将颗粒物含量降低到一定水平。通用的过滤标准是1或2微米（μm）[（1~2）×10^{-6}米]。门窗尽量密封或关闭，以将进入建筑物的污染空气量减到最小。加压的前厅旋转门可长时间保持室内经过滤和温湿度调节空气的稳定。此外，装箱和接收地点应特别设计，以避免大门频繁开关所造成的建筑物内空气的不平衡现象。

展柜内可能存在重要污染源。我们已经知道某些塑料、黏合剂、油漆和木材产生的酸性或有机气体，特别是硫化物，会产生老化作用[61,62]。设计良好的箱体需要仔细挑选性质稳定、不起反应的材料，不仅要满足设计要求，而且可以保护展品。

展柜内也可以安装空气污染物吸收器，以除去硫化氢、二氧化硫和氮氧化物等污染物。这些具有吸收作用的化学药品或设备应保证对员工无害，且必须定期检测以确保其有效性。化学液体尽管有效，但有溢出的危险，不应该在展柜内使用。

2.6 光线和老化

人们从20世纪50年代起就开始研究光线对博物馆藏品，特别是纺织品、染料和纸质品的老化作用。目前，至少有两部重要著作，从老化原因和可采取的补救措施两方面详细论述了该主题[63,64]。

我们发现，近紫外和紫外线对材料损害最大，可造成材料的褪色、脆化和化学变化。所有的光线都会产生老化作用，但随着波长的增加，化学活性迅速减弱。高强度日光（蓝天、太阳，甚或云反射的光线）的近紫外线较强，对某些材料具有光化学活性。人造光中荧光灯最有害，从水银波谱中的紫外线波峰可以看出，石英-卤素灯的紫外线强度较弱，传统的钨丝（白炽）灯紫外线强度最弱，因此也最安全。当然，除非过滤掉紫外线，否则，日光和荧光照明应该从敏感材料展出区域撤除。在满足展览和游客需求的情况下，光照强度应尽量降低。

照明专家提出了“破坏度”这样的术语。这个因素取决于材料自身的敏感性、光线的波长特点（特别是日光，包括紫外辐射）、照明水平、持续曝光时间。光照度（或强度）和曝光时间是评估光化学破坏力的便利方法。光照度[65]以勒克司（lux）（或尺烛光fc）计量。曝光量可以用勒克司乘以小时或更方便的百万勒克司乘以小时评估，简写为Mlxh。因此当光照度为50lux，总展出时间为1000小时时，则曝光度为0.05Mlxh。

各种过滤装置可以除去或有效地减少日光、荧光或其他照明光源中的紫外线成分。过滤装置的形式有薄膜、硬的或柔韧的薄片、有色管或是内置紫外线吸收器的聚丙烯酸材料。大量产品的商标都是生产者的名字，例如杜邦、罗姆和哈斯等。有时候，薄膜材料可直接用在窗户上以减少日光照射，有些产品能很有效地减少紫外辐射量，文物保护工作者[66]已对不同材料进行了评估，图2.7对其过滤特性进行了总结。

值得注意的是，过滤材料本身在长期曝光之后也会老化，因而应该定期检查以确保其有效性。过滤材料表面积聚的灰尘和污垢可能影响其性能，因而薄膜、薄片、管子或其他控制设备应定期维护。

因为白炽灯能够发出近红外线，所以发光时会产生热量。泛光灯特别是石英-卤素灯，因为被设计成高亮度灯而产生更多的热量。当这些灯太靠近吸湿性物体时，随温度的上升可能导致湿气丧失并造成器物尺寸变化和拉紧现象的产生。

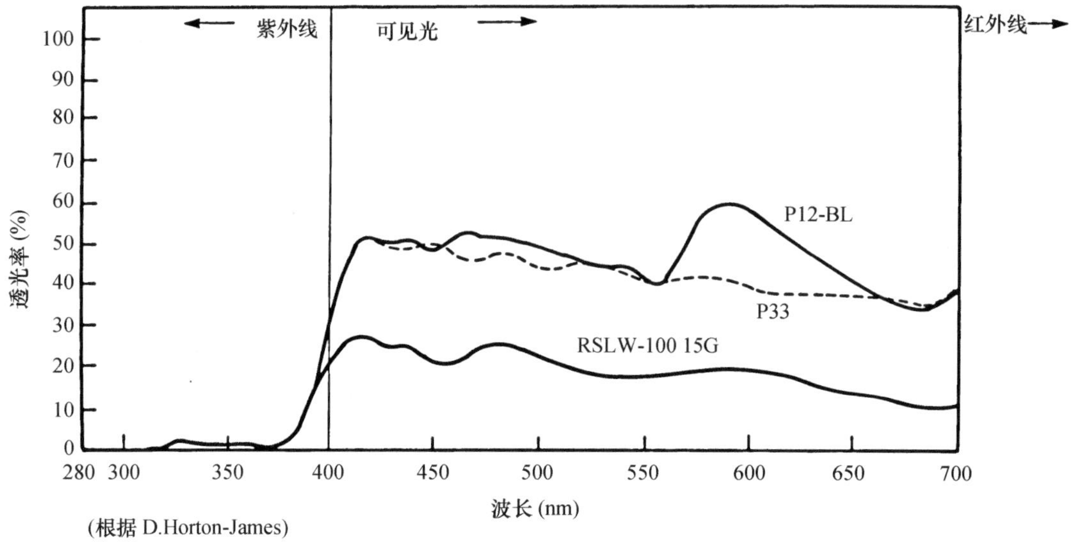

图 2.7 过滤紫外线和减少透光性的典型太阳保护薄膜的光谱数据。
P12-BL：彩色膜（3M）；P33：反光膜（3M）；RSLW-100 15G：反光膜（MADICO）

如果藏品表面有多种颜色，有些颜色可能比其他颜色吸收更多近红外线而导致局部受热引起分裂性损坏。我们已经在油画中注意到了这种现象，照射可能导致局部尺寸的改变且伴随裂缝、开裂和颜料脱落。如果灯太靠近展品，展品会被烤焦并燃烧。因为没有加强员工对展览的监控和保护工作，所以借展期间进行电影、电视摄像时偶尔会发生这种现象。

已有展品被聚光灯点燃的例子。有时，灯甚至被放置在展柜内，使展柜内的热量达到危险水平，随后相对湿度会降低；关灯后，箱内湿度上升。灯的开、关产生的循环变化对展品造成破坏。有人建议应该将聚光灯或其他灯光系统安装在展柜外。灯光系统应是低近红外线输出、低瓦数，例如 50 瓦或更低。超过这个范围，灯室中应安装小型风扇以通风。需要安装荧光灯的，外部应该有保护盖且装备必要的紫外线吸收过滤装置。镇流器（它有时会出故障，可能是火灾隐患）应该放在较远处，但必须和灯管相连，在不接近展柜的情况下发挥其作用。

总的来说，用闪光灯摄影[67]较安全；数千次的闪光才可能产生可测量的老化。通常，闪光设备的爆裂会损坏展品，因此闪光设备应该有保护性装置。

电影、视频、电视和其他以胶卷为载体的作品，通常需要高亮度照明，因此使用泛光灯或石英-卤素灯，如前所述，存在的危险在于其加热作用。出于保护方面的考虑，摄影和所有相关工作都应严格管理，因为在此类工作过程中很可能造成损害。

光照度可以用勒克司测定仪表进行监控，并且通常作为入射光数据（需与陈列室墙壁保持正确角度）。可用工具记录照明系统紫外线的输出量，通常以每平方米能量单位瓦/平方米（W/m^2）的形式表示，这对监测光线的光谱质量和过滤效率非常有用[68]。

连续曝光的可承受水平取决于物体的稳定性。建议范围为：对光敏感的物体控制在50勒克司或更低，最稳定材料为200勒克司或更高。根据光线敏感度将物体分类，如表2.3所示。

应该注意到那些对光线特别敏感的器物，例如玻利尼西亚人的羽毛帽、带装饰画的手稿书页或美洲纺织品。在短期展览中可以采用低于50勒克司的光线。有些博物馆已采用了每三周撤换光线敏感作品的方法，以使其遭受的老化损害降至最小。

表2.3　建议的光照水平级别

50～100lux*	(A) 高敏感：衣料，纺织品，羽毛，染色皮革，旗帜，挂毯，印刷品，绘画，邮票，手稿，彩色印刷品和幻灯片，重彩帆布绘画
100～200lux	(B) 中度敏感：油画和蛋彩画，漆器，木器，家具，角器，骨器，彩绘象牙器，黑白照片
200lux或更高	(C) 不敏感：石头，陶器，玻璃，金属，某些塑料制品（注意红外光源的加热作用）

*50lux（勒克司）在文献中最常作为第一类器物可接受的光照度，但是，日本专家选用100lux作为最小值[69]。博物馆馆长和展览设计者由于色彩重现和感官等原因通常喜欢选用较高数值。

在某些展览中，也使用可移动的遮光材料罩住展柜。有些设计者倾向于安装可操控的开关以减少整体光线照射，但允许在游客观看展品的短时间内使用强光照明。

前面已经提到，光线导致的损坏与勒克司和时间相关，用兆勒克司·小时(Mlxh)解释更方便。对于光敏感器物来说，专家建议每年展出50天、无紫外线光线照射不超过50～100勒克司。因此，在50个展出日内每天10小时处于100勒克司光线照射下的展品，其照射量为50000勒克司·小时（0.05兆勒克司·小时），这是建议的一年最大照射量。中度敏感性器物可以在较长时间的照射中展出，可高达5兆勒克司·小时，这是在更长时间内保持展品最稳定状态的数值，且不会产生可观察到的老化现象。

博物馆或美术馆的地理位置和博物馆的建筑类型，与用来减少太阳辐射作用的控制系统有密切关系。根据地方的气象数据，将地表年均和日均太阳辐照度（瓦/平方米）汇编成册。不同城市[70]年均太阳辐照度的典型数据为：

	兆勒克司·小时
伦敦，斯德哥尔摩，圣彼得堡	100
纽约，那不勒斯，华盛顿特区	160
雅典，北京，悉尼，拉各斯	180
德里，卡拉奇	230
阿斯旺	280

我们发现，在太阳高辐射地区要避免或减少建筑物内日光年照射量，使它达到0.5～5兆勒克司·小时是非常困难的。

2.7　微生物、昆虫和害虫造成的老化

发霉和霉菌污点是由空气中滋生的多种多样的微生物生成的。在通风良好和温湿度较低的环境条件下它们不可能"生长"，器物即使受到影响，也能保持稳定。

微生物通常在相对湿度70%、温度15℃以上的热带地区、不流通或封闭环境中，以及在富含纤维素或蛋白质材料[71]的表面生长最旺盛。在纸张或织物上它们会产生常见的黄褐色斑，但是也可以在许多材料

表面形成各种颜色和形式的生物群体。

出现轻微变色且不影响美观时，可能只需简单地降低相对湿度和温度，并将器物放置在通风良好的地方就足够了，这样可以使展品状况稳定。然而，长期储存在热带环境条件下，污染可能加重，必须在机械清除孢子及其副产物之后进行消毒和杀菌处理。

用麝香草酚蒸气诱捕并杀死印刷品和书画上面微生物的传统方法，现在仍在使用。也可以使用其他熏剂，例如甲醛蒸气和环氧乙烷[72]。人类学藏品、装饰物、工业或农业制品受到霉菌和真菌的持续侵害时，也可采取熏蒸处理。

只要证明对材料无害，可以采用五氯苯酚（用作木材防腐剂、除草剂、灭菌剂等）稀释溶液或合适溶剂的熏剂进行局部处理。接下来，必须进行测试，以确保熏剂和杀菌剂不会在器物或人工制品内留下有害残留物。操作者必须穿上透气的保护服，因为大多数熏蒸和灭菌材料的毒性很大。

某些老化现象完全或部分是由于微生物引起的，如图2.8所示。这是长期保存在密闭、潮湿环境中的结果。在漫长的海上旅行中，特别是穿越热带地区的时候，包装箱内会形成相似的环境条件，导致霉菌在艺术品表面生长。

大量昆虫会侵袭博物馆藏品，特别是木器。木材钻孔虫或家具甲虫可以穿透家具、版画、框架和人类学木质藏品，它们异常活跃并逐渐造成结构上的损坏。这些昆虫能把木材内部钻空，使外部成为一个薄薄的壳，然后把目标转到下一件藏品。它们留下的微粒，叫做蛀屑，是正在侵袭的证据。通常使用甲醛、甲基溴（溴化甲烷）或环氧乙烷蒸气熏蒸灭杀。也可使用氯化碳氢化合物和多种杀虫剂配方的洗涤剂局部处理。钻孔虫病害主要存在于不通风的温暖环境、高湿环境以及树脂含量低的木材中。

其他值得关注的昆虫有蠹虫、蟑螂、白蚁、蛀虫、地毯甲虫、兽皮甲虫和书籍蛀虫。表2.4将侵袭博物馆藏品的普通昆虫进行了分类。

已受侵害的藏品更适宜熏蒸处理，也可直接用杀虫剂驱赶或杀死相关的生物种类[73]。有些是广谱熏剂，例如甲基溴、硫酰氟、甲醛、环氧乙烷和二氧化碳混合物。熏蒸必须在严格控制和安全的情况下实施。

近期关于甲基溴和环氧乙烷的研究表明，某些类型的材料，如皮革、纺织品，在处理后很长时间蒸气仍然残留在上面，可能导致对器物的损坏。将保存或展出的艺术品与大量麝香草酚、萘、对二氯苯、二甲基磷酸盐或其他杀虫剂放置在同一个密闭环境中，可以避免器物遭受进一步侵害。

多种杀菌剂或杀虫剂已直接应用于器物，通常以含有除虫菊杀虫剂、强力杀虫剂以及相关药剂的喷雾形式进行。不能过分强调杀菌剂或驱虫剂使器物褪色或在其他方面影响器物的可能性。很多有毒物质的残留特性决定了相关检测应在暴露期之后继续进行。同时，更深层次的调查和研究将推动熏蒸和驱虫剂技术的发展，这符合保护工作的目的。

昆虫类、自然史和档案方面的藏品极易再次遭受侵害。一旦采取了必要的卫生措施[74]，在持续清洁和环境可控条件下保存和展览藏品显得很重要。流动展览和文化交流越来越频繁，涉及在热带和更多的温带国

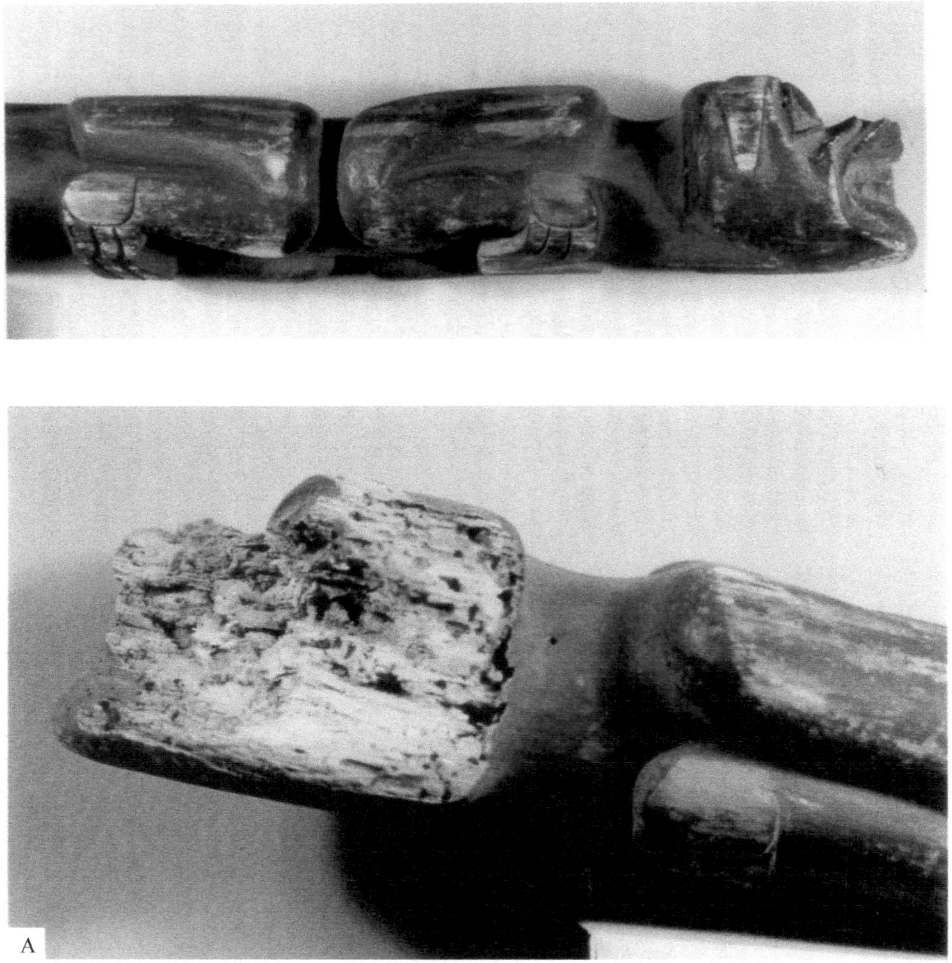

图2.8　A. 印第安人仪式用木杖（加拿大西海岸）展现了吃木甲虫造成的过度破坏；B. 19世纪某木雕长期保存在潮湿仓库的木板箱中被昆虫和真菌破坏的状况。

表 2.4 昆虫导致的藏品恶化

昆虫	危害方式
木材钻孔虫（Anobium）	钻孔进入木质物体，导致结构弱化；有时进入书籍的装订处
皮蠹： 金龟子科昆虫（Anthrenus） 兽皮甲虫（Dermestes vulpinus）	在毛发，羊毛，羽毛，昆虫学藏品，蛋白质材料上滋生，影响皮革，自然史标本，例如鸟类皮毛
蠹虫（Lepismatidae）	损坏纸张，书籍，文档，照片和干燥标本表面和内部
蟑螂（Blatta orientalis）	损坏羊毛，皮革，纸张，书籍
白蚁（Isoptera）	对木器，家具，书籍，纸张和纤维素材料造成不能挽回的损坏
衣柜内衣服蛀虫（Tinea pellionella）	主要破坏羊毛织物，及头发，毛皮，羽毛，鸟类皮毛
书虱（Liposcellis）	造成纸张，皮革，水彩，明胶材料，例如摄影胶卷和图版表面的损坏

家之间搬运器物，因此能够控制昆虫和菌类恶化的保存措施，已成为全球关注的焦点，并不仅限于气候炎热、潮湿地区的博物馆和美术馆。在充分了解展览目的地的特殊环境条件之前，受到感染的家具或人类学头骨标本，可能会影响当地藏品。

老鼠或其他啮齿类动物等有害动物也会威胁藏品。在新、旧建筑物中都存在这些动物，它们可能咬坏、吃掉或弄脏含脂类、种子或草制的人工制品。昆虫类藏品也易受到啮齿动物的影响。补救措施有：设置陷阱、投放毒药和施行良好的内务管理政策，例如保持工作区域的清洁以及搬动和保存地点的整洁。

2.8 疏忽和人为因素

在本章开头的参考文献中总结了因不当处理和员工缺乏训练，特别是在博物馆的技术和服务区造成的各种损坏。此处列举了很多因操作不当导致损坏的例子。典型情况总结如下：

在运输、车间和库房区域：

对藏品的粗心处理导致污损、凹陷、擦痕、磨损；

不适当堆放，导致器物在从存储架、行李架、箱柜等取出过程中损坏；

用手而不用小轮手推车搬运特大或笨重器物，或从器物不牢固部位提起，造成器物跌落而损毁；

靠近蒸汽管、散热器、窗户或直接在空气灰尘通道存放器物；

将藏品靠在寒冷、潮湿的外墙或摆放在地板上；

用粗糙（污损）的布、刷子或吸尘器清除（处理）或掸掉艺术品上的灰尘；

在没有保护措施的情况下，将器物装进包装箱；

装订包装箱时使箱内器物震动和过分摇晃；

器物长时间存放在潮湿、干燥、热或冷的地方；

在包装箱外面钉标签，有传递震动或穿孔的危险；

在永久或临时陈列室内：

正在进行展览准备工作、木工操作、电工操作和绘画工作时，悬挂或放置艺术品；

艺术品没有牢固、安全的悬挂设备或支撑物，没有牢固的固定装置；

用不够坚固或安全的底座承托重心高的

笨重器物；

将对湿度敏感的器物悬挂在冷（或热）的外墙上，或紧靠暖气输送管、散热器、空调送风口；

照明设备太靠近展品；

镇流器、热灯、电缆、电视或电影设备造成的损害；

在展品上、基座上或展柜内进行的危险清洁和除尘操作；

无论大型还是小型研究机构都存在程序不完善、高风险操作的情形。每个博物馆都应该定期重新研究操作程序，摒弃不适当的处理方法和危险操作方式，并实施针对所有员工的培训计划。

3 检查程序和报告

3.1 引言

检查艺术品和博物馆器物物理状况的目的是确定其结构的稳定性。如果藏品处于令人满意的状态，就可用于展出、借展或巡回展览[75]。启程之前，在不同展览地点都必须进行检查，并与原始报告比较以确定产生的变化。

器物状况描述可以采取口头陈述、书面报告、带图片的文档，或综合运用这些方法。常见的情况是：两个观察者可能对同一件器物有着不同的描述方式；即便是两个专业文物保护人员，如果他们在不同的学校接受培训，他们对同一件器物的物理特性或现状的观察结果也会不同。我们关于腐蚀过程的知识较欠缺，对器物物理状况各项指标的描述方式并不总是一致，这种现象并不是设备的问题（很多设备都是可以得到的），而是因为人们对材料和结构如何变化缺乏认识，特别是那些处在经常展出的博物馆环境和频繁展览活动中的器物。

如果现状描述存在困难，那么判定一件器物何时处于良好的环境条件就更加困难。这样讲的前提是我们认为材料状况的好坏总能以某种方法比较出来；换言之，对于各种材质的藏品，我们应该可以建立起一套评估其状况的标准。某件器物在某种环境条件下可能被认为状况良好，但在其他时间和地点又被认为是处于令人不满意的（或危险的）环境条件。巴克（Buck）[76]细致地讨论了人们在描述器物保存状况时存在的种种问题。他提出了三个参照项，即损坏、不安全和毁形。

“损坏”是显而易见的，是指由人为或环境作用（例如相对湿度和温度的变化、光线作用、大气污染物或这些因素的综合作用）造成的物质成分或结构的化学或物理的永久性变化和丧失。这样的损坏可以辨别，即使是修复或修补过的地方，专家通过运用适当技术也可以检测出来。而且还可以区分出旧的和新的损坏。

“不安全”是指结构上的薄弱或脆弱，在器物遭受压力或张力时可能导致损坏。至于稍后的损坏，有些线索或迹象先前已经有所显露，例如破裂、扭曲变形、起泡、腐蚀点、轻微褪色或光泽变化。当木器（如：版画、结构复杂的民族藏品、家具等）处在相对湿度和温度不稳定或剧烈变化的环境条件下，木器结构的变化在某种程度上完全可以预见，将会发生膨胀、收缩或几何形状的变化。总的来说，湿度敏感的材料：木材、纸张、棉布、亚麻、羊皮纸、皮革等，在这样的环境下存在结构上的危险，因此，最好将它们保存在湿度（和温度）变化不大的环境中。这个问题已在第2章中详细讨论过。

“脆性表征”[77,78]这个术语已被用来指器物结构方面隐秘或细微缺陷的初始显现，通过在一定环境条件下暴露一段时间后可以观察和检测到。器物物理现状的完整描述应包括对其脆性或不安全性的记录。一件器物经粗略检查后可能被认为状况良好，但是由于其内在所固有的脆性，在出借时可能要面临严重受损的危险。

由馆长和文物保护人员列出的限制出借清单，通常包括被认为是不安全或易碎的器物（例如版画、彩饰构造体、结构复杂的家具、粉彩画）。然而，这样的清单需要不断更新，而且鉴于保护实践和研究的进步、借出和借入机构技术的完善，以及运输中采取的保护措施等因素，相关清单的汇编标准也需要重新审核。

保险公司有时会用“固有缺陷”这个术语。它指的是物体内部隐秘或细微的结构性缺陷，在处理和移动时将不可避免地导致损伤。这个术语不能和空气中存在的氧气、二氧化碳和湿气作用导致的自然腐蚀概念混淆。

“毁形”这个术语的主观色彩更浓，与器物（设计）的变化相关，它符合艺术家或工匠们的称谓习惯，这种变化通常是在表面，可能是由环境条件或人为因素导致的。铜腐蚀后产生的绿锈是毁形的一种；绘画修补中润饰颜色的变化也是一种。后者的变化可能由于修补人员选择了不耐久的流行颜料造成。毁形评估取决于观察者自身，因而经常是主观的。

用损坏和结构性缺陷等术语记录器物现状相当直接，但是对脆性或不安全及毁形的描述则有更多的解释。由此可以理解现状报告的撰写很大程度上依赖于个人及其对各种调查标准的认识。在巡回展览中，因为器物会从一种环境运输到另一种环境或从一个展览中心运送到另一个展览中心，因而记录其现状和变化情况就很重要。在巡回展览中，抵达第二个或第三个展览地点之前由几个人一起汇编现状报告没有意义。展览全程由同一名观察者做出的报告将更加一致、可靠。

在这样的展览中，要考虑的另外一个因素是可能引起延迟反应的特殊状况，在这种情况下不能将责任归咎于巡展的借展方。最戏剧性和明显的损伤可能发生在意外事件中，例如车辆碰撞、包装箱掉落、洪灾或叉车搬运事故。

现状报告应尽可能简单、直接。在大多数展览中，撰写报告的人通常是登记员，但是，有时文物保护人员能提供更详细或技术性更强的报告。在更加复杂的展览中，特别是在国际文化交流中，可能由包括随展人员和交流双方的文物保护工作人员共同观察，撰写联合报告。

由于术语的不统一和之前对保存状况或环境危害评估的不准确性，使形成一致的状况报告困难重重。有时候，需达成一个申明器物状况良好的共同协议。这些协议，不论是合作的或与外交有关的，从文物保护角度来说没有什么实际意义。它们不具有法律效力，而且对保险赔付者和调解者处理后期损坏来说比较困难。

3.2　检查技术

3.2.1　检查区域和设备

在展览区域内对展品现状进行的粗略检查，不同于拥有适当设备的特定区域的检查。登记员需要一个清洁的、环境可控的房间，大而平的工作桌面和用于检查、记录的单独空间。很多专门的检查，例如用显微镜，应在文物保护人员的指导下在保护工作室展开。检查的典型安排如图 3.1 所示。检查绘画作品，当观察画的背面时，应将衬垫放在画框下面。对于雕塑作品在检查正常位置以外的其他位置时，应该小心地用衬垫

图 3.1 A. 水平放置在垫有柔软平板的检查桌上的油画；
B，C. 检查油画背面。其框架由柔软橡胶或絮有棉花的纸垫保护；
D. 图坦哈蒙（Tutankhamon）头像在开罗国家博物馆装运之前的状况检查；
E. 雕塑品或笨重器物可用卡钳测径器进行尺寸测量。

D

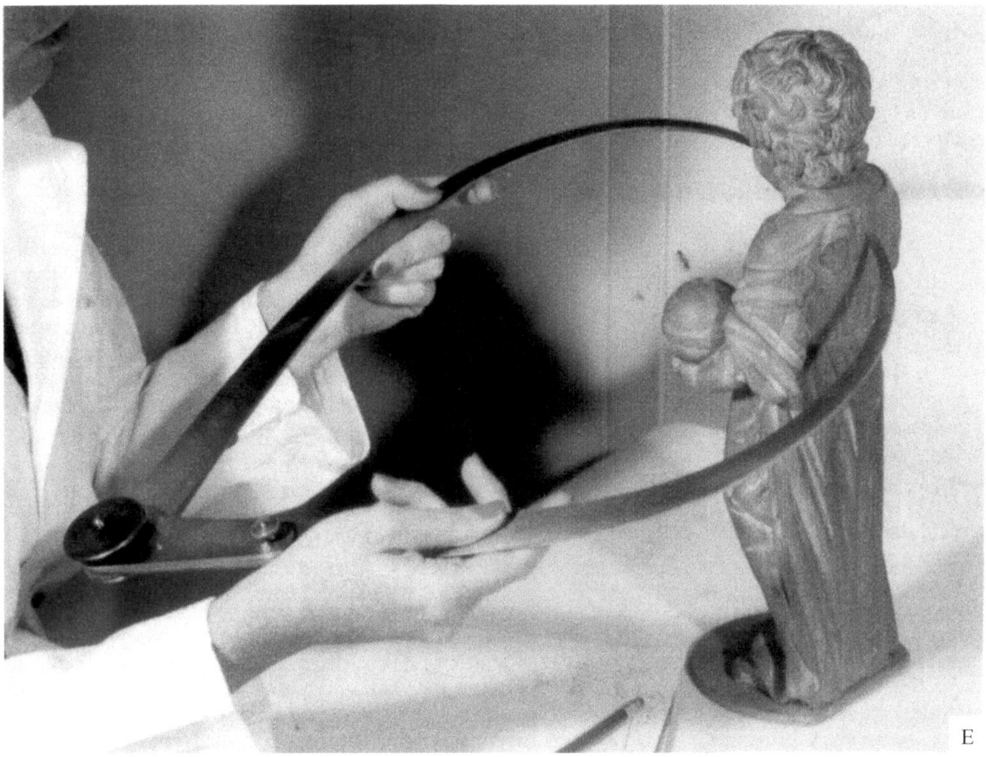
E

或柔软支撑物将其支撑住。在登记员检查之前或检查之后，应首先考虑器物的初步保管措施。

在有大量展览活动的大型研究机构中，为油画和二维藏品配备滑动支架，为雕塑作品、人工制品以及人种学藏品配备特别设计的箱柜很有用（见第5章）。保存文物的设备应该尽可能靠近检查桌或架子。稍重一些的器物，有必要将它们放置在能移动的手推车上。总体来说，在检查时，原则上要尽量减少操作和搬动，以避免损坏文物的风险。

非常贵重的器物、稀有金属或珍贵的国宝级文物，出于安全和防火考虑，必须保存在专门的储藏室中。大多数专门储藏室的设计主要考虑安全因素，此外还应该增加一些适用的保护设施，如：架子、隔板、衬垫装置，使藏品不至于因摩擦、刮擦或互相太靠近而损坏。而且，在库房和相邻的检查区域之间应该有一个空气交换器以保证室气流通（否则也会造成相关人员的健康问题）。

基本的检查设备包括：可调整支架的落地灯，闪光装置，能完成普通、黑白、彩色和偏光照相的35毫米照相机（和更大型号的照相机）。测光仪也是必需的。损坏部位的尺寸和位置可用卷尺（注意避免收回尺子时伤及表面）或直尺、测径器测得。测量单位应为SI制（米、厘米、毫米）；相应的英尺和英寸可在括号中注明。其他需要检测的项目有颜色、黑白比例、用来表示照片中物体颜色的色质（色调）和相对尺寸。表面温度计确保电影摄影或录像摄影灯不会产生有害的加热作用。

在需要称重时，应该使用量程约为100千克、灵敏度约为10克的重型商业天平。对体积小或珍贵器物，必须使用灵敏度为毫克的天平。而且，旁边应该放置一些清洁纸板（例如皱纹纸板）、无酸纸、薄玻璃纸和面巾纸（大张），以隔离堆放在一起或需要单独隔开的器物。聚乙烯膜可用来防尘，但不能在温度剧烈变化并可能导致冷凝现象的环境中使用。

随着展览数量的增加，环境条件（相对湿度、温度、光线水平）需要人为指定。登记员的检查区域应该保持相似的条件，以避免相对湿度或温度变化产生压力。为了确保能够一直保持这样的环境条件，登记员需要一个经过校准的温湿度计来记录工作间的相对湿度和温度。

3.2.2 视觉观察

大部分形式的损伤、脆化或毁坏用肉眼或有辅助照明的低倍放大镜（5～10倍）就可观测到。将被检查的器物平整、安全地放在架子上（如果同时还需要拍照的话），灯（通常是白炽灯或卤素-石英灯）放在最远处（防止热损伤），为检查区域提供充足照明。根据检查类型，主要使用普通、反射、斜射、透射四种模式。图3.2和图3.3进行了形象描述。

用普通光检查时，灯在画的一侧等距离摆放，与画板成45°角。这种形式的照明，光线均匀，当观察者（或照相机）在前面时既不耀眼也不反光。只有非常明显的表面瑕疵和损伤可用这个方法显现出来。颜料的破裂、隆起、表面发霉则很难看到并用摄影方法记录。

圆形器物需从不同的有利位置观察。因此，必须把它放在合适的架子和平台上以便于转换位置。周围用背景布或厚纸板环绕可产生散射或间接照明的效果，不产生阴影，更好地显现器物表面的情况。

反射光检查是利用光的反射作用进行

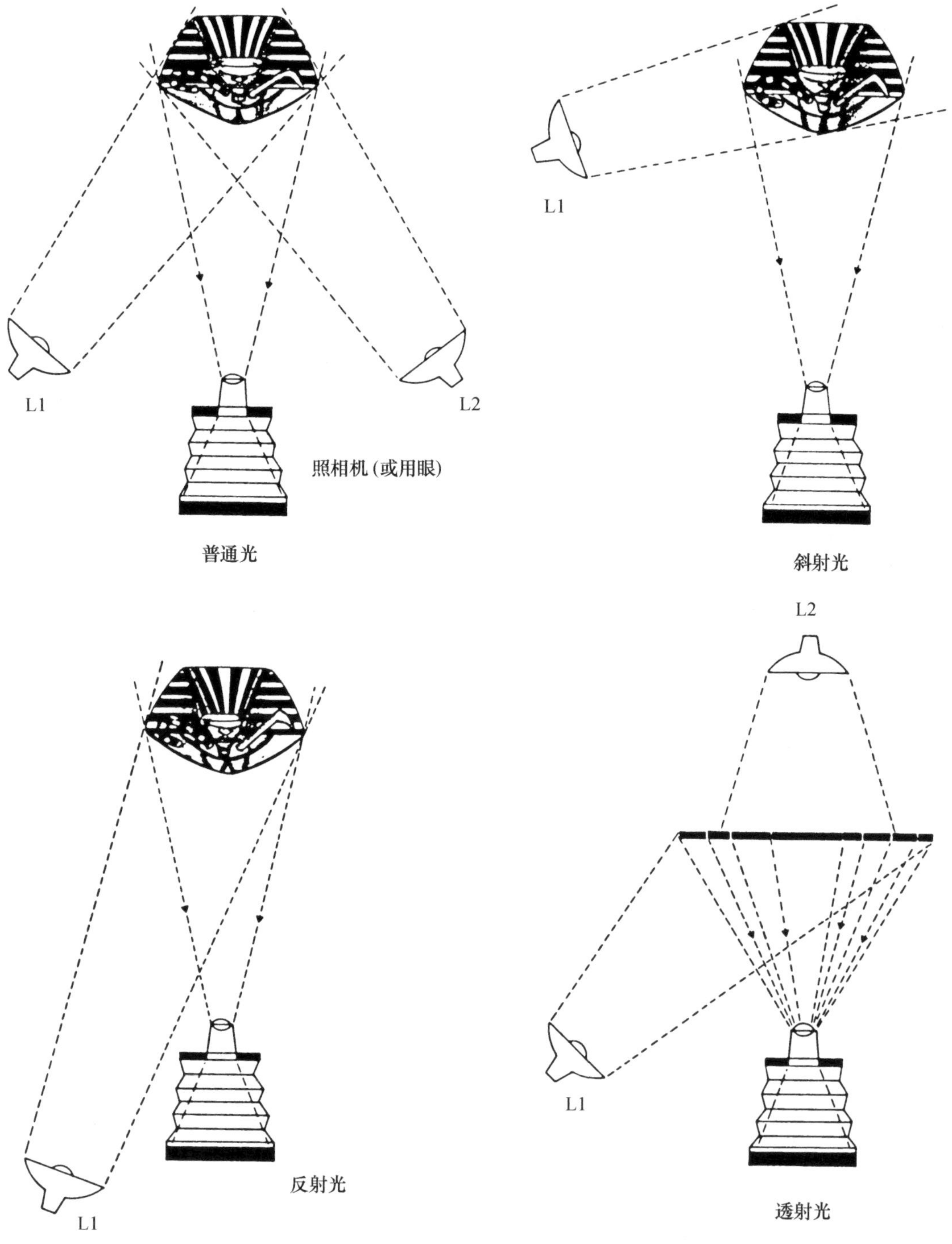

图 3.2　观察和拍摄表面的典型光照布置。

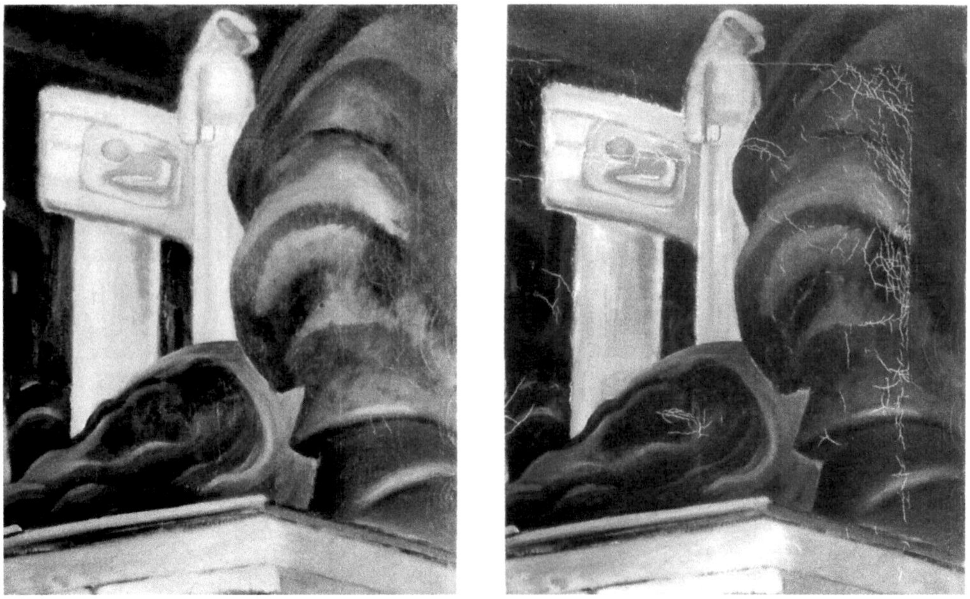

图 3.3　透射光（参考图 3.2）可以使深层裂缝显示出来。
（左）普通光下绘画作品细部；（右）透射光下可视深层龟裂缝。

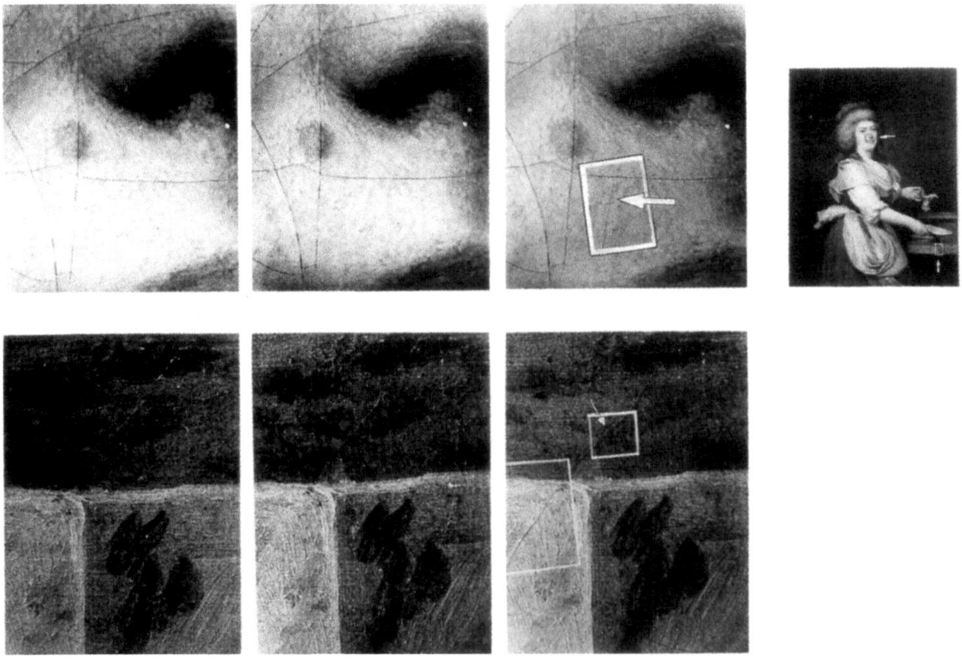

图 3.4　（右上）温米勒于 1787 年创作的油画“玛丽·安托瓦内特女王的朋友奥格菲夫人——特里亚农场的挤奶女工”（斯德哥尔摩国家博物馆藏品）。两个区域被用来研究巡回展览中造成的龟裂缝。
（上组）鼻子区域细部照片。第三张照片检查出新出现的裂缝；（下组）桌子边缘的照片。如图所示类似新出现的裂缝。

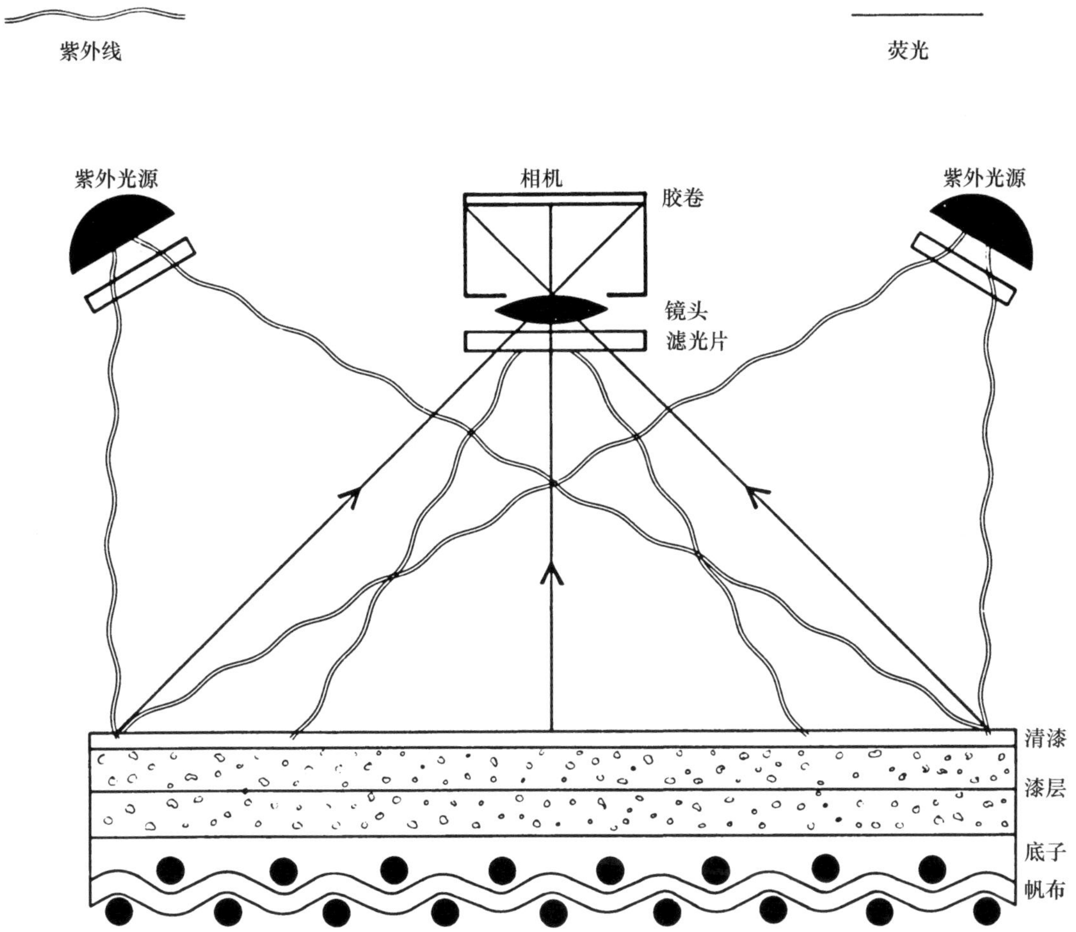

图 3.5　紫外荧光检查和摄影技术图示。

的，可将灯放在器物的正前方或与画板主轴成小夹角的位置。用这种方法可以显示器物表面的起伏变化，却无法照相，也无法观察到组成成分的细节，尤其是对于表面光滑的器物。

通过斜射光，器物表面的起伏和多种缺陷会像“浮雕”一样显现出来，包括表面装饰上的问题。每次将光源在物体一侧以很小的角度斜射，通过角度和位置的变化，各种异常之处会显现出来，如裂缝、破裂和起翘。在有些例子中，表面质地纹理的变化可能意味着稍后需要进行修复工作。

为了获取最大量的信息，应该尝试至少两种不同角度的斜射光，例如从右边、左边或者上边。应该将斜射光的照明方法记录下来，以确保之后其他人以同样方法进行检查。普遍适用的斜射光照明标准[79]才有价值。

由于光线亮度不够，常用的普通黑白胶卷或彩色胶卷的曝光时间都相当长。将灯远离器物或相纸边缘很重要，因为它们可能在常规的曝光时间内造成热辐射损伤。

透射光检查，主要用于帆布画或其他有

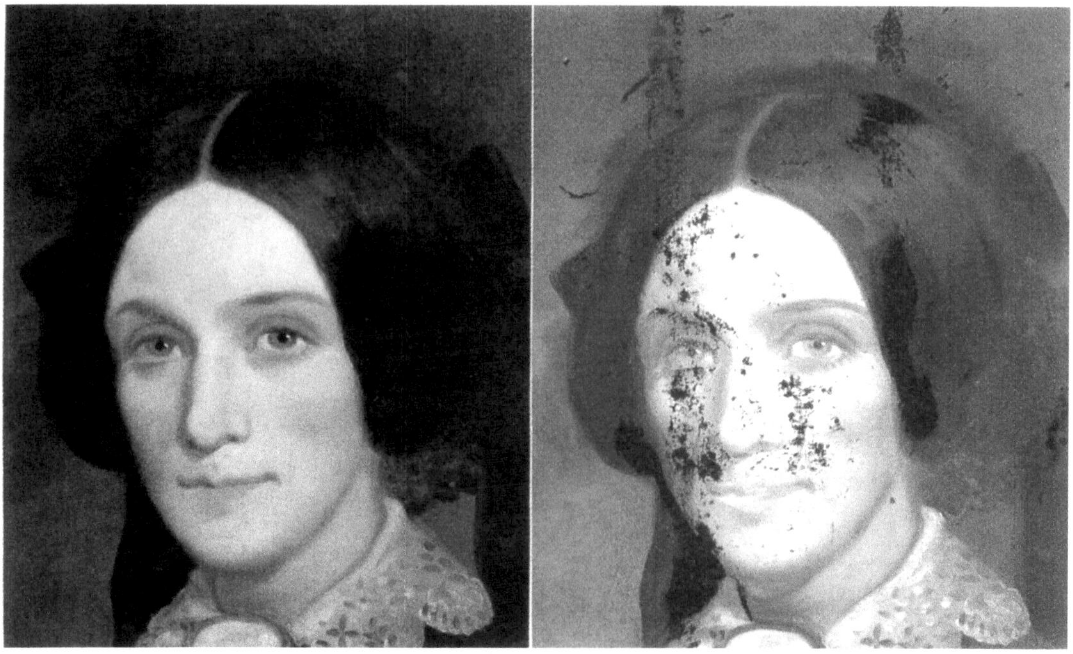

图3.6（左）19世纪油画在普通光照射下的详情；（右）用紫外荧光检查时，修补过或其他表面变化成为可见的暗色块，可拍摄成黑白或彩色照片。

裂缝的平面艺术品，或在一定程度上用于透明或半透明的物品。用一束明亮的光线在作品背后透射，并与作品保持一定的安全距离，之后观察。光线将穿透很深的裂缝，显现出颜料或图案的脱落、水迹或其他特征。可以以这样的方式研究裂化，并确定在随后的时间间隔内裂缝的变化和扩大情况。可以用照片记录裂缝（亦称龟裂缝）大小和分布情况，以便做进一步研究。

通过以上列举的方法，瑕疵可以被定位并记录下来。虽然照片是一种已被广泛接受的现状记录方式，而有时绘制图表或勾画出特定照明条件下的现状略图更简便（现状图表记录方法将在3.3章节中详细描述）。已被拍摄的地方（常包括参数值范围），可作标志或记号并做进一步书面解释。正常情况下，只需要借助光照和肉眼观测的检查方法。我们还可以运用其他技术获取更多现状信息，最好和文物保护人员或其他专家共同完成。这类方法包括紫外线、红外线和X射线检查。

3.2.3 特殊方法

宏观摄影或特写镜头摄影主要是近距离观察[80]。利用普通照明（白炽灯，或大功率放大闪光灯），通过变换光源或使用合适的滤光片，用同样设置的镜头进行紫外线和红外线检查。这些技术将在下文论述。

在宏观技术中，以多种倍率放大后的结构和表面状况细节都应被记录下来。利用照相机、风箱和高质量镜头可以将一张9厘米×12厘米的底片放大至20倍；而且通过这张底片可获得放大倍数更高的照片。要获得高至100倍（显微镜照相术）的放大率，可以用附着在

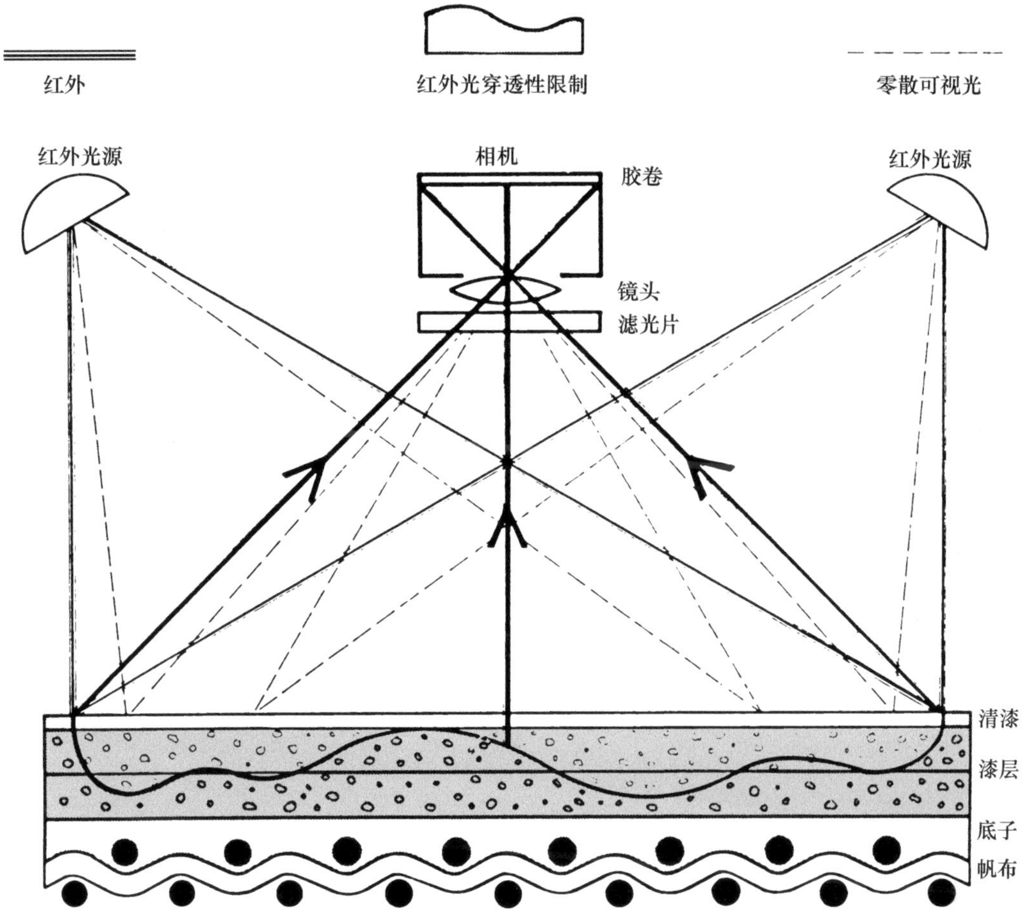

图 3.7　红外检测和拍摄示意图。其穿透性比紫外线光要强。

双筒显微镜上的照相机或附带照明装置（显微镜）的物镜，效果会更令人满意。

对于高倍放大照明设备，调焦和防抖变得很重要。如果这些照片要纳入现状报告，例如用来详细描述物品的破裂或剥落区域，则需附有测量标尺，并在整个照片中标示出检查位置。

温博格（Wennberg）[81]进行了一项专门研究，即利用对绘画作品选定区域的宏观摄影确定作品状况在巡回展览中的变化（见图 3.4）。

紫外荧光（通过摄像进行检查和记录）。当某些物质（有机或无机的）暴露在不可见波段紫外线（建议用 300 ~ 400 纳米长波紫外线）辐射中时，可能会在可见光区域产生次生辐射，这叫做紫外荧光[82]。

辐射的反射光中也含有紫外线。在拍摄有微弱可视荧光的图像时，必须过滤掉反射的紫外线。“紫外线反射光摄影”技术对于检查艺术作品的功效甚微；这种技术需要专门的石英镜头，并对曝光量进行精确测试。大多数绘画作品和物体在紫外光线下具有荧光效应。由此得到的图像照片可以揭示饰面的特性、表面颜料层，可定位和识别所作的修复、润色，颜料的性质、腐蚀现象或外表面材料等。

图 3.5 是紫外线荧光检测技术和相关摄

图 3.8　(上) 普通光线; (中) 斜射光照射下揭示的表面起伏状况 (画法) (参照图 3.2)。注意画面中的椭圆形阴影图像; (下) 通过红外检查显示出椭圆形是木质支撑物上的题铭。

影记录的示意图。图 3.6 为普通照片和紫外荧光照片的对照图。该技术的示意图显示：在紫外灯（高压石英汞灯或高强度电子闪光灯，具有充足的紫外输出）前面放置紫外线和可见光吸收装置（Corning5874 或类似物，在 300 ~ 400 纳米之间的光线可透过）。房间保持黑暗，是为了拍摄时不记录任何可见反射光。为了减少器物反射的紫外光，照相机镜头要安置紫外线吸收过滤片。可以使用黄色滤光片，如柯达-雷登（Kodak-Wratten）2A 或 2E，但需确保滤光片自身不会发生荧光效应。黑白照片可用正常胶卷拍摄。

彩色紫外荧光摄影术中荧光和非荧光区域的对比度和清晰度已有改进。胶卷可以用日用型（如柯达爱克泰克罗姆高速日用型，即 Kodak Ektachrome High Speed Daylight），镜头前需安置微泛黄的滤光片以避免水汽反射常有的紫外线和过量的蓝紫光。

市场上有大量手持式和便携式紫外灯可供挑选，它们被登记员或保护人员用来对物体表面进行快速荧光检查[83]。如前所述，检查结果需采用更复杂的精确方法来证实。在被拍摄的地方，应该同平常一样，给出对比区域的解释和所用技术的细节。

另外一项是红外技术[84]，尽管在某种程度上它没有紫外荧光摄影那么有用。手持红外检查设备[85]为白炽光源，带有合适的镜头，可用来迅速扫描表面，以确定是否需要进行更仔细的红外检查。后者的技术如图 3.7 所示，特殊环境条件下的结果如图 3.8 所示。灯是普通的白炽灯、超压溢光灯或特殊的红外灯，灯需与器物保持足够距离以避免加热和干燥作用导致的损坏。红外黑白摄影，因胶卷在该波段区间很敏感，所以需要用一系列吸收红外透射光和可见光的滤光片。

大多数情况下，所用的滤光片为柯达-雷登 88A，它使宽波段的近红外光透过而过滤掉红光波段。其他的红外透射片滤掉的可见光波段更广，如型号为 87 和 87C 的柯达-雷登品牌透射片，能非常有效地过滤掉所有可见光。有时候，也可以用干涉型窄波段红外透射滤波片，例如巴尔泽 698 纳米、750 纳米、850 纳米、900 纳米和 949 纳米。颜料和材料对不同波长红外线吸收和反射显示的细微的重要波动都能观察到。

红外摄影运用于彩色照片中会产生有趣的变化，它能识别出润色和变化；厂商备有适用的胶卷。需要滤光片来提供特殊效果。在任何情况下，都必须用标准条件进行比较，曝光、照明及胶卷处理都必须加以控制。在这方面，已知材料且已定义结构的图表和测试板都可用作参考。

X 射线照相技术和辐射技术对检查艺术品和博物馆藏品的内部结构并确定隐秘的瑕疵、裂纹、修补等非常有用，当然修补本身对藏品现状有影响。射线照片很少作为文档记录伴随流动展览的展品。然而，作者可以回忆起射线照片在几次大型国际展览的展品现状报告中的使用情况[86,87]。射线照片阐明了器物的特殊状况，它也是防止赝品调换的有效方法。复制艺术品的表面是可能的，但要复制射线照片所揭示出来的内部结构则几乎不可能。

与红外和紫外荧光检查技术一样，X 射线初步扫描工具可用来确定是否有必要进行 X 射线摄影。但是，这种设备相当昂贵。保护研究实验室中也利用复杂的 X 射线分析技术，这一技术很少用于展览目的的器物现状检查，而是用于历史材料研究或鉴定。X 射线能谱仪（EDX）就是这样一种设备[88]。

总而言之，负责评估和记录器物状况的登记员或文物保护人员可利用多种技术补充常规观测内容。为了方便，表 3.1 总结了这些技术的应用。

3.3 器物状况图示

前面已经讲过，有时通过制作一幅器物特殊状况简图就可省却摄影记录。这对单程流动展览来说，效果可能比较令人满意，但在需要累积状况报告的流动展览中，有些问题可能需要解释。与此同时，如果没有及时拍摄照片，且没有对状况作明确强调，那么这些照片就没有多少实际价值。

文物保护人员和管理人员对在暗房中修改照片的方式非常熟悉，这样是为器物提供“有利的”或“不利的”外观，隐瞒或强调表面的特殊状况。为使照片有效，摄影师拍摄时必须调焦，使器物边沿清晰，采用合适的照明方式清晰地展现器物状况，以方便其他人观察。比例尺显示了器物的尺寸和色标，灰度也应该按常规与照片合成一体。

用斜射光拍摄时，应该明确说明采用的方法和光线方向。绘图、照片和文字说明的有机结合确实可以显示出令人满意的器物现状信息。

3.3.1 照片

在特殊情况下可以用塑料薄膜覆盖照片，或者在影印照片上做出特征标记。

当然，影印照片应该加以标注，并和照片放在一起，由此，以它作为参考可确定更详细的细节。

3.3.2 绘图技术

二维器物的简单绘图技术是绘制一个正方形图表，例如 3×3，表示覆盖表面的 9 个区域。可以指定左上、上中、中心、右下等位置。瑕疵在正方形内被勾画出来，辅以简短注释[90]。该方法不表明尺寸，而是定位损坏部位。

另一个广泛应用的系统是二维艺术品的轮廓线图[91]。在箭头末端标记损伤部位，并附尺寸记录，如图 3.9 所示。在旁边可记录语言描述，例如从底部边缘 32 厘米和左侧边缘 6 厘米处开始的 7 厘米长的斜擦痕。可用缩写形式完成此类描述，上述内容可记录为 32.0b/6.0l；此处 b 和 l 分别指底部、左侧。

表 3.1 光学和普通检查技术

技术		备注
1. 光学方法	普通	一般目的
	镜面反射	在确定表面起伏状况方面有用，但是图案模糊
	斜射光	确定表面起伏状况和瑕疵的效果非常好，例如龟裂缝，起泡
	透射光	评估破裂方式、裂开或结构厚度
2. 特殊方法	宏观摄影或特写镜头摄影	表面特写，显示瑕疵
	紫外荧光	宏观观察表面变化，例如润饰或修补，是否存在表面涂层。
	红外	洞察表面变化，有时可揭示绘画底稿
	X 射线	记录内部结构、隐藏瑕疵及组成变化
3. 杂项	称重	记录珍贵材料数量；检测由湿度敏感性材料组成的贵重材料湿气含量变化[89]

印刷品、绘画、照片通常从纸板垫的内部边缘进行测量。如果没有纸板垫，就以绘画为基础进行损伤测量，例如从实际的边缘开始。圆形器物较难测量，测量仪器受艺术品特点的限制，测量的特殊方向也由作品的显著特征决定。对复杂的三维器物，如一尊组合式雕塑，或一件制作精巧的家具，有必要绘制大量不同平面图，包括已确定有问题区域的照片。

3.4 现状报告形式和术语

3.4.1 现状报告形式分类

多种多样的现状报告形式可满足特殊需求。因此，文物保护人员准备的初步现状报告可用来确定器物或艺术品是否适合展览，如果适合，需要哪种类型的保护处理以保证其旅途中的安全。出于这一目的，建议使用如图 3.10 和图 3.11 所示的报告。这些图表（为油画和图画作品设计的报告表）形式稍做改变就可以用于三维器物和人工制品。东方作品的报告形式如图 3.12 所示。

初步现状报告形式的基本特征是简明。在正方形格中勾画或将文字圈起来，能确保进行快速检查。但是，必须准确理解不同术语的含义以免产生混淆。

第二种报告形式用来记录器物离开某研究机构，即将参展时或抵达举办展览地时的状况。图 3.13 和图 3.14 显示了两个这样的例子。第一个是比较简单的形式，被成功地运用于“人与世界展览”——蒙特利尔第 67 届国际博览会[92]中展品的签收；第二个是比较详细的形式[93]，为 1970 年在大阪举办的类似国际性展览而准备的。两种形式的现状报告都附有多种照片，并且为每一件艺术品单独留存档案。值得注意的是文档中也包括了诸如采用的包装系统和旅行方式等重要信息。

有许多种适用于简单展览的报告形式，图 3.10 可用于简单的借展或博物馆藏品的日常检查。包含的信息除了有记录作用外，还符合文物保护人员的基本要求，对登记员申请保险也有一定帮助。

一些巡回展览中使用的状况报告类型如图 3.15 所示。报告中单独留出空白处用来记录器物从一个博物馆移至另一个博物馆时的状况变化。这种表格可能太简单。如果原保存地的初始状况报告是以图 3.10 所示表格记录，之后的进一步观察则可以简要一些，并将对器物的补充观察保存在相应的档案中。

3.4.2 术语

如前所述，状况报告包括定义清晰的描述性词语和所附图表或照片。已出版的术语表，对编写“状况报告”[94~97]非常有用。术语表包括技术程序、仪器设备、功能区域以及馆长、登记员、文物保护人员、包装人员、托运人及展览组织者共同关注的定义。

将来还会有多语种的现况报告词汇表，使世界各地的博物馆和展览工作人员都能准确理解各种术语的含义，而且以一种广为接受的缩略形式加以运用。希望将来最终可以用一种机读方式描述环境条件，就像计算机化的详细目录库一样。

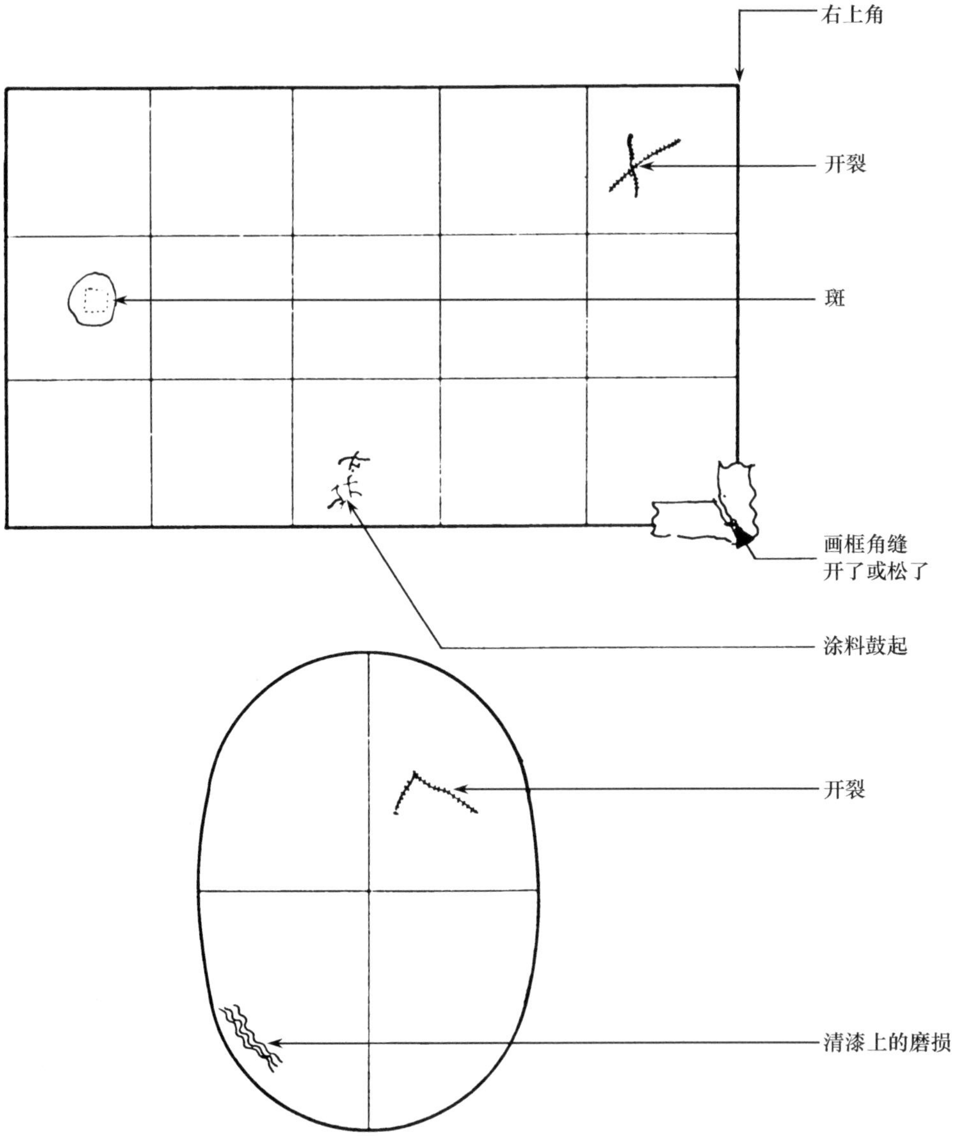

图 3.9　图画现状记录法，尤其针对受损和瑕疵明显的情况。

油画现状报告

展览、借展信息：

作者：　　　　　　重点：　1　2　3　　编号
单位：　　　　　　地址：
日期（大概）
名称：　　　　　　尺寸：　　　　　　厘米
形状：（如需可附图）

支撑物

□ 织物	□ 纸板	□ 石材	□ 衬里	□ 有吊架
□ 木材	□ 压制板	□ 金属	□ 易碎的	□ 空洞
□ 纸张	□ 玻璃	□ 其他	□ 松垂	□ 撕裂
□ 画板	□ 陶瓷		□ 孔穴	□ 凹痕

介质特征

□ 油画	□ 蛋彩	□ 混合物	□ 拼贴
□ 水彩	□ 蜡	□ 彩色粉笔	□ 其他

底子和涂膜

□ 裂缝	□ 剥落	□ 松动
□ 弯曲	□ 起泡	□ 抓痕
□ 掉粉末	□ 刮擦	□ 其他

表面涂层

□ 涂清漆	□ 表面尘垢	□ 清漆裂纹
□ 未涂清漆	□ 加膜	□ 指纹
□ 有玻璃罩	□ 刮伤	□ 其他

框架

□ 有框	□ 钉框	□ 无衬垫	□ 需新的螺丝
□ 无框		□ 衬垫差	
□ 框破损	□ 固定正确	□ 环首螺丝牢固	□ 可触摸玻璃分离
			□ 衬垫合适

检查结果描述：
□ 小型机械处理
□ 大型处理
□ 一时无须处理

表面　□ 框　□ 衬垫
结构　□ 支撑物　□ 固定件

照片：
□ 无照片　　□ 旧照片
□ 需照相　　□ 新照片

评论　关于现状/处理方案

检查人签名：　　　　　　日期：

图 3.10　展览工作人员用于绘画和相关艺术品快速检查的现状报告简表。

检查报告

绘画 □；印刷品 □；　　说明 □；亲笔签名 □；印刷本 □

形状

检查者：　　日期：

名称：　　编号：

作者：　　艺术家：

所有者：

尺寸：　| 高　厘米 | 宽　厘米 | 直径　厘米

尺寸描述：

照片或示意图

衬垫或封边：

区别标志：

照片：

现状评估：

保护建议：

处理建议：

评价：

图 3.11　纸质艺术品、手稿、书籍的现状报告与检查记录。

检查报告

远东绘画作品

形状

照片或示意图

检查者: 日期:

所有者: 号码:

国家: 日期:

画家:

题名:

尺寸:

总体现状: 库房卡片: ☐ 满意度 ☐ 管理人员检查

容器,包装材料等________________

描述:

绘画类型:	☐ 屏风	☐ 折画	☐ 版画	☐ 挂轴
	☐ 手卷	☐ 册页	☐ 图画	☐ 其他
支撑物:	☐ 纸	☐ 丝	☐ 木	☐ 其他
介质:	☐ 水墨	☐ 漆	☐ 其他	
绘画层:	☐ 墨 (烟灰墨)			
颜色:	☐ 蓝	☐ 绿	☐ 红	☐ 其他
金属箔:	☐ 金	☐ 银		
金属粉:	☐ 金	☐ 银		

题名，题记: ________________

印章: ________________

现状:

1. 支撑附件

A. 屏风:

☐ 木框: ________________

☐ 木心: ________________

☐ 纸衬心: ________________

☐ 装饰背板: ________________

☐ 正面边缘 (织锦等): ________________

图 3. 12 适用于远东绘画作品的另一种快速记录表。

B. 卷轴：
☐ 背面纸外层：______
☐ 正面边缘 (织锦等)：______
☐ 轴和柄：______

前期处理：

2. 支撑物
☐ 剪裁 ______
☐ 重新安装 ______
☐ 漂白 ______
☐ 改变尺寸(dosa)______
☐ 支板加固 ______
☐ 补丁 ______
☐ 加深颜色 ______
☐ 刮擦 ______
☐ 洞、撕裂或破裂 ______
☐ 水渍或其他 ______
☐ 火损 ______
☐ 污点、斑点 ______
☐ 裱褙 ______

3.画

画体：
☐ 润色 ______
☐ 刮擦 ______
☐ 剥落 ______

印章、题名、题记：
☐ 润色 ______
☐ 刮擦 ______
☐ 剥落 ______

检查方法：
☐ 透射光 ☐ 紫外线
☐ 双筒显微镜 ☐ 显微镜 ☐ 其他

照相：
黑白： ☐ 整体 ______ ☐ 细节 ______
彩色： ☐ 整体 ______ ☐ 细节 ______

图 3.12 适用于远东绘画作品的另一种快速记录表（续）。

渥太华加拿大国家美术馆

国家保护研究实验室

现状报告

系列号:

人与世界展览——优秀美术品长廊 ——第67届国际博览会

名称:

属性:　　　　介质:

所有者:

尺寸 (厘米):　□ 画　□ 雕塑　□　　高　　宽　　直径

拖运:　□ 航空　□ 水路　□ 火车　□ 货车

到达日期:

包装类型:

现状描述

1. 支撑物或基本结构材料:

2. 装饰:

3. 外表涂层或氧化膜:

4. 画框或外观 (安装配件、夹子、玻璃面):

推荐的快速修复方法:

检查者:　　　　日期:

签名:

以上所提及的照片:

日期	编号	摄影者	照片类型	描述—评价

图 3. 13　第 67 届蒙特利尔世界博览会使用的现状报告表。

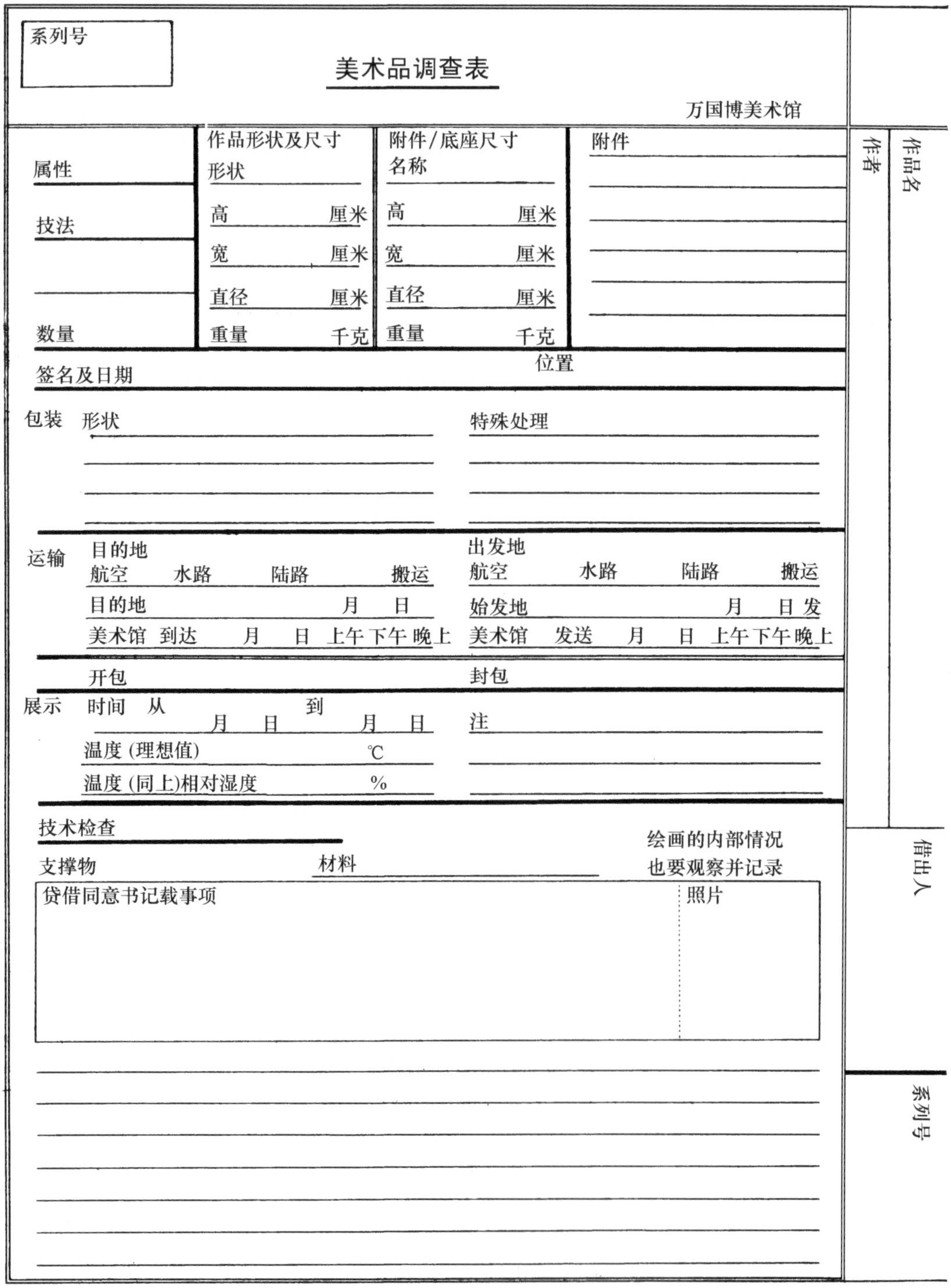

系列号

美术品调查表

万国博美术馆

属性

技法

数量

作品形状及尺寸
形状
高 厘米
宽 厘米
直径 厘米
重量 千克

附件/底座尺寸
名称
高 厘米
宽 厘米
直径 厘米
重量 千克

附件

位置

签名及日期

包装 形状

特殊处理

运输 目的地
航空 水路 陆路 搬运
目的地 月 日
美术馆 到达 月 日 上午 下午 晚上

出发地
航空 水路 陆路 搬运
始发地 月 日 发
美术馆 发送 月 日 上午 下午 晚上

开包

封包

展示 时间 从 月 日 到 月 日
温度 (理想值) ℃
温度 (同上)相对湿度 %

注

技术检查

支撑物 材料

绘画的内部情况
也要观察并记录

贷借同意书记载事项

照片

作者

作品名

借出人

系列号

图 3.14　1970 年在大阪举办的国际性展览中使用的现状报告表。

累积现状报告

系列号:

艺术家:　　　　　　　　　　　　　　名称:

描述及尺寸:

1	展览中心	

现状	签名	日期
到达时: 出发时:		

2	展览中心	

现状:	签名	日期
到达时: 出发时:		

3	展览中心	

现状:	签名	日期
到达时: 出发时:		

4	展览中心	

现状:	签名	日期
到达时: 出发时:		

5	展览中心	

现状:	签名	日期
到达时: 出发时:		

附注:

图 3. 15　多地点巡回展览中累积现状报告表。

3.5 出借标准

这仍然是一个存有争议且复杂的主题。多年来，大多数艺术博物馆完善了关于可出借至其他研究机构和在任何情况下都不能出借的艺术品的指导规范。

这种限制性或非出借器物列表[98]中包括版画、彩绘木雕、蜡笔画、体积或重量大的器物以及因环境变化或移动会加速老化的作品。

从保护的角度来说，反对出借是基于对与真实环境相关的、带有风险的物理因素的考虑。相关艺术品有：

- 木质版画，当移至一个湿度不同的环境中时，作品会因吸收湿气而发生扭曲、开裂、颜料脱落；
- 帆布画，未填充的或有大片未涂漆的区域，极易受灰尘影响，并且可能留下永久印记；
- 难以加固的、带有片状脱落或粉化颜料层的绘画；
- 家具和结构复杂的装饰艺术品；
- 玻璃艺术品；
- 易受青铜病害或其他快速腐蚀形式侵袭的金属器物；
- 埋藏在盐碱土中渗入了盐分的石头和陶瓷器物，移至一个湿度不同的环境中时，易因盐分迁移而造成损害；
- 含有易老化纤维的纺织品或对光线极度敏感的展品。

与文物保护人员的建议背道而驰，将版画、蜡画或限制展出的器物拿去展览的情况不仅存在，而且时常发生。博物馆馆长及馆务委员会必须在权衡保护需求和其他影响出借或非出借决定的因素后，再做出最终决策。

由于环境对湿度敏感性材料影响相关知识的不断更新，更好的包装技术以及环境可控集装箱（甚至可以被运输）的发展，完全可能解决限制出借的问题。在处理、包装和环境保护中采取特别防范措施，限制出借的器物曾被安全运输、展览和运回原保存地[81]。但在筹备、设备和人力方面的费用显然相当大。

此外，对于重新考虑适合易碎器物出借准则的问题仍存在激烈争论。结构毁坏和环境因素之间的关系还不明确，因此需进一步探索和研究。即使是安全或适宜旅行的器物也会受到展览的严格制约。令人惊奇的是，有些易碎器物在整个过程中却安然无恙。

4 准备和手工处理

4.1 引言

正如第2章所讨论的，博物馆在做准备工作时，存在很多对器物造成破坏的可能性。以下任何因素都可能造成损坏：

- 粗心和不当处理（用手）；
- 不恰当的储存设备和运输工具；
- 拥挤或太狭窄的过道；
- 过分拥挤的储藏室，通常靠近炉子、空调设备；
- 工作区域或技术保护区的意外事故；
- 水泄漏或来自屋顶和外墙的冷凝水。

在小型博物馆中，工作区域或搬运区域和展览区域之间的内部搬运相当简单。然而，与大博物馆相比，因为空间狭小，搬运、处理和储藏可能更容易出现阻碍和叠压的危险。在大一些的馆中，由于距离更远和活动更多，内部联络问题变得更为突出。器物不可能用手从一个地点搬运至另一个地点，而必须用台车或手推车或通过货物起重机运至不同地方，或从不同地点运回原地。经验表明，所有的博物馆和美术馆，在进行保护处理和内部运送时都可能导致损伤，这与器物大小和操作范围无关。

首先，对一些术语进行解释。所谓“准备”，就是运用保护性设备或材料加固、支撑或保护器物，然后，就可以安全地对器物进行手工处理、升降、搬运、包装、运输、展览、重新包装等。“手工处理”就是工作人员在有或没有机械设备辅助的情况下，对器物实施操作；将其从一个地点垂直或水平地移动至另一个地点。移动距离可能较短，例如从包装箱到一张桌子，从存储柜到手推车，从保护人员工作区域或保存区域到保护部门或展览陈列室。

下面的章节将总结不同博物馆、美术馆在展览与巡展过程中衍生出的不同类型藏品的处理方法和技术标准，以及实践经验。

4.2 准备和处理

4.2.1 绘画作品

在准备处理或为要参加展览的帆布油画作准备时，应确保撑架张力适中（不要太紧）、保护性衬背位置恰当，衬背应该和撑架离开一点且粘贴在框架上。当然，应该检查框架中油画的安装。

油画边沿可以通过在画框外固定微凸的刚性纤维条或铝条加以保护，以防其在槽口内移动而导致磨损。当然，框架应该保持良好的状况，因为它是绘画作品的外层保护部分。应该对使油画在框架内保持稳定状态的金属条带，或其他固定夹重新检查以保证其相配，如果必要，可以用新的替换。

通常，在将撑架直接固定在框架上时容易产生失误，这意味着由框架变化或震动产生的压力会直接传递到画布上。当原有框架太脆弱或结构太复杂时，大多数博物馆和美术馆都会为旅行展览设计结构简单的专用框架。

所有外部悬挂设备，例如螺钉和金属丝，应该分别去除、存储或打包。根据带框绘画作品的重量和陈列室墙壁的实际情况，必须用更安全的设备代替螺钉。绘画作品从墙壁上掉落的事实我们早有耳闻。除了帆布画外，木板或纤维板上的绘画作品更要仔细地安装在框架中，以便在环境变化时它能够承受相应的移动、膨胀或收缩变化。为了保证画作能够顺利移动，需要特别的夹子和支撑设备。

通常，有些博物馆用丙烯酸塑料薄膜，而不用玻璃作为防止作品表面遭受破坏的保护层。但是，框架必须足够坚固，以承载罩面等的额外厚度和重量。静电电荷会造成灰尘在塑料下面和上面迅速聚集，但在相对湿度较高的条件下，这种危险较少发生。在用塑料密封绘画作品之前，必须扫除所有尘土和微粒，或用真空吸尘器吸除。如果在塑料薄膜上加盖一层抗静电膜，就不会对艺术品造成损害。图 4.1 中列出了帆布画和版画框架的多种保护性措施和加框方法。

为安全起见，抬起和搬动油画时，应该将框架的上、下两边同时抬起，画面朝向操作者，这样视野范围内的部分自然能得到更好的保护。对于大型作品而言，需要两个或更多人操作。对于特别大的现代绘画（硬边艺术类，流行艺术类等），有时达到 2.5 米×3.5 米，需要特别注意。因为它们是用大片颜料平涂完成的，非常容易留下印记和变形。将一幅带框绘画作品暂时放在地板上时，应该垫上柔软、有弹性的衬垫，以保护画框的下沿和边角。

在垂直放置多件艺术品时，首先要把最大的画靠墙放，然后用双凹槽、保护性瓦楞纸板将它们隔开。如果长时间存储，则叠放的画上应该覆盖塑料薄膜防尘。框架是一种装饰性设计，垂直叠放时，要在背后装上脚柱，使框架不接触地面。

有关以上主题的更多信息可在参考文献 99 ~ 102 中找到。

4.2.2 纸质和相关质地的作品

此类作品的总体分类是按照以下标准来划分的：纸质美术作品，例如纸质水彩画、蜡笔画、绘画、雕版画、蚀刻版画、平版画、油画等；档案性藏品，包括手稿、珍本书籍、印刷品、海报、招贴、地图、文档、各种照片、电影胶卷和录音磁带等。手稿和珍本书籍，因其组成涉及纸张、牛皮纸或羊皮纸、皮革、木材，有时候还涉及金属，因此在处理时存在特殊问题。

对纸质艺术品的管理和恰当处理，重点在于细致地处理和清洁、远离灰尘、严格控制温湿度，以及尽量避免使之暴露在有害光线[103,104]下等方面。用中性或微碱性的木板作为衬底和支撑，以装铰链的方法为水彩画、印刷品和绘画作品制作衬垫是一种常见的方法[105]。作品在湿度变化时必须保持尺寸不变，而且与框架、支撑材料的接触面最小。

另一种不常用的技术是封装[106]，例如将器物封在两个丙烯酸塑料薄片之间或迈拉膜（一种聚酯类高分子材料的商品名称）封套中。这种方法尽管美观，但可能在作品和接触面之间产生交互作用。

纸质带框作品的罩面材料应该能吸收紫外线[107]，防止作品受到光线中紫外线的不良影响。玻璃不足以去除紫外线，硬而直的聚丙烯酸材料可以将光学造成的扭曲变形降到最低程度。

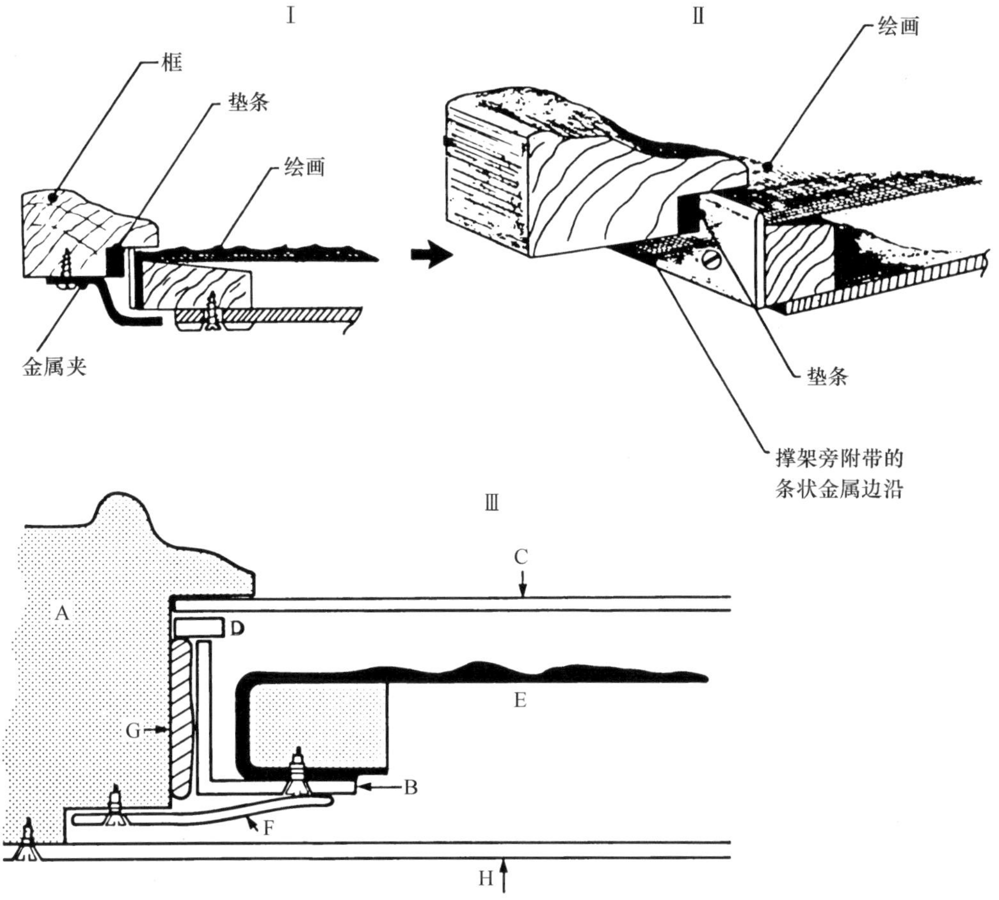

图 4.1　绘画和平面作品的保护性加框方法。有衬背的第Ⅰ、Ⅱ幅绘画用可移动夹子装进画框中。第Ⅲ幅绘画（E）用玻璃或丙烯酸塑料膜（C）加以保护。框架（A）被边上的角撑架（B）分隔开，并在（D）和（G）处加衬垫。金属夹（F）将绘画作品牢固地固定在画框中，衬背（H）覆盖了画作的整个后部。

纸质艺术品衬垫、装裱、封装、加框的准备工作区域的清洁程度应该尽可能达到与医院相同的标准，这一点至关重要。尘土和污垢不仅会损毁作品，而且对纸张有害，要安全地将其去除很困难。上述各种准备和加框操作应该在纸张保护人员的指导下进行。在加框和密封之前，在罩面材料上使用的所有混合物和喷雾剂都应该是安全的，且不会因残留造成损害。当然，进行此类操作时，应该与艺术品有一定距离。此外，还有纸质品的真空预处理技术以使作品被封装在框架中之后，不会在密闭空间[108]中滋生霉菌。

在必须用玻璃保护绘画作品表面的情况下（现在这种情况已经很少了），装运之前要用不干胶以十字花样粘贴在玻璃表面，且不能触及框架。如果撕除胶带后还有少量残留物，一般不使用溶剂，而用少量玻璃制品专用清洗剂和塑胶清洗剂清洗。清洗操作应

A

B

图4.2　木板之间的凯尔斯（Kells）著作。

（上）凯尔斯所著的一册书放进压缩储存盒之前的状况；（下）手稿已放进盒中，并用弹性铜条压实（X）。

该以水平方向进行，避免液体流到玻璃下面对艺术品造成损害。

许多其他类型的平面纸质品大致都是用相同方式处理和备展。然而，特大号作品，例如：特大型水彩画、印刷品或地图，需要更深的框架，以容纳塑料罩面的弯曲和扭曲，否则塑料和作品会贴在一起。这样的作品还需用精心制作的铰链或粘贴物以防止作

图4.3 在环境可控展柜中展出的早期爱尔兰人手稿，用牛皮纸带固定在一个特别合适的平台上，可依据选定的书籍打开处调整书页。

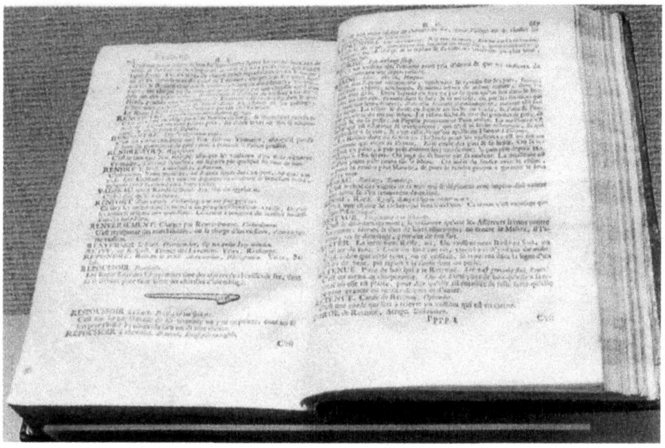

传统的书籍展出，通常将书固定的一页长期打开。

将书在固定的一处打开，并延时展览，会造成书某部分的永久性变形。

品在框内滑动。未固定的彩色蜡笔画和炭精画，因为存在颜料脱落的危险，通常不外展。当然，它们不能装在树脂玻璃或聚丙烯酸材料框架下面，因为那样会产生静电，特别是在清洁和除尘操作时，会造成颜料颗粒脱落[109]。经过固定的彩色蜡笔画因为有更多的颜料固体颗粒黏附在纸张上而比较牢固，可以参加流动展览。

选取珍本书籍和手稿向公众展出时，应该注意装订处的现状和单页的牢固程度，尤其是展出时需要打开的章节处。这时候需要书籍或手稿保管人员的直接指导[110]。在带有装饰内容的页面和其他脆弱的书页中要放进特别的纸巾[111]，必要时，合上的书应该用纸板或其他控制手段将其牢固地固定在合适的位置上，如图4.2所示。这是为了避免书页侧面的活动，更加有效地锁住书中的水分。各种针对皮革或木材封面书的有效措施，为书的上架或展出提供了相应的保护。因为珍本书籍和手稿总是保存在特别设计的盒子中(有时可以做到微环境控制)，所以需要设计用来安装和展览用的相应设备，使书籍在固定位置打开，类似的例子见图4.3。

东方卷轴画和展开的纸质品非常脆弱，因而需要非常专业的处理[112]，通常由管理人员和文物保护人员直接操作。卷轴作品传统上都是卷起来放置在特制的盒子中。展出时，卷轴用特制装置悬挂以保持其水平方向或垂直方向的平整。由于卷轴画对光线非常敏感，因而需要安装保护性罩面，采用如前所述的紫外辐射过滤型材料。

4.2.3 雕塑和装饰性艺术品

这类艺术品依据重量、形状、材料构造和易碎程度需要采取不同的处理方法，几乎没有可遵循的统一准则。需要向专业文物保护人员征求有针对性的建议。以下列举了一些针对不同藏品的各种准备过程和处理方法的例子。

大型青铜雕塑

首先，检查青铜雕塑以确定是否存在腐蚀区域，如果存在，则进一步确定青铜病害发生的可能性[113]。常规方法是在青铜器表面覆盖聚丙烯酸或蜡质保护层，从而使处理更便利，且尽可能保护器物免受空气中湿气和腐蚀性污染物的侵害。对于构造复杂的作品，必须仔细研究重量分布并确定其重心。这些信息对文物保护人员和包装人员很有用，他们由此可以安全地搬动和包装雕塑品。根据器物类型及其支撑物，如果可采用在基座上钻孔的方法，那么可以附上支撑和展出展品用的金属销和螺钉。特别建议，在包装过程中，将支撑物或支柱用细绵纸或柔软布料包裹，加以保护。

动态艺术雕塑和其他构造复杂的作品

这些器物通常由多种材料、金属、移动部件和电动设备组成。对这类器物需要使用保护层和润滑剂，并仔细识别所有可拆卸部件。作为防范措施，需要拍摄一系列带有标记和编号、能展示器物拆开和重组情形的照片。这是此类艺术品需要的主要准备程序。备件可能对故障中的维护工作很有必要[114]。根据其脆性和所用材料，部件在交给包装人员之前必须先行包装、仔细鉴别。平滑的表面极易受到刮擦和腐蚀损害，需要特别保护。可采用聚丙烯酸材料、蜡状物或气态抑制剂保护[115]。

图 4.4 1967 年美国在安装赠送给加拿大的由水晶玻璃和稀有金属制成的、精致的百年纪念礼物的最后阶段，为方便运输将其设计成模块形式。

彩绘木器

表面装饰，例如颜料层，应该保持良好状况，不应有任何起泡或起翘。如果表面有突出的不规则部分且有碰触性危险，建议将

图 4.5　在百年纪念展览地点拆包之后，准备礼品撑架。

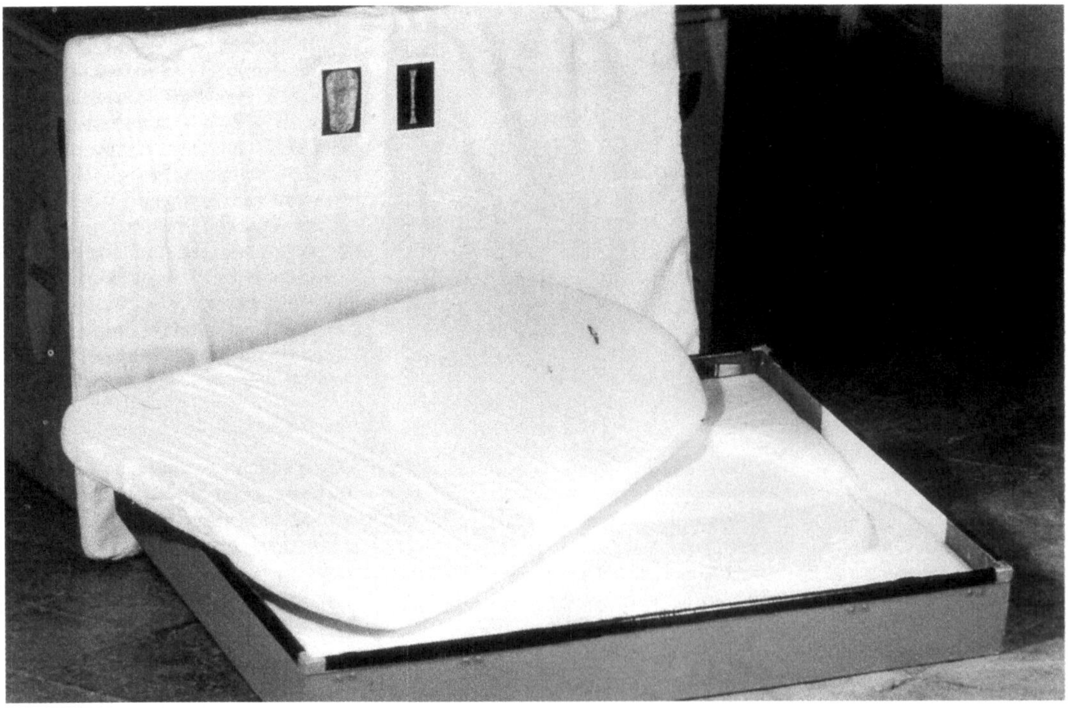

图 4.6　巡回展览中装运法衣用的包装系统。衬垫由弹性合成泡沫制成，上盖柔软的棉布。

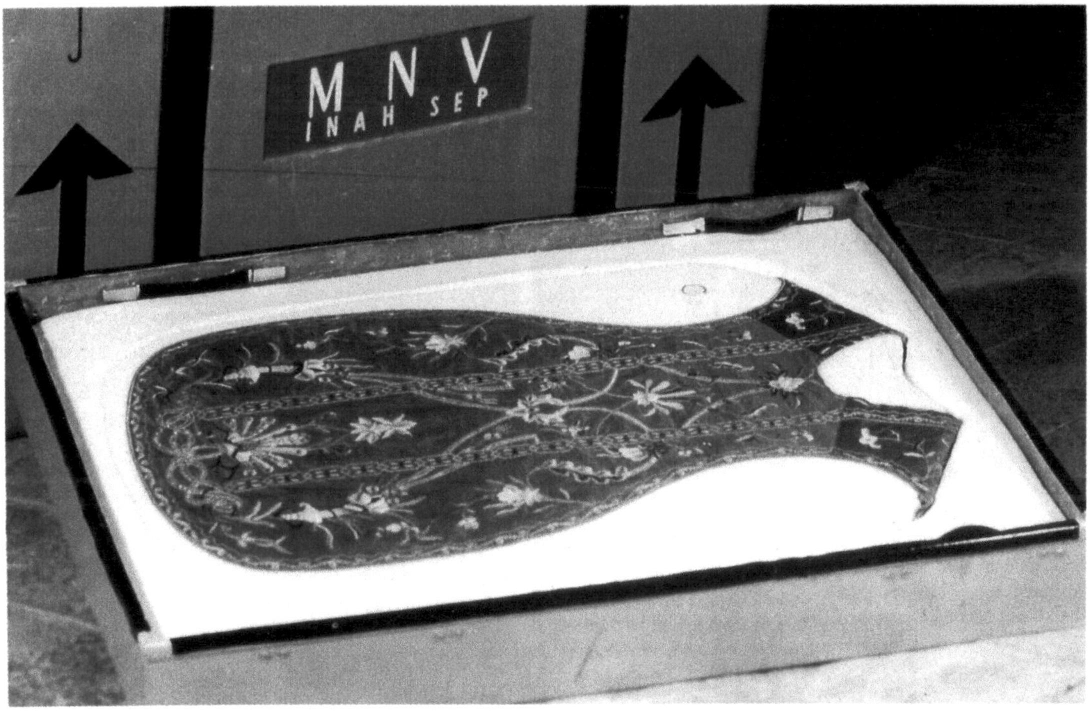

图 4.7　加了衬垫的浅盘中等待放置的法衣和其他已放置在包装箱中的浅盘。

这些部分进行预包装的专门保护。实际上，根据保护需要，表面应该覆盖聚丙烯酸或蜡状材料。在搬运三维器物的准备工作中，使用了多种预包装方法。一种保护方法已被用在从埃及（图坦哈蒙展览）和日本运送古代器物的保护工作中，第 6 章中有相应描述。

4.2.4　陶瓷器、玻璃器和其他易碎器物

这类器物总是用几层柔软的纸巾或布预包装加以保护。图 4.4 和图 4.5 反映了玻璃和金属质地、构造复杂的器物在展览中预处理的有趣例子。1967 年美国送给加拿大作为其百年庆典的礼物是这种保护处理方法的代表。

水晶玻璃表面在包装和旅行过程中必须保持非常清洁的状态且避免磨损。与展览同行的细则指南中详细记录了准备、拆解和安装程序。

4.2.5　民族学藏品

与雕塑、装饰性艺术品一样，民族学藏品的材料也是多种多样[116,117]，结构也不尽相同，因此要制定出统一的处理和准备规范很困难。每一种类型的器物——雕像、面具、篮子、衣服、鞋类、珠子和羽毛制品等，都需单独加以考虑。总的来说，木材和皮革，就其成分而言，需要先清洁，然后用表面罩面和性质稳定的金属物加以保护，以抑制侵蚀。

可拆卸器物的各个组成部分最好分开，

单独操作和处理。衣服、纺织品、羽毛制品和面具必须很好地支撑起来，避免折叠和压缩，并尽可能把重量分散开。脆弱的染料和颜料在准备、处理和展览区域都应得到保护，使其免受紫外线和强光照射。应尽量减少对这类器物的干预操作，从而防止灰尘和泥土留下痕迹并造成不可避免的老化。

如果有昆虫滋生的迹象，则需要批量或单独熏蒸处理相关器物。而很多民族学藏品都是有机材料，易受昆虫侵害。在巡回展览中，出于安全和环境因素考虑，更多易碎的珍贵民族学藏品直接在储存盒中展出。

4.2.6 纺织品

纺织品[118~120]极易受违规操作和光线、灰尘、大气污染物等因素引起的环境恶化的影响（亦参见第2章）。在平整的片块之间要插入无酸纸巾，并用刚性撑架支撑以平整搬运。

面积较大的纺织品和地毯在装运之前要卷成圆形或椭圆形的筒状（切勿折叠），卷筒内外均插入无酸纸巾保护。大面积表面也可用聚酯薄膜。重要的是纺织品边缘应该距卷筒边缘3厘米以上。

纺织品的小块残片，如古代丝织物碎片，可以封装在丙烯酸塑料膜之间。此类包装有助于进一步操作。

衣服通常需要用服装模型或特别的填充衣架支撑，而不能为了保存方便将其平放或折叠。图4.6和图4.7显示了借展[121]中使用的设计优良的法衣（执事袍）撑架。衣物和纺织品在装运之前应该保持清洁，并谨慎地进行蒸熏处理。织物或纤维组织变脆或衬套老化时，如陈旧的旗帜和横幅，需要加固处理。

织锦、地毯和垫子需要进行真空吸尘、干洗和熏蒸处理。准备或预处理的数量依赖于纺织品保护人员对现状、尺寸和强度（如染料、织物、纤维、衬套的状态和总重）的评估。

4.2.7 包括潮湿地点出土器物的考古材料

处理这类器物的标准往往依据其结构中主要材料的性质、现状和特性制定。另一个决定性因素是器物是否已成为博物馆藏品或仍在考古现场，以及是否有必要展出。一般情况下，可作为展品的考古发掘物已经保存在博物馆库房或陈列展出，考古学家、博物馆管理人员和文物保护人员已对其进行过多项检查。展出之前，必须对器物的稳固程度重新检查，以适应处理、运输和展览等需求。被检查器物的构成材料多种多样，包括石头、木材、皮革、骨头、金属（含铁和不含铁）、植物纤维、树皮、珠子和纺织品等。

准备工作[122,123]涉及的技术通常包括组装组件、清理或加固工具的预处理、稳定腐蚀过程及最终清洁和表面保护。通常有必要制作展品支撑设备，避免造成器物内部损伤或材料间的相互影响。

浸水的或沼生木材的器物很少展出。应注意保持此类器物必需的液体环境或浸渍用化学溶剂（聚乙二醇等）。还需设计特别的容器以适应器物尺寸和重量变化。器物从潮湿或浸湿状态的出土地点移动到博物馆环境的相关技术[124]已较完善。器物被放置到合适的箱中之前一直用聚乙烯袋湿法包装。被水浸过的器物过快地暴露于空气中，或其内部状态还未稳定时，由收缩造成的尺寸变化十分显著，甚至还会导致扭曲变形和损害。

4.2.8　处理和准备过程的总体评价

清洁和整齐是最重要的标准。工作空间应该宽敞且秩序井然。重要的是，参与工作的人员在处理带有印记、敏感度高、或对手和手指上带有的尘土、汗和油渍起反应的器物时，应该戴轻且干净的棉质手套。此类器物通常是光滑、易变色或易氧化的金属，如银和铜。

对含有易老化成分的金属器物应给予特别关注（如青铜病害）。现代画、未涂底漆的画布或表面无光泽的器物，如同易磨损、褪色或污损的塑料一样，极易产生斑纹和污损。多孔而具渗水性的石头、大理石和陶瓷器物也同样易褪色和污损。

表 4.1　不同材料的密度

	磅/立方英尺	千克/立方米
皮革	37	592
软木	30	480
硬木	50	800
丙烯酸塑料	75	1200
玻璃（普通）	160	2560
铝	170	2720
铁（包括钢，及其他）	490	7840
锌	440	7040
锡	460	7360
铜	560	8960
铅	700	11200
金	1200	19200
大理石，石灰石	170	2720
水泥	180	2880

注：从磅/立方英尺到千克/立方米的转换即前者和因数 16.00 相乘的结果。

然而，有时候必须协调保持器物清洁和保存安全的要求。有些器物可能太重，很难搬动，或器物太光滑而无法戴手套处理。在这种情况下建议直接用清洁、干燥的双手来处理。如果操作人员排出的汗和油腻污损了器物，应立即用纸巾或柔软的布将它们擦拭掉。艺术品和相关收藏的一般处理标准参见参考文献 99、102、108、125 和 126。

针对不同材料的重量采取不同的处理方法，以下的密度数据（近似值）可作为参考。

4.3　博物馆内部运送

在博物馆或美术馆内将器物从一个地点运送到另一个地点的可移动设备很多。最常用的是带平滑滚轮的平台手推车（有防震装置），上面带有使用者定制的表面带衬垫的垂直隔板，以及可安全支撑艺术品或器物的锁定点。

体积非常小的器物可放置在用户定制的带间隔的手推车上水平运输，稍重的器物用较低的移动推车搬运，外形笨重的器物用带有支撑壁的移动平台搬运，支撑壁可以升高或降低以便水平搬运。博物馆内部搬运所用的典型手推车、货车和移动车如图 4.8 和图 4.9 所示。

液压式叉车及类似设备通常用来抬升或搬运重型集装箱和板条箱，其齿叉可伸入货盘或类似结构底部。而且，齿叉可以上升至一定高度，附上链条和爪钩可用作起重机。诸如雕塑、农业工艺品等厚重且体积大的器物必须加以细心保护，以确保抬升装置的安全，防止抬升作业对员工造成机械损伤或意外伤害。

使用重型装填式移动车、手推车和移动平台时，至少需要两个人（一前一后）。在斜坡上应多加注意，避免因突然加速而失控。

多数博物馆都有可到达不同楼层的升降电梯，载重量通常为两吨或更大，因而速度也比较慢。在搬运入口设置机动装卸平台亦

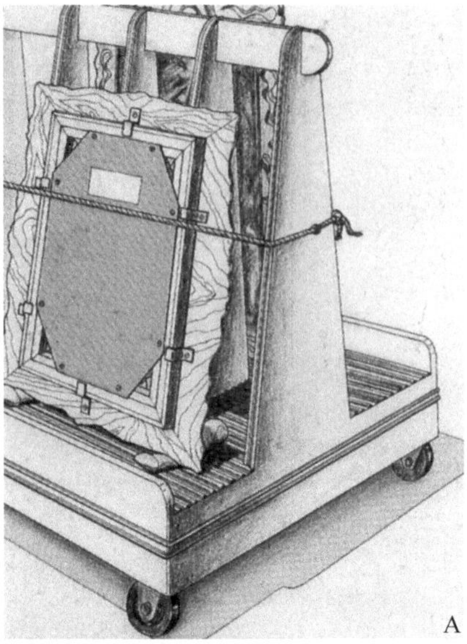

A

图4.8 （左）运送平面艺术品的移动式平台。带框架的画作放在衬垫上并用一根绳子或带子捆绑以免滑落；（下）定做的加衬垫的移动箱，用来运送绘画、雕塑或大型器物。为方便取用，后面的衬板可以抽出。

B

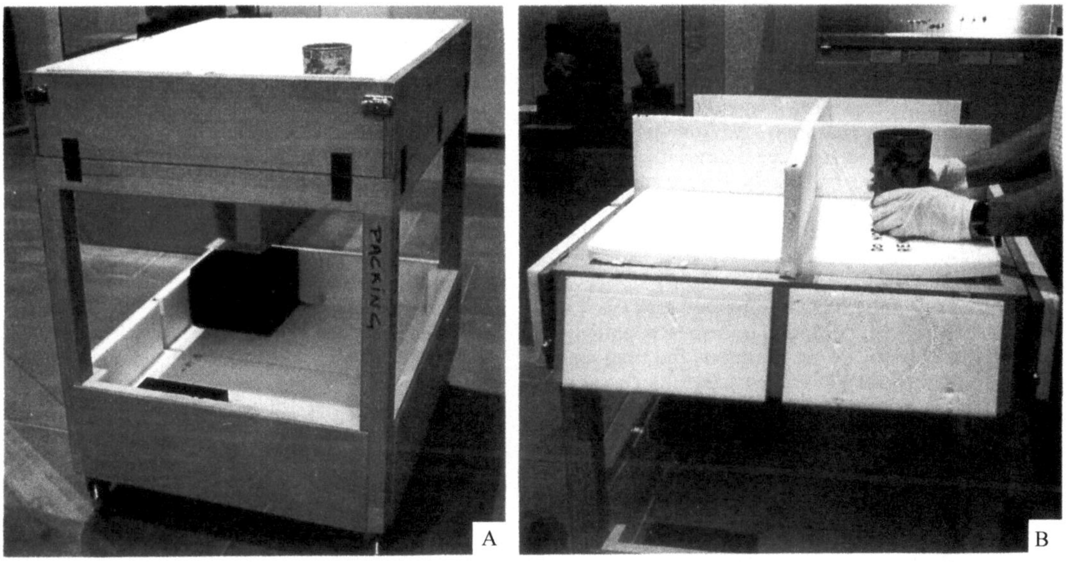

图 4.9 A. 用于搬运小型器物和易碎装饰艺术品的两层充填式移动车。间隔厢用表面平滑的泡沫塑料填充。上部侧壁安装折叶，并用锁链工具固定其位置；B. 降低侧壁以便能安全放置或取用器物。

非常有用。这些设备在装卸卡车上的货物时，在不增加额外人力的情况下，可将重型货物箱或器物抬升（或降低）至需要的高度。

博物馆藏品内部搬运需考虑的一个重要因素是要有多种设计合理的移动设备，以满足不同需求。大多数设备可以购买到，但是，通常手推车、移动车、四轮货车必须特别设计以满足特殊藏品的需要。

5 保管

5.1 引言

正如前面各章所强调的，艺术品及其他器物在运输途中和各个展出地点，都应从环境和物理角度得到保护。本章只侧重于其中一个方面，即保管。通常，当文物准备参展或出借之前，暂时存放在库房而不在跟前时，工作人员就会放松警惕。

在一些展览日程安排中，保管周期通常比较长——数周或数月，如果相对湿度、温度和光照状况没有达到需要的水平，暴露在这种环境中，那些对湿度敏感和光敏感的器物会遭到破坏。因此，借出方和借入方主管人员，务必使保管区域环境（包括运输和登记地点）的各项指标与陈列室的环境水平保持一致。

在许多博物馆和美术馆中，运输和存储区域的环境条件远没有达到理想水平，这些区域通常堆满包装箱、板条箱和各种杂物，且受到大运输量的影响。这些区域通常是在研究所内部，有时甚至靠近暖气或空调间，并且受到无规律变化的温度、湿气、气流、灰尘以及震动的影响。甚至那些拥有一流展出空间或借展专用陈列室的新建筑楼，其库房环境也没有达到标准。在预算分配中，文物库房的投入似乎低于可参观的、富有吸引力的陈列室、陈列设计和解说区域。

至于临时展览或借展，存储要求比较简单，性质上也和长期展览相同。在运输区域，初期和后期操作都需要一定空间。这里是存放打开的包装箱的区域，器物在拆开包装之前通常要在安全条件下存放一整夜或更长时间。运输中，包装箱可能会受到冷（或热）的侵袭。将包装箱放在博物馆的温度条件下保存8小时或更久，可以使包装箱内的器物逐渐适应房间的环境条件，尽量减少因突然开箱造成的热量和湿气改变的影响。然而负责借出和借入的人员通常急于检查展品，以核对保险单或文字内容；为了保护器物，一定要排除这些诱因。大多数博物馆和美术馆普遍采取延时拆包的操作方式。

拆开包装时，应将器物放置在安全地点，直到转移至预备场所或陈列室。应该避免将拆了包的器物直接运送到未完成布置或没有布置的陈列室，因为这样，器物可能直接面临来自木工、电工和油漆工操作及最后准备工作的大量危险。将艺术品放置在陈列室附近，且与准备工作区隔离较为安全。在这一区域进行环境状况的检查和最初计划的落实（出于设计和一系列评估的考虑），可使展品免遭上述危险。展览结束后，展品应送回到类似的存储区域，以备最后检验和再包装。如果这时没有木工、油漆工或其他危险操作，可以直接在展室中进行。

另外，还存在空包装箱的存储问题。通常情况下，包装箱被放置在对环境条件没有采取任何控制的建筑物空间内，或被送到外部库房。因此，再被送回时，包装箱和相关包装材料的温度和湿度条件并不符合器物的包装要求。在这种情况下再包装，会使湿度敏感性器物受到侵害和老化的影响，因此，应该考虑适当控制空包装箱的存储环境。

如果由于存储空间和后勤方面的问题，博物馆不适合存放，那么应在其他地方寻求安全、可调节环境的空间。解决的办法是，将包装箱和相关包装材料归还博物馆时，至少在预期的包装期前两周，将其温度和湿度调节到适当水平。同时，把包装箱打开，让包装材料与室内空气完全接触。否则，再包装时，缓冲材料的温湿度会出现不均匀的现象。

关于文物保管的资料[127~131]非常多，但是通常只涉及博物馆和美术馆的永久藏品。保管设备应按照标准制造或为适应特殊要求而特制。通常采用滑动屏存储绘画和其他类似的平面艺术品；开放式的架子或平台用来存储三维器物；封闭式抽屉用来存储图画、印刷品和光滑的纺织品；橱柜用来存储其他类型的器物。一般原则是存储安全且易于取用。

1976 年召开的国际博物馆保管会议，展示了世界各国的保管实践和技术，当时，博物馆正面临在适宜环境条件下保存藏品的空间危机[132,133]。现在，危机不仅继续存在，而且日趋严峻。这次研讨会上关于文物保管的文章，从长远角度预见了未来藏品管理的要求，讨论了相关原则、技术和设备，也涉及借展和巡回展览规划的需求。

5.2 保存环境要求

藏品摆放太拥挤、空气流通不畅可能引起库房环境条件的各种变化。封闭的地下室，能为贵重器物的运输提供稳定的气候环境，但因为缺乏空气流通，容易聚集污染物，如果相对湿度保持在较高的水平，还可能会促使霉菌繁殖。入库检查次数少和缺乏监督意味着库房监控不足，当意外事件如断电、水灾或过热情况发生时，通知及补救措施都会姗姗来迟。记录人员定期使用通常为短期存储而备的临时存储场所，但是因为接近运输和抵达区域及工作间，其环境条件远不能令人满意。存储空间也完全受博物馆的机械设备和空调设备的影响。

在第 2 章中已经讨论了针对湿度敏感藏品的相对湿度（和温度）水平（见表 2.2）。表 2.3 列出了光照标准。库房里存储了需要不同相对湿度以及光照水平的藏品，由此引出了环境最适宜水平的问题。如果相对湿度太低，比如 30%，可能满足金属制品的要求，但对相对湿度要求较高的纤维材料来说却是危险的。另一方面，如果相对湿度设为 60%，含铁或铜的合金器物可能产生腐蚀现象。

皮革或毛皮等民族学藏品的存储温度要比正常情况低。因此，如果库房条件不符时，可将精品文物放入相应的微环境控制箱中（见第 9 章）。为达到这一目的，可将那些需要低温保存的器物放在低温房间或冰箱中。

微环境控制法不适用于由湿度敏感材料和金属材料组成的复合器物，例如木材和铁。这种情况下需降低存储环境及展出条件的标准。在铁器上包裹一层特别的防潮膜，这种方法也可以用于木材或其他湿度敏感器物。

库房内首选的照明系统是低紫外辐射白炽灯。如果安装了日光灯，那么应该配有保护作用的过滤器，以去除潜在的有害紫外辐射。不进入库房时，最好把灯关掉，而且用窗帘或适当的纱网材料减少由窗户入射的日光。

灰尘和污垢堆积是保管工作中的一个常见问题，一般用塑料覆盖器物。尤其对于那些存储期为几周而非几天的藏品，有必要用聚乙烯薄膜材料覆盖。塑胶材料应该松散地覆盖在器物上，以利于空气流通，并与周围环境交换湿气，而不是完全将器物封入其中。也有例外的情况，个别器物需要用聚乙烯薄膜封入袋子或容器中，以形成微环境。应该避免使用聚氯乙烯或其他化学性质不稳定的类似材料制成的塑料薄膜。

控制库房中的昆虫和害虫很有必要，这一主题已在第 2 章中涉及，亦可参考不同类型昆虫及其对藏品的影响（见表 2.4）。利用无害杀虫剂或熏蒸剂清洁库房很有必要。而硫酰氟化物熏蒸剂只能由经过特殊训练的专业人员使用。

为评估库房环境现状，应该在关键和有代表性的位置安装温湿计。此外，博物馆工作人员或借展护送人员应该用便携式相对湿度监测器定点检测。用测光仪测试紫外线辐射水平。库房空气流通较差或通风情况良好的状况，都可以用适当的仪器（如风速计或风力计）测试。

5.3 保管方法和设备

保管的基本原则是将藏品保存在安全的环境中，且便于在被运送到其他地点（如展室）之前取出检查。保管设备也许只是简单的架子或密集柜。

采用的方法和设备都应该符合短期或长期保管藏品的物理和环境要求，使藏品免受损伤。人们往往觉察不到，某些保管设备也会将自身受到的摇摆或震动传递给藏品。例如，突然拉出或关闭抽屉的动作可能将震动传递过去，或导致器物改变位置，造成机械性损伤等。移动屏上放置的绘画作品和平面艺术品同样可能受到一个突然动作的影响。

操作必须轻柔，以免架上的藏品（或其他硬件的附属器件）因机械震动或碰撞离开初始位置。当然，这在很大程度上取决于保管人员的操作技术和现场判断。为了保护藏品，使其免受震动、高速运动和笨拙操作的影响，保管设备应该设计安装有减震器和类似功能的部件。

5.3.1 临时堆放或收藏

绘画和平面带框艺术品、印刷品、照片等可以用厚纸板隔离，垂直放置在简易移动车上，如图 5.1 所示。如果需要批量堆放，必须检验移动车的刹车、堆放角度的安全性，而且应首先处理体积最大的作品。三维器物如果原本放在地上，应该把它移到推车或临时平台上，以方便搬运。

设计合理的临时存储设施，如图 5.2 所示，使多种藏品的收藏和堆放成为可能。这样的储藏室有隔断、支柱，充分利用了地板面积。这些垂直支柱必须有足够的强度，能够承受倚靠的器物。临时存储也可使用手推车、移动车或其他移动设备，以方便进入房间。这就意味着要将器物固定好，但这通常是处理难以搬运或极易碎器物的最好方法。

5.3.2 架子

架子由木材或更适宜的金属制成，用来存储平面或立体器物。设计的垂直狭槽用来存放平面器物，支板用来存放普通器物。这种存储的典型排列如图 5.3 所示。

很重要的一点是，不要将架子设计得太高或太深，因为那样会增加存取物品的困难和危险。架子表面不应太滑，而且应防止架子意外滑倒或移位（房间震动也能引起这种现象发生）。为避免此类事件发生，可使用防滑垫或薄软木片。可以在内滑式狭槽中放置平滑的毡子以保护画框。架子可能需要壁架或其他附加隔离物，但应牢记取用方便这一根本原则。

5.3.3 抽屉和橱柜

抽屉用来存放纸质平面作品，如厚纸板、纺织品、地图和类似物品，如果设计恰当的话，还可放置小型器物。从装配和保护角度来讲，金属设备比木质的更好[134]。

抽屉的滑轨应有加衬垫的缓冲器，以使关闭动作尽量轻缓。最好能使抽屉轻微倾斜，可自动关闭。抽屉的内表面应该使用无害材料，如果必要的话，可以安装防滑底。抽屉内保存的器物应按要求加装衬垫和隔板。

可以通过在抽屉内部安装盖子，并在藏品柜抽屉的开口处使用垫圈来隔尘。安装可使抽屉完全封闭的门也能达到防尘目的。也可以通过安装盖子和封闭所有敞开空间，形成抽屉内的小气候环境。在抽屉内设置环境控制材料，如湿度缓冲物，可以维持特定的湿度水平（亦见第 9 章）。

5.3.4 滑动隔板

滑动隔板常用于绘画作品和平面艺术品的保管，而且装饰艺术品也常用钩或部件悬挂在屏上存放。这种系统节省空间，而且方便检查和修补。图 5.4 中显示的是用滑动隔板保存普通器物、绘画作品或纺织品的例子。

在滑动隔板设计中，应考虑减少摇摆和震动。摇摆问题可通过在地板上安装导轮解决，震动则可通过在上部轨道末端安装缓冲器来解决。

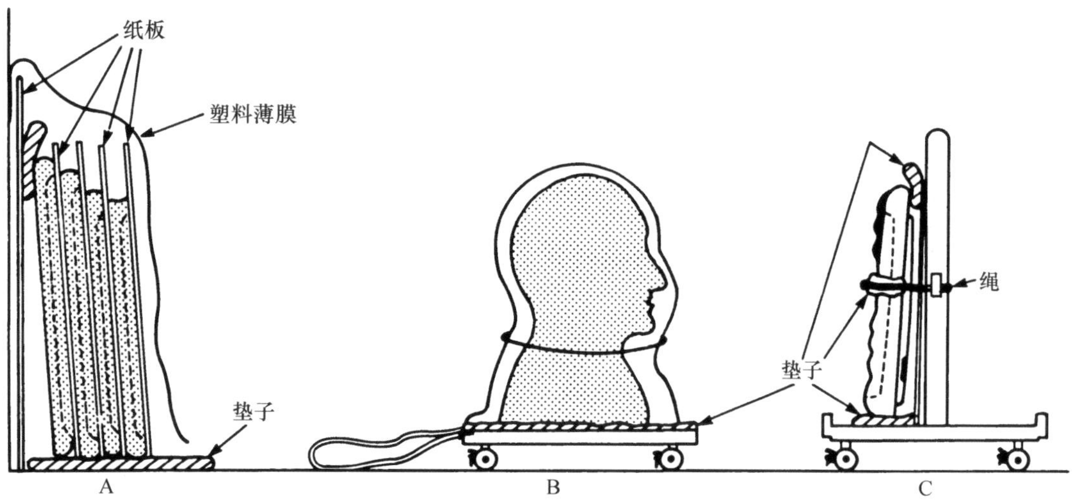

图 5.1　A. 加框绘画或平面作品在库房或展览区域靠墙放置；B. 笨重的雕塑、器物或家具可放置在移动车上，以减少搬运；C. 特殊可移动平台上的加框绘画作品。

图 5.2 布满可移动隔离支柱的临时展览储藏室。

设计出的各种不同类型的钩和附件可将平面艺术品固定在网状屏或花格形装置上。在有些系统中，扣件被永久固定，以确保绘画或其他艺术品移动后还能放回同一位置。

5.3.5 密集柜

密集柜的应用是博物馆领域的新成果，它解决了“用较少空间存储更多藏品”[135]的问题。许多图书馆和档案馆都使用这种装置，装置中的压缩单元可自动（电动）或手动操作。图 5.5 显示了博物馆中这种装备的安装。

在移动可动装置时一定要特别小心，避免对架子上、屏上或箱内器物产生震动和摇晃。维持密集柜封闭空间内的相对湿度（和温度）水平存在一定困难，这可能是这一系统的缺点之一。密集柜主要用于永久性藏品，可能不太适合筹备展览的临时性存储。由于手动密集柜不易出问题，故它对博物馆保管更为有用。

5.4 贵重物品储藏室和高安全性存储

贵重物品储藏室和高安全性存储区域用于存储价值极高的器物，如黄金、宝石或国宝级藏品。这些封闭的安全区域必须配备报警系统，以防损害或非法闯入，而且应有防火装置。

只有少数贵重物品储藏室中设计有环境调节装置，比如相对湿度和温度控制系统，这对湿度敏感器物十分重要。在接收归还的器物或将器物装运送走之前，需要将贵重器物放在保管部门可容纳文物包装箱的安全罩内。这些罩由粗重的钢柱和铁丝网制成，安装有安全警报装置。但无论如何，它的安全性还是低于贵重物品储藏室。

图 5.6 所示的爱尔兰珍宝展[136]是贵重物品储藏室发展的有趣例证。手稿展区内设有钢制的储藏室，湿气和温度都可调控。采用这种储藏技术是为了保证贵重手稿在闭馆期间的存储、防盗或防火。

5.5 库房内的防火措施

毋庸赘述，库房中不允许使用喷淋灭火装置。在发现热和烟的瞬间，采用二氧化碳气体或碳卤有机化合物等更有效的办法即可灭火[137]。

二氧化碳气体系统的冷却效果相当好。喷射时，会产生水雾并在物体表面产生冷凝水。当然，这对那些湿度敏感作品有害。此外，库房内工作人员可能会因为烟雾造成的低能见度而迷失方向，而且高浓度的二氧化碳会使人窒息。

碳卤有机化合物的毒性低于二氧化碳气体，不会产生同样的烟雾笼罩现象，而且灭火性能出色。设计优良的碳卤有机化合物灭火系统应用于许多机构，但通常比二氧化碳气体灭火设备昂贵得多。两种灭火系统中的任何一种气体的高速喷射都能“破坏”房间内的器物。因此，要将器物固定在适当位置，并调节灭火器喷嘴使气流分散或发生偏斜。第 13 章将进一步讨论有关火灾控制及预防的内容。

图 5.3 A. 用于加框艺术品的多功能储藏架（1），用于大型平面印刷品或图画的水平抽拉式架子（2）；B. 用于历史文物的防滑储藏架；C. 用于中等尺寸和重量级雕塑及装饰艺术品的有衬垫的储藏架。

B

C

图5.4 用于绘画和平面艺术品悬挂的滑动隔板储藏系统。房间中心区域一定要开阔。

人类学及民间艺术藏品的固定隔板储藏。

用于纺织品的滑动活页板。

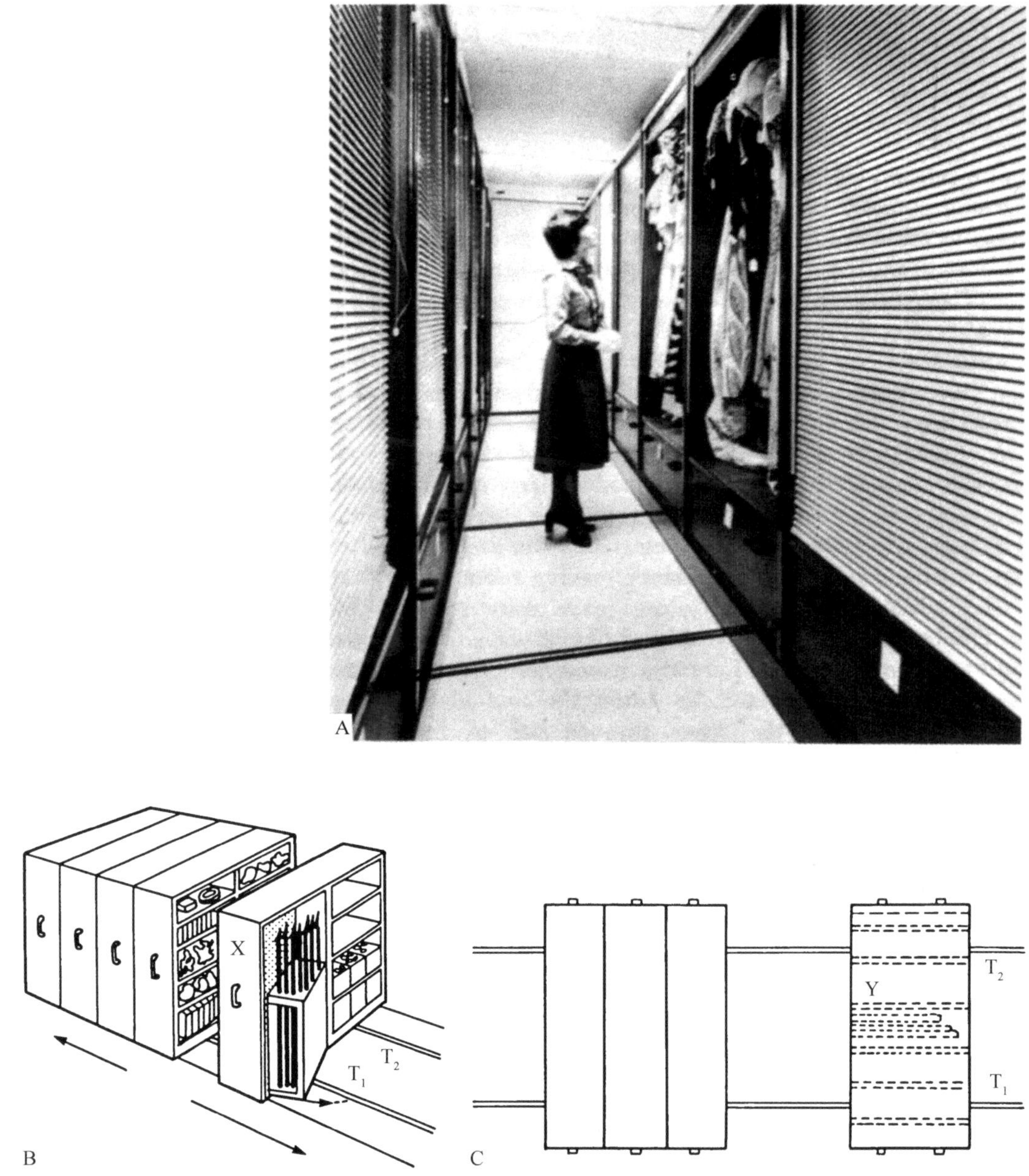

图 5.5 （左）密集存储技术；（左下）用于纺织品和服装的存储系统；（X）用于人工制品的存储系统；T_1 和 T_2：轨道滑行装置；（右下）为特殊目的设计的部分装置，比如用于矛、枪或其他长器物的旋转存储装置；典型的压缩系统平面图；（Y）用于垂直存储绘画或其他加框平面作品的活动部件。

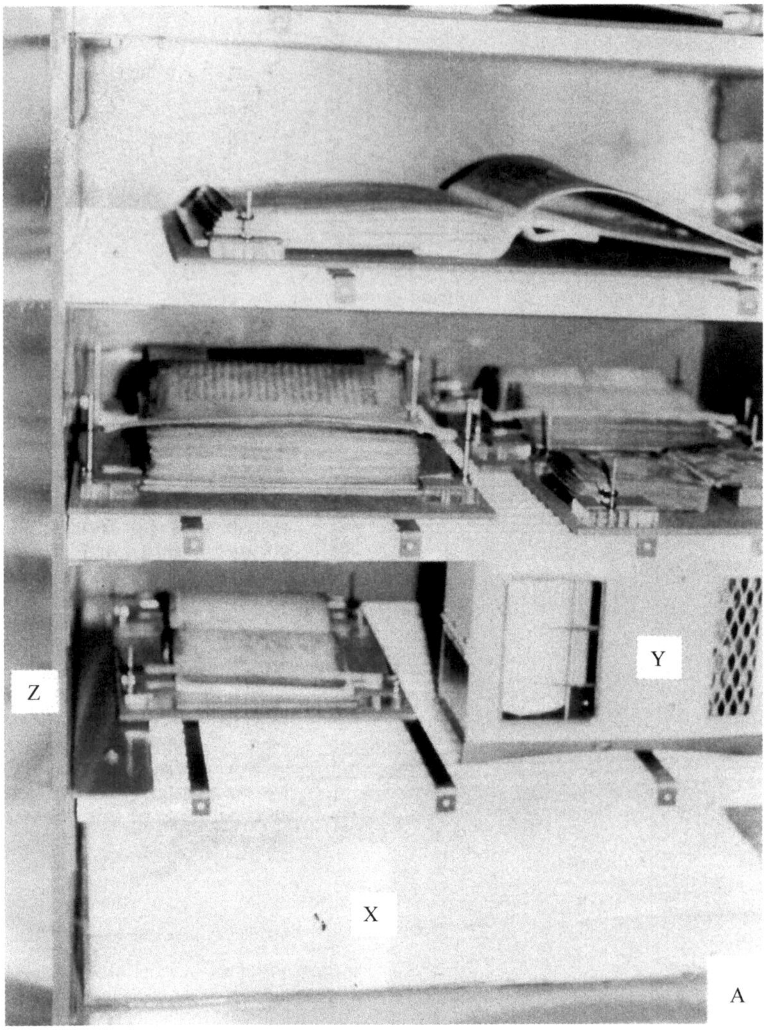

图5.6　用于爱尔兰珍宝展，闭馆期间存储手稿的耐火、控制湿度的保险库（美国展出中）。

A. 保险库内部底层间隔（X），用硅胶将相对湿度控制在60%。温湿计安放在（Y）位置，（Z）处是保险库钢壁。

B

B. 打开的隔板和硅胶。

6 传统与新型包装技术

6.1 引言

在过去的二十五年里，包装、运输领域发展迅速。对用于易变质日用品、精细电子产品和先进设备以及迁移整座工厂设备的包装、运输工业和商业技术，应该从可能改进和利用的角度加以关注和考察。然而，博物馆和美术馆工作人员对新技术（如新材料的使用、包装箱的新设计理念、减震系统）的消极态度必须改变——他们总是在“陈旧的和熟悉的就是最好的”观念中裹足不前[138]。

包装系统的主要目的是以被选定的运输方式，在到达目的地的所有环节中为物品提供物理和环境保护。该系统应该是简便的，不包括重复或复杂的拆包或再包装程序。这方面的例证不胜枚举，如小型博物馆为某展览定制的包装箱太重太大，无法在有限的空间内展开操作，或包装箱规格无法满足固有的运输方式，如火车的精密要求。糟糕的内衬设计或不适合的闭锁装置，往往使包装箱的再利用变得困难重重。

随着研究机构越来越多地参与展览规划，基建材料（如木材、胶合板、纤维板及硬件）日益增长的开销，对原本紧张的预算提出了更高的要求。因此，我们正努力通过使用标准组件，运用可循环使用的包装箱，以及更轻型的材料进一步简化包装箱。我们还发现，如果基建方与管理、记录、保护人员密切沟通，共同部署的话，将会创造出很好的效果[139~142]。

在与工业包装专家沟通时，我们一定要意识到他们倾向于考虑一次性的运送方式，而不是包装箱的重复利用。还要考虑包装材料在生产过程中性质的变化，如用于缓冲和绝缘的合成塑料。为避免这些问题，许多博物馆技术人员仍然倾向于使用天然材料，如木材，因为它是人们熟知又方便使用的材料。作为包装材料，需特别注意的是木材的隔湿、绝热和减震特性。

使用木质或塑料质地的标准集装箱，越来越被广泛接受，而且由于集装箱元件可以拆卸重装，所以十分经济。大多数集装箱是为个别艺术品或运输的特殊器物定制的，但是这样做不仅成本高，而且浪费材料。绝大多数博物馆库房都堆满了很少使用或从未使用过的包装箱。

近年来，人们不断认识到物理环境因素（如湿气、温度、光、污染物质）对美术品及其他器物结构和材料的影响。而对运输过程中因气候变化、摇摆和震荡产生的综合和累积作用却知之甚少；直接的和随后的损害都可能发生[143]。令人费解的是，为什么有些器物历经草率处理、不恰当包装及环境变化仍安然无恙，而有些却很容易受损。一个“后期检查”监控协定计划可以证明，后期情况的恶化与运输途中的物理重压和震动有关。

近几年的大规模国际展览中，在包装箱设计、包装理念以及官方在保管和保护措施上的投入方面取得了长足进展。在出借合同和协议中，具体涉及包装、转运和环境条件等详细技术的条款频频出现。大规模的外展和巡展，如1967 年（蒙特利尔）展览、1970 年（大阪）展览、中国考古发掘展、爱尔兰珍宝展和莎士比亚作品展都是包含了先进技术规范和保护标准的展览实例[144~149]。

下面的章节描述了常用的包装箱和包装系统。第 7 章论述了较复杂的系统和设计标准，第 8 章论述了提供湿度和温度控制技术。

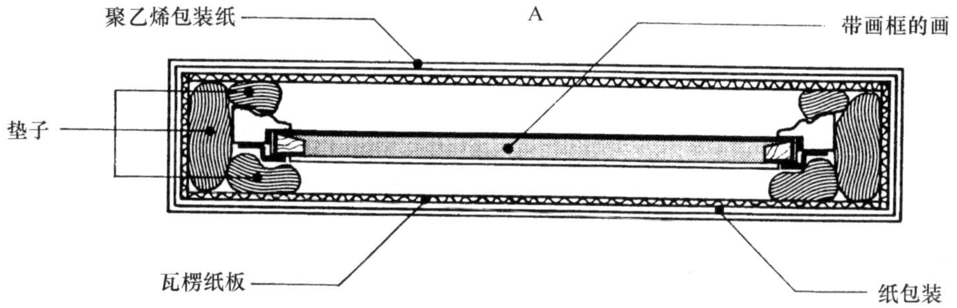

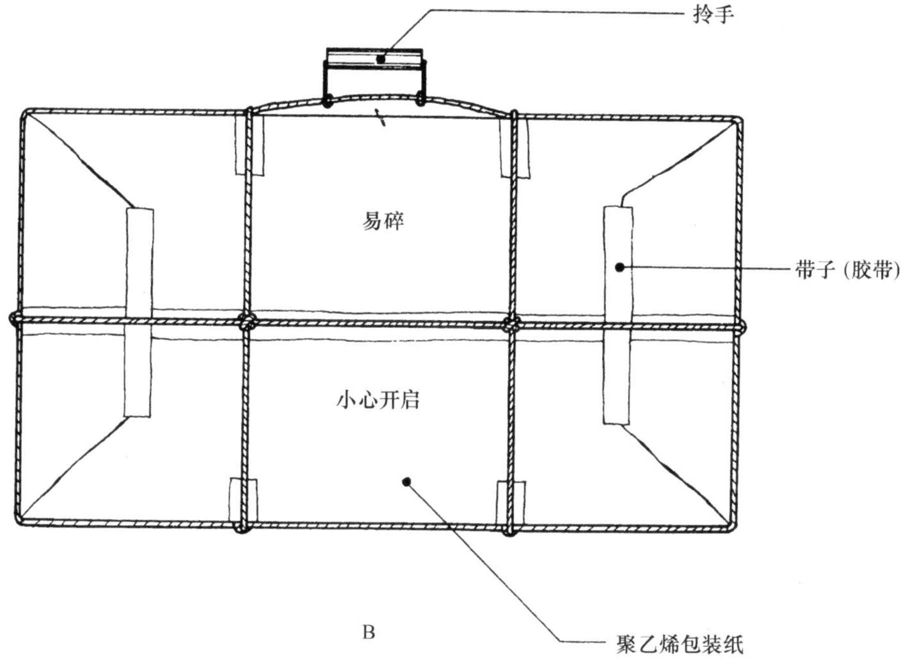

图 6.1　用于单件平面作品的便携式容器。
A. 截面图；B. 包装就绪，为手取做好准备。

6.2 包装技术

这里所描述的系统并不提供维持恒定相对湿度或温度水平的任何设备（化学的、电或机械的）。安装有内置系统的可控包装箱专门用于高敏感和极有价值的艺术品，因为对这些艺术品而言，控制环境变量至关重要。

“无可控”装置的包装箱能够通过缓冲作用保持某种程度的稳定性。例如，如果制箱材料（木材、胶合板、纤维板）的初始状况良好，后来被用作包装箱的原材料，且始终处于与展品要求的相对湿度类似的环境条件下，包装箱内的相对湿度便会得到某种程度的缓冲。为了发挥这种简单缓冲方法的优势，在包装前数周内，储存展览要用的空包装箱的环境便应达到要求[150]。后面6.2.1到6.2.8节将详细描述绘画及其他平面作品的包装系统，6.2.9到6.2.14各节将侧重于三维器物的包装系统。

6.2.1 短途运输的单一包装

单一包装方法是将个别的加框绘画作品、照片或素描事先用薄绵纸或牛皮纸包装，周围填充软纸垫，再直接放入稍大尺寸的木材、胶合板或厚纸板包装箱内。这种技术主要用于短途和私人运输，相对而言，这类包装箱不需要特别结实，也不需要精制的抗震、缓冲装置。典型的单一包装便携式容器如图6.1和图6.2所示。

如果是未加框绘画作品，则必须沿各边贴上边框条，以这种凸出的包装方式，包装材料就不会接触或摩擦绘画作品表面。单个包装箱可以放置在更大的、周围包裹减震材料的包装箱里（亦见第6.2.8节）。这类包装不适用于需要额外保护的长途运输器物。

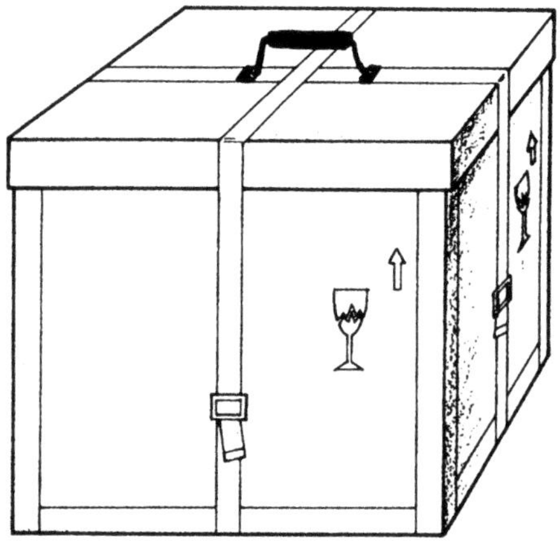

图6.2　用于搬运艺术品、陶制品和易碎艺术品的轻量级瓦楞纸板容器。

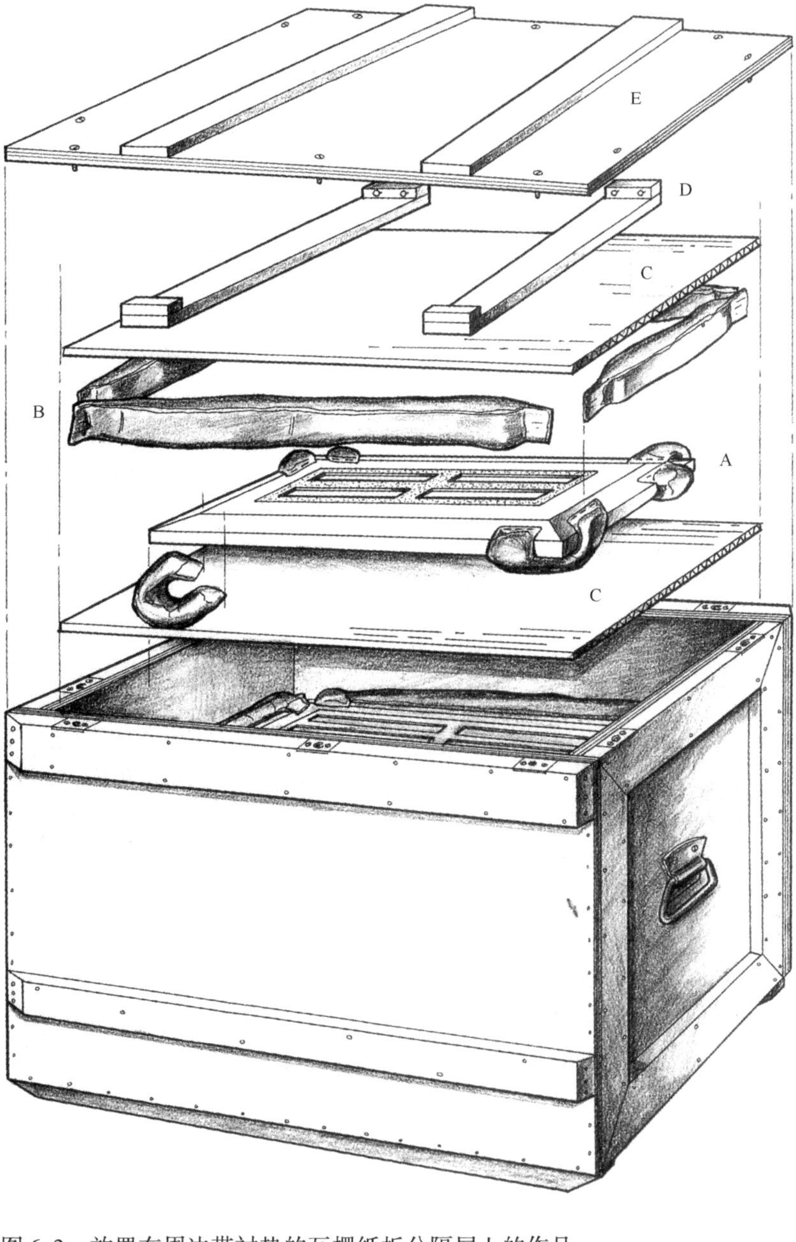

图 6.3　放置在周边带衬垫的瓦楞纸板分隔层上的作品。

6.2.2　复合包装

这一系统有两种主要形式。一种是将加框绘画作品或类似的平面艺术品放置在硬嵌板上，周围塞满衬垫或肠状充气物。这些软垫可以用织物、填充了泡沫塑料碎块的厚纸板或碎泡沫塑料块做成，偶尔也可用细刨花。

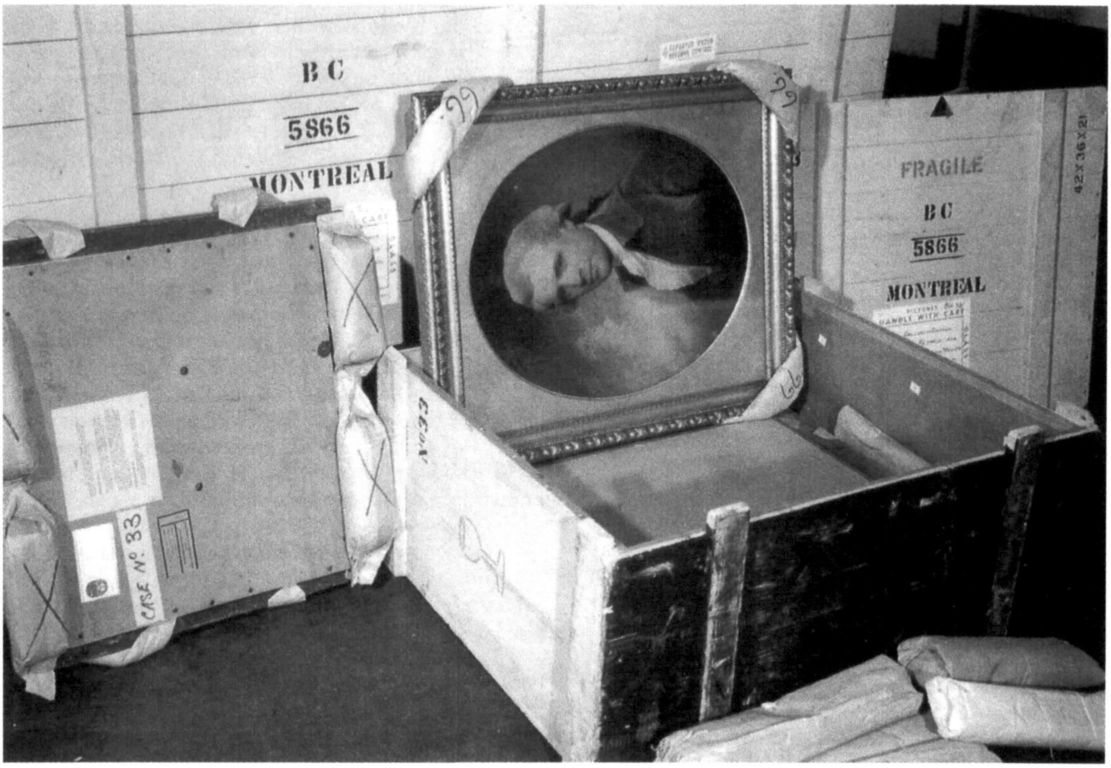

图6.4 缺少保护的加框绘画作品的“金字塔”式包装。箱盖内部贴有内容清单。

复合包装的较早形式是“金字塔式包装”，即把加框物品面朝下摆放，最大的放在底部，较小的依次堆放其上（“金字塔”之名由此而来）。如前所述，个别加框画的边角处装有衬垫，而且在不牢固的部位包裹有缓冲材料。由于缓冲材料的移动，金字塔式包装（现在很少使用）会导致艺术品在运输过程中存在移位的危险，而且因为没有对作品表面进行保护，擦伤、凹痕，甚至更严重的损伤都可能发生。包装系统如图6.3和图6.4所示。

6.2.3 水平盘式系统

这一方法是将单个平面展品放在四角有减震器的单独托盘中。一个包装箱中一般有5到6个根据客户要求制造的托盘。实践证明，这一系统对于在运输过程中需要多次再包装的巡回展览非常有效[151]。这些盘子被牢固地固定在包装箱内壁上，箱内壁同样安装有减震装置。

这种包装方法使用简洁，每一件作品都直接放在箱中尺寸合适的托盘上，见图6.5和图6.6。

盘式系统的一个重要优点是，包装箱可以缩小到特定尺寸的标准类型，可以在其他流动或固定展览中再次使用。

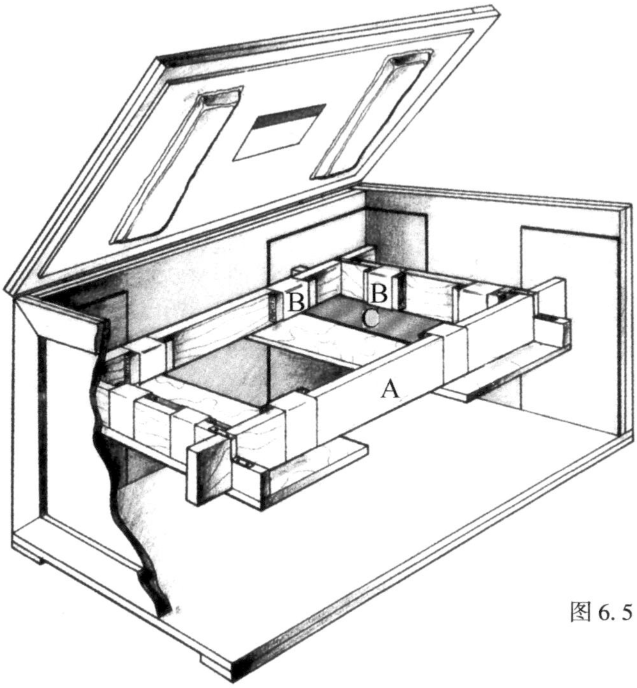

图 6.5　水平托盘包装系统示意图。

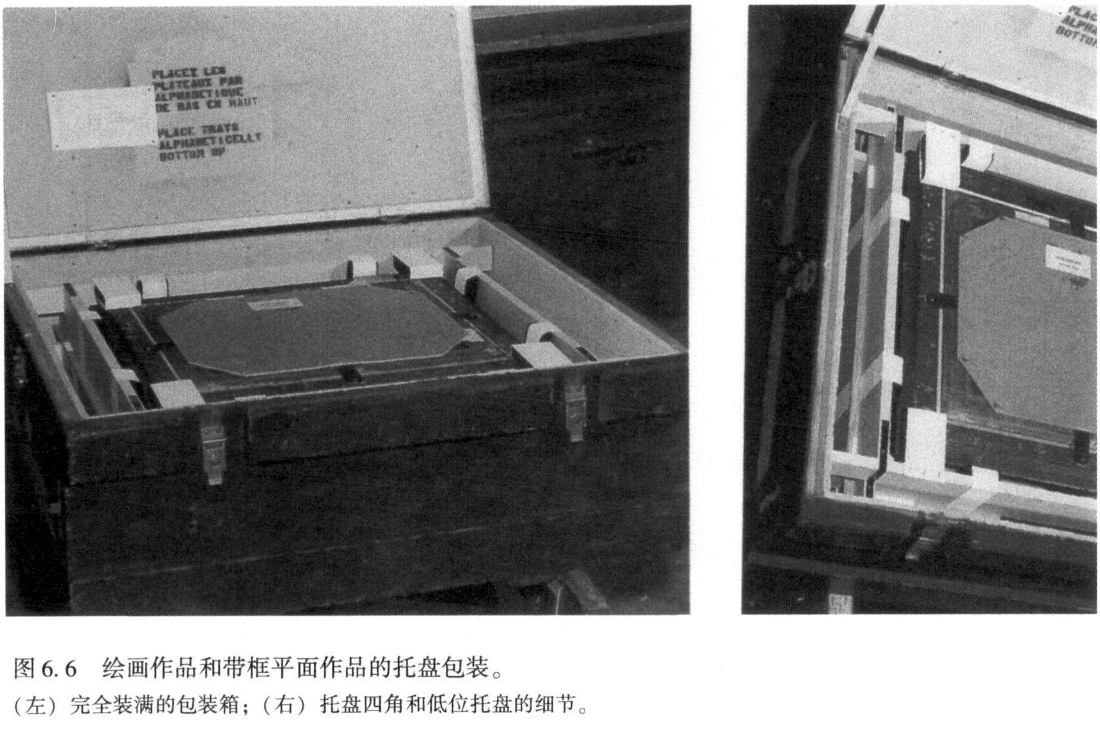

图 6.6　绘画作品和带框平面作品的托盘包装。
（左）完全装满的包装箱；（右）托盘四角和低位托盘的细节。

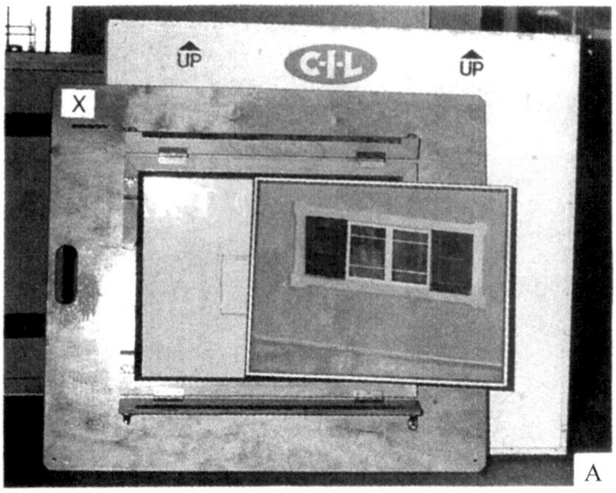

图 6.7　垂直抽取式滑动板包装。

A. 从包装箱移出的滑动板，显示了通常为带框绘画作品制作的固定装置；

B. 包装箱内视图。狭槽轨道（顶端和底部）安装在减震橡胶垫上。为隔绝震动，在箱子背面和可移动箱盖内部装有水平橡胶“减震垫”；

C. 用于大幅绘画作品的类似包装箱。

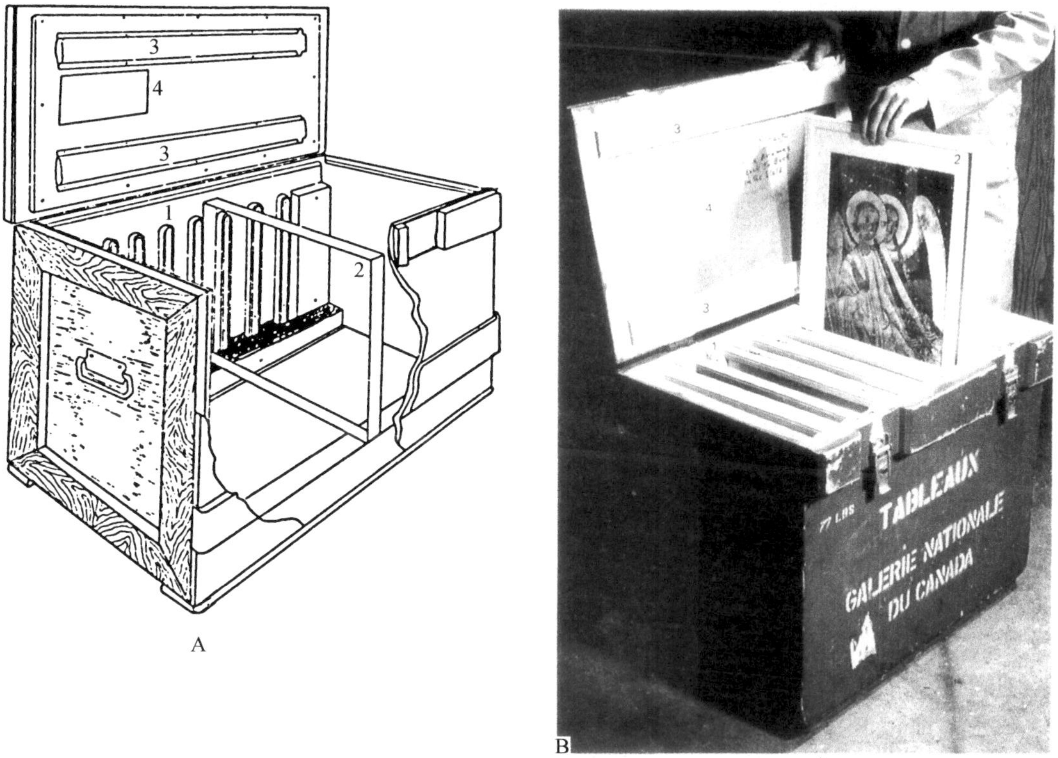

图 6.8 用于固定形状的有框作品的垂直包装装置。

A. 简图 1. 填充式导条 2. 艺术品 3. 作为减震材料的填充长条 4. 内容标签；B. 使用这一方式的巡展包装箱。

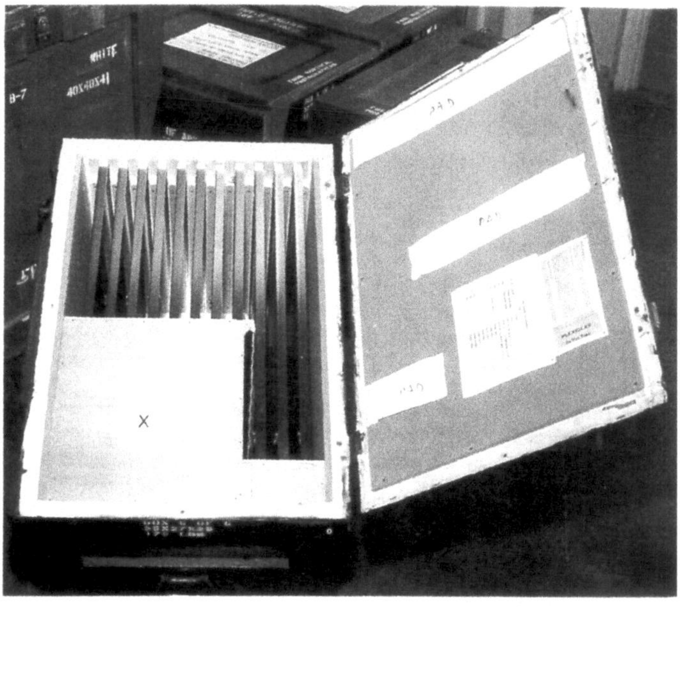

图 6.9 这种箱子可装运两种尺寸的纸质有框艺术品。空间（X）可以是空的，也可以用来装运一件器物。箱盖上有衬垫，将内容标签贴在上面，以方便再包装。

6.2.4 垂直滑动板或托盘

这种技术[152,153]的特点是，滑动板垂直安置（类似托盘）以适应特殊尺寸的有框绘画作品或其他平面作品。图6.7为包装箱一端打开的例子。这种包装箱用铝和胶合板制成，这样设计的目的是为了在横穿加拿大的多次巡回展览中包装箱能够反复使用。这种方法已经应用了十几年，效果一直很好。通过这种技术制造的包装箱耐用，却相当重，在小场所需要额外配备专门的操作人员。这一问题通常可以通过采用轻型结构材料，或安装少量滑动板得到有效解决。

6.2.5 狭槽系统

在包装箱内部安装垂直滑动板的地方，可以安装狭槽或轨道系统来直接收纳有框作品。当然，这些绘画作品的框应该是光滑的（或磨光），这样在滑动和搬运过程中不至于造成损伤。狭槽系统基本上是针对较小的加框绘画作品、纸质艺术品或照片这种尺寸可以合理处理的物品，每个包装箱都可存放数件艺术品（6到10件），且每件作品都有各自的狭槽。因此，拆包装和再包装成为例行程序，不需要高度熟练的工作人员。典型包装箱如图6.8和图6.9所示。

这类包装系统的主要问题是艺术品如何减震，如在从轨道到框架运输的过程中。这个问题可通过在轨道内壁以及框架配件前后安装减震层来解决。

事实证明，狭槽包装系统在巡回展览中非常有用，尤其对没有特殊配备的展览中心更是如此。绘画作品、素描、照片、地图等的边框通常都用聚丙烯酸板制作，有玻璃的部位一定要安装减震材料。带有塑料罩面的物品不需要额外保护，但是，带玻璃罩的表面通常需用弹性带子捆起来。为了更安全，最好将带玻璃罩面的物品单独包装。

6.2.6 水平滑动板或托盘

这里所说的滑动板，是上面附有各种不同小物件的滑架。这类系统在横跨美国的莎士比亚巡回展览中得到应用[154]。图6.10描述了珍本书籍和手稿的包装。

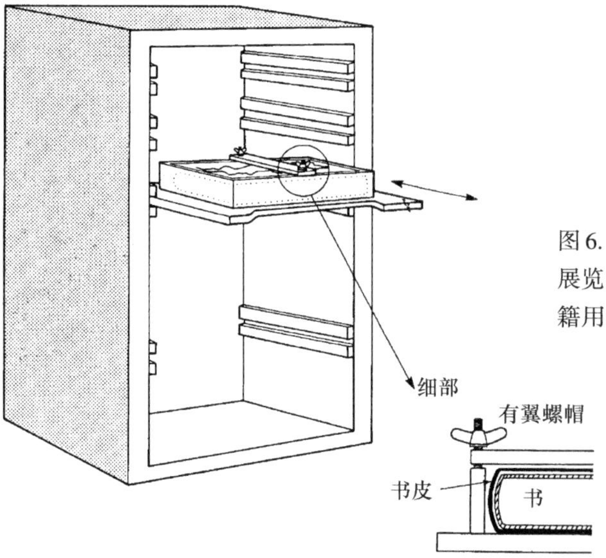

图6.10 用于福格·莎士比亚（Folger Shakespeare）展览的水平抽拉盘技术示意图。个别手稿和珍本书籍用软布料包装后放在如图所示的密集架中。

图 6.11　运送"蒙娜丽莎"(Mona Lisa) 的绝缘金属箱。

需要注意的是，垂直滑动板更易用于保护并抵抗运输震动。水平托盘安置处，托盘及固定装置必须牢固，以对抗垂直方向的破坏力。

6.2.7　硬泡沫塑料包装

这里引用的例子是 1962 年将里奥那多·达·芬奇（Leonardo da Vinci）的著名油画"蒙娜丽莎"（Mona Lisa）从巴黎运送到华盛顿和纽约而特别设计的包装箱。箱体描述、设计原则、预测试和各相关细节都已报道[155]。

如前所述，包装箱（图 6.11 和图 6.12）为金属结构，而且有一个密封盖。箱内垫衬 5 厘米厚的硬聚苯乙烯泡沫，用来防震、隔热。油画"蒙娜丽莎"（Mona Lisa）周边安装了硬泡沫塑料板，可以使其保持竖立，并在周围留有一定空间。在运输中，内部相对湿度没有明显改变（亦见第 8、9 章中有关这类包装箱的环境控制特征与其他设计的比较）。

运输中的包装箱应该始终处于保护控制之下，甚至还要防止包装箱在海上航行时丢失；保证包装箱密封、具有浮力，且需配备用于船沉没或包装箱被冲入海中时定位打捞的无线电发射装置。

图 6.12　A. 正在从箱子里将侧面被绝缘板包裹的“蒙娜丽莎”（Mona Lisa）提出来；B. 从作品背后可以看到绝缘部分在两侧的安装情况。

A

图6.13　A. 在大教堂入口处，鲁宾斯的巨幅作品以“最少”包装被保护在一个敞开的框架中；B. 油画被装载到专运卡车一侧。

B

图 6. 14 准备由墨尔本运往布鲁塞尔的“组雕”。

6. 2. 8 大型绘画作品和图片包装

大型绘画作品在搬运和包装过程中易受到损伤，会出现特殊处理问题。包装箱不仅外形要非常坚固，而且搬运时要不易扭曲，所以有必要在箱子面积大的各面装订对角或十字交叉形支撑物。此外，与较小的箱子相比，这些箱子需要用更重的胶合板制作，这将增加其重量和费用。

短途运输，如公路运输，大幅画可以用最简易的包装，如聚乙烯包装材料，用大小合适的卡车运输。不过在寒冷的天气，可能有冷凝水问题。

一个有趣的例子是，将鲁宾斯(Rubens)的大幅版画[156]以及来自澳大利亚的图片（见图 6. 13 至图 6. 15）从安特卫普(Artwerp）运送到布鲁塞尔[157]。鲁宾斯作品的运输，让人想起了采用特别设计的卡车运输大型玻璃板的方法。在布鲁塞尔，采用澳大利亚包装系统海运大型图片时，是将其

图 6.15　包装系统细节。上百个大小不同的衬垫填充于组雕之间的适当位置，以保护组雕中的彩绘和木质结构。

拆卸成小件保护处理并采用相同的包装系统将复原的图片归还给墨尔本。有时候，用一个大口径的鼓形纤维圆筒（如建筑工业用来浇铸混凝土的圆柱），将大幅油画卷起来（油画正面朝外）是可行的（或沿画的中轴部分折叠，再将其覆盖在大直径圆筒的表面上）[158,159]。

绘画作品卷起来时，应该用柔软织物对表面进行保护。很明显，油画颜料层在被卷起来之前应处于良好状态。无论如何，作品被放回原有的平面状态之后，应该仔细检查一下表面是否存在剥落或龟裂情况。图 6.16 ~ 图 6.19 显示了从纽约运往西班牙的毕加索（Picasso）作品“格尔尼卡”（Guernica）的准备和包装情况[160]。

沉重的大型平面艺术品，如壁画，需要采用比上述更牢固、更结实的包装箱。这在意大利壁画展时十分必要[161]。由于壁画的脆性和易碎特点，所以搬运时应特别小心。

图6.16 正在从纽约现代艺术博物馆展览中撤下毕加索的绘画作品“格尔尼卡”，准备运往西班牙。

6.2.9 三维器物的浮法包装

一件外形规则且相当光滑的青铜雕像，可以事先用绵纸包裹，然后在四周填充缓冲材料。以往，传统的填充材料是经过研磨的细刨花，近几年来，聚苯乙烯泡沫塑料以及“球”形、“花生”形、“意大利面条”形的聚氨酯或聚乙烯泡沫塑料被广泛应用。这类填充包装被称作“浮法包装”，器物因悬浮起来而使其重量分散到各个方向[162]。

以这种方式包装器物时，必须将包装箱完全塞满，这样即使箱子发生翻转或倾倒——这在运输过程中可能发生，雕像或其他重型器物也不至于因位置改变而损坏。预先对雕塑进行包裹也非常重要，因为这样可以避免填充材料磨损雕塑表面或降低其光泽度。包装材料必须清洁、干燥，不含任何有害化学成分。

浮法技术的一个重要例子是，1964 年从梵蒂冈运到纽约参加世界展览会的重达三吨的米开朗基罗（Michelangelo）名作——圣母怜子像。当时使用的包装材料是膨化聚苯乙烯颗粒[163]。图6.20示意了包装箱及包装系统。实际上，它的外部是钢质容器，内

图 6.17 将仍在撑架上的油画画面朝下放在保护纸上。

衬石棉网，石棉网上为一层 20 厘米厚的聚苯乙烯泡沫塑料板，其内为一底部厚重用来盛装雕塑的木质盒子。

在雕塑的包装箱底部还安装了 1 厘米厚的橡胶减震层。内包装盒子里面衬垫聚苯乙烯板，其余空间用聚苯乙烯颗粒填充。对这种包装系统做大量研究和测试的目的是，避免可能出现的任何问题和确定这种双层组合包装的抗震性能。值得注意的是，圣母怜子雕塑并没有事先包裹，因此聚苯乙烯珠直接与雕塑接触。也许，在用聚苯乙烯珠浮法包装之前，应该先用绵纸将大理石表面包裹好。

6.2.10 雕塑的隔离式包装

这种包装技术（如图 6.21 所示）是浮法包装的另一种形式，将许多小型器物隔离后放置在同一包装箱内，这样使包装箱的制造变得很经济。填充物可以是前面提到的任何一种泡沫塑料颗粒，填充在器物四周。无论如何，建议事先用绵纸将器物包裹好。

包装箱应该设计得足够结实以运输重物，隔断也应该充分考虑到器物的安全。

6.2.11 三维器物的模板包装系统

使用这种方法时，雕塑作品、民族雕刻或形状复杂的其他器物周围必须加衬垫，或加与器物轮廓一致的模板[164]。然后，再将这些构件固定在包装箱内壁适当高度的狭槽中。此外，应特别注意顶部和底部的固定装置，确保器物被稳定地放置在有减震装置的适当位置。

包装箱用分量较重的胶合板和足够结实的木板制造以承载负荷，而且要足够牢固，

A

图6.18 A. 为卷起名画“格尔尼卡”而特别建造的大直径圆筒示意图；B. 从撑架上取下的画，(图6.17）画面向外卷在圆筒上。其间插入无酸透明纸作为保护层。

B

A

图6.19　A. “格尔尼卡”的搬运箱；B. 利用第二辆卡车的推力将其推入运输车辆的情形。

B

图 6.20　米开朗基罗（Michelangelo）名作“圣母怜子像”（雕塑）的浮法包装（戈登，美国）。使用了双层箱技术。

1. 聚苯乙烯颗粒；2，3. 硬泡沫塑料板；4. 沉重的胶合板；5. 橡胶减震板；6. 木质内包装箱；7. 防火石棉网；8. 金属外包装箱。

A

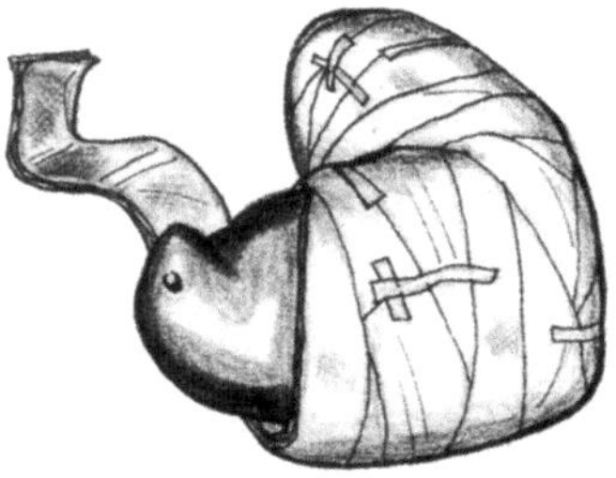

B

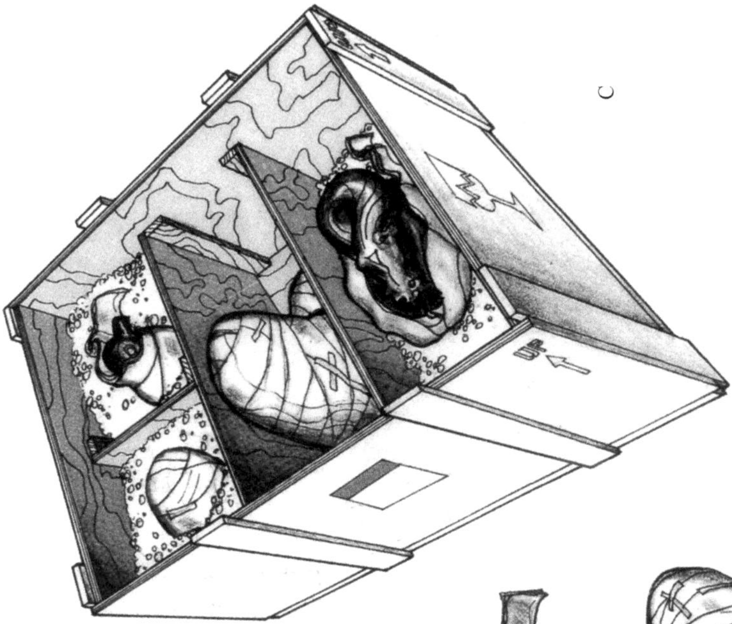

C

图 6.21　雕塑的复合包装。
A. 三件雕塑作品单独存放，分别用绵纸包裹，隔间内填充有细刨花；
B. 包装个别器物时，用绵纸像蚕茧那样将其完全包裹起来是一个非常好的方法；
C. 将包装好的茧状雕塑放入用泡沫塑料小球填充的隔间，泡沫塑料小球比细刨花更好。

图 6.22　罗逊博格（Rauschenberg）作品“山羊”（奥仑多夫，美国）的包装。

（左）各种不同的加有衬垫构件的固定装置，在海运期间保护并防止器物的移动；（右）包装好的内包装箱。内包装箱装入外包装箱（未显示）。

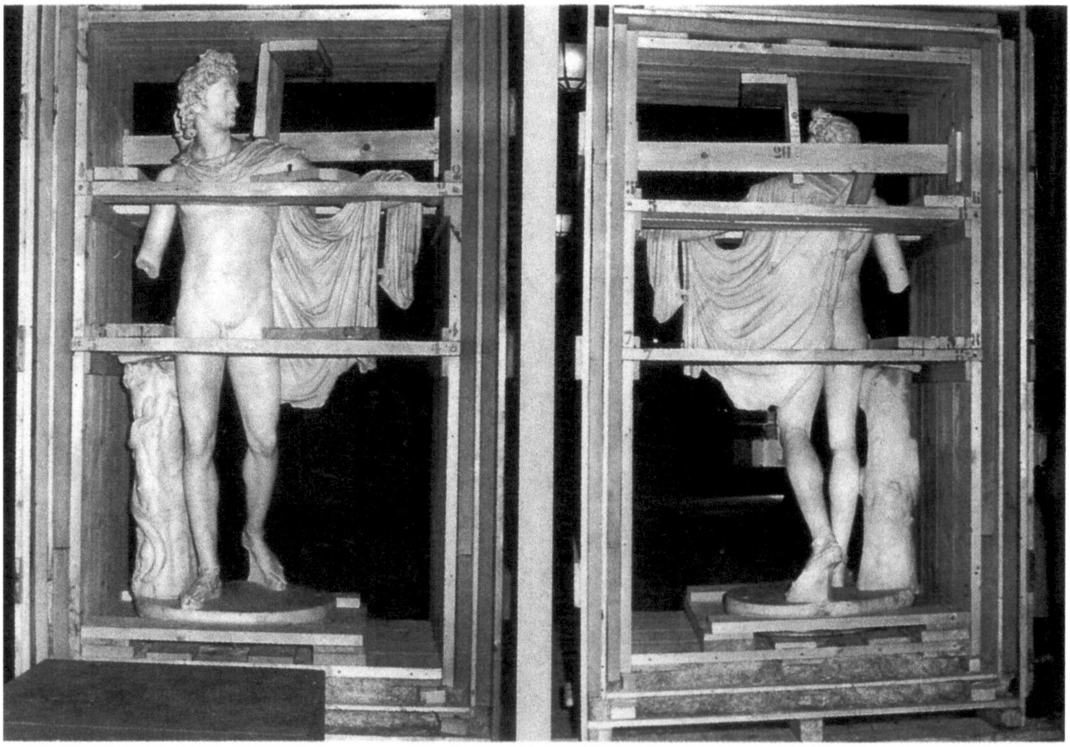

图 6.23　梵蒂冈（Vatican）艺术珍品展览。

（左）双层包装箱中“阿波罗的守望者”，根据需要放置有易移动的保护支撑，减震垫放置在包装箱各层之间，尤其在底部；（右）包装箱背面。

图 6.24　（上）从费城海运罗丹（Rodin）作品“加来公民”参加 1967 蒙特利尔国际博览会时采用的支架和衬垫；（下）国际美术展览馆展出的群雕。

以避免搬运时造成扭曲。器物放置好后，将上层模板部分置入狭槽中。通过在指定位置安装模板就可以限制物品的位移。

建议首先用柔软物包裹器物，并且确保在模板与器物之间的边缘接触面处也衬垫柔软材料，避免搬运时包装箱内器物表面磨损。包装箱内的空间可以用填充物或泡沫塑料颗粒填充。

在这种包装系统中，了解三维器物的强度特性和它的重量分布（重心）很重要。尽管外包装箱上有明显的警示标志，但是，箱子移位或不小心将箱子倒置的情况还是时有发生，所以如果模板放置不当，将导致器物损坏。注意，模板或其他加固物都应该用螺丝固定在适当位置，而不用钉子，因为螺丝拆卸迅速且安全。所有部件都应该仔细地贴上标签，以方便日后以相同方式再包装。

小型雕塑或重物可用带间隔的盒子包装，这种盒子使用类似的模板，并根据要求存放每件物品的零部件。模板包装实例如图6.22和图6.23所示。

另一种不同的支撑系统用于大型铜像群“加来公民”中，如图6.24所示。由于作品尺寸太大，不可能将它放入包装箱中。这种情况下，有必要召集从事“重型机械”运输的专家，在博物馆专家的督导下处理搬运事宜。插图显示了加固和支撑该复杂结构雕塑的各部分撑条。然而，在搬运和运输中。由于在受力点处铜像的重量分布和强度的支撑不够[165]，包装箱底部发生了损伤（裂痕）。

6.2.12 硬泡沫塑料模板包装

硬泡沫塑料（膨胀聚苯乙烯、聚氨酯或聚乙烯）可以修整、成形，做成凹槽或切割成块，以符合雕像或其他三维器物的轮廓。它的缓冲作用与第6.2.9节中描述的松散的填充包装很相似，但是，它还具有其他优点，即简化拆包和再包装时的放置和修补（这种技术的困难在于，硬泡沫塑料需要均匀地紧贴在雕像四周，以便在各个方向上以同样的力量支撑负荷）。

如图6.25所示，剑桥的弗格艺术博物馆成功运用了一种泡沫塑料包装形式[166]。流动展览一般用挖空的厚聚苯乙烯泡沫嵌板来放置形状、大小各异的铜像。包装用的聚苯乙烯泡沫嵌板数量，取决于雕塑的形状和尺寸，还可有效利用顶板及底板作为外包装箱的衬垫。在固定嵌板时，仔细粘贴标签很有必要，因为这样可以避免在器物周围再包装时出现问题。

最开始用非常薄的莎纶（Saran）薄膜（一种聚氯乙烯塑料）包裹铜器。后来，引进了更加精细的包装系统，即用化学惰性更强的聚乙烯薄膜取代了莎纶薄膜[167]。

当在外界环境比较寒冷的时候（温度在露点以下）打开包装箱，会产生冷凝现象。因此建议，比如在运输铜器过程中，应将没有打开的包装箱在室内放置几个小时（通常12个小时），使其温度达到和周围温度接近的水平，以消除冷凝。如果铜像上有湿气，会激活青铜病斑点。

一般建议在到达目的地前让箱子处于封闭状态。应该避免浮法包装的器物暴露在高温以及可能发生化学反应的由两种成分构成的混合物环境中[168]。

6.2.13 现代艺术品

在保存现代绘画、雕塑、民族学或其他结构复杂的器物时，准备工作、包装和包装箱设计方面存在许多颇具挑战性的问题[169~171]。在这些领域，器物的形状、大

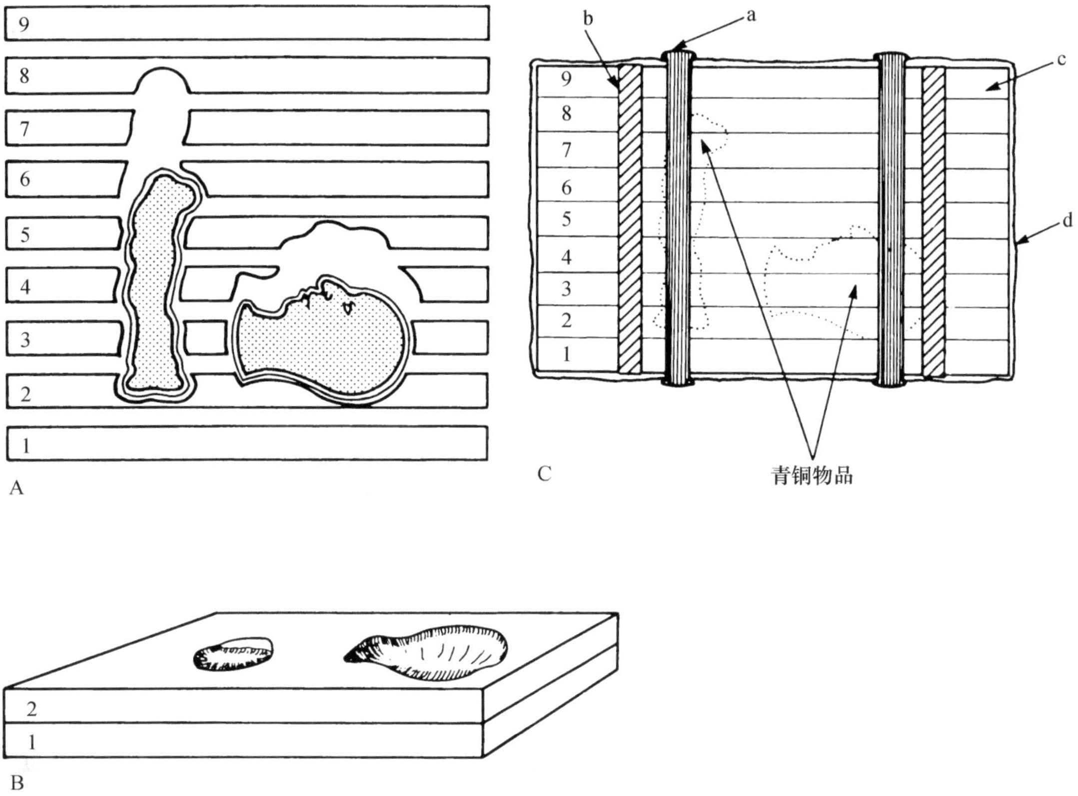

图 6.25　小件雕塑或装饰艺术品的层式硬泡沫塑料包装系统

A. 包装好的青铜雕塑放置在与器物轮廓相吻合、有凹槽的塑料嵌板（2～8）中的示意图；B. 有凹槽的 1 层和 2 层；C. 轻量级器物的组合包装：(a) 纤维带（外部）；(b) 纤维带（内部）；(c) 厚泡沫塑料板；(d) 作为外部保护包装的聚乙烯薄膜。

小、质地、材料以及制造工艺和脆弱程度各不相同。搬运和包装技术仍需进一步研究和发展。

那些技能熟练的专家有责任去设计用来搬运动态雕塑品、不规则作品、巨幅彩色风景画、泥塑作品等的安全方法。对于颜料层厚的绘画，问题可能在于没有完全干燥的颜料可能会流动。大件组合雕塑的问题是，每次展览时如何以合适的顺序拆开和重新装配各个部分；由于大面积的颜料区易被玷污的弱点，所以巨幅彩色风景画极易污损。一些现代艺术品的画面超出了画框，则需采取特别措施保护作品表面。

针对上述各类器物包装及包装箱设计的通用标准并不存在，对每件器物都应依据其具体需求单独研究。针对纽约现代艺术博物馆内包装和搬运现代艺术作品过程中出现的一系列问题，已经从保护角度给予了说明[158]，并作为参考应用到了将“格尔尼卡”运送到西班牙的包装系统中[160]。在第 6.2.8 节中已经讨论过巨幅油画在移动过程中部分折叠或卷起的可能性。把油画“画面朝外”

卷附在一个大直径的滚筒上，或将其折叠后卷在滚筒上，这使画可以经移动通过门口并易于装车。折叠和卷到滚筒上的操作一定要在文物保护专业人员监督下进行。

运输现代艺术品还存在其他困难。一些作品的着色超出了框架边缘，所以不能用传统方式加装边框。如果雕塑结构复杂，比如由细铁丝、监测装置或许多单独部件组成，应该由雕塑家亲自包装，并且在装运时附上一系列照片来说明再装配的程序。

包装及搬运人员经常遇到搬运和包装现代艺术品及民族学藏品过程中出现的令人困扰的问题，这并非总是操作人员的过失。曾发生了这样一件有趣的事情：一个博物馆的临时工作人员正费力打开一个包装箱，却不知道包装箱本身就是艺术家有意创作的艺术品[172]。

正如前面提到的，技术记录和照片在搬运现代或当代艺术品的工作中起很大的辅助作用。尤其重要的是，要清楚地显示展出作品是如何被拆卸并再组装的。备件是某些当代制品正常运转的必需物：如灯、发动机和其他短期使用的产品。向艺术家或工匠咨询，将会非常有帮助。

6.2.14 双层包装箱

众所周知，将器物放入一个包装箱内，再将其放入第二个箱子中，在两个箱子之间填充缓冲材料可以有效保护艺术品免受外部传递的震动和摇摆[173]。图 6.26 和图 6.27 显示了双层包装箱系统的简易性。在包装箱壁之间填充泡沫塑料、橡胶或其他减震材料。工业中运输易碎器械和组件、电子传动装置、X 射线管和计算机时，经常采用各种减震系统和减震装置。第 6.3 节将对这一主题作进一步探讨。

6.3 包装系统中的减震材料及减震器

这一部分和第 10 章“运输”中讨论的都是摇摆、震动及缓冲问题。表 6.1 中列出了用于工业及展览中的许多减震材料及其物理特性。由此可知，传统的减震材料，如涂橡胶的动物毛发、细刨花以及软纤维填料，可以达到理想的减震效果（动物毛发除外，因为它有很强的吸湿作用）。

对于减缓日常用品及封闭包装箱内的相对湿度而言，吸湿因素非常重要。合成泡沫材料（做成刚性薄膜或粒状），尤其是聚乙烯、聚苯乙烯和聚氨酯泡沫具有良好的减震性能和低吸湿性。这些材料也无需经常除尘，也就是说它们在包装箱内经摇摆和震动只会产生少量灰尘。

值得注意的是，发霉的橡胶或涂橡胶的毛发会产生轻微的腐蚀作用。越来越多的证据表明，当展品长时间与这些材料接触或密封其中时，会发生化学腐蚀[175,176]，如金属上的白斑或其他形式的腐蚀。在包装系统中，缓冲是最重要的因素，以下例证说明了一些博物馆和美术馆在这方面的应用。

6.3.1 橡胶和合成泡沫缓冲材料的应用

1973 年 10 月，用卡车将大幅版画从莱顿（荷兰）博物馆运送到 200 千米外的修复工作室时，采用了特别设计的橡胶减震垫和聚氨酯缓冲层[177]。这个棘手的作品是卢卡斯·范·雷登（Lucas van Leyden）(16 世纪）创作的一幅三联式版画，画作需要修复处理，但由于太大而无法放入包装箱内，

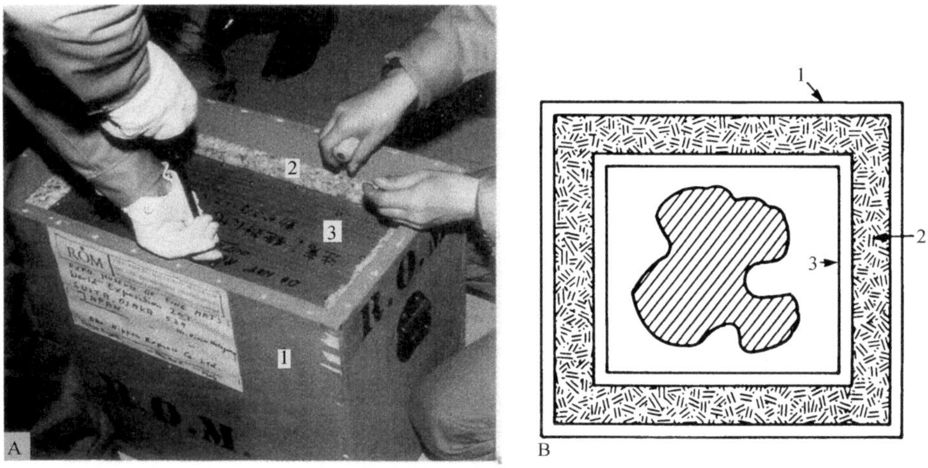

图 6.26　A. 双层包装箱；B. 技术图解。

1. 胶合板或木质外箱；2. 减震材料，例如泡沫塑料珠或类似材料；3. 胶合板内箱。器物事先用绵纸包裹，周边填充泡沫塑料珠作为减震材料。

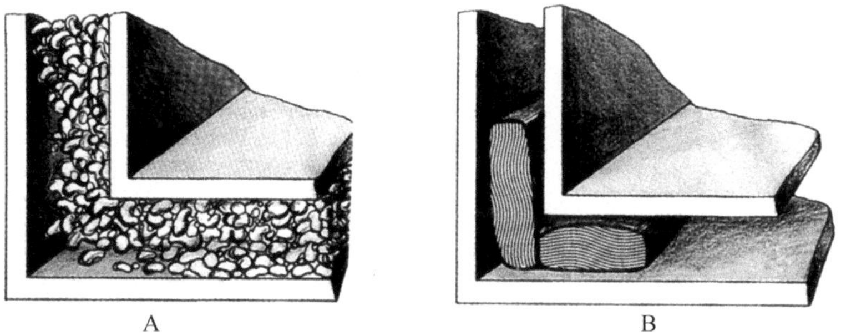

图 6.27　双层包装箱中的减震材料。

（左）箱壁之间的泡沫塑料珠（各种形状：花生形、弓形、圆盘形等）；（右）箱壁间的角落填充具有适当减震功能的橡皮或其他弹性材料制成的衬垫、衬块和衬板。

表 6.1　减震材料（天然的和合成的）在包装系统中的应用[174]

材料	减震性能	除尘	腐蚀作用	吸湿性	抗菌性能
涂了橡胶的动物毛发毛毯（做过抗菌处理）	优	一般	轻微	少量	良
纤维素填料	优	大量	无	不同	差
软木	良	无需	无	少量	良
聚乙烯泡沫	优	少量	无	低	良
聚苯乙烯泡沫	优	少量	无	少量	良
聚氨酯泡沫	优	最大量	无	低	良
带气泡的聚乙烯薄膜	优	无需	无	无	优
带开放气囊的聚乙烯薄膜	优	无需	无	无	优

最后决定使用卡车的车厢（和包装箱的效果一样），它还可提供缓冲和减震面。图6.28和图6.29显示了采用方法和材料的详细内容。在将展品归还莱顿的莱肯荷尔博物馆的过程中（仍是陆路运输），也使用了相同装置。

对用于易碎艺术品包装的橡胶及其他缓冲层的坚固程度（压缩程度）必须予以重视。将器物放置在衬垫表面，须保证橡胶、泡沫或其他选定材料所承受的压力不超出自身的弹性范围。比如一个被完全压缩的橡胶层将毫无用处，因为它已完全失去了弹性。因此，应根据负载情况选用合适的缓冲材料。一般标准是：缓冲材料被压缩程度不能超过一半。如果压缩量太少，材料对摇摆和震动将起不到减缓作用。

作者改装了一种适合双层包装箱系统的橡胶脚垫装置[178]，创立了两种可有效抑制传递到内包装箱的摇摆和震动的测试系统（图6.30）。橡胶脚垫由螺钉固定，可以用于不同极限载荷条件下的操作。这种装置在工业中应用很广泛，用于抑制安置在工厂地板上或建筑物内的重型机器产生的振动，或为特别设计的板条箱内的精密仪器减震。

6.3.2 双层包装箱及弹性装置

皇家美术遗产协会（布鲁塞尔）为保护送往蒙特利尔“世界博览会”（1967年）的一个重要圣物箱设计了一种精致的包装体系[179]。这件长2米，宽0.97米，高0.7米，重约200千克的艺术品（“*Châsse de St. Remacle de Stavelot*”，13世纪），借助于弹性载荷控制装置安放在主容器内。这个复杂系统提供了一种有效缓冲来自各个方向震动的机械装置（图6.31和图6.32）。

为了控制16天海运期间的相对湿度，箱壁之间放置了36千克硅胶以减少过多的湿气。为做好进一步预防，内包装箱壁用一个塑料封套覆盖。前往蒙特利尔的长途海运开始之前，在模拟条件下对系统进行了预测试。两次运输过程中，都没有发生损伤事件，装饰精美的*châsse*也没有出现任何腐蚀迹象。

6.4 常见合成材料

聚苯乙烯、聚乙烯及聚氨酯材料制造的或硬或软的泡沫块、不同形状的颗粒以及合成材料板常被提及。这些材料及其前景和应用现在受到了广泛关注。

全面记述包装艺术品和器物的合成塑料膜的文章，最早可追溯到20世纪60年代[180]。这类出版物用普通术语描述了具有潜在用途的产品和原料，例如聚苯乙烯、聚乙烯和聚氨酯泡沫以及各种类型的塑料容器、衬垫、橡胶带和柔软的纤维毛巾。人们还没有从技术角度评估这些材料对博物馆藏品的化学反应，或在长期使用或存储应用中的耐用性。许多工业出版物可供查阅，因为它们介绍了市面上的包装产品及其特性和用途。其中最有用的杂志是《现代包装》及《现代包装年度百科全书》[181]。

根据材料的物理和化学特性，这些用于包装的塑料薄膜和泡沫塑料会被定期列入有用的出版物中。此外，根据其用途（是用于包装还是用于制成包装材料），还会给出化学和物理方面的评估[182]。

通常，合成塑料和泡沫的透湿性非常低，因此，不适合作为那些湿气敏感器物的缓冲剂。另一方面，如前所述，纸、纺织品、木材、纤维板等纤维素材料的性能优于合成材料。先用纸、棉花和类似材料

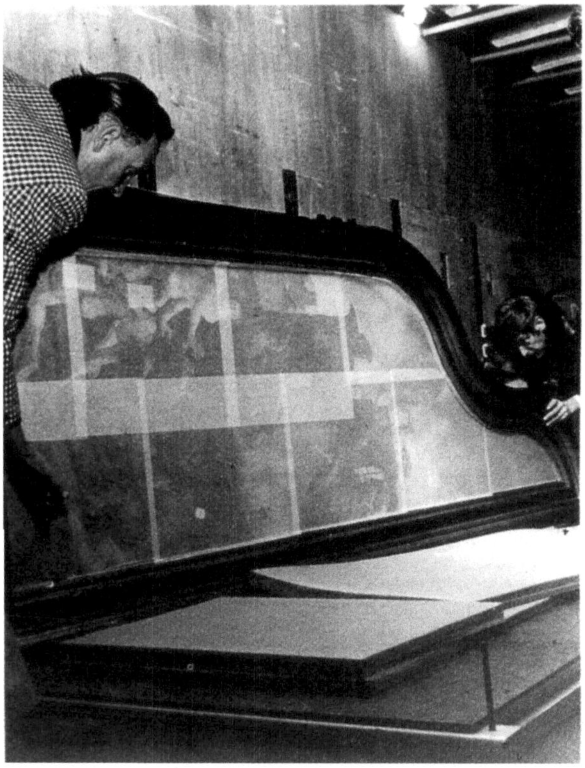

图 6.28　运输卢卡斯·范·雷登（Lucas van Leyden）创作的三联式版画。（左）修复室中接受保护处理的版画的中心部分。保护处理结束后，仍以相同的包装方法将作品运回博物馆；（右）面板两翼的保护方法。采用橡胶缓冲板和箍拉装置，以使两翼能够垂直倚靠在卡车厢壁上。雷登绘画作品面板的主要部分的处理也采用了类似装置。

包装器物，然后再在外层用合成缓冲材料包裹的组合已被证明非常有效。

在温度变化可能很大的情况下，如在寒冷的存储区域或运输途中，最好不要采用除去最初缓冲包装而使用塑料包装材料的做法。金属器物或其他敏感器物表面带有封套时，封套内可能出现冷凝现象，而且会因腐蚀或霉菌生长对器物造成损害。

用纤维素材料事先包装的另一个优点是，它能在一定程度上将器物与包装箱内其他位置使用的塑料产品产生的化学污染隔离开。有些塑料可能含有增塑剂或其他物质，在一段时间后会逸出或挥发。即使只是在短时间内，在密闭的包装箱里用这种方法也很有用。

许多颗粒、片状或板状合成包装材料的缺点之一是容易产生静电，从而造成灰尘和污垢积聚。这种现象在周围相对湿度较高（50%~60% 以上）时将减到最低。泡沫塑料、聚氨酯、聚苯乙烯、醚类聚氨酯泡沫塑料（以聚乙烯为基础）、聚氯乙烯都具有良

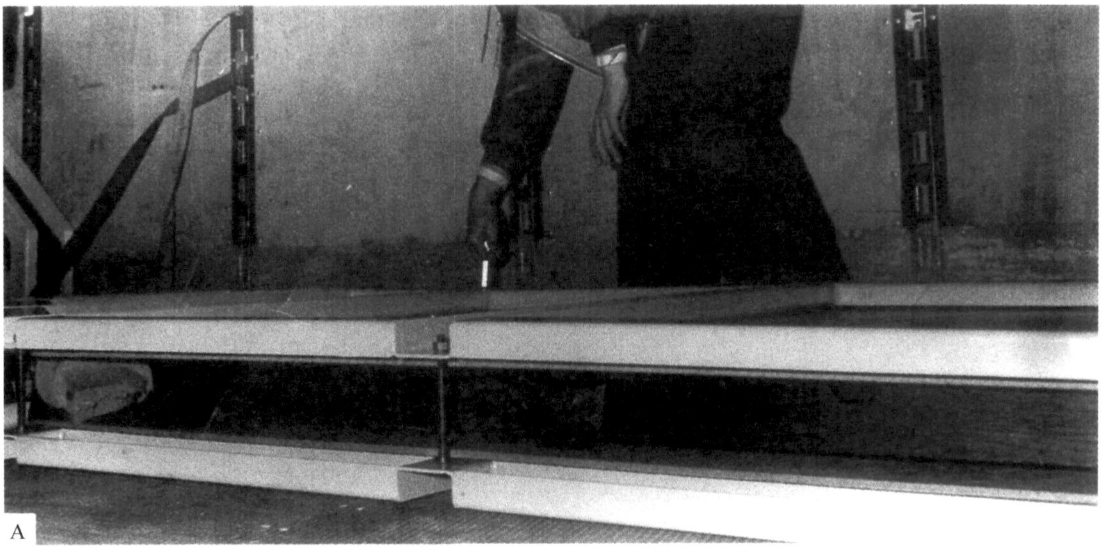

A

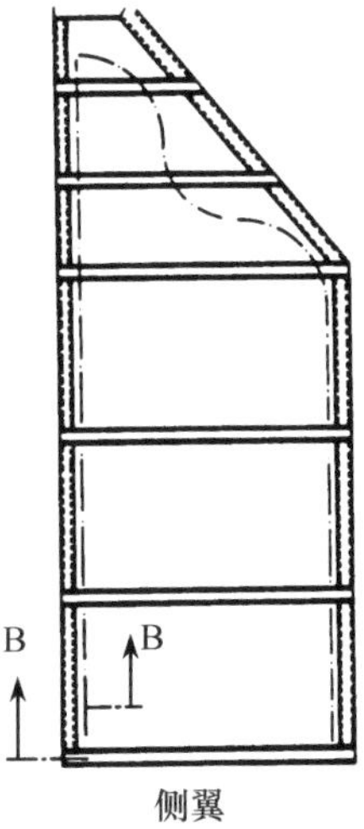

B

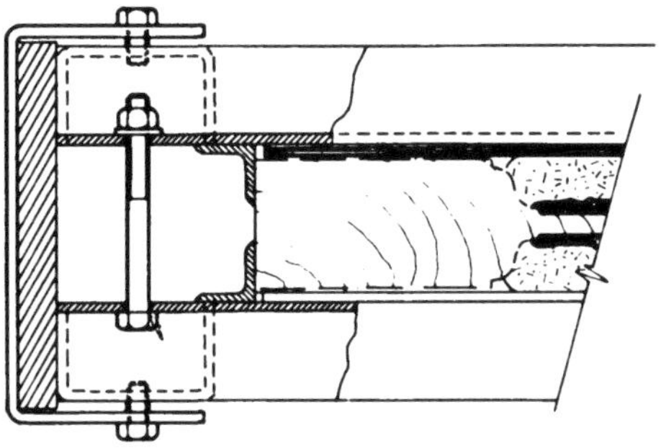

C

图 6.29 A. 压缩箱内的三联式版画的一翼；B，C. 侧翼保护系统细节。

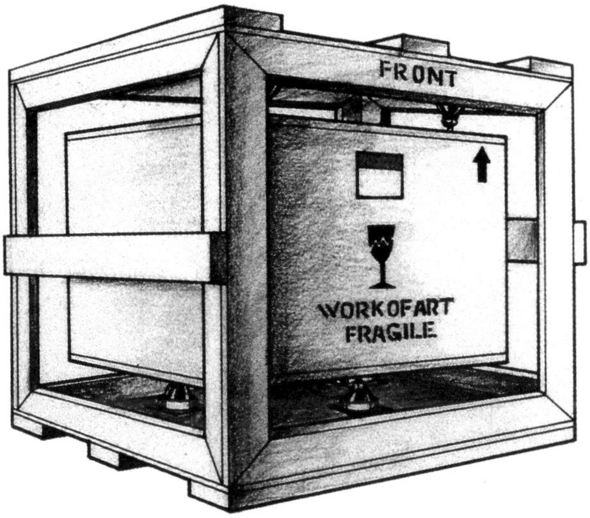

A

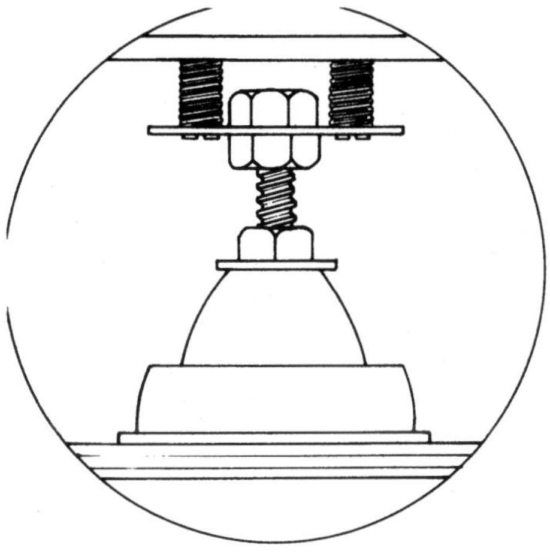

B

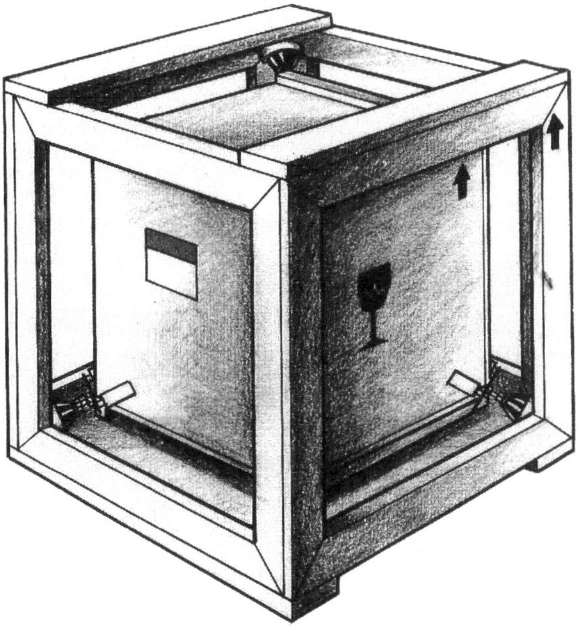

C

图 6.30　消减震颤装置配件。

A. 关键部位安装有减震橡胶脚垫的双箱系统图；B. 减震脚垫细节；C. 减震脚垫（需要 8 个）安装在这种结构的角落。

A

图6.31　Châsse de Stavelot运输箱（1967年布鲁塞尔—蒙特利尔博览会）

A. 被保护在内箱中的Châsse；

B. 箱壁间设有缓冲装置的双包装箱系统。

B

A

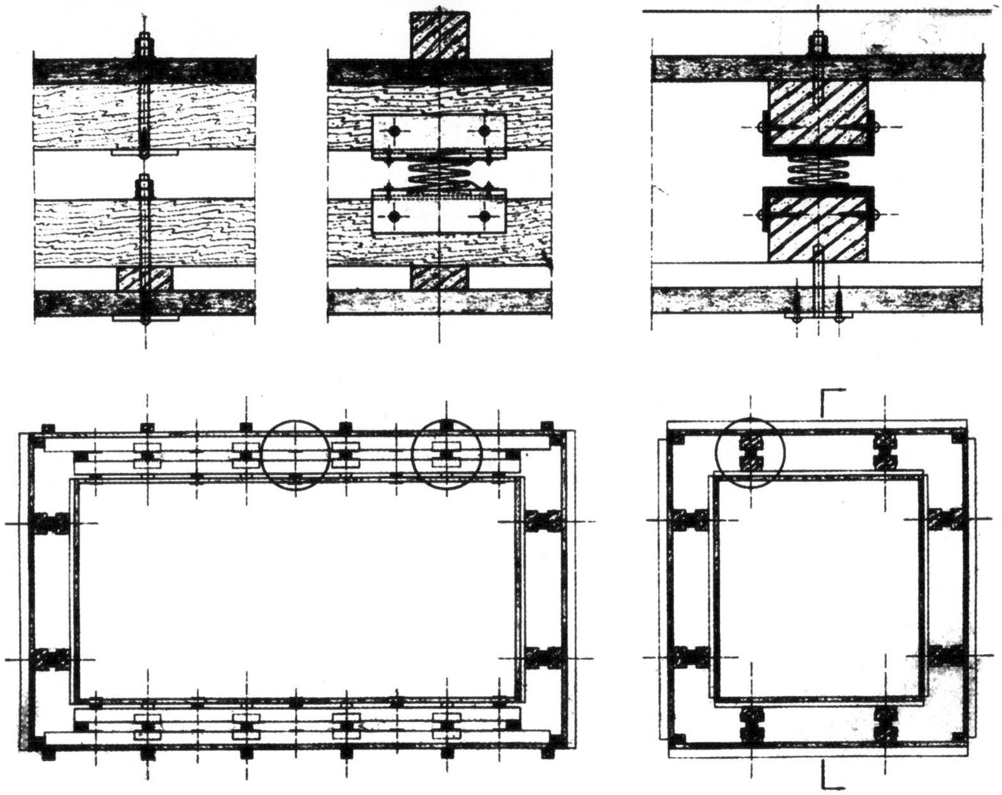

B

图 6.32　A. 箱子底部安装弹性载荷减震装置；B. 减震装置的工程细节和位置。

好的绝热性能及相当好的减震作用。这些材料重量轻，用它们做成的硬板容易切割或造型，对于包装者、运货者来说，更是优势明显。正常状态下，1 立方米的泡沫塑料重 20 千克，与之形成鲜明对比的是，传统纤维素材料的重量是它的 10 ~ 20 倍。泡沫塑料的绝缘性能大约是纤维板、硬纸板及其他木质板状和片状材料的两倍。

另一种非常有用的塑料缓冲材料类型是“气泡”结构塑料。这样的产品冠以很多商业名称[183]，但本质上是聚乙烯的同类产品。其缓冲作用取决于气泡受压缩凹陷后产生的气压效果。1959 年出现的气泡塑料，现在已被广泛应用于工业和商业包装。早期的问题之一是聚乙烯泡沫中的空气泄漏，但这个问题已经通过内涂阻滞层得到了解决。这种涂层的特性及其在博物馆器物上可能产生的作用尚不明确，建议通过测试加以确定。

制造商认为气泡式缓冲材料优于纤维填充物或橡胶绒毛，特别是在重复震动或碰撞的情况下。而且，在负载不变的条件下，在保持缓冲层厚度及低塑性变形方面，气泡式缓冲材料也具有明显优势[184]。例如，如果每立方厘米承受 0.3 千克的重量 30 天，聚氨酯泡沫会失去超过 50% 的厚度，气泡材料失去大约 14%，而聚丙烯泡沫的相应变化为 30%。

6.5 防止霉菌或其他损害的保护性包装

将包装好的货物运往热带国家或途经高温、高湿地区时，很有必要使用能将霉菌或其他害虫产生的危害降到最低的包装系统。一种做法是，使用带有密封盖的金属容器，杜绝与外界空气交换或其他形式的泄漏。空运时，包装箱内特别容易发生空气交换（见第 9 章）。

比较经济的防霉菌损害的保护方法是：在经过熏剂消毒或处理过的包装箱内使用聚乙烯材料做成的夹心式包装，如图 6.33 所示。事实证明，在热带地区举办的或其他途经热带地区的巡回展览中，这种方法十分有效。这类包装箱最好用胶合板制成，在相对湿度约为 51%，温度为 21℃的条件下处理后，与聚乙烯板排在一起。在上面放置纤维板，以便在物品附近形成一个湿气缓冲区。

包装之前，对内部所有木板和纤维板都进行熏蒸或杀菌消毒处理，熏蒸时间视情况而定。如果使用溶解的方法，应在包装前完全蒸发掉溶剂。各种缓冲材料也应是清洁的，否则也需要进行处理。需始终牢记的是，人工合成泡沫塑料会长时间地保留水汽，除非溶剂、气体等所有痕迹完全消散，否则一般不使用泡沫塑料。普通器物、雕塑、绘画作品、素描、人类学藏品等也需要熏蒸或杀菌处理，操作时要听从文物保护人员的建议。

可在油画背面轻轻喷洒，特别是要沿着对作品无害的延伸部分喷洒。如果器物能经受由此产生的压力变化，可以在熏蒸室用环氧乙烷或其他安全熏剂对三维器物进行处理。所有处理过的作品要风干，以确保吸收的熏剂蒸汽完全挥发。

所有包装材料和保护材料一旦放置停当，就可用热封或压力敏感带捆绑的方式将聚乙烯封套密封。盖子最好用橡胶垫圈盖紧。聚乙烯的高防湿性可以大幅降低湿气从外部向内部的渗透。必须牢记：聚乙烯薄膜要做成夹心屏障形式，无论什么时

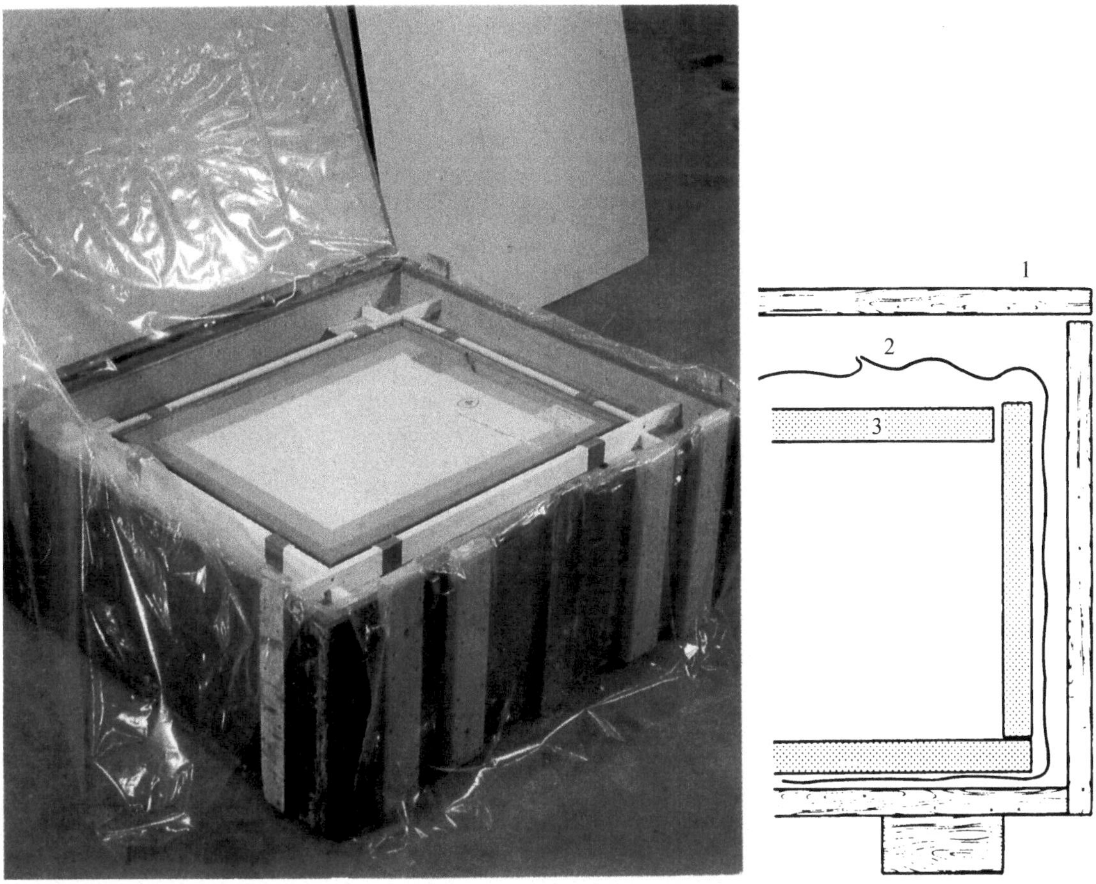

图 6.33　（左）向热带运送展品时设计的特别包装箱；（右）箱壁及箱体结构示意图。

1. 木质和胶合板结构的箱体及箱盖；

2. 箱壁和内部纤维板之间插入的聚乙烯薄膜夹层。包装之后，聚乙烯材料的开口端需加热密封；

3. 环绕在包装好的绘画作品或器物周围的纤维板。

候都不能与器物直接接触。时间长了（比如数周），会有少量湿气通过聚乙烯材料缓慢渗透进来，这取决于材料的厚度。聚乙烯封套内表面附着的纤维素材料会发挥缓冲作用，使相对湿度的增加降到最低。

如上所述，用杀菌剂熏蒸或处理过的包装箱，应该适当地贴上相关警示及供借用方参考的有关拆箱和再包装的程序说明。根据熏蒸剂、杀菌剂或其他消毒用化学药品的功效，可以考虑在返还前将器物和包装箱再进行一次处理。

7 包装箱和集装箱的设计与制造

7.1 引言

如果包装箱设计制造得好，将会很好地保护内装器物顺利通过运输的各个环节，最终到达目的地。作为外层容器的箱体本身必须很结实，且不受气候变化的影响。在商界，包装箱的设计和制造都只考虑一次性使用，盒子、硬纸盒和板条箱一经使用并完成任务后就被废弃了，因为在储存和改装容器上花费并不划算。然而，工业界对在商务运输中不断增加的货物损伤事件很敏感，因为这会造成经济损失，因此更完善的包装技术在不断发展。

包装设计者、工程师和运输专家关注的是摇摆、震动和气候影响问题，他们发明了既有趣又经济的包装和集装箱系统[185~188]，在开发带有不同饰面的波形纤维板、减震器和防潮涂层等方面已经取得了显著进步。

同时，大集装箱的使用量已经有相当可观的增长，大集装箱很重，容量也大，通常是30立方米或更大，可承载成吨的货物。大集装箱能容纳相当多的小包装箱，将大批到达同一目的地的器物集合在一起，运输途中无需搬动。这一被称为“集装箱化”的发展引起了运输工业的革命，引入的特殊交通工具和搬运装置，将标准尺寸的集装箱通过公路、铁路和海路运往四面八方[189]。

尺寸为5~10立方米的小集装箱通常用于空运，它们在设计和外形上与海运和陆路运输使用的集装箱不同，因为它必须适应飞机的特殊形状。博物馆已开始逐渐响应这场集装箱革命，但却发现这种运输模式只在直接运输中有用。将大量属于同一个展览的包装箱放入一个集装箱内，整体运抵目的地的优点确实非常突出。

在包装箱的制造过程中，博物馆已经慢慢地从使用传统的厚木板箱（有时错误地认为是“板条箱”）过渡到使用胶合板或类似外包装材料制成的包装箱。除了需要轻便包装的小型器物在有限距离内的运输（一般是邮递员送）外，采用一次性包装（比如瓦楞纸板）的观点已不再流行。在许多展览策划中，展品运输箱仍由木板和胶合板制成，但倾向于重复利用或回收以备多次运输。同样的包装箱在同一运输路线上的不同地点可反复使用20多次[190]，因此用于巡回展览的箱子必须经得住反复包装操作。

这一章讲述了艺术品和器物运输箱的设计和制造。也将讨论用于将全部展品运至展区的大型集装箱和特殊可移动装置（流动博物馆）。

7.2 包装箱的典型设计和制造

用于制造包装箱的材料通常是木材、胶合板、瓦楞纸板、纤维板制品、塑料，少数

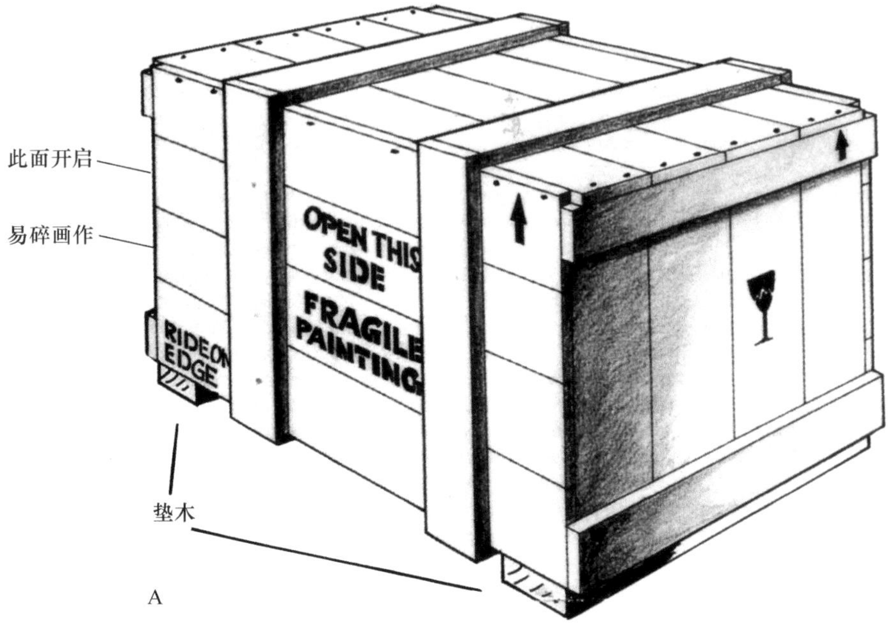

图 7.1 A. 木板包装箱，盖被钉牢——不推荐用于博物馆运输或巡回展览中；B. 安装托盘和不透水内衬的传统木板包装箱。

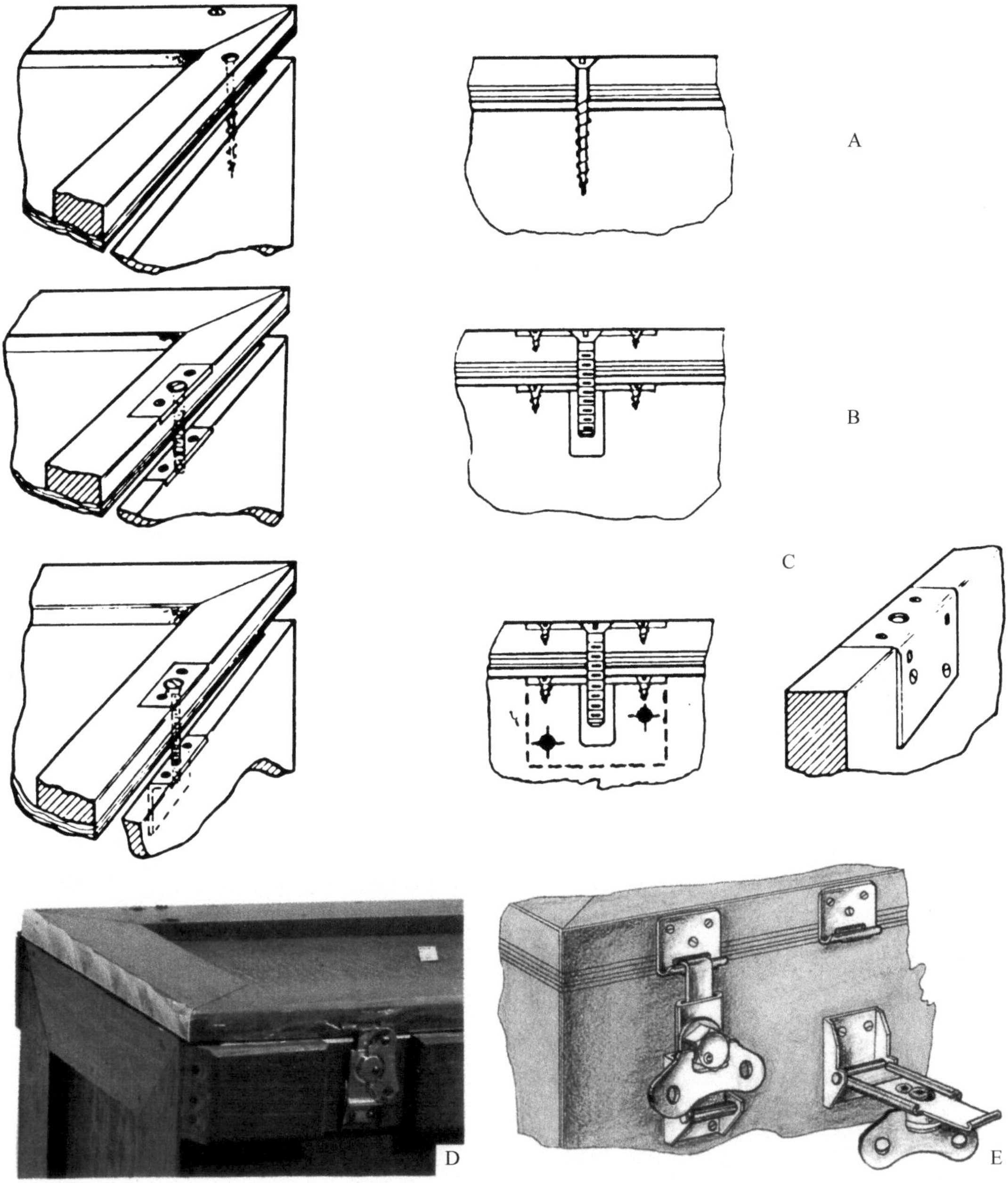

图 7.2　包装箱的闭合装置。

A. 用螺丝固定的箱盖；B. 带波纹垫片的螺丝；C. 棱角状带波纹垫片的螺丝可增加强度（与 B 对比）；
D，E. 可快速打开的闭合装置（扣环锁类型，美国）。

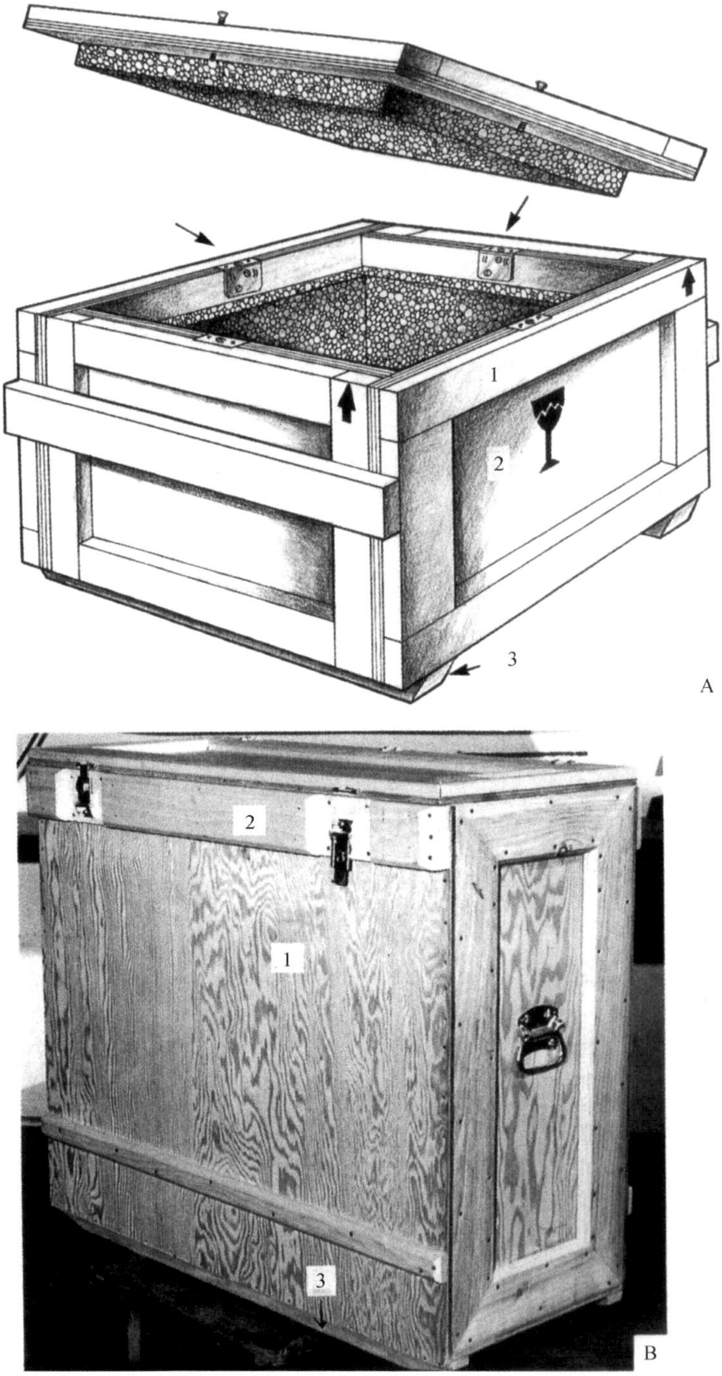

图 7.3　A. 带螺丝和折角形波纹垫片的胶合板/木质箱结构；
B. 箱盖上有速开装置（扣环锁，需要四个）的胶合板/木质包装箱。

情况下使用金属材料。为方便操作人员搬运，包装箱的重量、尺寸和形状都有限制（小型博物馆的相关工作人员数量有限），同时也要考虑卡车的空间、运输经过的门、走廊和通道大小等因素。通常将展品运送到博物馆内部，而不是露天停放，使器物避免遭受天气的威胁。必须使用的材料要限制在市场上容易找到的范围之内。硬件如扣件、铰链、闭合装置一定要耐用、易操作且无需借助复杂工具，同时安全且不易损坏。

可以从各国出版的官方说明书中获得关于标准包装箱和集装箱的设计、制造指南[191,192]。然而，一定要清楚一点：这些说明基本上是用于工业和商业操作的。鉴于博物馆包装箱设计是个巨大的未开发领域，相关参考资料也待出现。

7.2.1　木材和胶合板

图 7.1 是一种典型的软木（如松树、枞树、白杨或云杉）质地的全木包装箱。所选木材应该尽可能没有节子和缺陷，而且能够用“鱼鳞板或榫舌与楔形部件”连接，避免在结构的侧面、顶部、底部出现裂隙。

楔子、板条和支撑部件在保证包装箱的牢固程度方面很重要，使箱体接缝和各个面的黏结更容易。箱底应该有垫木，使它离开地面一定距离，为抬升、操作装置（比如装卸车的尖齿或爪钩滑动）的使用提供方便。盖子或开口处应装铰链，最好是可移动的那种。打开的箱子应该容易用螺丝钉、门闩或其他可再次使用的紧固装置固定好。

较小的包装箱，只要顶端能打开就可以了，如果运输的器物较重，最好侧面也有开口，这样便于雕塑或较重的金属器物滑出。箱体木材应该符合博物馆的详细要求（多数环境下相对湿度在 40% ~ 50% 之间）。否则在漫长的运输过程中，封闭的包装箱会出现变形、开裂和湿气交换。

包装箱制造过程中使用的钉子应该有很好的固定能力，最好用涂了保护层的大头钉，还要足够长，以便能向后弯曲（被敲弯）以对抗外加的强度（钉子应该顺着木材侧边的纹理钉入，钉入纹理末端大于 50% 。）。常用两种类型的钉子——表面光滑的盒钉以及前面提到的水泥钉，我们推荐后者，因为水泥钉的牢固程度高，而且使用较细的水泥钉不会在箱体上产生裂缝。有时候，用硬一些的木材制作包装箱，可以使用螺丝钉，在需要的地方可提前钻孔。

包装箱的盖子非常重要。要避免用钉子将盖子钉到箱体上，因为如震动传给箱内器物，会引起器物损伤。大多数博物馆使用螺丝作为固定手段。这种方法在包装箱第一次或第二次使用时的效果都令人满意，但以后当螺帽损坏或螺丝孔变大时就会出现问题。简单的办法就是换大尺寸的螺丝或者合适的垫片以防螺丝帽“没入”木头。一个更有效的系统是运用机器螺丝，或带波纹金属垫片的螺栓或类似配件等。不同类型的木箱加固物、钉子和螺丝加固装置细节见图 7.2。

近几年，在包装箱制造中，胶合板材料已经基本上取代了木板或厚木板，从而避免了接头不牢和密封不严的情况发生。如果厚度适中，又有加固附件，胶合板包装箱应该更坚固、更密闭，制造也更简单。图 7.3 是一个典型的有固定板条的胶合板包装箱。为了承受较重的负荷，胶合板（典型的冷杉木薄板）的厚度在 10 ~ 20 毫米（3/8 英寸到 3/

4英寸）之间。胶合板是“外用”的，涂有防水性碾压胶。要有条理地安装用来加固的楔子、板条和垫木，并在所需位置加胶或使用钉子。

包装箱盖（或侧开门）也用胶合板制作，要避免螺丝或其他紧固件顺着胶合板末端的纹理钉入加固板框架。如果运送很重的器物，比如石雕作品或金属雕塑作品，胶合板应该有20毫米厚（3/4英寸），而且要特别注意搬运过程中箱体出现弯曲变形的可能性，可以考虑增加支撑物甚至采用双层胶合板结构。

工业用木质箱经常进行常规的强度和操作测试，这种做法促进了设计上的不断改进[195]。以下建议性的指导原则，适用于博物馆和美术展览中标准木质和胶合板包装箱的设计制造：

（1）包装箱各面必须严格密封且十分坚固，以保护内装器物免遭装卸、堆放和升降等带来的外来冲击。支撑条须交叉钉在长方体箱体和重量相当大的包装箱上，这样才能避免抬升和移动过程中产生扭曲变形。

（2）敞开式包装箱（板条箱）不适用于贵重艺术品或易受气候因素影响的物品。在面对少数结构非常复杂的器物（比如航船模型）或器物很大、很重（比如大炮）的情况下，板条状或“敞开式”包装箱很实用，它使操作者能够看到箱内器物，以便可以更直观地判断存在的危险和危害。

（3）制造包装箱的木材应被调整至最佳状态（在大多数气候条件下都能保持10%～20%的湿气含量），并且最好选用容易钉进钉子的。典型的木材有云杉、各种松树、落叶松、冷杉、白杨和桃木（用于胶合板）。

（4）避免使用橡树木和栗子树木制作包装箱，尤其是装金属器物的包装箱，因为此类木材容易腐蚀金属。同样，要避免在胶合板中使用间苯二酚——甲醛胶。如果无法用其他材料代替这类木材或胶合板，建议使用聚乙烯衬里或在里面使用聚氨酯层或者其他经过测试的涂层。

（5）所用木材必须质优且不易腐烂，能抵御昆虫侵袭。木料上的节子应结实且不超过板条宽度的1/4。轻型、中等重量包装箱的木板厚度一般为20毫米（3/4英寸），重型包装箱，例如器物净重150千克，厚度一般为25毫米（1英寸）。木板的槽口、接口处、搭叠接合处不能有缝隙。这些接合处应该用胶黏结或用类似方法连接。

（6）如果用冷杉木胶合板（外部或航海用）制作包装箱，载荷净重75千克时，厚度应当设计为10～13毫米（3/8英寸～1/2英寸），载荷更重时厚度当设计为20毫米。

（7）楔子、板条、紧固件应该有75～100毫米宽，20～25毫米厚，并能固定或黏附到木板或胶合板的适当位置，用钉子钉牢。

（8）使用的箱钉或水泥钉应该是头部大、足够长且能弯折的，以增强加固效果。

（9）箱子内部应该有防潮涂层或薄膜，防止内部受外部湿气的影响。聚乙烯膜适合用作隔离薄膜［隔离有害的木板和胶合板，参看（4）］。

（10）盖子或侧开口需用螺丝、螺栓和垫片或其他可重复使用的闭锁装置，应避免使用钉子。

（11）底部应设置适合叉车使用的部件（如凸起的板条）。应装配手柄或类似装置用来抬升和移动包装箱。

(12) 内包装箱的尺寸应该至少比内装最大器物的尺寸多出 100 毫米。非常重的雕塑需要更大空间以方便装卸。某些保湿材料(如硅胶)和减震装置也需要额外空间。

(13) 一般建议一个箱子中不应该装载超过 5 至 6 幅加框绘画作品或 8 至 10 幅无框绘画作品或其他平面作品。

(14) 包装箱内的分隔间或其他分隔物应当用前面已提到过的木板或胶合板材料制作，有时候也用两层或三层瓦楞纸板制成的硬性结构。

(15) 箱体外部应详细标明包装箱的尺寸、重量(净重和毛重)，以指导操作。搬运一个包装箱(约重 100 千克)一般不超过两到三个人，更大的包装箱则需要用叉车或类似搬运工具。

(16) 较重的包装箱需用金属或纤维带在适当位置沿长宽尺寸捆绑和加固。这样可减少对包装箱的损伤。

表 7.1 列举了一定尺寸的 13 毫米厚冷杉胶合板和 75 毫米宽、20 毫米厚松树板条包装箱的大概重量，箱体类型参考图 7.3。

表 7.1 选定尺寸的胶合板包装箱(空)重量

	尺寸(m)			体积(m^3)	重量(kg)(近似值*)	kg/m^3
	长度	深度	高度			
(a)	1.00	0.50	0.75	0.375	30	80
(b)	1.50	0.75	1.00	1.125	60	53
(c)	2.00	0.75	1.25	1.875	90	48
(d)	2.00	1.00	1.50	3.00	110	36

*基数：13 毫米厚胶合板每平方米重 6.9 千克；
20 毫米厚松木每平方米重 8.3 千克。

(c) 和 (d) 中标准尺寸的包装箱通常用 20 毫米的厚重胶合板，这样能够提高箱体强度，以装载金属或石质等重型器物。当然空包装箱的重量也相应增加。

按照标准，装载量一般是空包装箱重量的两到三倍。由此很容易看出钉子、螺丝等紧固件的重要性，紧固件要足够坚固以保证箱体和箱内器物在运输时是一个牢固的整体。通常在包装箱外面用金属平板或纤维带捆缚来加强对箱体的保护。

其他类型的胶合板包装箱主要侧重于工业方面的应用，其中，用铆钉连接的金属条取代了板条[195]。包装箱盖是框架结构，可与箱壁的金属边缘扣紧。在有些设计中，这种金属边饰可以覆盖住顶部，并用钉子钉牢。这样的包装箱一般只适合一次性运输。然而，带金属边的箱子与前述较重箱子相比，在重量方面占有优势。

有时候制造双层壁箱是出于更多的安全考虑。双层胶合板绝缘包装箱已经成功地用于巡回展览，并经受住了多年的搬运操作和运输[196]。然而，这种包装箱的巨大重量，对于一些缺乏人力和设备的小型机构来说是一个制约因素。

用聚酯玻璃纤维覆盖胶合板包装箱的外壁，既增加了箱体强度，又因使用更薄的胶合板(4 毫米厚)而减轻了重量。如图 7.4 所示的从渥太华到大阪的空运集装箱[197]。集装箱尺寸为 25 毫米×230 毫米，松木，箱壁各角黏接三面锁加固。在箱体和箱盖上先盖上一层玻璃纤维，再涂两至三层催化聚酯层加固，这样使箱体更坚固且防水。空包装箱外部尺寸为 1.14 米×0.76 米×0.23 米，重 11.3 千克，满载时连同涂层总重 42.2 千克。“一般”的胶合板——板条包装箱的重量是上述材料的两倍或三倍，在同等强度下所需厚度也是上述材料的 3 倍(12 毫米或更多)。

另一种轻型结构包装箱的制造方法是：使用很薄的、“夹心”有蜂巢状填充材料的胶合板。此类实例如图 7.5 所示。重要的是蜂巢结构的滑动板周围有软木边，以便能与螺丝、钉子或其他紧固件成为一体。这种包装箱的优点也是重量轻、强度高。以 3 毫米厚的桃木胶合板为外皮，20 毫米厚的牛皮纸蜂窝为内心的典型的蜂窝结构箱，每平方米约重 4 千克。

7.2.2 纤维板和瓦楞纸板包装箱

实心纤维板用均质或重叠的纤维材料制成，在一面或双面上通常排列有牛皮纸或类似的纸。板的厚度一般在 2 ~ 3 毫米。较厚板可以通过往板中注入防水树脂、加衬聚乙烯或其他材料薄膜的方法制造。

瓦楞厚纸板是一层或多层波状（槽状）纸板或两面有纸衬垫的纸板。有单层、双层、三层结构以提高强度。这种凹槽形式一般每米有 100 到 300 个波状叠加，波状高度为 5 ~ 10 毫米。包装工业中，这些波状板根据其叠加形式、波状的排列和不同面层的重量（克/平方米）各有其特殊名称[198]。瓦楞板也可以添加防水涂层或加衬聚乙烯或其他聚酯薄膜。

图 7.4 用于运输自带可控微气候包装箱的意大利早期版画的轻型胶合板/聚酯玻璃纤维箱，箱盖上有螺栓和波纹垫片。如图所示，带轮的底部用纤维带捆缚保护。

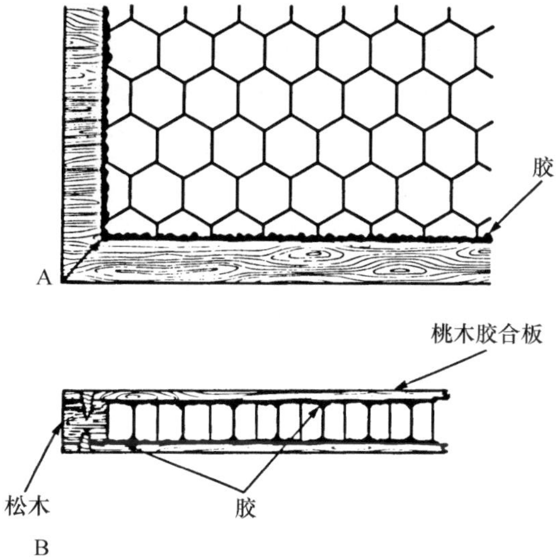

图 7.5　抗扭力蜂巢状滑动板结构大包装箱。

A. 木框架周边粘贴蜂巢状牛皮纸网状物剖面图；B. 箱体边缘示意图，用胶和螺丝固定顶部和底部的滑动板，使框架更安全。

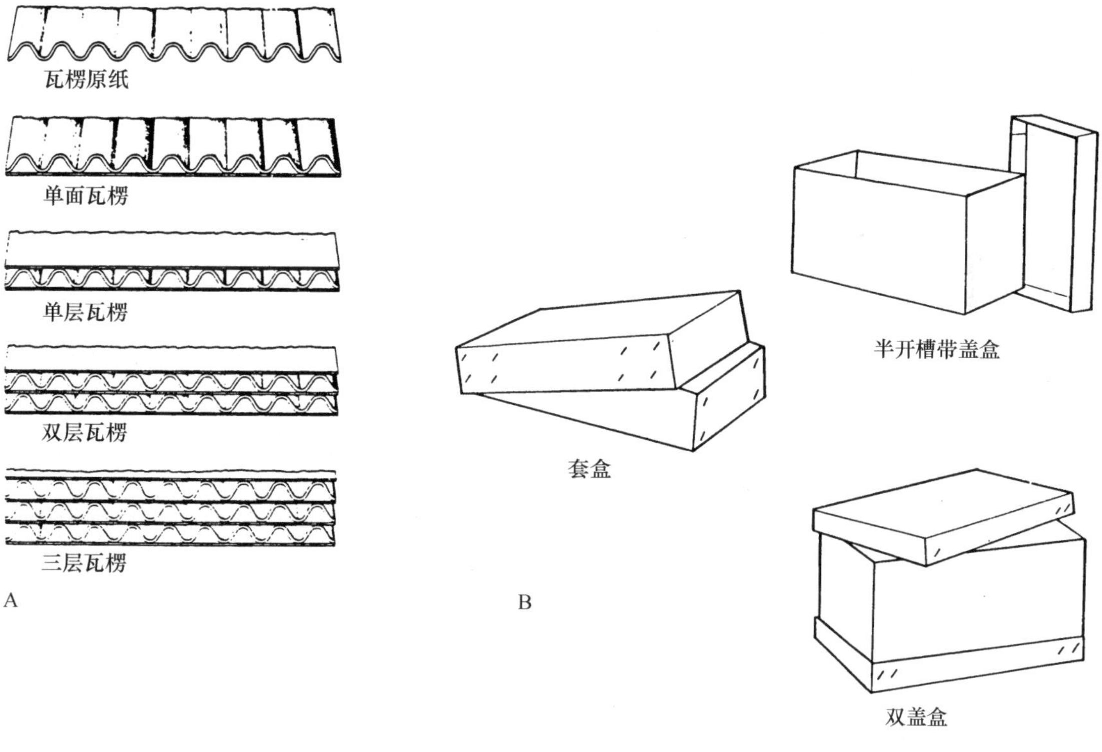

图 7.6　瓦楞纸板包装箱的潜在用途。

A. 瓦楞纸板材料纸制品或瓦楞材料聚乙烯制品类型；B. 包装工业指定包装盒类型。

第6章（6.2.1）探讨了装载小型艺术品的瓦楞板包装箱的短距离运输。应进一步开发纸板包装箱在博物馆的应用潜力，因为与木板箱和胶合板箱相比，纸板箱重量更轻，并且目前可以用高抗冲击材料制作。如三层波状板每平方米重1.2千克，较13毫米厚的胶合板每平方米要重6.9千克。一个用三层瓦楞板做成总尺寸为200厘米（如长100厘米、深50厘米、高60厘米）的复合包装箱能轻松承重200千克，而且具有强防震性的坚固箱壁。

图7.6列举的工业用瓦楞板包装箱可以用于艺术品运输。虽然有观点认为瓦楞板箱是一次性容器，但设计隔板、外面用带子或绳子捆绑加固，则可使纸板箱多次重复利用。

为了加强对器物的保护，在很多纤维板包装箱内部安装了特制的波状或其他软垫形式的加固件，里层也可以采用聚乙烯黏合材料。图7.7为瓦楞包装箱和泡沫塑料衬垫的式样，对易碎器物的保护很有效而且具有很好的绝热性。

纤维板包装箱，对于运输艺术品和博物馆的较小尺寸或固定规格的器物很有用。然而，对于整体尺寸大于2.5～3.0米的器物，用传统的胶合板结构包装箱可能更安全。

和木质包装箱一样，纤维板包装箱必须保存在博物馆内温度和湿度适中的干燥表面（平台）上。装载湿度敏感器物之前，对包装箱进行预处理的内容已经在第6章探讨过了。

7.2.3 金属箱

除了在那些对密封、防水防潮有特别要求的地方（如热带）外，金属箱相对来说是少见的。更多见的是用金属作内衬的木质或胶合板包装箱。内衬层可能是镀锡铁皮、锌或铝，并带有特别焊接的对接点。把箱盖封到适当位置很重要，通常用垫圈和螺栓等附件固定。图7.8显示了近年来在国际展览中使用的一种金属包装箱[199]。这种包装箱有双层铝壁和塑料结构，箱盖带有橡胶垫。这类包装箱有气密性设计，可保持箱内环境。由于是金属质地，箱体中空处还填充了泡沫绝缘材料，这样它在一段时间内也具有防火功能。

另一种较大的金属展览用箱，是按照顾客要求为运送“蒙娜丽莎”专门制造的[200]（见第6章）。这种包装箱也采用了双层铝壁结构。金属箱未必会用于常规展览，但可以用于对技术水平和防火要求很高的特殊运输中。除非遭受沉重撞击，否则坚固的金属包装箱不会出现凹陷或变形。比较而言，木箱较易修理，更重要的是，木头没有金属导热快，而保温隔热也是一个考虑因素。因此，金属包装箱应有双层壁结构且内填绝缘材料。

7.2.4 塑料和合成材料

偶尔，玻璃纤维和聚酯结构的塑料包装箱也尝试性地应用于博物馆[201]，但从经济角度来讲不太可行，所以从未大批量生产过。经济上可行的一种类型是注塑聚乙烯包装箱，一般是小规格：6米×0.6米×0.3米，外部配有绳索。

一家塑料制品厂生产了一系列注塑聚乙烯双层结构及带内部附件的集装箱。如图7.9所示，这种类型的集装箱内可安装各种减震装置和防潮衬垫，以降低箱内湿度，避免寒冷气候条件下产生冷凝现象。闭合装置要设计成重复使用型。

图7.10所示的是一种特殊类型的带捆绑装置、专门用来运送到美国展览的墨西哥珍贵器物[202]的聚氨酯集装箱。

合成塑料通常用作木质、胶合板或瓦楞纤维板集装箱的衬垫、绝缘材料和缓冲装

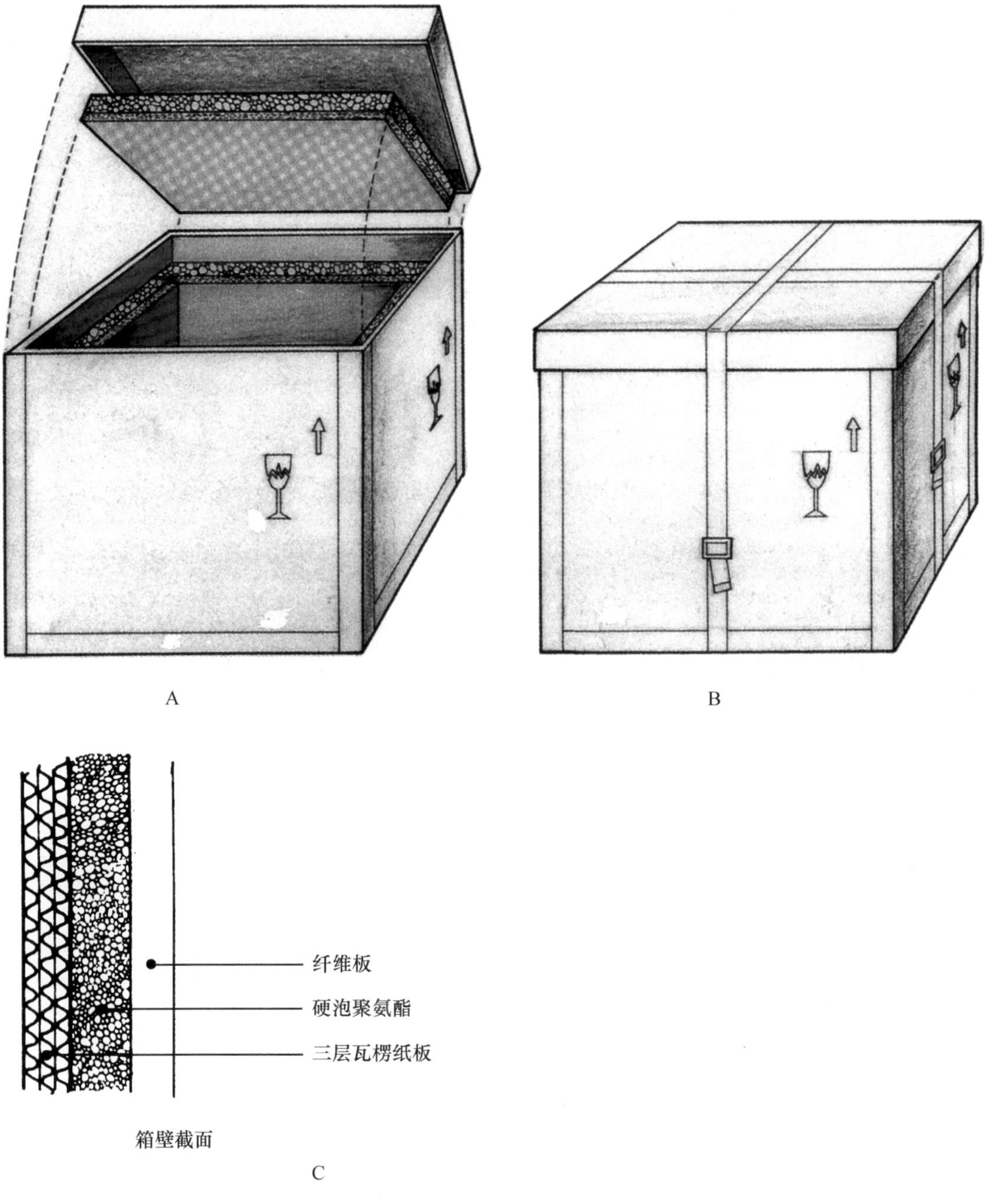

图 7.7　A. 有硬泡塑料绝缘层的瓦楞纸板包装箱；B. 用纤维带子封闭、保护的包装箱；C. 包装箱壁截面，其中纤维板位于最里部，用来控制湿度。

图 7.8 铝质绝缘箱［科利马（Klima）德国］。

A. 箱子打开时展现出的平放箱内、用衬垫包裹的加框绘画作品；

B. 架在绘画作品上适当位置的保护板。

C. 箱盖已经用螺丝固定好，准备运送。

置。博物馆巡展器物储运室可储存一些泡沫塑料板及泡沫塑料片，经切割造型后用于个别包装箱。“全塑”包装箱的批量生产需要精致的设计和加工，因此小规模生产的“单件”成本会相当高。这种全塑包装箱的优点在于其内部的气密性、绝缘性和重量轻。缺点是耐热性差、易变形、易燃并散发出剧毒物质。塑料包装箱受到机械碰撞后很难修复，需要现场有成套的、带溶剂和特别黏合剂的专用工具箱。

7.2.5　便携式包装箱和手提箱

个人携带极珍贵艺术品时，可以使用特制的手提箱达到运送目的。类似的例子有：从欧洲到美国运送达・芬奇（Leonardo da Vinci）绘画的包装箱[203]。纤维材料和金属质地的手提箱外观普通，但内部却填充了绝缘和防震材料。

到美国参加展览的林肯大宪章（Magna Carta）就是用特制“手提箱”运送的[204]。首先将《大宪章》放在一个玻璃封套里，然

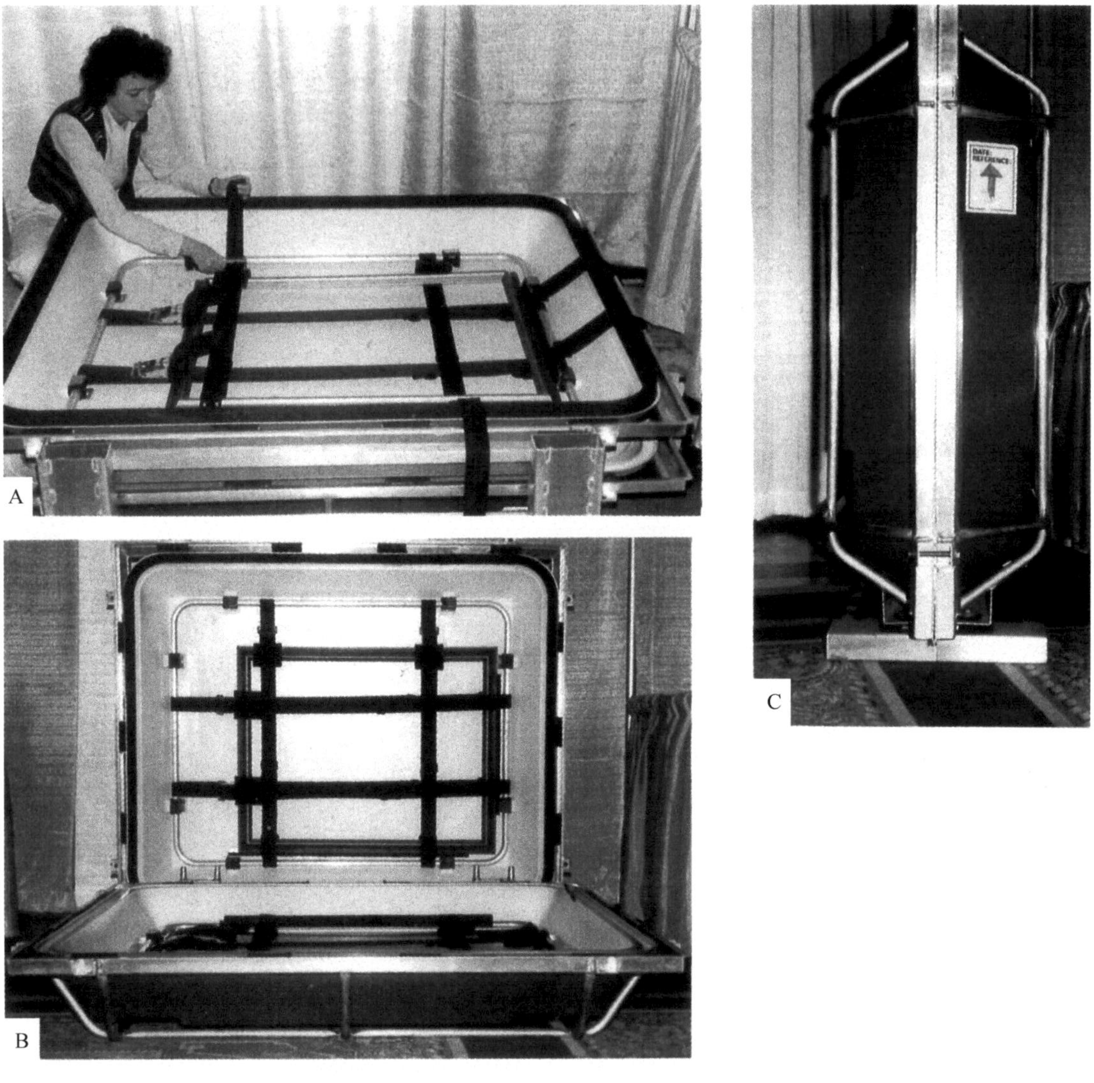

图 7.9　金属/塑料包装箱（Art Networks，美国，英国）。

A. 包装箱底部，显示了内部安装的拉撑艺术品的捆绑带；B. 包装箱上部及下部；C. 闭合后的包装箱垂直侧面图。

后将封套装进一个壁厚 30 毫米的聚乙烯泡沫包装袋里，之后再全部装入闭合的可重复使用的聚乙烯袋子里。完成了初始包装的袋子被装进一个铝质外壁、衬垫 10 毫米厚的陶瓷纤维绝缘材料层、整体覆盖有弹性聚乙烯防水层的胶合板包装箱。胶合板包装箱（第二层外箱）箱盖装有钢丝铰链和一系列闩扣，以保证其安全，并安装了手动孔口螺丝来平衡运输过程中产生的压力，还配有音响警报器。当器物被盗时警报器立即报警。包装箱

图 7.10　聚酯-塑料包装箱（INAH－MNV，墨西哥）。这种包装箱用于从墨西哥到美国运送牧师的衣服（法衣）。

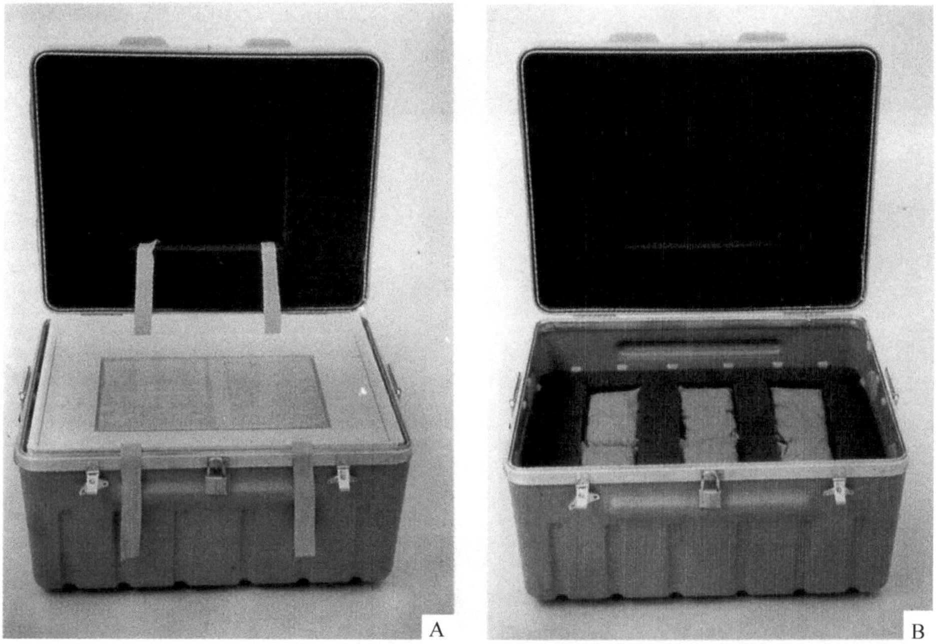

图 7.11　运送达·芬奇作品“抄本”的手提箱。

A. 打开的手提箱显示了放置在适当位置的抄本；

B. 在包装箱底部，放置在泡沫塑料板内的保持箱内相对湿度恒定的袋装硅胶。

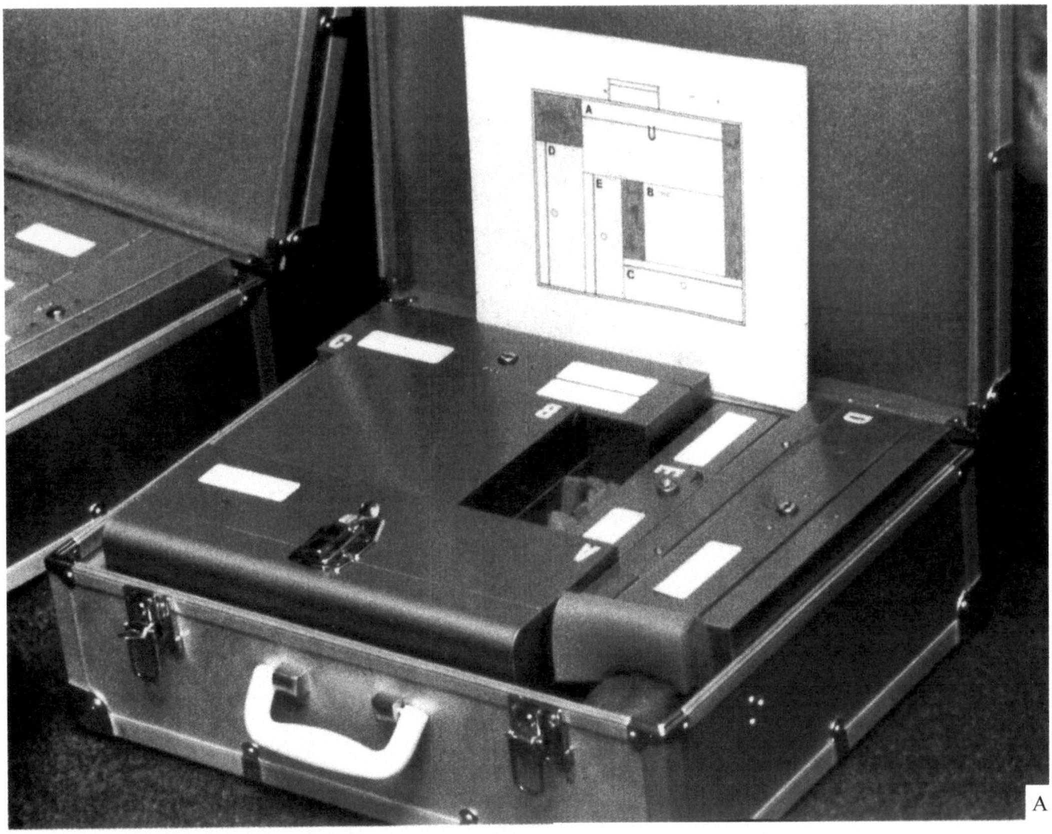

A

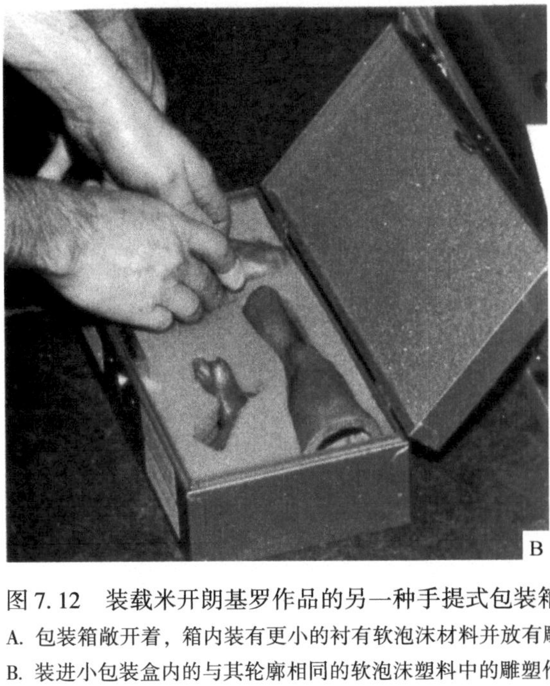

B

图 7. 12　装载米开朗基罗作品的另一种手提式包装箱。

A. 包装箱敞开着，箱内装有更小的衬有软泡沫材料并放有雕塑作品的包装盒；

B. 装进小包装盒内的与其轮廓相同的软泡沫塑料中的雕塑作品。

图 7. 13　手提箱和随机运送人员。

表 7. 2　用于艺术品的典型包装材料热导率（标准条件下）[208]

原料	密度	热导率	
	g/cm³	kcal. m/h. m² ℃	Watts/m℃
白松（垂直纹理）	0. 45	0. 097	0. 113
胶合板（杉树）	0. 57	0. 099	0. 115
软木板（无黏结料）	0. 10	0. 031	0. 036
纤维板（白杨纤维）	0. 28	0. 043	0. 050
海绵橡胶	0. 09	0. 032	0. 037
矿棉	0. 15	0. 036	0. 042
聚丙烯塑料	1. 19	0. 14	0. 163
空气（76cm 汞柱）	0. 00129	0. 02	0. 023
聚苯乙烯泡沫（板）	0. 16 ~ 0. 18	0. 03 ~ 0. 04	0. 035 ~ 0. 047
聚氯乙烯泡沫，封闭单元（板）	0. 03 ~ 0. 15	0. 026 ~ 0. 04	0. 030 ~ 0. 047
聚乙烯泡沫（板）	0. 03 ~ 0. 15	0. 035 ~ 0. 045	0. 041 ~ 0. 052
聚氨酯泡沫（板）	0. 03 ~ 0. 05	0. 025 ~ 0. 035	0. 029 ~ 0. 041

*热导率单位是 kcal. m/h. m²℃（接近室温）。将这些单位转换成 BTU 单位时，如换算为 BTU 单位英寸时，每平方英尺每小时华氏度英寸，相应数值要乘以 8. 06。用 SI 单位瓦特时，每公尺每摄氏度瓦特是将“kcal”单位乘以 1. 163 的结果。

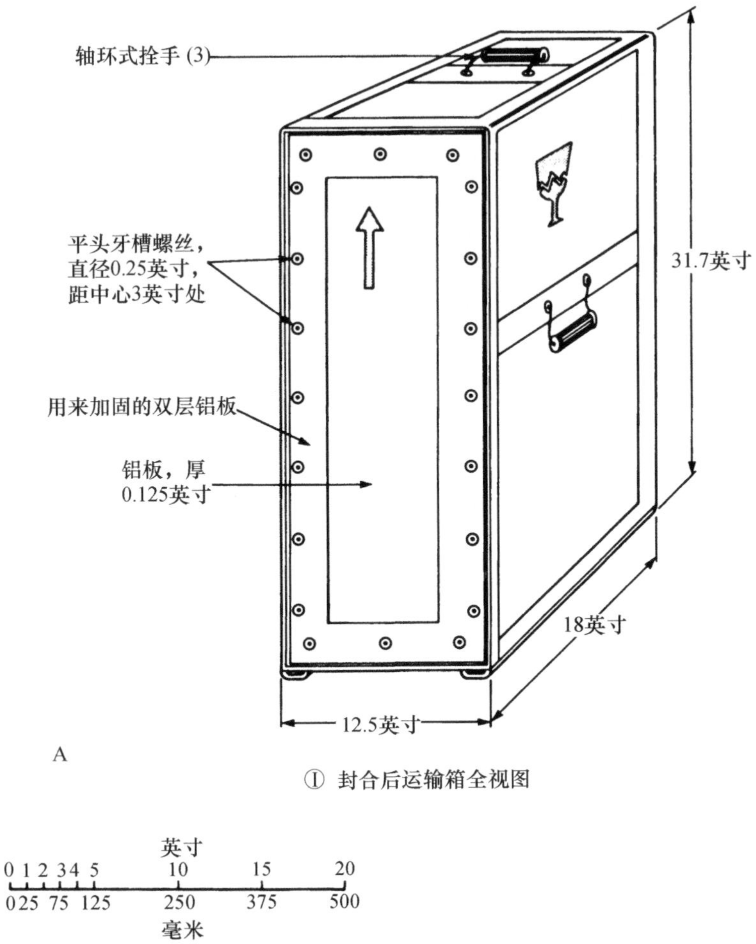

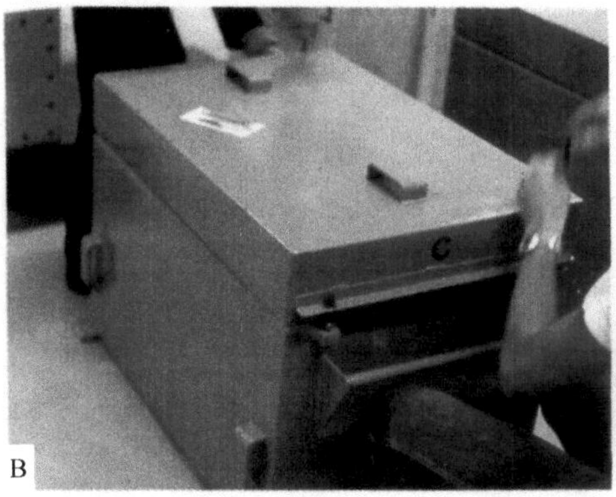

图 7.14 用于爱尔兰珍宝展的双层钢质防火包装箱。

A. 包装箱基本设计图，箱盖设计成末端打开式，而且用螺栓和橡胶垫圈紧固；

B，C. 顶部开合的“爱尔兰式”包装箱。

外面覆盖一层聚乙烯仿皮层，包装箱外箱尺寸为 0.72 米 ×0.65 米 ×0.135 米，箱体总重量为 30 千克。

运送《大宪章》的包装箱可防火、保温、防水、防潮、防震，甚至可防弹！人们制造了另一个模拟包装箱，并对它进行了各种模拟搬运和高危险情况下的测试。

另外一种类型的手提包装箱，如图 7.11 所示，用于运送达·芬奇作品“锤”的抄本[205]。同样，图7.12 和图7.13 所示的便携手提式包装箱专门用来在加拿大境内运送米开朗基罗（Michelangelo）的作品。用于运输西蒙·马蒂尼作品的一种较大的“轻便的”有轮手提包装箱可以带上飞机[206]。

7.2.6　包装箱的隔热

运输箱的绝缘性能可以保护箱内器物在运输过程中免受温度异常变化的影响。表 7.2 列出了与热导率（绝缘能力测量标准）相关的数据及典型材料的密度。为便于比较，将木材、胶合板、软木板、纤维板的数据和合成硬塑料泡沫的数据归为一类。

热导率越低，说明材料的绝缘性能越好。从表 7.2 中可以看出：合成塑料泡沫材料是很好的绝缘材料。矿棉和软木板的绝缘性能稍差一些。

聚氨酯和聚乙烯泡沫材料的方便之处在于：这种质地的板或厚片易切割、易造型，可适应包装箱。为了达到良好的绝缘效果，至少要在箱底垫 50 毫米，甚至更厚的泡沫板。在温度很低的房间内，对标准胶合板－木质包装箱进行绝缘测试表明：不同衬垫材料的绝缘效果不同[207]。若起始温度为 21℃，室内温度设定在 4℃，空包装箱的温度在半小时后降至中间温度 12.5℃。随后，在包装箱内垫两层纤维层（总厚度为 25 毫米），温度下降到相同水平所用时间增加到 2 小时。在包装箱中加衬 50 毫米厚聚苯乙烯泡沫层后，箱体温度降至 12.5℃所需的时间增至 4 小时。

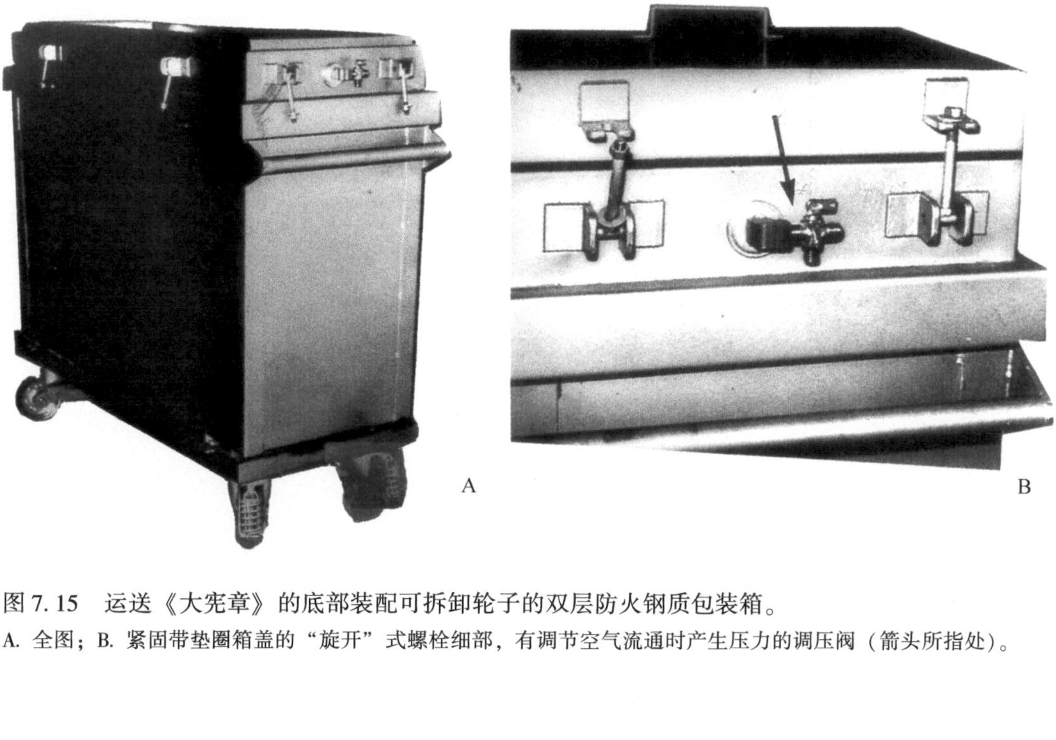

A　　　　B

图 7.15　运送《大宪章》的底部装配可拆卸轮子的双层防火钢质包装箱。

A. 全图；B. 紧固带垫圈箱盖的“旋开”式螺栓细部，有调节空气流通时产生压力的调压阀（箭头所指处）。

1

2

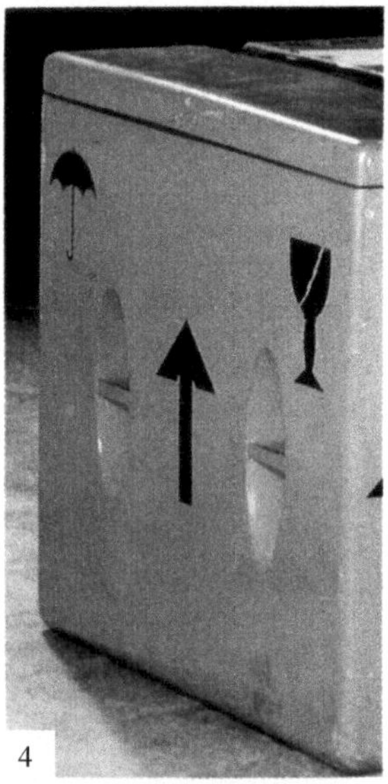
4

3

5

图 7.16　包装箱把手和手提装置。

1. 凹陷进箱壁的金属环；2. 箱体表面板条上装配的把手；3. 留有手指宽度间隔的单木条（板条）；4. 另一种“抓取”条形式的凹陷装置；5. 装配在手提箱顶部或底部的抓取式手柄。

A

B

图 7.17 箱上标签和警示标志。

A. 印刷符号或标签，表示如下：易碎（破碎的玻璃符号）；防潮（伞形图案）；禁用挂钩；垂直装载和搬运（垂直的箭头）；B. 包装箱全景图，有清晰明确的警示、地址、尺寸、净重、毛重等标志。

为了增加达到“半衰期”温度水平所需的时间，有必要加厚绝缘层或箱壁，并尽可能减少包装箱的表面积（在重量一定的情况下）。因此，立式或卧式包装箱比薄的或长方形包装箱的隔热效果更好。

7.2.7 闭合装置、密封装置和把手

有许多种闭合设计可以有效地密封箱盖，还能够在不损坏箱盖及与箱体连接部件的前提下重复使用。正如前面提到的用螺丝固定箱盖不太有效，因为木头中的螺孔一段时间后会变大，就需要换用大直径的螺丝。如果不这样处理，运输过程中箱盖可能松动或与箱体分离，从而对箱内器物产生损伤。

各种各样的扣件和闭合装置一般都能买到，图 7.2 显示了用于航运包装箱的装置。虽然这些装置用特殊附件（例如铆钉）改造之后可用于塑料甚至金属包装箱，但它们基本上还是更适用于胶合板或木质包装箱。西蒙斯型紧固件（见图 7.2E）的优点是强度大、容易上紧也容易再次打开。

为了使箱盖隔绝空气，可以沿箱体上部边缘或箱盖内表面边缘安装橡胶垫圈。这种垫圈可以是长条或管状的，但必须有一定弹性。氯丁橡胶或硅橡胶应用于商务，垫圈厚度一般为 3 ~ 5 毫米。这些材料很适合博物馆使用。要将螺钉或扣件安装得足够紧密，防止箱盖被关紧后出现“缝隙”，这很重要。图 7.14 所示为典型的垫圈和包装箱闭合装置设计。

完全密封的包装箱，即箱体和箱盖密封都很好，需特别注意的是：在空运过程中，箱内外存在的压力差会越来越大，因此箱体必须足够坚固以承受张力。为了在车厢内外有压力差时更容易打开箱子，建议在箱体的合适角落安装压力释放阀，如图 7.15 所示。如果不这样处理，打开箱盖时，快速流入的气流会吹出或损坏内装器物，也会扰乱相对湿度稳定系统（亦见第 10 章）。

有各种不同的把手——木质、粗绳、塑料和金属质地。把手应安装在箱体的适当位置，这样可以防止提箱者过度劳累。把手数量应参考载荷，如一个毛重 440 磅（200 千克）的包装箱应该有四个把手，以方便三四个人抬举。图 7.16 显示了把手设置的各种情况。为防止运输过程中的损坏，把手应平靠箱体，上下有板条保护或最好凹陷进箱体。

7.2.8 区分、标志和装载定位

区分的基本形式是用有一定环保性且具美感的喷漆箱子。油漆应刷得均匀，且具有防水性能。所用的典型颜色为黄色、橘黄色、淡蓝色和灰色。

地址标签应该牢固地附在箱体两侧，最好用胶水（用钉子或 U 形大钉会损坏包装箱）。同样，应该标注包装箱尺寸、净重及毛重（磅数、千克数均应标明），以便事先提醒操作者采用合适的搬运方式。

各种警示符号，如易碎、防潮、向上、远离低温及高温存储等，与国际上通用的标志要保持一致。图 7.17 列出了一些典型符号，这些符号在巡展展品的运输中普遍使用。遗憾的是，尽管有这些警示标记，不当操作及违规行为仍时有发生。因此，考虑到最坏情况，包装箱本身必须具有尽可能多的安全防护内置部件。另外，“装载定位”也一直是一个很难解决的问题。箭头应当醒目地标识出“朝上”的方向。有一种确保堆放或放置时恰当定位的方法，即在包装箱上部制作一个尖顶（见图 7.18）。

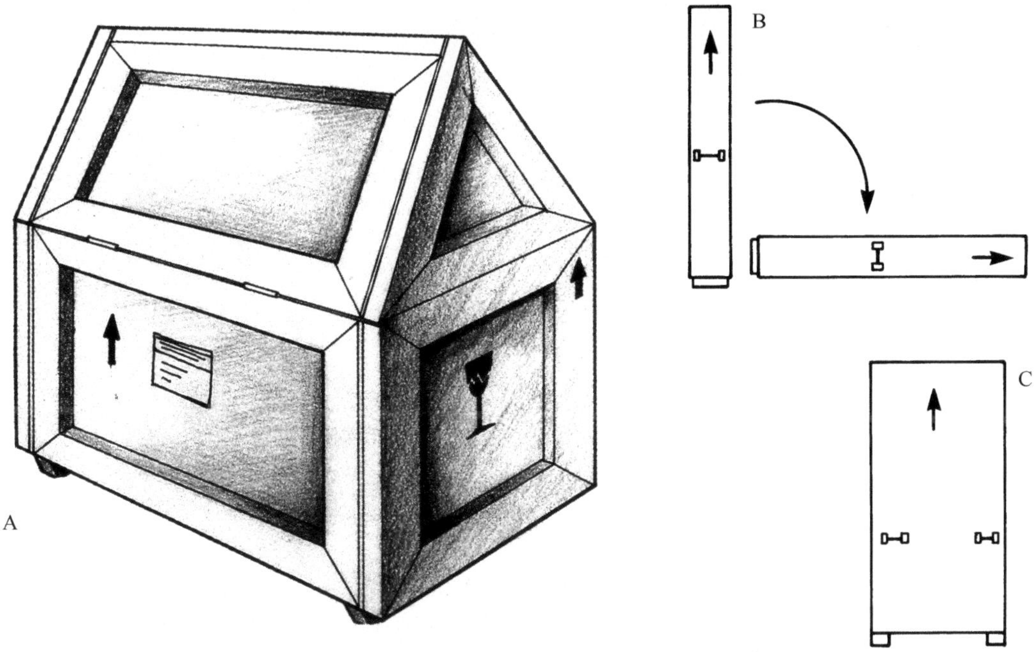

图 7.18　确保包装箱垂直装载的一种建议性设计。

A. “屋顶”设计确保装载器物的正确放置；B. 虽然箱体上有警示标志，但长条形包装箱很容易被搬运工人习惯性地平放装载；C. 短粗型包装箱很少被平放。

7.2.9　包装箱的防火性能

绝大多数包装箱为木质，因此很难保证其防火性或阻燃性。现在许多化学物质被填加到木材和胶合板中，使其具有一定的防火性能[209]。不过用这些材料制作包装箱前，需反复测试以确定其防火性能。从某种程度上说，一个涂油漆、表面光滑的包装箱，其外部要比未涂油漆、有棱角且表面粗糙的包装箱耐火性能高。

有些展览采用了科学合理的方法保护包装箱，使其在运输中免遭火灾损伤。详细说明包装箱的阻燃程度非常重要，这一点经常由消防人员或保险业者记述，以箱内器物造成破坏的某个温度前的小时数为标准[210]。

在运送林肯《大宪章》的包装箱中[204]，铝箔袋里的矿棉绝缘层发挥了阻燃作用。这个原理也同样适用于各种类型的胶合板包装箱。双层壁结构更有效地提高了防火性能。

有一种方法也是可行的，就是设计一个“防火箱”，将包装箱放置其中[211]。防火箱按照防火储藏室的规范制作，能起到相当程度的保护作用，图 7.14 显示防火箱曾在爱尔兰珍宝展[212]中作为运送展品的外集装箱。图 7.15 则显示了最近一个例子，即在运输贝洛特（Perot）《大宪章》（美国）中使用的“防火箱”。一定要谨记，火灾事件中，包装箱温度非常高时，一定要等它冷却（2～3小时或更长）后再打开，否则箱中的器物一旦暴露在空气中，就会立刻燃烧起来。

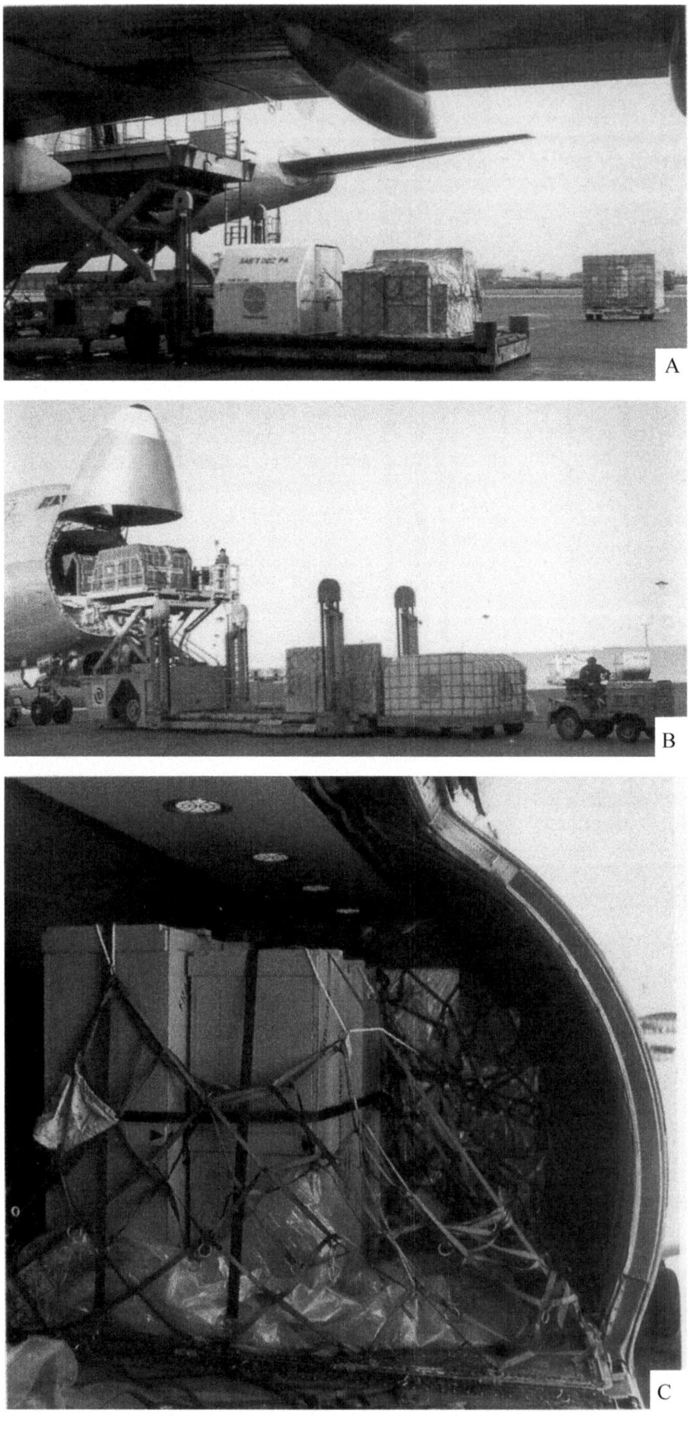

图 7. 19　A，B. 平台上即将装上喷气式飞机的成组集装箱和用网包裹的货物；C. 飞机货舱内，用网包裹的展览用集装箱的放置情况。

(根据P.Cannon-Brookes)

图 7.20　英国至波兰展品运输中作为二级集装箱（Cannon-Brookes，英国）的卡车。
1. 车厢外皮（铝板）；2. 泡沫聚苯乙烯板，5 厘米厚；3. 木质框架，5 厘米×5 厘米；4. 带孔硬板内表面（钉板）；5. 木屑（细刨花）填充物；6. 多层衬垫地板；7. 橡胶毛垫；8. 卡车内的木质地板。

7.3 包装箱的再利用和标准化设计的集装箱

人们在设计运送巡回展览展品的包装箱时，有意识地考虑了再利用问题。根据运送特定作品或某一组作品而设计包装箱时，须对内部适当改装以适合不同型号的器物。在巡回展览中，同一个包装箱的重复使用率很高，有时甚至可达20次。巡回展览结束后，这些包装箱也完成了自己的使命。使用后，木质、胶合板、纤维板、塑料或金属质地的包装箱被存放在清洁和环保的地方，以便在未来的展品运送中继续发挥作用。

瓦楞纤维板包装箱的价格比其他类型的包装箱更便宜，而且在存放空间有限的情况下，可以把它们拆卸储藏。

包装业者有时会考虑到包装箱的再利用问题，这一点主要体现在能够组装成不同型号和形状的、可重复拆卸的标准化可拆分木质包装箱的设计上[213,214]。“克林普扣件”法就是这种类型的设计方法，用这种方法制造的运输包装箱，能够不使用任何钉子重新组装成各种不同型号的包装箱。设计时，面板要预留出一定的尺寸以备后用。

这种适用于可拆卸包装箱的扣件法，目前在博物馆的应用还处于起步阶段，相信将来会得到普及。设计师们想出了许多适于巡回展览的、可拆卸面板和易操作紧固件的制作方法。其中一些适合于标准箱的制造。

7.4 大容量包装箱和集装箱

这一部分主要涉及大体积集装箱，如在运输业中装运数量庞大的小型纸板箱或包装箱的集装箱。这一概念多年前就已经出现，目的是通过把分好类的小包装箱装入大的金属包装箱，减少搬运过程中的损伤和偷窃，完好无损地将展品运达目的地。这些大型包装箱或集装箱底部设有轮子，能在公路上移动，也可以直接装在火车或轮船上。由于它们的尺寸和重量(以吨计)，因此运送时需要专门的装卸设备。通常，运输展览材料至目的地的时间相当长，所以这个因素也应充分考虑。

小型集装箱用于空运，特别是通过大型货机和喷气式飞机空运，因为空运更为快捷。典型的空运集装箱见图7.19。有一个用卡车大小的集装箱将艺术品从英国运往波兰的例子[215]（参见图7.20），艺术品被事先装进一个很大的木质包装箱。卡车拖车可被看做是带轮子的集装箱。此类集装箱最大可超过11米，可以直接装上火车或轮船甲板。

这种集装箱或拖车运输的出现颇具吸引力，但是，目前来说，在博物馆工作中这并不是一种经济实用的方法（小型集装箱空运除外）。虽然这种方法可能适用于一些大规模的国际展览活动，但有一个重要的局限性，例如在保险方面，会限定个别货物的投保额。

通常，集装箱运输的时日漫长，因此，博物馆运送人员难以做出适当安排。由于集装箱庞大的尺寸和重量，它们需存放在露天货场、码头和运输工具上。除非集装箱内有专门的控制系统，否则长时间存放，仍会受到气候条件的影响。

从某种角度来说，流动艺术展览车、流动博物馆、大篷车博物馆就是一个个的集装箱，它们被设计用来运输流动展出的艺术品和博物馆藏品。展品在原处展示，但要用一些特殊方法固定展出器物的位置，以避免在公路或高速路上行驶时产生震动和摇晃。外观上，流动博物馆类似大拖车。拖车及其相关展览运输模式将在第10章中详述。

8 可控环境包装箱及其监测系统

8.1 引言

第6、7章中所描述的包装箱没有配置可调整箱内相对湿度至指定数值的特别装置，因此是环境不可控的包装箱。然而，不论包装箱材料本身是木材、胶合板、纤维板还是瓦楞纸板，它们仍具有持续保持适度相对湿度的潜力。

这一点的正确性在下述两种情况中尤为突出，即包装箱在美术馆的理想环境条件下长期储存，或要被包装的器物已达到与周围环境相对湿度和温度相平衡的水平。在这个例子中，已包装好或密闭的包装箱内的相对湿度将保持在一个相对恒定的水平。在包装箱与箱内器物接触部位填充的吸湿材料，可起到调节或缓冲系统应起到的保持箱内相对湿度恒定的作用。

工业上，有关箱体包装的论述中曾引用过的可以有效控制或缓冲相对湿度的材料被称做“衬料”，更确切地说是“纤维素衬料”[216]。通过缓冲作用进行的环境控制，可以通过使用高吸附性材料，如硅胶，得以明显改善。

调整温度是另外一个问题。通常即使包装箱被放置在已经被制热或制冷的环境中，已包装的物品仍可以保持在可接受的温度水平。箱内温度维持时间的长短，主要取决于包装箱的设计及内部绝缘材料。

一些近期进展是利用热融技术，通过化学方法使箱内温度升高或降低到需要的水平，从而取代由电或电池驱动的加热和冷却系统。

控制虫害和霉菌也很有必要，特别是经过热带或异常潮湿、温热地区的运输。同样也应关注外部大气污染物及包装箱材料本身对箱内器物产生的影响[217]。

8.2 密闭包装箱

关于这一点，回顾一下理想环境条件下密闭包装箱的环境调节能力非常重要。如前所述，人们从实践和理论角度对这种装有感湿物品的箱子的缓冲特性进行了研究[218~221]。通过研究建立了各种实验关系式，可以预测在包装箱和内装器物的初始条件下，密闭包装箱内相对湿度是随温度变化的。

以下对运输包装箱所作的分析处理也适用于“静态”展柜。然而，对于后者来说，展柜通常都不是密封或无气密性的，所以柜内环境受外部温度和相对湿度“泄漏”的影响。根据半衰期[222]理论，可有效测量展柜内环境的稳定性。关于美术馆或展区内展柜及其环境调节的内容将在第9章中完整介绍。

在一个典型包装箱中，与箱内器物相比，空气体积相对较小。有必要用与包装箱内器物尺寸相匹配的缓冲和绝缘材料保护器物，避免其在运输过程中发生位移，同时也出于空间和成本因素的考虑，减少总体积。

大多数情况下，箱内自由空气的体积与所装器物的体积之比为1∶5。下面的相对湿度（RH）与温度（T）之间的关系式，同样适用于对湿度敏感的器物和包装材料（内衬），如木料、纸板、纸等的设定：

$$R_2 = R_1 + \frac{0.63W_w(T_2 - T_1)}{0.18W_w} \quad (8.1)$$

其中，R_1 为密闭包装箱内器物和相关衬料在 T_1（℃）温度下达到湿度平衡时的初始相对湿度值；W_w 是器物重量（包括衬料），如木料（以克计）；T_2（℃）是施加的外部温度；R_2 是包装箱内物品的湿度平衡条件充分建立后箱内的相对湿度值。0.063和0.18是两个物理常数，是湿气含量对木料产生的作用，并左右木料所依附的相对湿度和温度。

公式（8.1）可进一步简化为：

$$R_2 - R_1 = 0.35(T_2 - T_1) \quad (8.2)$$

这意味着，装载密集的包装箱内空气含量较小，温度变化的结果使箱内的相对湿度发生变化，变化幅度大约为1/3，用相对湿度（百分比）单位表示。因此，如果温度上升12℃，密闭包装箱内相对湿度约上升4%，反之亦然。注意温度和相对湿度同向变化，这一点很重要。

在作者开展的一系列实验中[219]，有一项是将一个装有一定数量木料的密闭运输箱暴露于环境可控的室内冷热循环中，对包装箱内相对湿度和温度的变化进行监测。图8.1和图8.2显示了可控环境室及相关实验的筛选结果。

参考图8.2，“试验29”，当包装箱温度由22℃下降到5℃时，箱内初始相对湿度开始上升（初始值在A点）。这种现象是对空气的反应。假设箱内只有空气的话。降温会导致空气相对湿度短暂升高。

短时间后，箱内木料的缓冲作用开始显现，在B点（8小时），相对湿度值最终降到一个较低水平。下一步为循环加热，相应温度升高15℃时，相对湿度的增加却异常缓慢。“试验30”将对缓冲作用做出类似的解释。

一系列此类实验证明，公式（8.1）和（8.2）的理论预测相当精确。满载包装箱内的相对湿度随温度变化，但变化幅度低于充满大量空气的包装箱（例如很大的箱子）。箱内吸湿性材料的缓冲作用减缓了相对湿度的变化。

为了便于比较，假设温度 T_1 和温度 T_2 分别为15℃和25℃，初始相对湿度为50%，在如下两种情况中相对湿度的变化为：

（a）满载的包装箱：相对湿度变化 $= 1/(3 \times 10) = 3.3\%$

（b）充满空气的包装箱：其变化关系如下（又见附录Ⅳ）：

$$R_2 = R_1 \times \frac{\theta_1}{\theta_2} \quad (8.3)$$

θ_1 和 θ_2 分别是 T_1 和 T_2 温度条件下当前空气的最大含水量，参照空气湿度饱和度表可知：θ_1 和 θ_2 分别为12.7克/立方米和22.8克/立方米。

$$R_2 = 50 \times \frac{(12.7)}{(22.8)} = 27.9$$

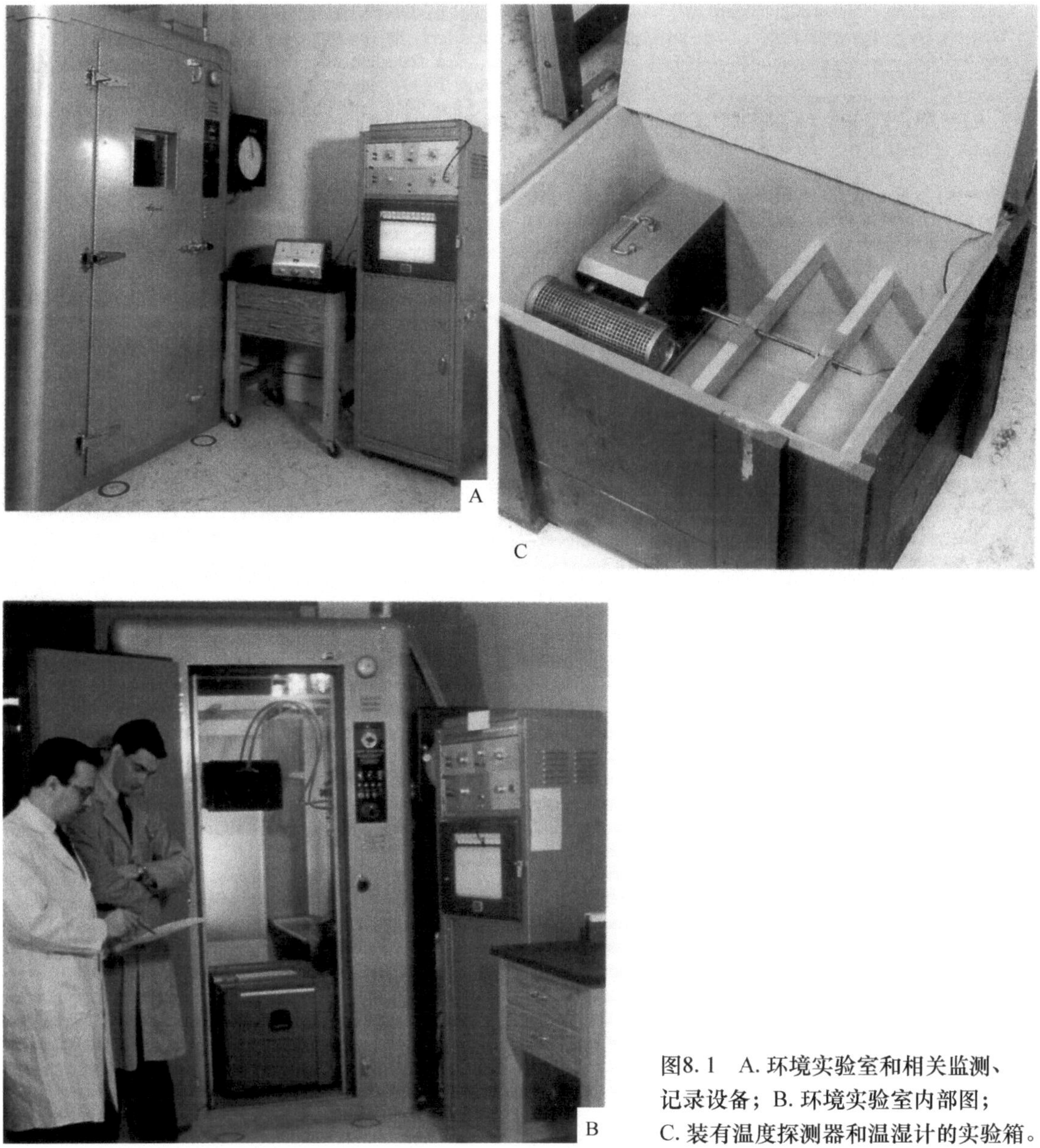

图8.1　A. 环境实验室和相关监测、记录设备；B. 环境实验室内部图；C. 装有温度探测器和温湿计的实验箱。

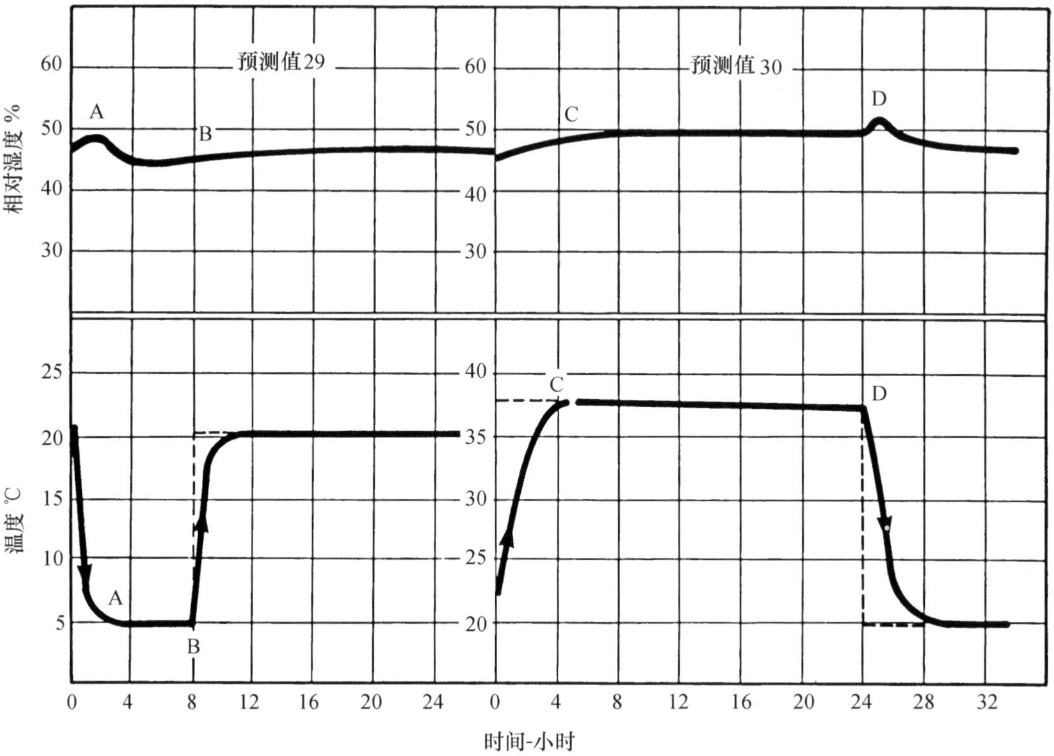

图 8.2　环境室在从 22℃至 5℃循环变化温度中对包装箱进行测试。

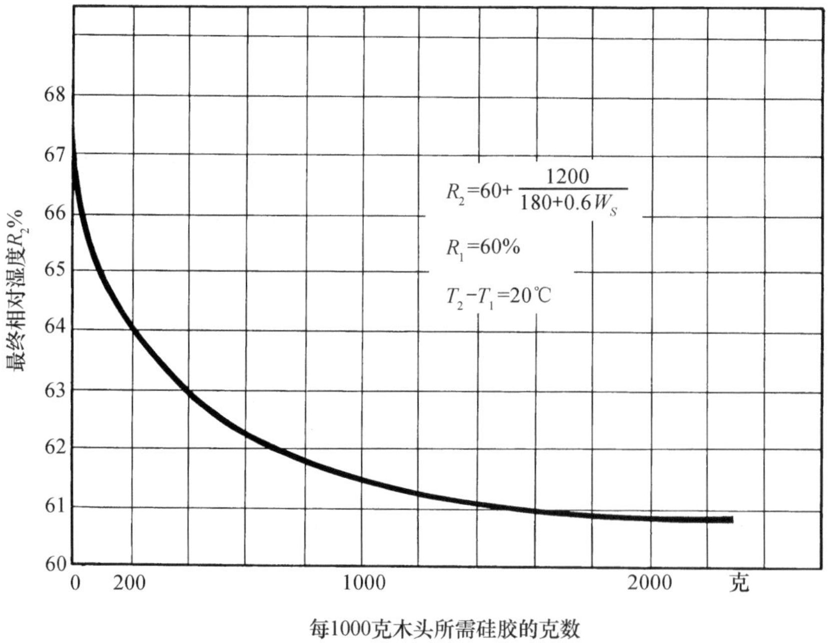

图 8.3　包装箱内硅胶数量增加对相对湿度的改变。

因此相对湿度的变化是 22.1%。这个数值是满载包装箱相对湿度的 7 倍。因此，装有纤维衬料的密闭包装箱在对抗外部气温变化以及缓冲相对湿度方面是起作用的。

应当注意到，在经过几小时后达到平衡状态时，公式（8.2）才能成立。此方程式的前提是，木料等在起始相对湿度，即 R_1 和初始温度 T_1 条件下，湿度条件达到平衡状态。

如果箱内除了木料和类似的纤维素材料外，还有一种能控制湿度的物质，如具有较高吸湿性的硅胶，那么其缓冲作用可进一步提高。硅胶是一种惰性很强的晶状体，其颗粒有多种尺寸（直径 2～5 毫米），在本身干燥的情况下，它能吸收相当于自身重量 40% 或更多的湿气，而自身不会变“湿”。相对而言，木料和其他纤维素材料在正常情况下的吸湿量是硅胶的三分之一到一半。在室温下，相对湿度为 50% 时，硅胶和木材的平衡湿气含量分别为 30% 和 8%～11%。

硅胶及相关材料吸收和释放湿气能力的详细资料参见图 8.12。硅胶的另一个优点是，相对于那些湿气含量受温度（在相对湿度确定的条件下）影响的纤维素材料来说，硅胶对温度并不敏感。

根据密闭箱理论推导，由于硅胶的存在，公式（8.1）发生了如下变化：

$$R_2 = R_1 + \frac{0.063W_w(T_2 - T_1)}{0.18W_w + 0.6W_s} \quad (8.4)$$

其中，W_s 是达到要求的情况下所用硅胶的重量（g）。其他符号的含义与前述公式中的相应符号相同。

需再次参考空气含量极少的密闭包装箱的情况。图 8.3 中的曲线图给出了一个通过增加硅胶含量加以改善的办法，曲线图是在以下数据的基础上绘制出来的：R_1 为 60%，W_w 为 1000g，$T_2 - T_1$ 为 20℃，W_s 为所加硅胶质。没有硅胶时，箱内初始相对湿度为 67%，但当箱内硅胶质量增加（大约 2000 克），R_2 值降到 61% 左右，与初始数值 60% 相差了 1%。因此，如前所述，硅胶质量的增加明显促进了抑制作用。

另一方面，如果箱内器物材料对湿度不敏感，如金属、石材或玻璃，并且封入防湿材料中，如聚乙烯或类似的合成材料，箱内相对湿度的变化将遵循公式（8.3），从公式中可以看出：温度变化对箱内相对湿度的影响显著。在没有缓冲物存在的情况下，如果箱内温度降幅足够大，箱内空气会达到露点并出现水汽凝结[223]。这时，相对湿度与温度变化成反比，即温度降低，空气相对湿度增加，反之亦然。

由此得出一个重要结论：必须使用有足够相对湿度缓冲能力或衬料的包装系统，并保持尽可能低的自由空气量。

8.3　相对湿度可控的运输箱举例

以下“包装箱”的使用历史依据可控衬料、纤维素类型以及硅胶的使用分类。

8.3.1　用衬料控制相对湿度

应用衬料原理的一个有趣例子是将“佛兰德艺术杰作展”的展品从美国越洋运回比利时[224]。关于这些展品保存及运输的详细情况将在第 10 章阐述（第 10.5.3 节）。

用于版画包装的双层包装箱系统和大量纤维素包装材料，可使内包装箱的相对湿度相当稳定地保持在 50%。图 8.4 显示了在十天的运输行程中双层包装箱的温湿度记录资料。包装时的箱内温度和相对湿度分别为

78°F 和 50%，到达布鲁日时，两个数值的相应读数为 73°F 和 50%，假设在穿越大西洋途中外部气候条件变化不定。

第二个例子，在第 10 章也有详细阐述，是在加拿大的冬季，通过铁路运输凡·高的作品。其中一个包装箱内的温湿计记录显示，经过 31 小时的长途运输后，到达目的地时相对湿度由最初的 48% 降到 44%，降幅很小。在火车行李箱内包装箱附近的外部温度很不稳定，从 15℃ 降到 10℃，造成箱内温度由包装时的初始温度 21℃ 降到大约 15℃。

在有潜在危险的冬季环境中预先调节过的包装箱材料和绘画作品本身的缓冲作用，能够使相对湿度保持相对稳定。火车行李箱内很热，但是在旅程中的各个站点打开车门装入或提取货物时温度会迅速降低。运输途中的记录显示，符合公式（8.2）的情形已出现过，也就是当包装箱温度逐渐降低时，箱内的相对湿度同样会降低。

第三个例子是纽约现代艺术博物馆对实验性包装箱所做的一个测试[225]。包装箱用玻璃纤维聚酯材料制成，内垫“钉板”胶合板形式的纤维衬料[226]。将内置温湿计的包装箱密封后抬上博物馆的屋顶。箱内、外的相对湿度和温度记录见图 8.5。箱内相对湿度较稳定，读数从最初的 50% 变为最终的 46%。这次实验中包装箱没有像前两个例子那样被塞满。包装箱的尺寸为 1.14 米 ×1.65 米 ×0.46 米（45 英寸 ×65 英寸 ×18 英寸），装有 5 千克预先调节过的纤维素材料。温度的变化证明塑料包装箱的隔热性能不佳。

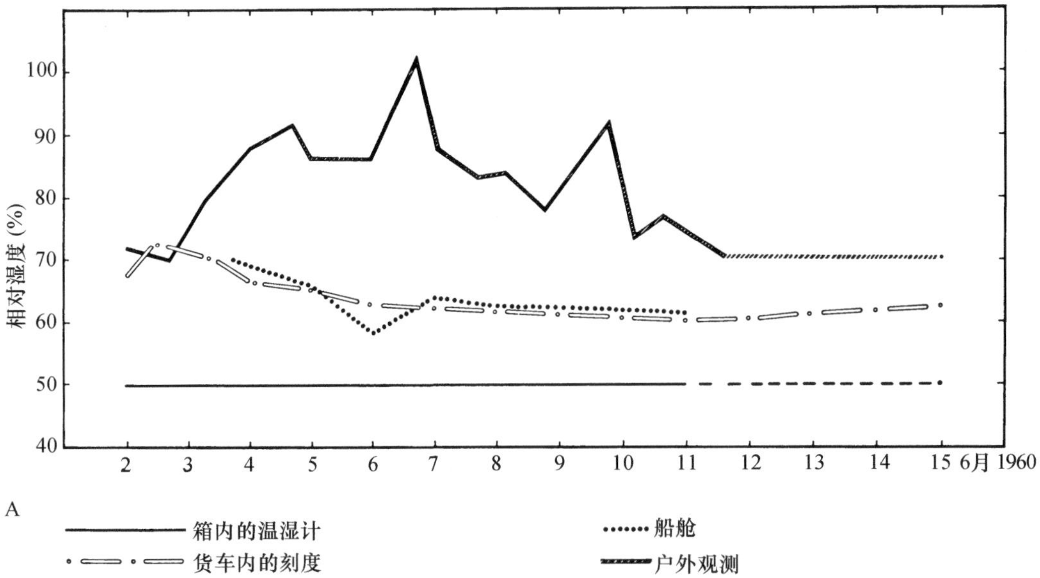

图 8.4 船运的“佛兰德艺术杰作”。

A. 包装箱内部和外部相对湿度图表。

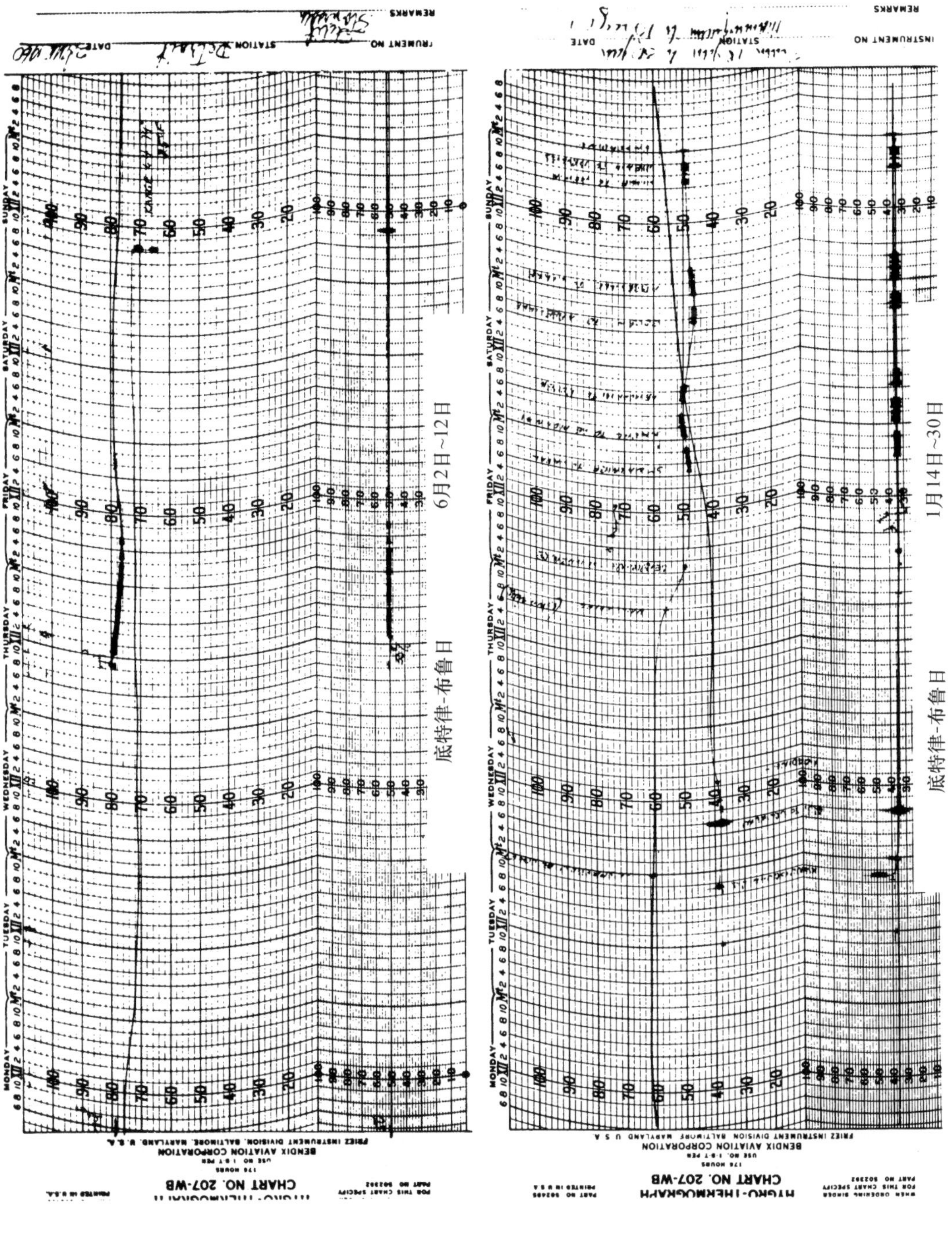

B

图8.4 B. 温湿计图表记录。

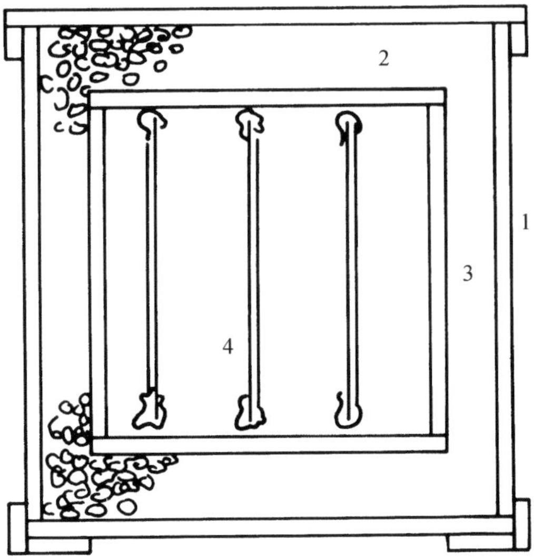

C

图 8.4　C. 典型包装箱示意图
1. 木质结构；2. 缓冲材料；3. 胶合板内箱；4. 佛兰德的绘画作品。

8.3.2　用预先调节过的硅胶和类似物质控制包装箱内的相对湿度

多年来，在工业中硅胶一直用作运输板条箱或其他箱子内货物的干燥剂。第 8.3.3 节中将给出这方面的应用例证。在文物运输和展品展出中，使用增湿的或预先调节过的硅胶比较少见，但是使用活性黏土和沸石等有关材料进行包装的报道却很常见。使用这些材料的困难之一是，如何将其装入箱内且占据尽可能大的表面积，而又不接触内部器物。

除非有一种密度大的过滤材料作为屏障，否则，灰尘的产生也是使用硅胶和类似材料的一个潜在问题。必须搞清楚何时需要使经调节的缓冲物再生（第 8.3.4 节中将会描述），以使湿气含量回复到所需的平衡状态。已经开发了各种适用于展览放置或间隔硅胶的方法[227~229]。在任何需要的地方都可能会用到最大尺寸的硅胶颗粒。

在运输西蒙马蒂尼版画自蒙特利尔至大阪[229]的过程中，箱内相对湿度始终保持在 55%。这次运输过程中硅胶被装在版画背面覆盖有纤维的分隔屏中。填充了硅胶的展柜被放入一个更大的包装箱内运输，详见示意图 8.6。外包装箱填充了大量纤维素隔热材料作为热绝缘体。版画木撑架的湿气含量在整个运输过程中自始至终保持稳定，证实了这种方法的有效性。在出发前和返回后都对版画进行了称重。

使用预先调节过的硅胶的另一个例子是从丹麦航运象牙制品[230]。包装箱设计及硅胶装填见图 8.7。日本的文物保护工作者使用天然沸石、"Nikka" 小球[231]使运输箱的相对湿度保持在 60%。其湿度缓冲原理和机理都与硅胶相似。

包装箱用木料（胶合板）制成，在箱内适当位置热封了一层铝和树脂做成的膜。在所有包装材料和对潮湿敏感的艺术品被放入箱子前，预先将 Nikka 小球的相对湿度调至 60%。将这些小球放在小布袋里并以

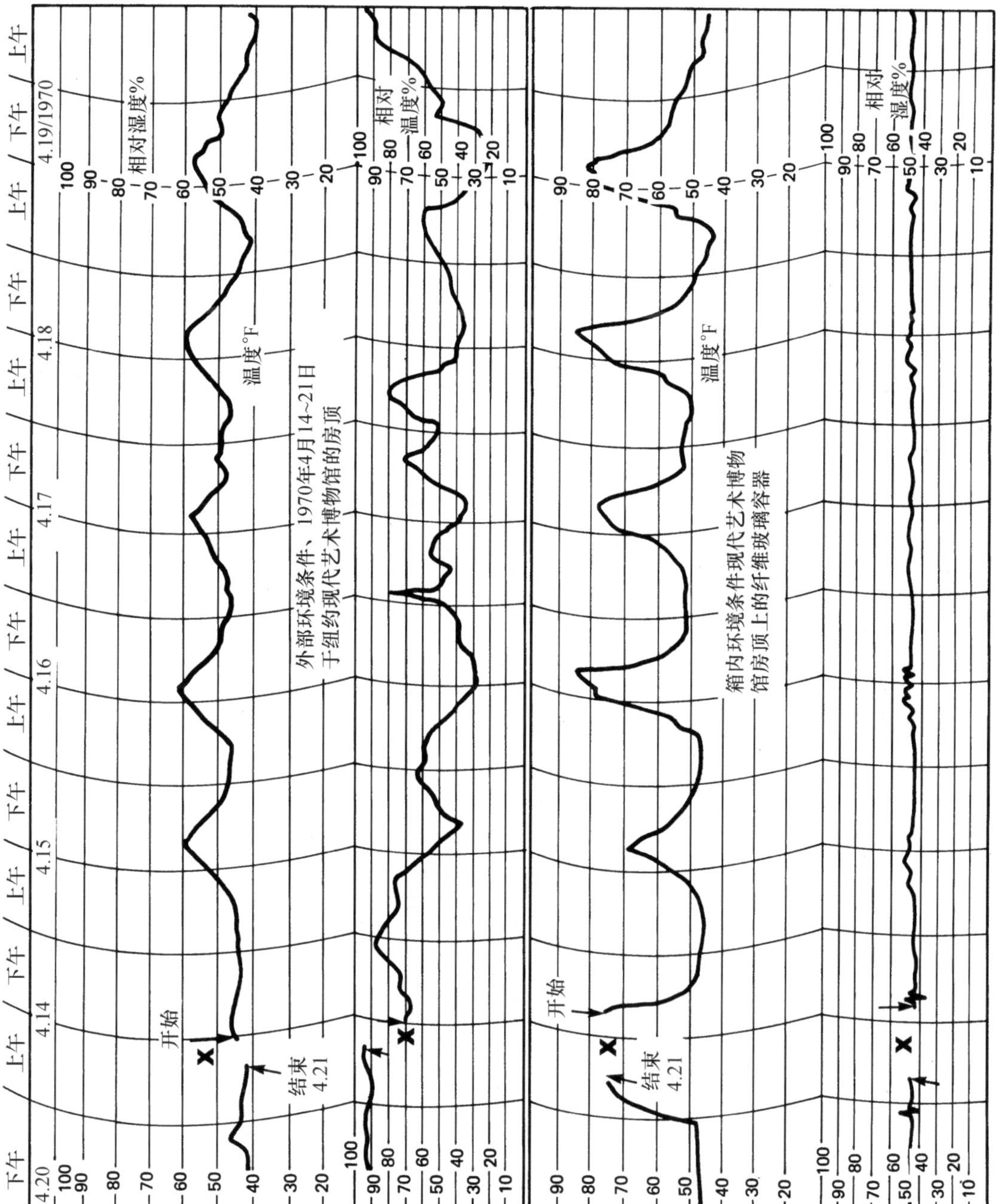

图 8.5　接触外界环境的实验箱内相对湿度和温度状况的温湿计记录。

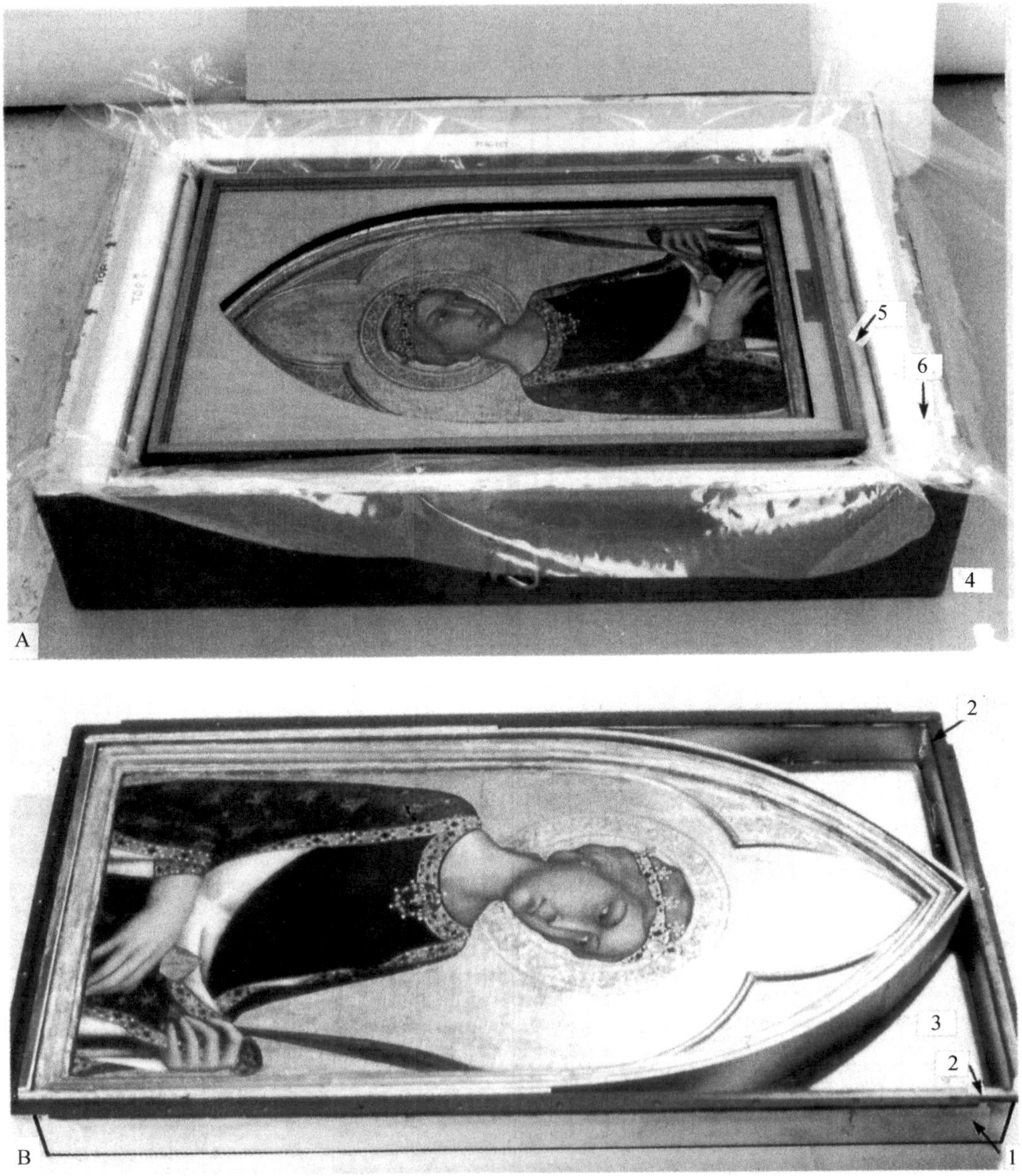

图 8.6　运往日本的西蒙马蒂尼版画集装箱。

A. 版画放在自带的微环境可控包装箱中，包装箱中装入带有硬泡沫塑料绝缘材料（6）和缓冲物（5）的运输集装箱（4）中；B. 预先调节过的硅胶将版画的相对湿度控制在 55% 。

1. 不锈钢集装箱；2. 有衬垫的扁平凸边，凸边上加了一块玻璃板，包装箱外加了框；

3. 不锈钢集装箱底部装有符合条件的硅胶、纤维素材料覆盖的分隔屏。

1 千克/立方米的比例放入箱中。另外，将大量额外的调节好相对湿度的 Nikka 小球放入密闭的瓶子或箱中与展品随行，以备在其他展出地点的运输途中或返回路上使用。

最新设计的展览用的硅胶调节相对湿度展柜，已经考虑到展柜运输的可能性，以下是前面提到的西蒙马蒂尼绘画作品包装箱的例子。聚丙烯酸封闭包装箱系统的使用，在蒙特利尔博物馆藏品的长期保存和运输展览实践中得到了发展[232]（如图 8.8 和图 8.9）。

通用的原则是，预先调节好用于有效控制的硅胶量，要占到箱内装载器物的一半，有时甚至是全部的重量。当然，所有衬料及硅胶都应调整到器物所需的同一相对湿度水平。

在“硅胶”公式（8.4）的推导过程中，若假定包装箱不透气，那么缓冲作用只是箱内湿度敏感成分之间相互影响的结果。在以前的章节里论述了各种各样的用于保证其气密性的包装箱设计方法。推荐使用塑料薄膜（如聚乙烯薄膜），因为用它作为包装

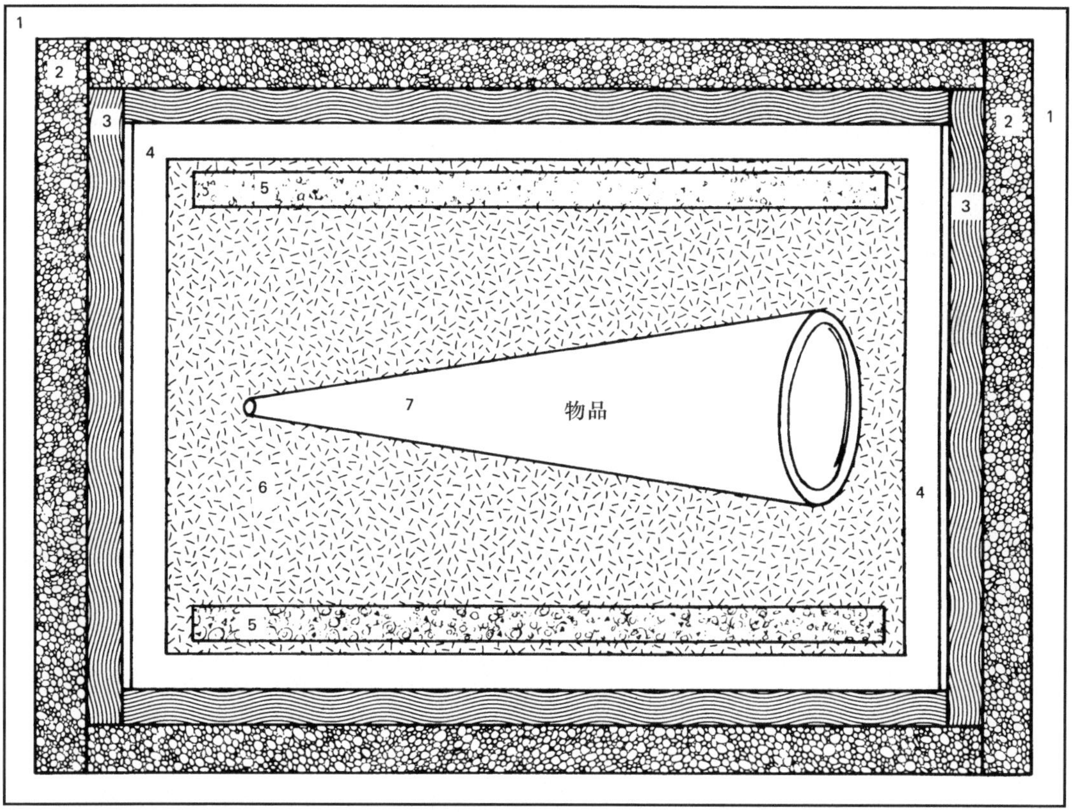

图 8.7　适用于湿度敏感器物（象牙）的包装系统。

1. 胶合板外包装箱；2. 聚苯乙烯硬泡沫塑料；3. 胶合板内包装箱；4. 聚苯乙烯硬泡沫塑料；5. 放置在纤维材料覆盖的金属构架中的预先调节过的硅胶；6. 聚苯乙烯泡沫碎片；7. 用软绵纸预先包好的象牙制品。

图 8.8　装载文艺复兴时期板画的聚丙烯酸微环境包装箱。

（A）箱体后面硅胶的纤维素罩；（B）后部装配有衬垫的聚丙烯酸外包装箱；（C）显示卡（钴盐）显示的相对湿度；（D）原框架内的板画与所缚的纤维物背板保持 2～3 厘米的距离。

箱衬里，可使外部湿气向内部渗透或内部湿气向外部的转移降到最低。需谨记的是，虽然历时较长，但水蒸气仍能渗透聚乙烯材料，特别是薄膜[233]。

再次参考公式（8.4），下面的例子给出了包装箱中用于控制相对湿度的硅胶比例。假定最初的相对湿度是 50%，而且需要这个相对湿度水平在两周的运输过程中（包括在每个目的地贮存和处理中耽误的时间）保持恒定。包装箱由胶合板制成，箱盖用垫圈和螺栓固定好，用聚乙烯薄膜衬在包装箱内，将通过箱壁的水汽扩散降到最低程度。这种材料包括 10 千克纤维板和木头模板，约重 0.6 千克的聚氨酯类泡沫减震材料（在包装箱内几乎没有任何加湿作用），箱内物品本身是一幅版画以及重 10 千克的木框架。将 10 千克重的硅胶装入屏蔽板内（用重量轻的角形铝材做成屏蔽框）。这样，$W_w=20$ 千克，$W_w=10$ 千克，分别是经过调节的木料和衬料的重量及硅胶的重量。假设初始温度是 20℃，由于运输时长期暴露在外部冷空气中，箱内温度最终降到了 12℃。

图 8.9　阿尔弗雷德·斯蒂文斯展览的微环境湿度控制箱。一个箱子中装了三幅绘画作品。

将这些数据代入公式（8.4），最后计算出来的相对湿度 R_2 值是 49%。如果不使用硅胶，则箱内相对湿度将会降到 47%。硅胶的存在对箱内相对湿度的缓冲起到了很大作用。

8.3.3　作为干燥剂的硅胶

保持箱内器物的干燥是很必要的，比如为防止金属腐蚀或避免箱内相对湿度下降，可放入干燥硅胶。在工业上，普遍将硅胶作为干燥剂用于可能对器物造成损害的高湿地区和通过高湿地区的零部件运输中。

许多国家引入干燥剂包装说明书来描述实验出的包装箱体积、箱内器物和干燥剂数量的关系。还会追加一些指南，如基于英国标准的《包装用干燥剂使用指南》[234]。当然可用的干燥剂品种很多，但因为自身的化学惰性和实用性，使硅胶在工业包装中的使用最为普遍。

干燥剂数量要能够保持箱内相对湿度低于指定水平（例如相对湿度为 50%），以防止发霉或减少金属表面的腐蚀现象，下面是一个计算干燥剂数量的公式：

$$W = 40ARM + \text{衬料因子} \quad (8.5)$$

这种方法适用于热带地区运输以及水汽压力极高（约 32 毫巴）的存储环境。

$$W = 11ARM + \text{衬料因子} \quad (8.6)$$

适用于更温和气候带的巡回展览或储藏，水汽压力大约为 10 毫巴[235]；最后

$$W = V/6 + \text{衬料因子} \quad (8.7)$$

适用于存在完全不透水汽的包装箱或包裹内。

上述实验公式中的术语解释如下：

D 是以克计量的包装箱内湿度敏感衬

料，如木材、毛毡、硬纤维纸板、胶合板等平衡湿气含量（EMC）高于 14% 的木料（木材）的衬料因子是 $D/5$，毛毡、硬纤维纸板和类似材料是 $D/8$，平衡湿气含量低于 14% 的胶合板和木料是 $D/10$。

W 是以克计量的干燥剂（如硅胶）。

A 是以平方米计量的水汽屏障（如包装箱衬垫内表面）的面积。

M 是以月计算的存储或运输的最长时间。

R 是水汽透过屏障的传输速率，以 24 小时每平方米的克数计量（在相对湿度为 90% 微分？气温为 38℃的条件下测得）。

V 是以立方分米计量的箱内空气体积，也就是密闭集装箱内空气的体积。

公式（8.5）的应用如下例：毛毡包裹的易腐蚀金属雕塑的木质模板支撑，被包在 0.15mm 厚的聚乙烯封套中。之后，整个器物连同包装被装进衬有一层防水纸的榫卯结构的木质包装箱中。在这个例子中，计算所需干燥剂的数量时，可以忽略聚乙烯封套外表的所有材料。

假定箱子体积为 200 厘米 × 150 厘米 × 100 厘米，木质模板重量为 15 000 克（EMC 小于 14%），毛毡减震剂的重量为 2000 克，运输和存储（到热带地区）时间为三个月。在这个包装箱中，面积 A 是 13 平方米。

$D/8$ 等级所允许的衬料重量为 2000/8 或 250 克；$D/10$ 等级所允许的衬料重量为 15 000/10或 1500 克；注意聚乙烯的 R 值等于 3。

因此，从上面的公式（8.5）中，将合适的数值代入 A、R 和 M，其中 D 为（250 克 + 1500 克），可以得到：

$$W = 40 \times 13 \times 3 \times 3 + 250 + 1500 = 6430 \text{ 克}$$

或外形为圆形时，必需的硅胶干燥剂重量 W 为 7 千克。

硅胶在聚乙烯箱内的分布方式很重要，因为要使硅胶在尽可能大的面积内发挥干燥作用，从而有效地保护金属雕塑。在工业应用中，硅胶和类似吸收剂被包在结实的纸或布袋里，放置在器物周围，用带子或细绳固定在适当位置。在上述例子中，装入袋中的硅胶可以放置在雕塑周围沿雕塑轮廓制成的框架中，如图 8.10 所示。

第二例子：金属器物浮在或嵌入聚乙烯缓冲材料中，然后密封在气密性很高的金属包装箱内。上面的公式（8.7）适用于这种情况。现在假定箱体尺寸 A 为 6 平方米，无衬料，体积是已知的，也就是 1000 立方分米。代入 W 和 V 的值，注意衬料因子被忽略……

$W = 1000/6 = 166$ 或 170 克所需硅胶干燥剂量。

因为干燥作用这种包装箱内的相对湿度会随着时间的推移而降低，可以从包裹内的温湿计读出干燥率。上述考虑适用于保持低相对湿度以避免湿气对器物造成损伤的情形。在目的地，取出硅胶（或其他干燥剂），使其再生并恢复到最初的干燥状况以备再用。

基于密闭箱子的隔屏（例如金属、玻璃或特别厚重的聚乙烯片），一些干燥箱设计者使用了实验滑尺（图 8.11）。首先根据空气体积来设置滑尺，然后根据衬料来调整滑尺；综合这些读数就可以决定所需干燥剂的数量（或单位重量干燥剂的包裹数量）。

干燥包装的一项普遍原则是加入过量的干燥剂，因为环境愈干燥对箱内器物的保护就愈有利。要将干燥剂个体、袋子或其他容器合理放置于箱内，以使其发挥最大作用。

8.3.4 硅胶及相关材料的调节和再生程序

硅胶作为湿度缓冲材料（或作为干燥

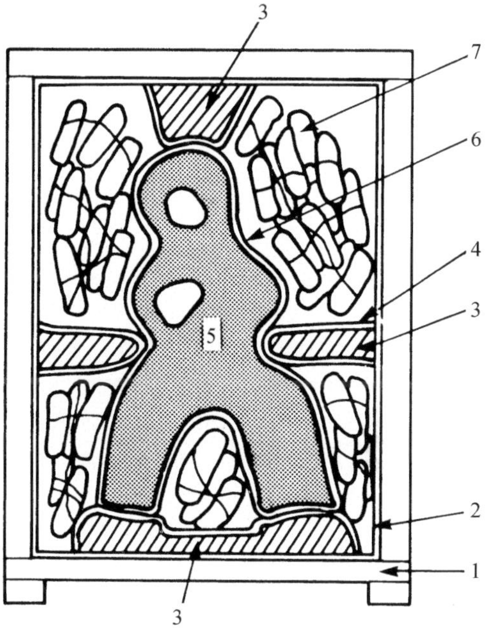

A

图 8.10　A. 保持干燥环境的装载金属器物的包装箱。

1. 胶合板/木质包装箱
2. 聚乙烯封套
3. 装了软垫的控制装置或模板
4. （3）的毛毡衬面
5. 预先包在绵纸（6）中的金属雕塑
7. 装有干燥硅胶的布袋或纸袋

B. 硅胶种类（从左到右）：放在多孔纸袋中的硅胶晶体；指示用硅胶晶体（含钴盐）；粗、细两种颗粒的硅胶晶体。

B

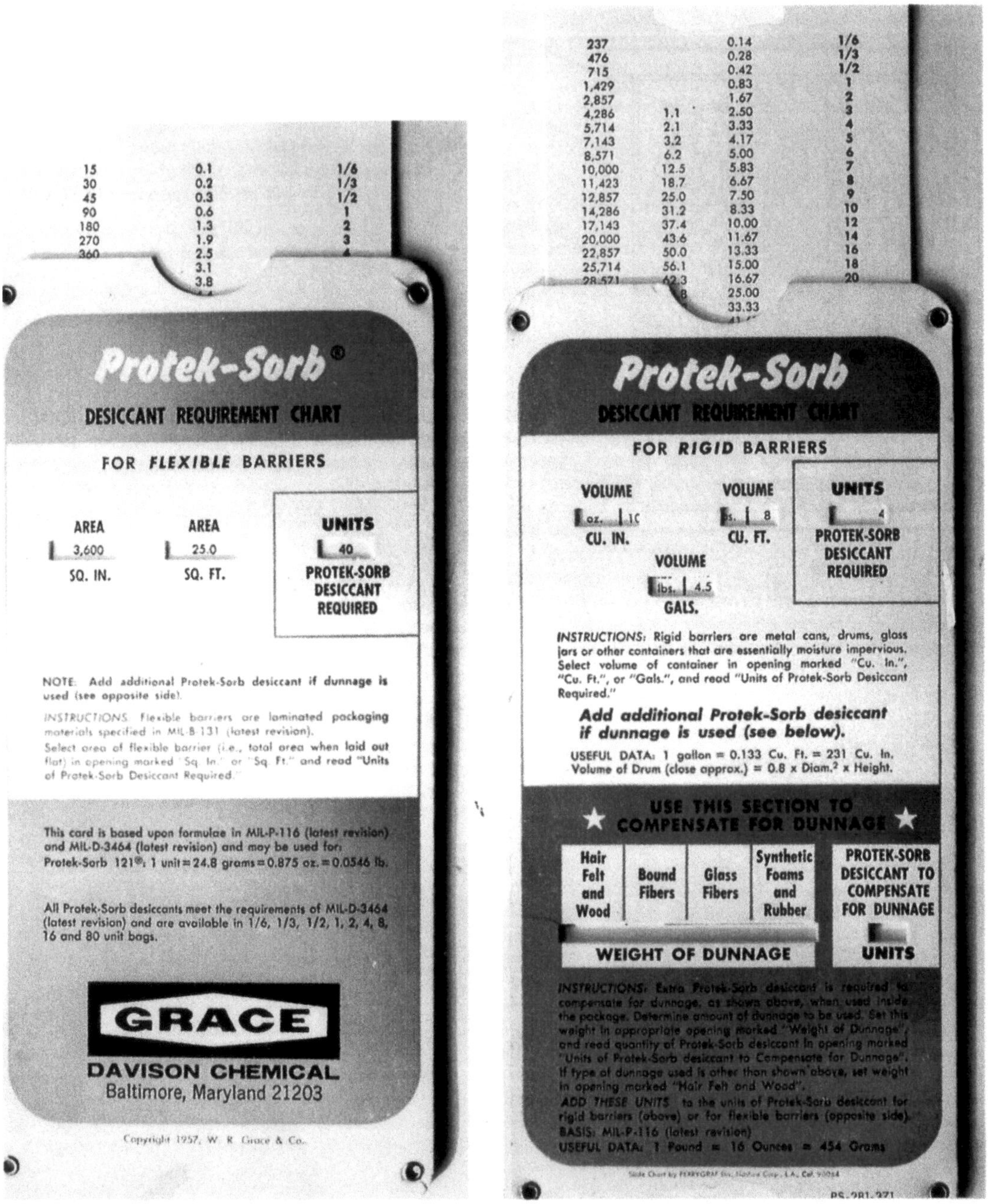

图 8.11　用于计算干燥剂需求量的滑尺（正面和背面）。

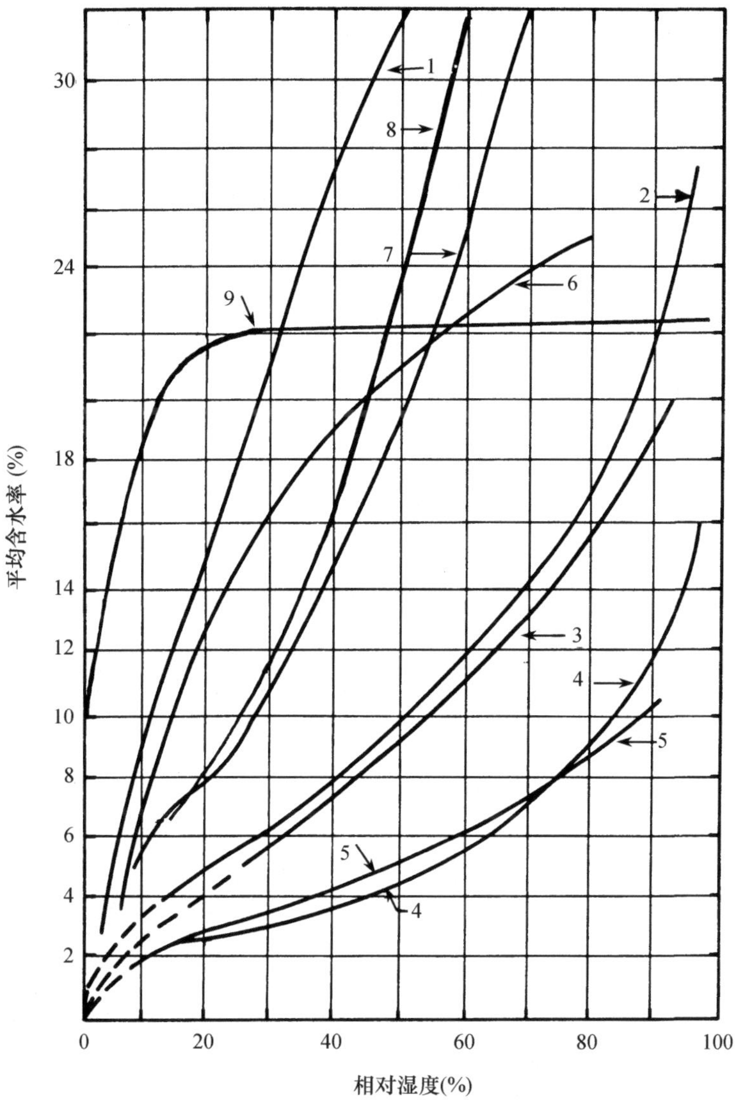

图 8.12　室温下，各种吸湿材料和湿度敏感材料的吸附作用等温线。

1. 3 ~ 8 筛孔的 01 型硅胶（Davison-Grace）
2. 木料
3. 均质纤维板
4. 棉纱
5. 纸
6. 蒙脱石
7. Kaken 胶（Nikka 小球，日本）
8. “Art-Sorb” 珠（富士-Davison），典型等温线
9. Davison 分子筛材料（典型）

剂）的优点是易于再生以备用。当它的平衡湿气含量降低到所需数值以下时，要在相对湿度较高的浅盘中再装或再生，直到晶体或球体重新达到适当的平衡湿气含量。

如果硅胶用于干燥目的，或需要循环利用，在通风炉中以200℃或更高温度加热几个小时，它就可恢复干燥状态（再生和调节技术详见附录Ⅰ）。

硅胶的重要特性是它在不同相对湿度条件下的强大吸湿能力。特别有趣的是一种最近开发的硅胶种类——阿特索布（ArtSorb）[236]，相对湿度介于40%～70%时，其吸收率迅速增长；这说明在相对湿度较高的条件下，阿特索布的缓冲作用优于传统的硅胶类型。

表面含有少量钴盐的指示型硅胶，干燥时呈蓝色，吸湿时先变成紫色后变为粉红色。

图8.12是硅胶、阿特索布和相关吸湿材料（如Nikka小球、Kaken胶体、蒙脱石、分子筛和典型木料）在不同相对湿度水平下的湿气吸收曲线。在相对湿度缓冲过程中，硅胶对温度的敏感性低于纤维素材料，这是它在使用上的另一个优点。因此在公式8.4（第8.2节）的应用中，硅胶的温度条件通常被忽略，但是当木材或纤维素材料作为主要缓冲材料时，“温度条件”就比较重要，而且会影响相对湿度的结果。

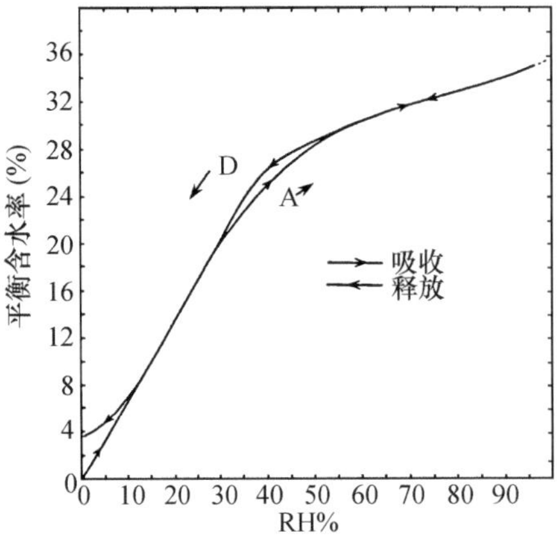

图8.13　一般等级硅胶的滞后行为。
A. 吸收周期；D. 释放或“脱水”周期。

再回到图8.12的曲线，可以看出在大部分相对湿度条件下，硅胶、Kaken胶和黏土材料的平衡湿气含量（EMC值）比木头高。除了前面提到的阿特索布在处于较高的相对湿度值下会有所差异外，不同等级硅胶之间只有轻微差别。各种等温曲线显示了不同材料的吸收循环，即当硅胶被放置在持续湿润环境中时，曲线呈上升趋势（也就是移向更高的相对湿度水平）。然而，反方向“干燥”的轨迹位于更高处，吸收和释放的曲线形成一个闭合的圈，如图8.13所示。

这也是一个滞后现象的例子。因此，在硅胶的曲线中，随着相对湿度的降低，平衡湿气含量与其上面的曲线（解吸）相同。对于这种特殊类型的硅胶，滞后现象在相对湿度大约介于55%和30%之间时产生。一个小循环不会对缓冲特性产生显著影响。如果吸附剂材料显示出明显的滞后作用，则应该用湿气含量曲线环形较小的干燥剂替代。

应该强调的是，已确定等温曲线的材料，如图所示，长时间（几小时，有时几天）曝光后达到显示的平衡湿气水平。较小颗粒尺寸的吸附材料能保证迅速达到平衡值，这对缓冲系统的设计至关重要。然而，如果颗粒太小，除尘就成为问题，因为硅胶颗粒是硬的、可磨损的。

8.4 温度控制

在前面的讨论和所列举的例子中，不控制包装箱温度，而主要依靠包装箱的绝缘材料或保持外部环境温度的方法达到目的。这样，可以通过加热的货车，或者在包装箱装上运输车时用一个预先加热的毯子盖住包装箱来保持外部温度。短途运输中，车辆的加热装置以及设计良好的绝缘方法的结合使用，足以保持箱内温度。在非常温暖的气候条件下，要尽可能使箱内器物保持足够低的温度，通常需要对器物周围的空气制冷。

在包装箱内直接安装加热线圈或接入制冷线圈是不可行的。除了可能出现故障及火灾因素外，包装严密的包装箱内还存在热量分布不均的问题。而装有制冷线圈的包装箱内壁也会产生冷凝的危险。加热或制冷装置引起的箱内温度变化会对包装箱内湿气敏感器物造成损伤。

近来，人们开始设想使用非电力装置，如存在状态发生变化时能产生热量的化学物质。例如：低熔点的单一物质，起初状态为液体，随着温度的降低，形态发生改变，直至结晶或变成固体。众所周知，这一固化过程放出热量，并且固-液混合物在所有液体凝固之前保持恒定温度。完全变为固体后，此物质会继续降温，直至达到周围环境的温度水平。固化过程中产生的热量被称为熔解热，如果把这个过程颠倒过来，即开始时为固体，仍使用相同的术语“熔解热”，但含义相反，其特定温度即为熔点[237]。

工业或商业中广泛应用上述“熔解制热技术”原理。一种是常见的便携式容器，里面放有这种化学物质，它处于一种固液平衡状态。此混合物在一段时间内保持温暖（放热反应），直到完成固化过程。滑雪者和猎人在非常寒冷的天气里使用的暖手器与此装置类似。

在温度敏感仪器（如在空间技术研究中）的运输过程中，人们研制出一种技术，将器物用一个装有熔解混合物的环状容器环绕。运输之前，用缠绕容器的加热线圈使温度上升到熔点以上。在运输途中，容器冷却时熔解了的混合物开始固化，在这一阶段，容器的温度将会保持在一个恒定值。

可以在各种化合物中选择，以找到一种适合特殊运输的熔解温度（或熔点），如25℃或30℃。一个专业研究所[238]已经研究出一种用于空间运输技术的系统，可能会对博物馆运输领域有潜在帮助。有一种用于高灵敏度的空间导向系统的运输箱，在长达100小时的运输中，当外部温度为 -30℃时，运输容器的内部温度控制在45℃(±5℃)。恒定的温度只能维持一段有限的时间，但对大多数博物馆的运输可能已足够。必须找到一种更适宜在20～30℃之间起温度控制作用的熔解混合物。

包装箱一旦到达目的地，装有“溶解物”的“熔化”容器就必需插上充电，以备后面的运输。这种包装箱内的热量要有效传导，以避免局部过热。最后，一定要将“熔化制热”化学品很好地保存在各自的容器或管子中，勿使其泄漏并损坏已包装的器物。

8.5 运输箱内污染物的控制

运输箱内气态污染物和大气污染物的存在可能会对某些器物产生损害，特别是在长途运输中。这些污染物质可能由包装材料、早期熏蒸、杀菌措施产生的残留化学物质或自身材料产生。

当空运中存在压力差或温度变化时，大气污染物能够从外部进入密封不好的容器[239]。通过使用经过检测的稳定惰性材料或对不安全表面使用隔离涂料，可以大量减少由内部构造材料和衬垫材料产生的污染物。

消除箱子外部空气的影响十分困难，这需要在盖子周围使用一种不透气的装置。对箱内气态污染物敏感的器物一般完全或部分由金属或铅、银、铜和铁合金制成。其他由纤维、木材、纸、皮革等有机成分组成的材料则较不敏感，但在较长的运输中仍需加以保护。

在运输箱的制作过程中，要避免使用含硫胶带和罩面漆，也不能使用橡胶和触压胶合剂，因为它们会产生少量含硫气体（包括 H_2S），这些气体会使银失去光泽并产生其他形式的腐蚀。箱体内表面不能涂漆，但需要防尘时，可用丙烯酸树脂或聚氨酯油漆密封，但需要放置几天时间，使溶剂彻底挥发。

不能使用未干的木头和胶合板，特别是橡木，因为它们会产生少量有机酸气体，这些气体与周围水汽和二氧化碳结合后会对铅[240,241]、含铅铜器、镉金属板等制品产生腐蚀。包装中使用的衬料包括橡胶纤维素材料以及各种人工泡沫材料。

洁净的无涂层纤维材料和聚乙烯泡沫材料很受欢迎，因为它们具有化学惰性。泡沫塑料（如聚苯乙烯、聚氨酯等）需要经过测试[242]。在使用聚氯乙烯和聚偏二氯乙烯薄膜及其泡沫材料时应相当谨慎，因为它们可能产生氯化物气体[243]。对于包装来说，聚乙烯、聚丙烯和聚酯塑料薄膜具有的化学惰性，使其可作为包装材料，除非被告知其中含有或涂有有害、有毒增塑剂。

在运往或穿过湿热地区时，可对包装箱的制作材料和内部器物进行熏蒸消毒[244,245]或杀菌处理。任何残留气体都可能是影响器物的潜在污染物，因此有必要进行检测。如能保证熏蒸材料（如环氧乙烷或硫酰氟）的安全性，少量的残留气体在条件较差的运输途中可避免器物受到腐蚀、霉变或其他形式的污染。

另一个不容忽视的气体来源是器物本身。刚刚修饰过的油画或处理过的加工品会释放出溶剂气体，这可能会对紧邻的器物产生影响。修复的或刚处理过的器物不能直接包装，要留出一定时间使其干燥或让所有气体和可挥发成分彻底挥发。

在清洁塑料片和玻璃表面时，会使用含有胺类和氨成分的各种喷射液。某些艺术品直接接触后会受污或变质。同样，在包装前也需要留足够的时间让这些液体挥发。除了内部会产生污染性气体和挥发性物质外，随着温度和压力的变化，当箱子“呼吸”时，污染物质（如二氧化硫、硫化氢、氧化氮和空气传播的硫化物）会从外界吸进箱子里。金属器物对那些会产生腐蚀效果的污染物比较敏感。

在初步实行了减少或消除有害材料挥发物的措施之后，在运输中便可能保护金属器物使其免受不断产生的箱内污染物的污染。因此，银器用柔软洁净的绵纸包裹后，可以用饱含 10% 的醋酸铅溶液的纤维或纸（但仍要是干的）包裹，这一措施可抵抗硫化氢。还可以使用各种专制的“银防锈”纸，这种纸含有浸渍状态的铜或叶绿素生成物。

在第二层屏障中也可使用防潮纸（VPI）保护铁制品。然而，这种纸中的抑制性化学药品会对邻近的含铜器物造成损害[245,246]。硅胶在吸收大气污染物方面不如活性炭有效。将硅胶放置在箱中（如在隔板上），在缓冲反应过程中可吸收少量污染物气体。活性炭非常有效，但安装很困难，一般容易产生灰尘和污物[247]。

如果包括贮存在内的运输过程是短期的（几天），如化学反应可以忽略，那么前面提到的各种污染物的控制方法可以变通或不那么苛刻。然而，如果器物要在密闭的包装箱中存放几周或几个月，化学作应就很重要，需要高度注意减少或消除所有污染源，并使用必要的净化剂。

8.6　运输包装箱内的温湿度监测仪

在包装箱内安装温湿度监测仪，可将某一特定运输过程中的相对湿度和温度状况记录下来，经过分析后成为展览档案。温湿度监测仪可以方便地在同一设备中测量两个环境因素数值，也有单独测量相对湿度和温度的设备。

只要安放方法得当，能抗震动和摇摆，在包装箱中安装这些仪器完全可行。笔形记录仪需垂直放置，其他不使用墨水的同类仪器可以用不同方式放置[248]。

图 8.14 是一个运输包装箱的例子，显示了其抗震安装的细节。当然在安装前必须对温湿度监测仪进行校准和预设。运输箱内安装记录设备可以研究长途运输过程中的环境变化[219,249]。

即使安放得很好，在非常剧烈的震动中仪器仍有损坏的危险。记录笔的位置可能会发生移动甚至整个装置会被破坏。当然，图表记录“中止”于运输中的某个点就说明在这一特定时间发生了非常事件。不太剧烈的震动也会通过图表中反常的垂直笔轨迹显示出来。图 8.15 通过再现温湿度监测仪图表记录的部分内容来阐述这一观点。通常认为这种仪器不可能准确记录振动和摇摆，而应另有适用的特殊装置。监控仪器要附有关于内部设备维护的清楚说明，确保贴上记录图表，实时更新替换，并转交有关专家。

可在箱壁或箱内安装无读数表盘的仪器或特殊指示器，来测定箱内状况。这些仪器可以在外面（通过一个小窗口）方便地读取数据而不用打开箱盖。不过在使用前需校准并注意一切修正因素。图 8.16 显示了有关指示卡的例子。

温度指示剂已经发展为颜色指示试纸形式。预先设置的温度试纸条某一特定颜色的变化或永久性变暗表明，在路途中的某一地

图 8.14　装有记录相对湿度和温度设备的运输包装箱。
A. 减震器；B. 仪器；C，D. 固定托架；E. 箱壁。

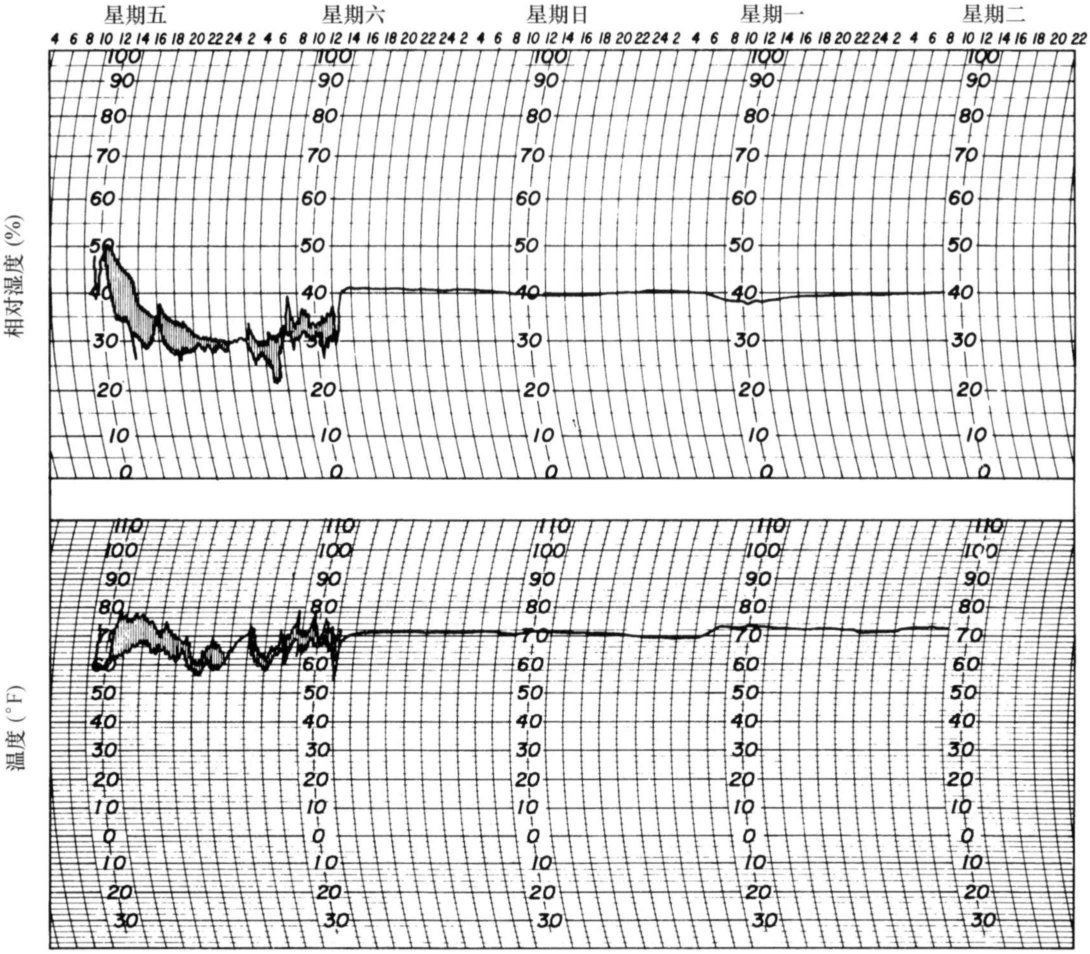

图 8.15　包装箱内温湿度监测仪的记录。记录中过多的摇摆发生在星期五至星期六，表明运输中这一时段的震动或摇摆频率很高。

点，包装箱内的温度超过了规定水平。当然，当包装箱处于危险的温度状况时，不可能“针对性地指示”时间，除非内部还有一个自动温度记录器。

在箱内装备仪器的目的是在运输途中监测箱内状况，以保证箱内器物不会暴露于环境中或处于其他形式的危害之中。这种监测通常在相对湿度和温度变化会造成永久性损害，或在借贷合同中标明必须监控的重要展览中使用。

如果装运多个包装箱，在每个包装箱内都装配记录仪器也不现实，可以选择其中一个箱体结构和内装器物具有代表性的包装箱作为样本。在较大容器中，记录装置可放置于其中心位置。了解在运输途中箱体外部的状况很有意义，可以通过放在外部的温湿度监测仪来监测、记录，并与箱内记录数据比较分析。

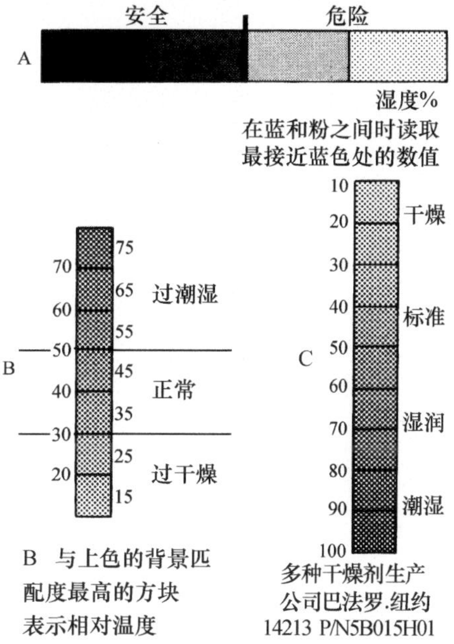

图 8.16　相对湿度指示卡。有 A、B、C 三种类型，使用钴盐显示，颜色从蓝色（干燥）到粉红色（相对湿度高）排列。

8.7　震动监测仪

在工业中，各种设备（震动记录笔、加速度计、震动记录仪、地心引力指示器）被用于监控要求更苛刻的运输；“一击”式碰撞装置用来测定预调的振动水平，详情参见图 8.17。运输途中的震动、碰撞和摇摆等现象的出现与运输方法或路线密切相关，有关内容将在第 10 章（第 10.7 节）详述。依据装箱实践，下面主要讲述各种装置的安装或放置。

前面章节中描述了利用温湿度监测仪记录意外“震动”。为得到一幅震动或摇摆情况的完整图表，必须确定其方位，为此，可以使用震动记录仪从三个相互垂直的方向展开记录。

图 8.18 显示了在同一包装箱中安装“研究型”震动记录仪和气候测量仪。用安装了仪器的包装箱进行一系列“模拟”运输，在穿过加拿大时记录震动、温度及湿度变化的资料[249,250]。震动记录仪灵敏度指针被定在 70G，由时针结构的机械装置来操作运行[251]。在研究开始阶段，用火车将两个试验箱运送 800 千米路程，震动记录显示：体积小一些的箱子大于 20G 的震动有 12 次，同等振动下的大箱子大于 20G 的震动只有 5 次。遗憾的是，在接近终点时，后者遭受到一次重撞，箱顶破裂，仪器被损坏！

第二阶段，在仪器安置方面有了改进。湿度和温度传感器安装来有序记录，并将一个通风的密室作为预备设备来记录外部环境条件。第一阶段中的铁路运输被重复演示了一次，不同的是这次时间是夏末而不是上次的早春。在去的路途中震动记录仪记录了至少 21 次 29G 以上的震动，17 次 20G 左右的震动。另外，还安装了“单程”型震动探测器[252]，它在来回路程中记录了 5 ~ 10G 间的震动。图 8.19 为典型的震动记录仪图表。

在另一项研究中[253,254]，对一个内部装有一件彩塑、两件彩色蜡笔画并装有设备的包装箱进行了从南非至欧洲的一次测试性空运。相关记录见图 8.20 和图 8.21。通常，

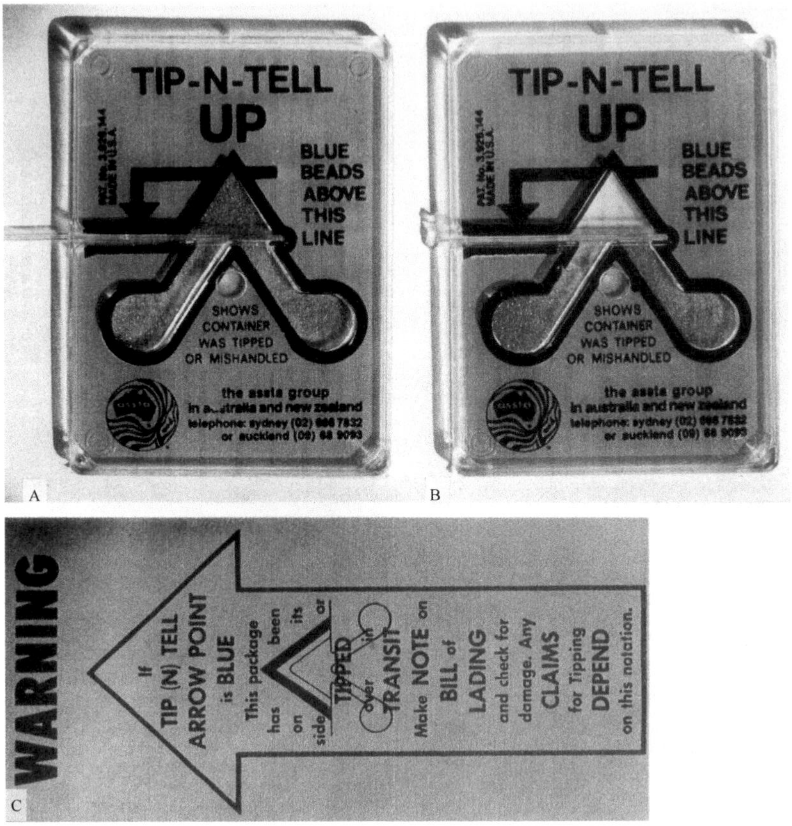

图 8.17　震动指示器。

A. 震动等于或高于“G”级；B. “Tip-N-Tell”装置表示安全操纵，三角形内是“空的”；C. 供运送人员和操作者参考的警示标志。

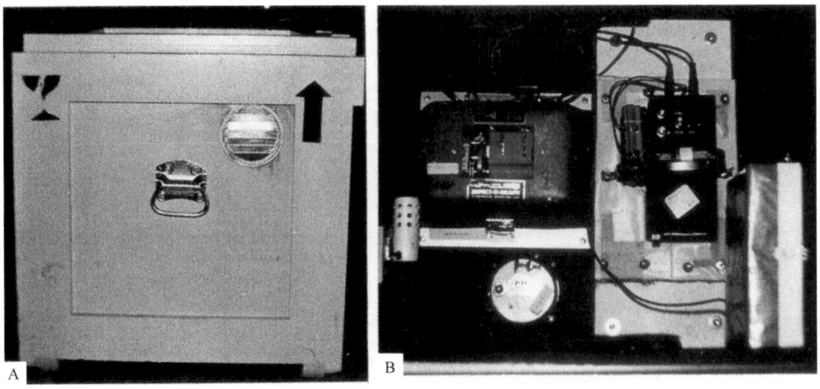

图 8.18　A. 装置了仪器的包装箱外观——箭头左面为气口；B. 放置于内部的振动仪、温度仪及相对湿度记录仪。

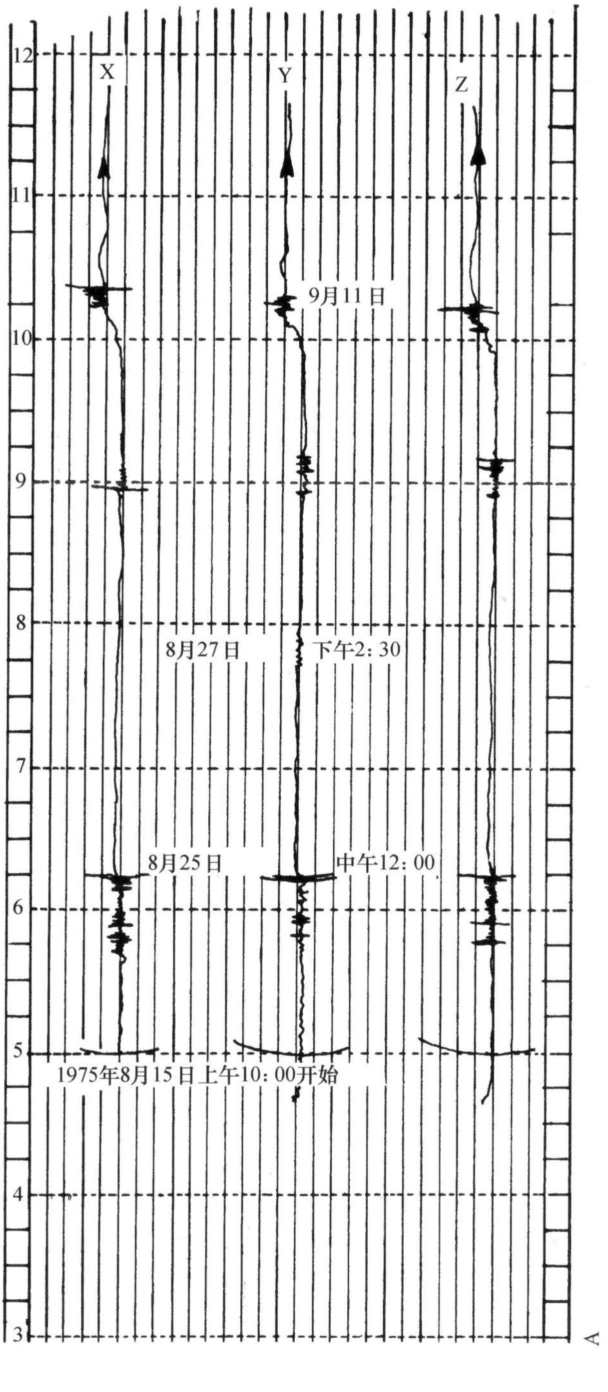

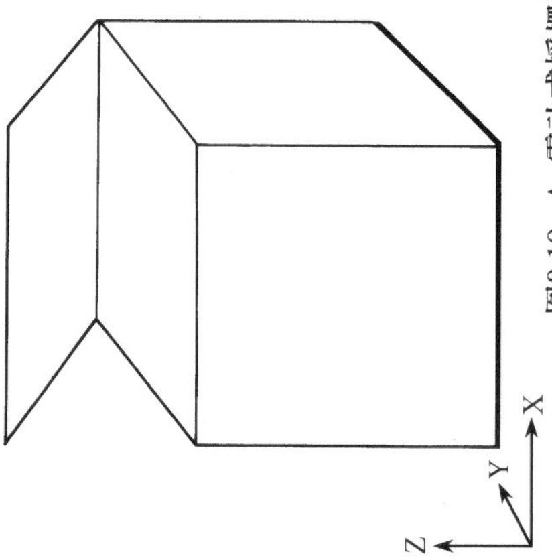

图8.19 A. 震动或摇摆记录显示三个相互垂直的方向X,Y,Z（如图表B中所示意）上遗留的轨迹（参考图8.18）。

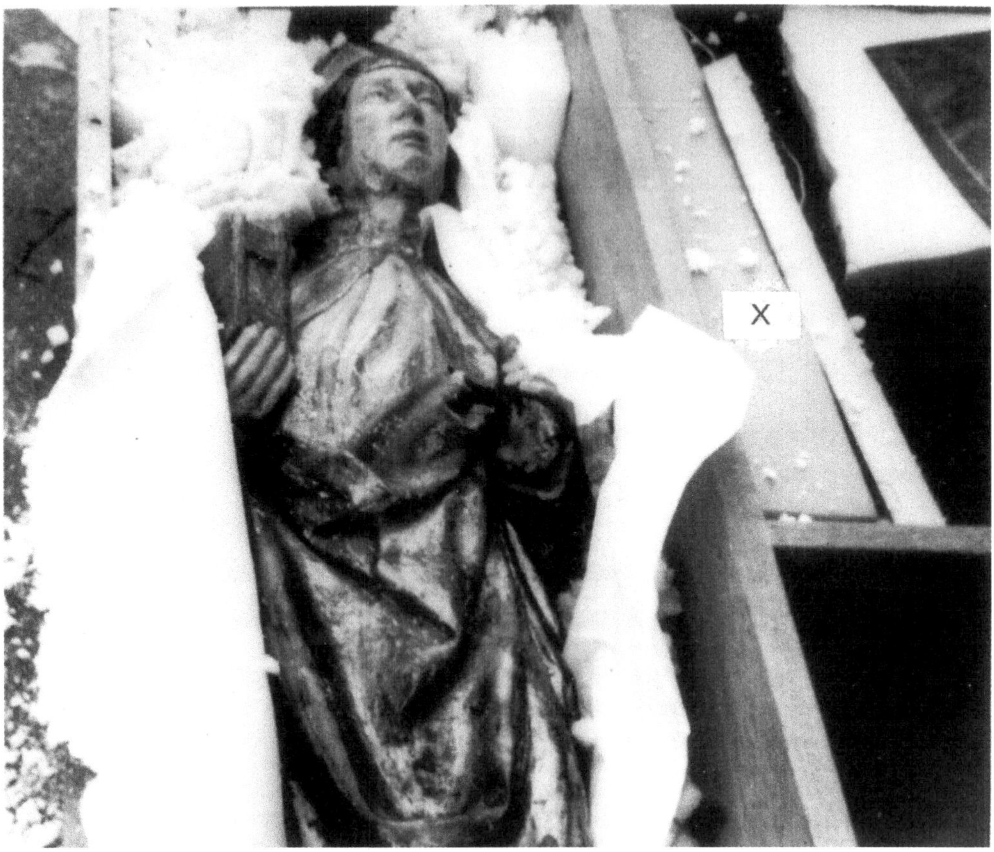

图 8.20　装有彩色雕塑的包装箱；紧挨它的一个单独隔间（X）中放置有记录途中大气压力、温度、相对湿度和摇摆的仪器。

监控用仪器必须具有重量轻、紧凑、结构坚固并有两周或更长时间的连续记录能力。其能量来源可以是“发条”式的发动机或者DC 电池组（要保证电池充好电并不产生液体渗漏）。飞机上禁止使用某些产生电磁干扰的能源。实际使用前所有仪器都要预先经过检测和校准，最好在模拟运输时预检测，这一点非常重要。

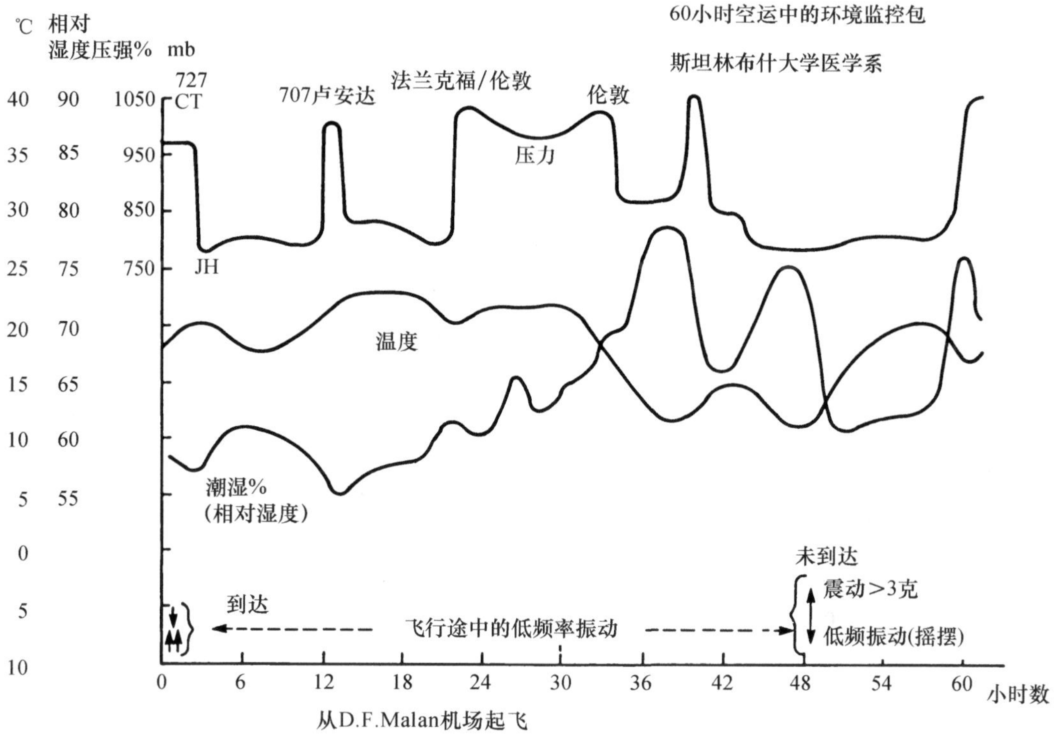

图 8.21　60 小时空运中不同阶段的记录图（参考图 8.20）。

9 展柜内的环境控制

9.1 引言

由于艺术品和器物的湿度敏感性，在借用机构及运输过程中持续进行环境控制很重要。为了将相对湿度和温度控制在最适宜的水平，必须考虑器物在原博物馆或陈列馆的环境状况，及其在出借前的结构、状况以及承受自然和环境压力的能力。器物已在受控环境中展出（或贮存）一段时间的地方，建议借用机构在展出和运输器物时采用相同的环境条件。

事实上，很难实现器物在任何时间、任何地点都处于适宜的环境条件下。器物出借方拥有控制展览环境的设备，但由于一年中同一时刻各地气候状况不同，或因为机械系统处于不同水平，对借用机构来说可能很难达到出借方要求的标准。这些困难可以通过运输器物的独立环境可控箱来解决，箱内环境条件预设值与出借方的标准保持一致。

从出借方的观点来看，使用环境可控展柜或微环境展柜是一个富有吸引力的建议。因为不需要大量花费用于改造建筑物中的空气控制设备，或在陈列室中安装需要的控制系统。然而，借用方必须至少在一定程度上实现展览场所的温度控制，以免明显影响微环境展柜的缓冲作用。管理人员和设计人员也注意到展柜放置需灵活，以方便再次搬运，同时展柜外壳也应保护展品免受自然损伤或人为破坏。

这一章我们将讨论和回顾各种临时展览或借展用展柜和微环境展柜的控制技术。在某些例子中，运输箱也可用作微环境展柜。

9.2 普通展柜内的湿度缓冲

依据缓冲作用原理（正如在第 8 章的 8.2 节所讨论的），尽管展室温度会变化，但密封展柜中的相对湿度一般能保持稳定；缓冲作用可使展柜具有气密性。如果在器物周围放置大量保湿材料，如硅胶，并预先使其相对湿度达到理想水平，则保湿作用能得到更大改善。从这一方面来说，展柜的作用与运输箱相同，只是后者密闭性更好（即含有更少的自由空气）。

通常，为了达到满意的陈列效果，展柜要有足够的空间。但相对于展品而言，展柜的空间不能太大，例如当二者比例为 1∶5 时，外界温度每升高 1℃，相对湿度将增加 0.35%。湿度变化与温度变化成正比，即随着展柜内温度的升高，相对湿度也增加，反之亦然。

如果有足够时间，湿气含量可以达到平衡状态，即器物和相关缓冲材料达到最终的相对湿度。因此，在特殊情况下，如果展柜最初的相对湿度是 50%，外界温度增加 10℃，相对湿度最终会上升至 50%+0.35%×10，即 53.5%。

大多数展柜的体积和展品有对应关系，即其空间是展品体积的 10～20 倍，而且是透气的。因温度变化引起的相对湿度变化处理起来很复杂。如前所述，在一个体积大的密封柜子中，相对湿度的变化与温度变化方向相反，温度上升时，相对湿度降低，反之亦然。这在陈列室里或整个建筑物内比较常见。

与密闭包装箱内调节好的材料或衬垫材料的缓冲作用不同，大量空气的主导作用削弱了相对湿度的控制。在透气的展柜里，相对湿度的变化依赖于展柜内部与周围环境空气交换的程度和方向以及展柜内的相对湿度和温度。湿度半衰期的概念有助于透气展柜的研究[222]。

9.2.1　储藏柜和展柜内湿度缓冲举例

以下段落列举了一些由普通缓冲材料控制的储藏库和展柜的例子。

第一个例子，柜子设计时没有考虑相对湿度的稳定问题，而主要保证展柜的安全、无尘。进一步检查证明这种展柜对相对湿度的控制也是有效的。这种情况在对芝加哥自然史博物馆藏品及其保管硬件设施的环境调查中是比较明显的。大部分自然史和人类学藏品保存在设计良好、带防尘门的金属橱柜里。这些藏品通常是木制品、丝织品、皮革、骨制品或其他湿度敏感材料。橱柜内的相对湿度对外界的温度变化有很好的缓冲作用。在寒冷干燥的一月份，选取橱柜中的一件器物（图 9.1，昆虫和植物标本）监测。当房间湿度在 20%～40% 之间，温度为 20～24℃（69～75°F）时，橱柜内相对湿度持续保持在 40%～43%（355 室）和 48%～49%（4 室）。

在印度的一项研究中[256]，对普通柜和特殊设计的密封柜进行了一年的监测。结果表明密封柜内情况良好，相对湿度大致保持在 65%～70% 之间，而陈列室的相对湿度则因季节转换从 55%(干季) 变化到 90%(雨季)。这些记录参看图 9.2。普通的未密封展柜很容易与陈列室进行空气交换。温度升高时，展柜内的空气膨胀外溢，温度降低时（如夜间），外界（不同相对湿度）空气又会进入展柜。这一系列交换会影响展柜内部的相对湿度，使其内部的缓冲材料失效。

另外一个例子是日常开灯和关灯对内部照明的透气展柜（图 9.3）的影响。由于与外界进行空气交换，展柜对外界相对湿度的反应平和。当展柜内的灯熄灭时，温度降低，外界空气进入展柜，反之亦然。展柜照明系统应装在展柜外，而且灯光应是低照度的，以减少柜内外的热量交换和空气流动。

1963 年 5～11 月，里奥纳多的一张巨幅漫画在伦敦国家美术馆展出。展览期间制作了一个特殊展柜[257]以保护艺术品免受灯光影响，并保持相当稳定的相对湿度水平。建筑材料和其他展柜材料预先调节到和漫画一样的相对湿度水平——45% 左右，并保持了约一个月。木质展柜上贴有丙烯酸塑料膜，以使其内部相对湿度在六个月的展览中维持在 43%～51%，在此期间，美术馆的外部环境发生了相当大的变化。后来，当陈列漫画的美术馆的相对湿度和温度控制在要求水平时，外层展柜就不用了。

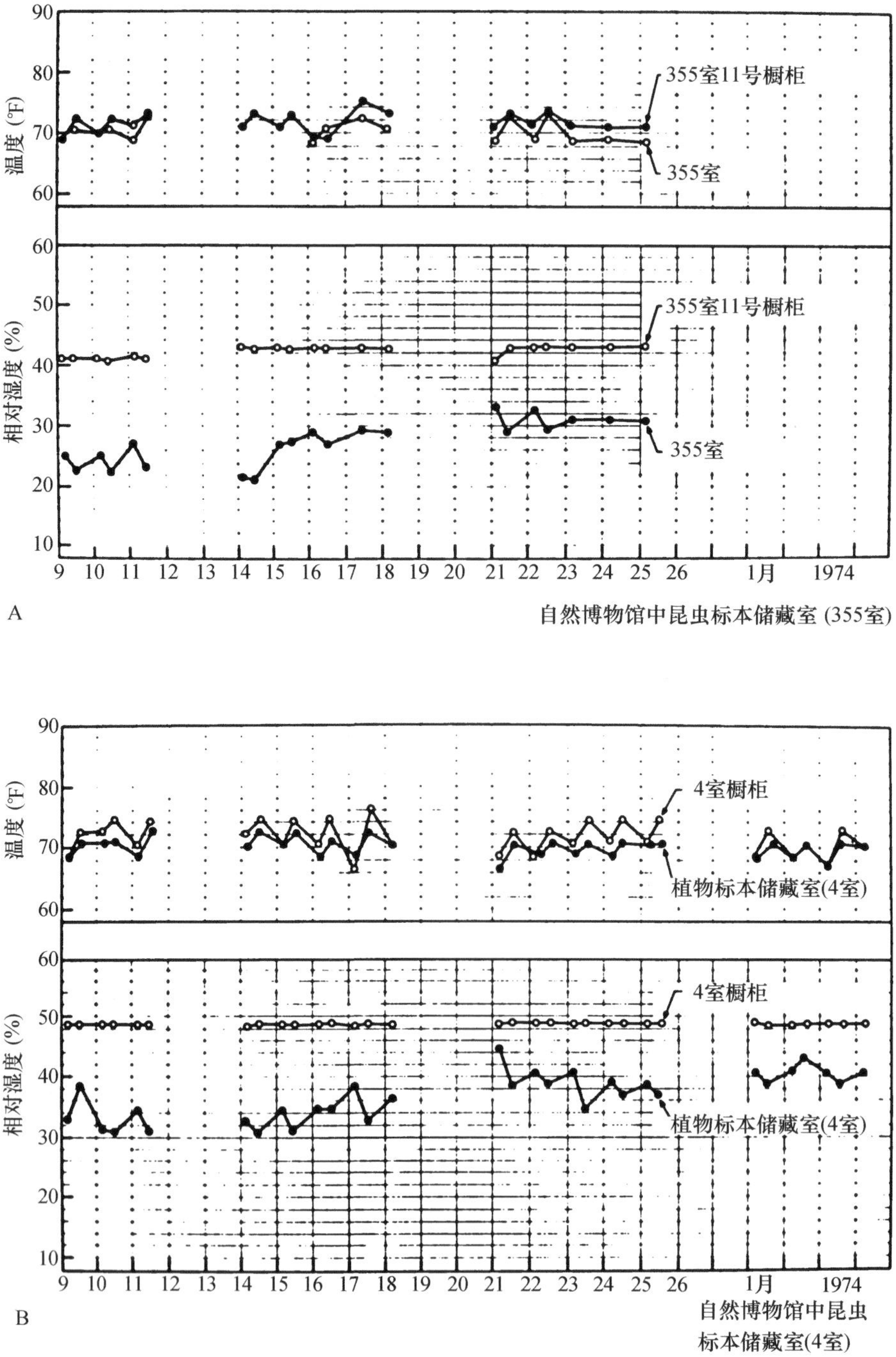

图 9.1 储藏柜中的相对湿度。

A. 昆虫标本储藏室的相对湿度；B. 植物标本储藏室的相对湿度。

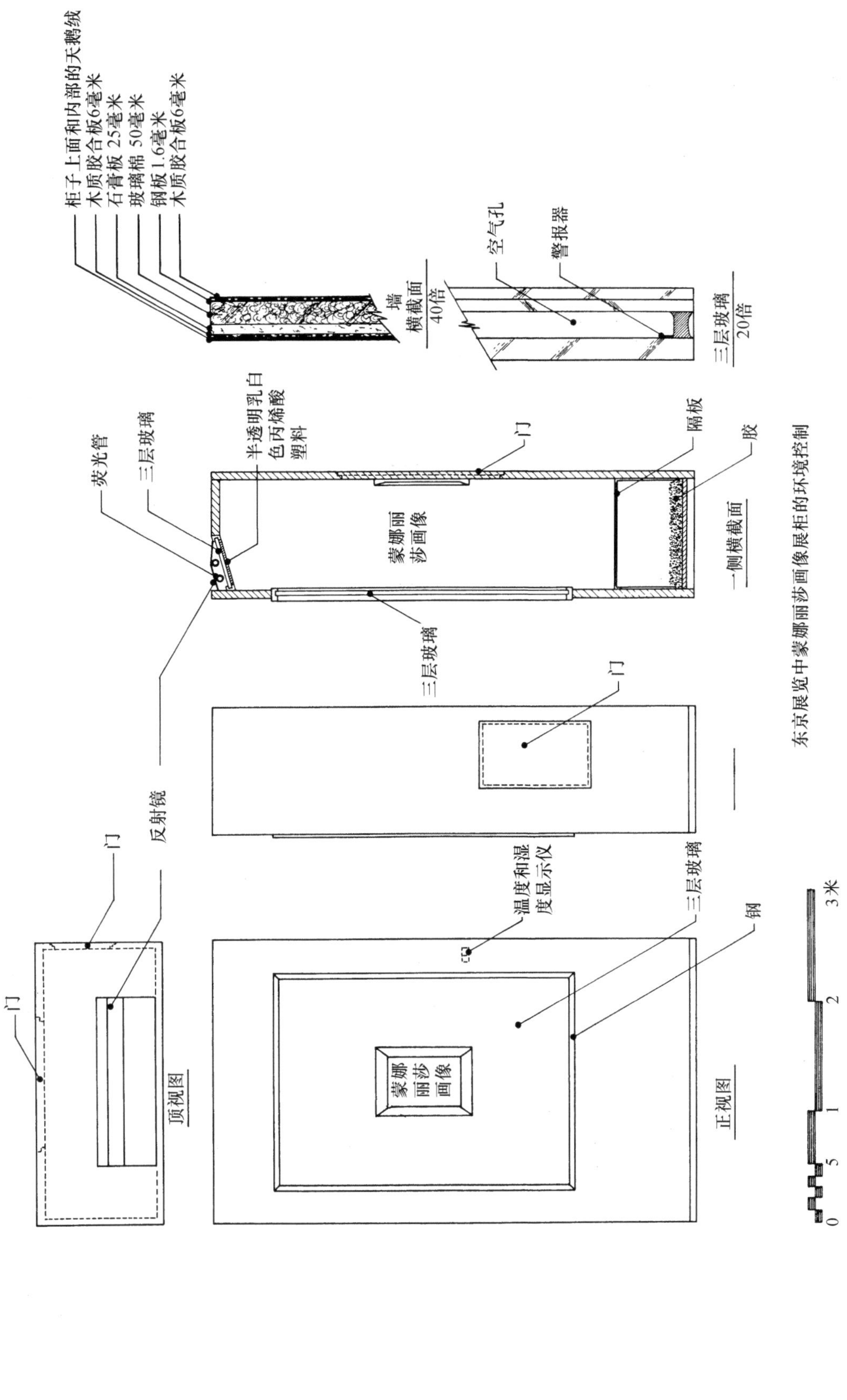

图9.5　蒙娜丽莎画像在日本的安装细节。

9.3.4 珍本书籍展柜和运输箱

在福尔杰·莎士比亚图书馆举办莎士比亚作品展览[263]中，预处理过的硅胶也被用来控制运输箱和展柜的湿度。对于17世纪莎士比亚作品印刷本和相关古本，在经过美国各个气候带的远途运输过程中始终保持50%的相对湿度非常必要。

图9.6和9.7中显示了一些展柜设备及其控制系统。与展柜底部盛放硅胶的盘子并排摆放了大量活性炭，以吸收展柜内的污染物。

图9.6 珍贵的莎士比亚对开本作品在相对湿度可控展柜中展示。

图9.7 莎士比亚作品陈列柜底部放置的可调节硅胶、活性炭和防盗报警器。

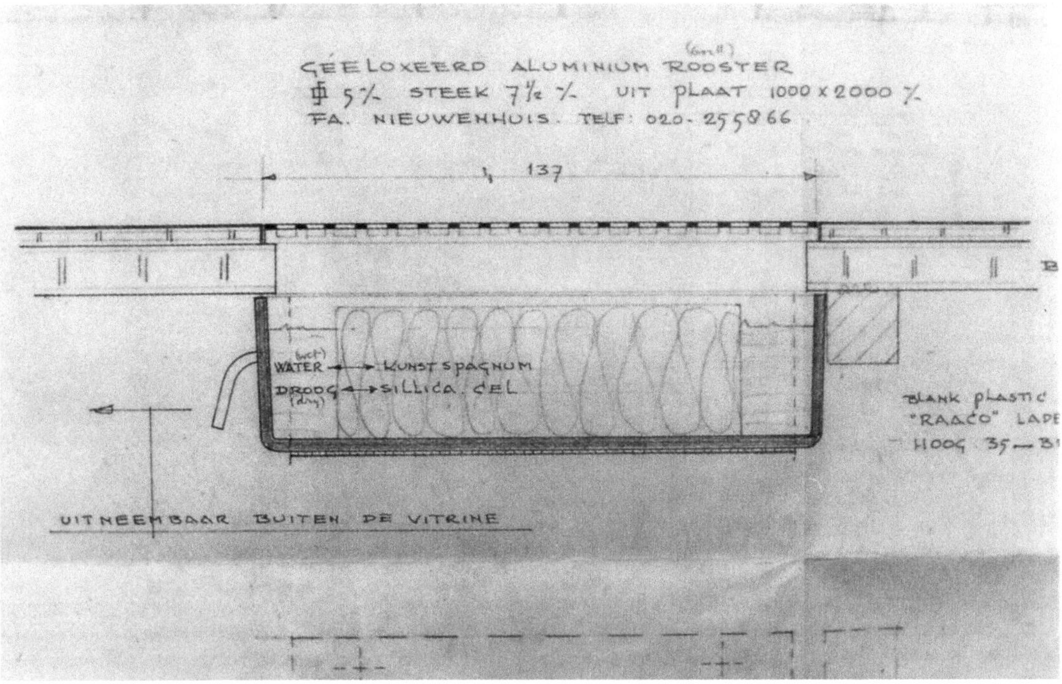

图 9.8　A. 在中国考古成果展中维持要求的相对湿度；B. 空气通过下面的格栅（箭头处）进行交换，此处安装有硅胶控制系统。

9.3.5 阿尔佛雷德·史蒂文斯展览中的微环境展柜

1977～1978 年，19 世纪比利时艺术家绘画作品展在美国和加拿大[264]（密歇根州的安阿伯、蒙特利尔和巴尔的摩）巡回展出。许多作品是版画（木质），在蒙特利尔展出时需要控制湿度。这些作品被安置在用硅胶调控的相对湿度为 50% 的微环境展柜中，因为在冬季几乎不可能将展室湿度保持在这一水平（见第 8 章图 8.9）。

9.3.6 存放考古发掘品的硅胶控制柜

来自阿姆斯特丹[265]博物馆的信息中有大量文字描述了在 1974～1975 年冬季举办的中国考古成果展中使用的预处理硅胶展柜的情况。硅胶被放置在展柜底部格栅下面的托盘内（图 9.8），通过展柜底座侧门，可对其进行维护和更换。对于青铜器，用干燥硅胶将相对湿度保持在较低水平（大约 30%）；对于其他需要较高相对湿度的器物，可将硅胶处理到特定湿度。为筹备 1975 年的中国展览，多伦多安大略皇家博物馆[266]设计了一种不同的展柜。干燥状态的硅胶可用于青铜器和其他需要较低相对湿度（30% 左右）的类似器物。将干燥硅胶放在玻璃展柜中特殊设计的软管或其他容器内，不要放置在柜子底部。放置在柜子内的湿度计可对柜内湿度进行日常监测，其记数可从柜子前面或侧面观察到。

9.3.7 展柜内硅胶的放置

展览设计人员或管理人员通常错误地将盛有硅胶的容器或盘子放在远离器物的地方，导致硅胶未起到应有的作用。同时还有一种可能就是放置的缓冲物太少而不能有效地起到缓冲作用。

一般原则是将处理过的硅胶（假如需要的话也可用干燥硅胶）放置在较大面积的容器中，并尽可能接近器物。展柜中放置缓冲材料的正确及错误方法见图 9.9。按照公认的原则，1 立方米的展柜中应放置 20 千克左右可调节硅胶。

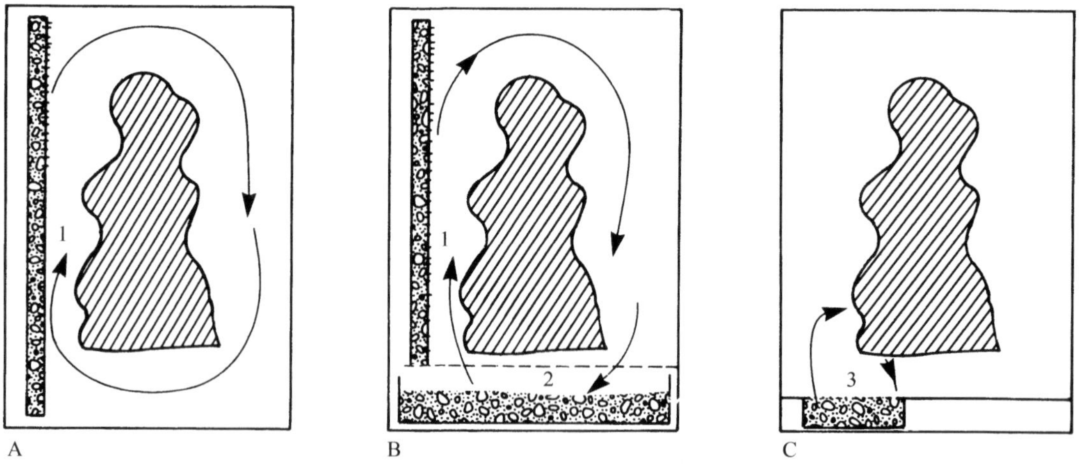

图 9.9 展柜中硅胶的放置方法。

A. 包含可调节硅胶（1）的后板；B. 后板（1）和下面也放置硅胶的隔间（2）组合，比 A 更有效；C. 硅胶（3）没有足够的暴露空间，效果不理想。

图 9. 10　A，B. 纽约大都会博物馆埃及藏品展室内的环境可控玻璃展柜。

9.4　展柜（和有限空间）中控制环境的“机械缓冲”系统

机械操作系统包括供水、风扇、泵、喷雾装置、冷却旋管、输气管等，这样设计是为了减少展柜或较大展览空间中空气的流动，使温度和相对湿度保持稳定。如果陈列室或展览空间的温度已经得到了控制（如标准空调），可用带或不带排水附件的便携式电子装置来保持潮湿或干燥状态。

在陈列室，可使用家用或小型工业装置

图 9.11 在加压的玻璃展柜内受控空气通过两块玻璃板间隙（箭头处）溢出的细节。

来保持相对湿度水平[267]。如前所述，机械系统需要细心维护。为降低展品可能遭受的危险，应将机械系统固定。下面章节中将会阐述一些典型设施。通过一些控制系统将机械装置和硅胶结合起来使用。

9.4.1 埃及藏品的展柜

纽约大都会艺术博物馆的埃及展室内展柜环境控制采用了一种有趣且经过改进的方法[268]。温、湿度被控制在一定范围，经过过滤的空气由天花板上的输气管道输送进展柜。通常使用相对湿度为40%～50%、温度为22℃的可控空气净化展柜，并通过前部玻璃上的垂直缝隙排出。用这种方法给展柜加压，可使展柜中始终充满受控制的空气。排出的空气进入陈列室和其他开放空间，并改善了所到之处的环境条件。

有关展柜的例子见图 9.10 和 9.11。展柜内的缝隙宽约 3 毫米，一直通到玻璃展柜顶部。照明系统安装在外部，避免了内部安装线路的一系列问题，出于对展品的保护考虑，尽可能降低作用于展品上的热效应。

9.4.2 临时展览陈列室的增湿

1966 年春天，“日本艺术珍宝展”在多伦多皇家安大略博物馆展出，为了成功举办这次展览，特意设计了一种机械系统[269]。由于日方要求在“低温”下保持 60%～65% 的相对湿度，因此必须在展室内安装一套局部环境控制系统。对展览所需空间的调查显示，“环境可控”陈列室受到相邻的没有控制环境的门厅影响。在这个季节（加拿大的冬天）陈列室的环境条件无法令人满意，此时相对湿度为 15%～40%，很少能达到 60%。因此博物馆决定采取措施提升陈列室的相对湿度，并使受控空气扩散到门厅。此外，还在门厅放置一系列便携式喷射型增湿器（内装蒸馏水），以提高相对湿度。陈列室的总空间容积约为 800 立方米。

通过这种方法满足了出借方提出的条件，使陈列室的相对湿度保持在 60%～70% 之间，隔壁大厅的相对湿度也保持在 68%～75%，这个系统（图 9.12）用比较经济的方法利用简单的机械增湿器及相关控制设备将一个大空间转换成可控空间。独立控制单个展柜的相对湿度很难实现，而整套机械系统又太昂贵。

9.4.3　硅胶控制环境展柜内的强制性空气循环

加拿大温尼伯艺术展览馆，为陈列一幅德国早期镶版画（15 世纪晚期）而设计了一种硅胶和机械系统联用的展柜[270]。这对保护木质和颜料层免受冬季室内经常变化和有时接近危险的低相对湿度（偶尔会降至 15%～20%）很有必要。此装置详见图 9.13。

风扇装置实现了空气在可调节硅胶上的循环，并迫使其进入放有镶版画（尺寸为 0.74 米 × 1.68 米）玻璃展柜的上层空间。最重要的设计在于使相对湿度控制在 55% 的预设水平。当柜中硅胶太干时，可用备用硅胶替换。

9.4.4　金属器物陈列环境的除湿系统

旧金山美术馆在展出亚洲艺术收藏品时，在展柜中应用了一种机械硅胶控制系统[271]，使柜内的相对湿度低于陈列室正常水平。因为旧金山气温高且靠海，陈列室的相对湿度通常超过 50%。而亚洲青铜器必须放置在相对湿度较低的环境，如 30% 或更低，以使其保持稳定并免受侵蚀。

使用的系统基于工业和农业用硅胶除湿系统[272]。将其安装在展柜后面，彼此通过管道相连。展柜内的湿气被压入硅胶室（最初硅胶是干燥的），经过干燥的空气又被压回展柜，直到相对湿度达到所需的 30%～35%。需要的时候，装置可接通再活化系统，通过电加热器使潮湿的硅胶干燥。再活化过程独立于展柜控制系统之外，是一个单独的循环系统。

9.4.5　爱尔兰展览中环境可控的“展览小屋”

为巡回展出早期爱尔兰珍品，发明了一种非常复杂的系统，以使中世纪手稿[273]处于持续稳定的相对湿度和温度条件下。为此，建造了一个专门的展览“小屋”，其中包含陈列室和内部储藏室两部分。小屋的环境由机械装置控制，形成一个内部相对湿度为 60%、温度为 20℃的独立环境。

手稿陈列室的相对湿度通过预处理硅胶精确地控制在 60%。展览档案中的许多记录详述了环境可控“小屋”的规格：

> ……一个特殊的、密封的独立控制室为凯尔斯的书籍和其他四本从爱尔兰借来的珍贵手稿营造了一个持续受控的小环境。在研究和建造的十个月中，这个控制室可提供严格控制的照明、温度和湿度条件。
>
> “小屋”建造成亭子状，大约 2.44 米高，3.05 米宽，4.57 米长，五个玻璃罩展柜在“小屋”腰部伸到外面以展出手稿。陈列室完全独立于周围的展览空间，以提供最佳保存和安全保护。

陈列单元还安装有故障保护系统，支持每一个控制相对湿度和温度的保护设施。

这套系统基本可以保护内部环境，使外部空气无法透过“外壳”而影响内部状况。因此，尽管一个国家五个不同地区五个博物馆的环境状况各不相同，但存放书籍的内部环境并没有受到影响。双层壁由两个展柜组成，一个在内部，另一个在外部。内部的展柜通过结晶硅胶——一种相对湿度被控制在60%的惰性化学物质、保持相对湿度。内层柜控制在相对湿度为60%、温度为20℃的环境内。外部环境设有防火、防水、防干扰等安全防护装置。整个系统非常轻便，可由博物馆技术人员安置在任何一个展览场所。在整个展览过程中，已安装的测量仪器每天不间断地记录温度和湿度……

展览“小屋”和陈列设备详见图9.14。在爱尔兰珍宝展中的其他湿度敏感器物，如爱尔兰竖琴，则用装有可调节硅胶作为缓冲剂的展柜加以保护。

9.4.6 卢浮宫内“蒙娜丽莎”的环境可控展柜

在罗马召开的博物馆环境专家会议[274]上，提到了一种用来安放蒙娜丽莎画像的带有机械控制系统的硅胶缓冲装置柜[274]。将画像围起来是为了保护其免受卢浮宫拥挤的展览环境的影响。另一个原因大概是延续早期在东京展览时建立的稳定环境[261]。

展览柜是双层结构的。装有蒙娜丽莎画像的内层柜通过可调节硅胶保持48%的相对湿度。这个密封柜外面是第二个柜子，通过加热、冷却和增湿机械设备保持22℃±1℃的温度和48%±2%的相对湿度。机械系统的电力由两个耐久的蓄电池提供。机械设备由另外的公司定期进行保养，柜内环境记录由博物馆实验室人员和保护部门的相关人员完成。

9.5 利用饱和盐溶液控制展柜湿度

饱和盐溶液曾用于各种科学用途，用来保持有限空间的恒定相对湿度[275,276]。应用于环境控制实验的一些饱和盐溶液（括号内是相对湿度）有 NaCl（75%）、NaBr（58%）、$Na_2Cr_2O_7$（55%）、$Mg(NO_3)_2$（54%）、$MgCl_2$（34%）、LiCl（12%）。图9.15为不同饱和溶液的相对湿度和温度（已知）之间的关系。可以看出，在博物馆的温度范围内，饱和盐溶液的相对湿度受温度影响较小。

在实际应用中，要准备好饱和溶液，如$Mg(NO_3)_2$，使溶液中含有大量未溶解的晶体。容器通常是一个又宽又深的托盘，内缘高度适中，使溅起、溢出量最小[277]。

在密封容器中，饱和溶液会蒸发，直到相对湿度达到平衡（在本例中为55%）为止。可通过不定时搅拌（更像一种混合）溶液来快速达到这个湿度值。用风扇使上部空气循环，能够使相对湿度快速达到平衡状态，特别是当空气体积非常大的时候。

9.5.1 布鲁克林博物馆的临时展柜

布鲁克林博物馆利用$Mg(NO_3)_2$饱和溶

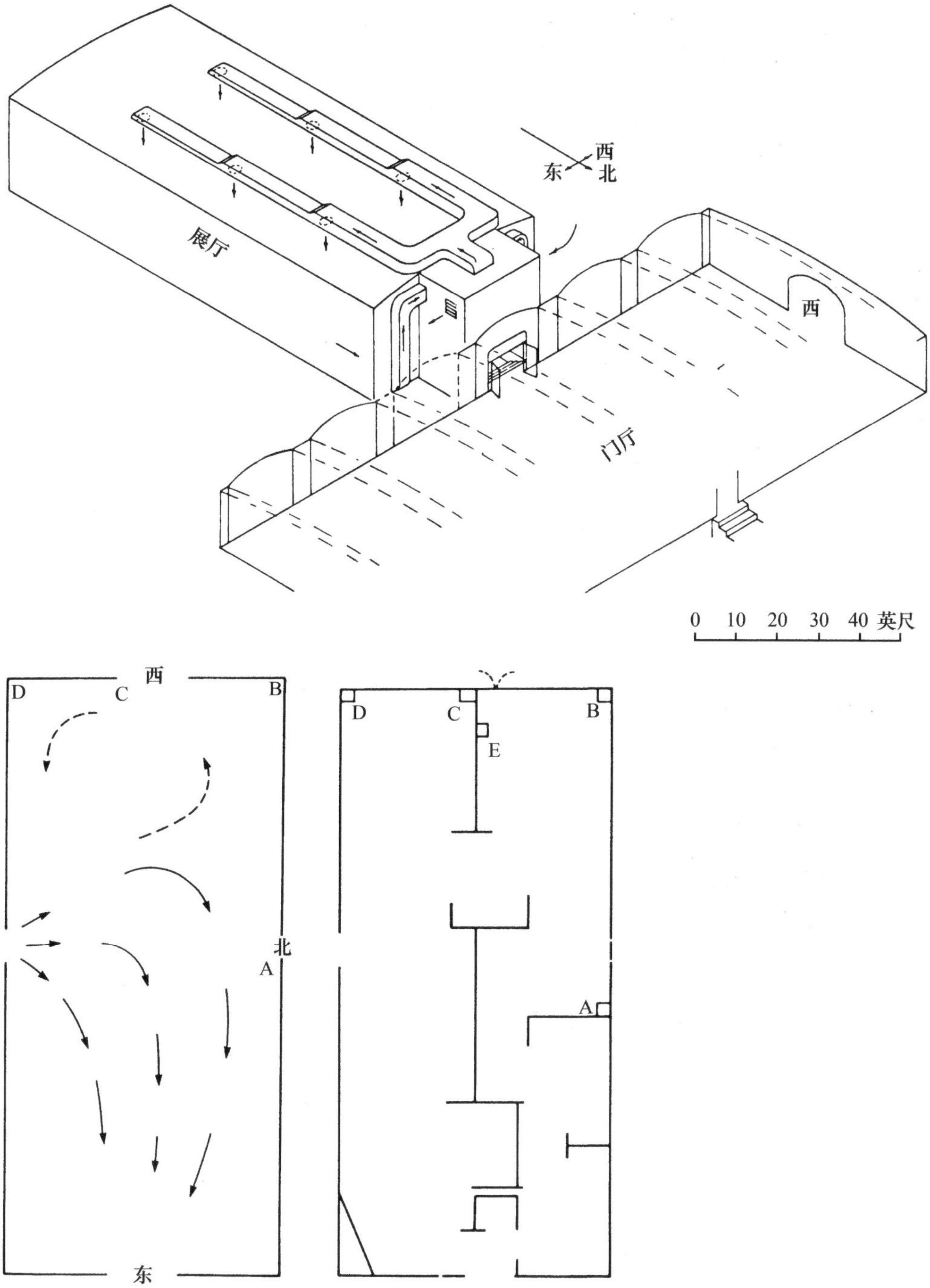

图 9.12　多伦多皇家安大略博物馆的日本艺术品借展环境控制系统。

(上) 两个大厅概览；(左下) 专门的增湿器最初被提议放置在门厅的 A、B、C、D 位置；(右下) 安装完隔离板后，增湿器最后被安置在 A、B、C、D、E 位置。

图 9.13 用硅胶控制环境的玻璃展柜中的空气循环系统。
A. 系统安装中；B. 正在展览的 15 世纪德国镶版画。

液来控制馆内一处气候多变区域的相对湿度，因为此处陈列了一幅对湿度敏感的巨大镶版画[278]。展柜内的相对湿度一般保持在 50%～55%，而在展览期间（冬季）展览前厅外部环境的相对湿度在 12%～28% 之间变化。温度控制在 21～23℃（70～75℉）之间。控制系统和展柜设置见图 9.16。

必须防止盛放 $Mg(NO_3)_2$ 饱和溶液的托盘出现溢流现象，托盘可以用具有渗透性的覆盖物隔离。在放置盐溶液托盘之前，构成展柜的所有吸湿性材料——木材、胶合板、织物的相对湿度应控制在 50% 左右。这样，在较短时间内，展柜内的相对湿度将达到预期的 50%～53%。

这类展柜是为湿度敏感艺术品在一年恶劣环境条件下临时展出而设计的。通过改变托盘中的盐溶液，也能达到其他水平的相对湿度。

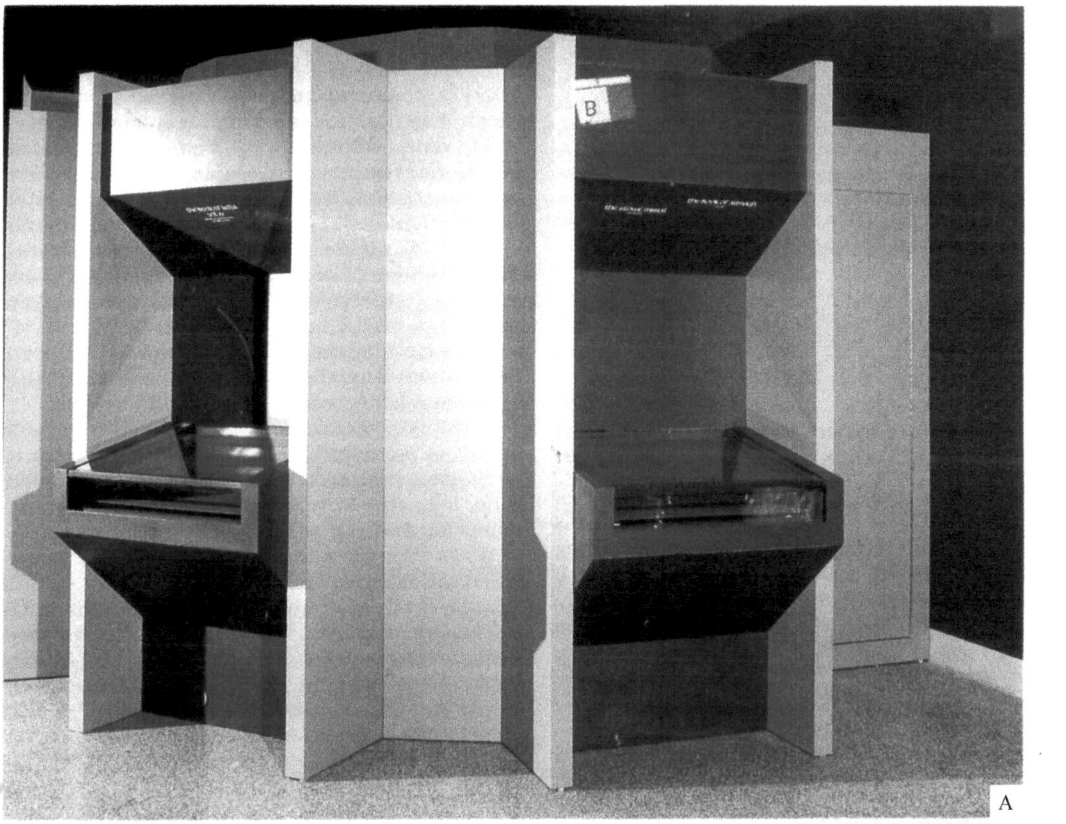

图 9.14　陈列爱尔兰手稿的“展览小屋”。

A. 凯尔斯、德若等的书稿展览效果图；B. 正在陈列的两本书的控制环境组件细节图。

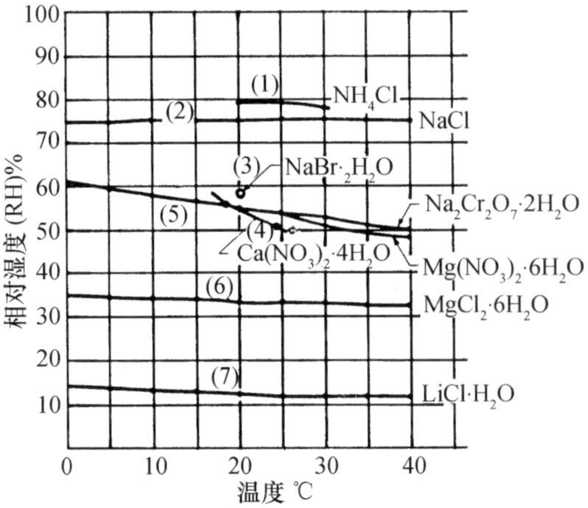

图 9.15 饱和盐溶液温度-相对湿度曲线图。

9.5.2 提香绘画作品的环境控制

德累斯顿博物馆[279]报道了用饱和溶液进行柜内环境控制的原则，这次使用的是普通食盐（NaCl）。为使提香版画《礼金》中木材的含水量稳定在10%～12%，设计了一个展柜系统，为达到这个目的，环境的相对湿度应为65%～75%（陈列室的相对湿度一般低于30%）。

据报道，在这种不同寻常的装置中，0.69立方米的展柜使用了大约7升饱和氯化钠溶液。因为边缘密封非常好，展柜在数月内只损失了少量水汽。相对湿度控制在70%，这比通常规定的版画保存湿度（通常55%～60%）要高，但已经证明提香版画在此水平下状况稳定。在一系列预备性实验中，不同时段版画的含水量由一个电子木材水分测定仪测定。德累斯顿控制柜说明见图9.17。

9.5.3 饱和盐溶液的其他用途

印度[280]巴罗达市曾报道过其他应用实验，用饱和KCl溶液和饱和$Ca(NO_3)_2$溶液在干燥季节使展柜内的相对湿度保持在55%～65%，所用材料比例为每10升空气用30毫升溶液，容器每10天维护一次。

在其他实验中，用水代替盐溶液。将棉垫塞入展柜，喷上水：每6克棉花、100升空间喷洒5毫升水，每7天喷一次，即可在干燥季节持续维持55%～60%的相对湿度。雨季，在展柜内放入干燥剂，如干燥硅胶（300克/10升空气）、$CaCl_2$（300克/10升空气）或将一种干棉纺织品作为展柜内层（新冲积层）。以上工作需要熟练的技术人员操作完成。

为建立可控环境，饱和盐溶液也曾被用来测定不同物质在特定相对湿度水平下的吸水特性。硅胶、木片、棉布、纸、皮革、羊皮纸及相关材料的等温线，可以通过将其置于有特定饱和盐溶液的展柜内测得。还可利用饱和盐溶液，对实验室或环境控制室的相对湿度测量仪进行校准，如刻度盘式湿度计和温湿计[281]。

利用各种化学物质饱和溶液进行环境控

制的技术，在展柜中应用较少。这种方法要求空气循环，且溅出溶液会存在危险。很显然，在博物馆内这类展柜不能快速移动或运往更远的地方。在这方面，干燥的惰性硅胶类物质优势更明显。

但是，饱和盐溶液技术有一个明显优点，就是它不像硅胶控制材料那样需要更新。它只需要密封好的展柜以阻止托盘内水分的过量蒸发。倘若饱和溶液中一直存在未溶晶体，而且空气可以畅通无阻地到达器物，就可以保持一定水平的相对湿度。

9.6　照明控制

关于光及其对艺术品、博物馆藏品的老化作用，已在第 2 章（2.6 节）中讨论过。在此必须强调要过滤荧光灯的紫外辐射，控制总照明时间，减少白炽灯或卤化钨灯红外辐射引起的热效应。通常，最敏感器物展览期间的光照量应为 50 勒克司。

无论白炽灯还是荧光灯，通常都安装在展柜外面并远离展柜的开阔的空气流通地，以达到照明和保护的双重目的[282,283]。灯被安装在展柜内部时，对内部相对湿度的影响十分明显，还会对冷热循环造成影响。当然，白炽灯比荧光灯更受关注，因为后者处于工作状态时温度更低。

使用荧光灯时，检测紫外线吸收管或其他过滤装置的效果，并使其保持洁净状态十分重要。尤其在需要统一灯光时，设计者倾向于使用荧光灯管。然而，与灯相连的镇流器会发热，并可能产生烟、火等危险，因此，灯应当安装在边远位置，而决不能安装在展柜内。

图 9.16　布鲁克林博物馆阿尔道夫镶版画的临时展览。

A. 概览（总图）。

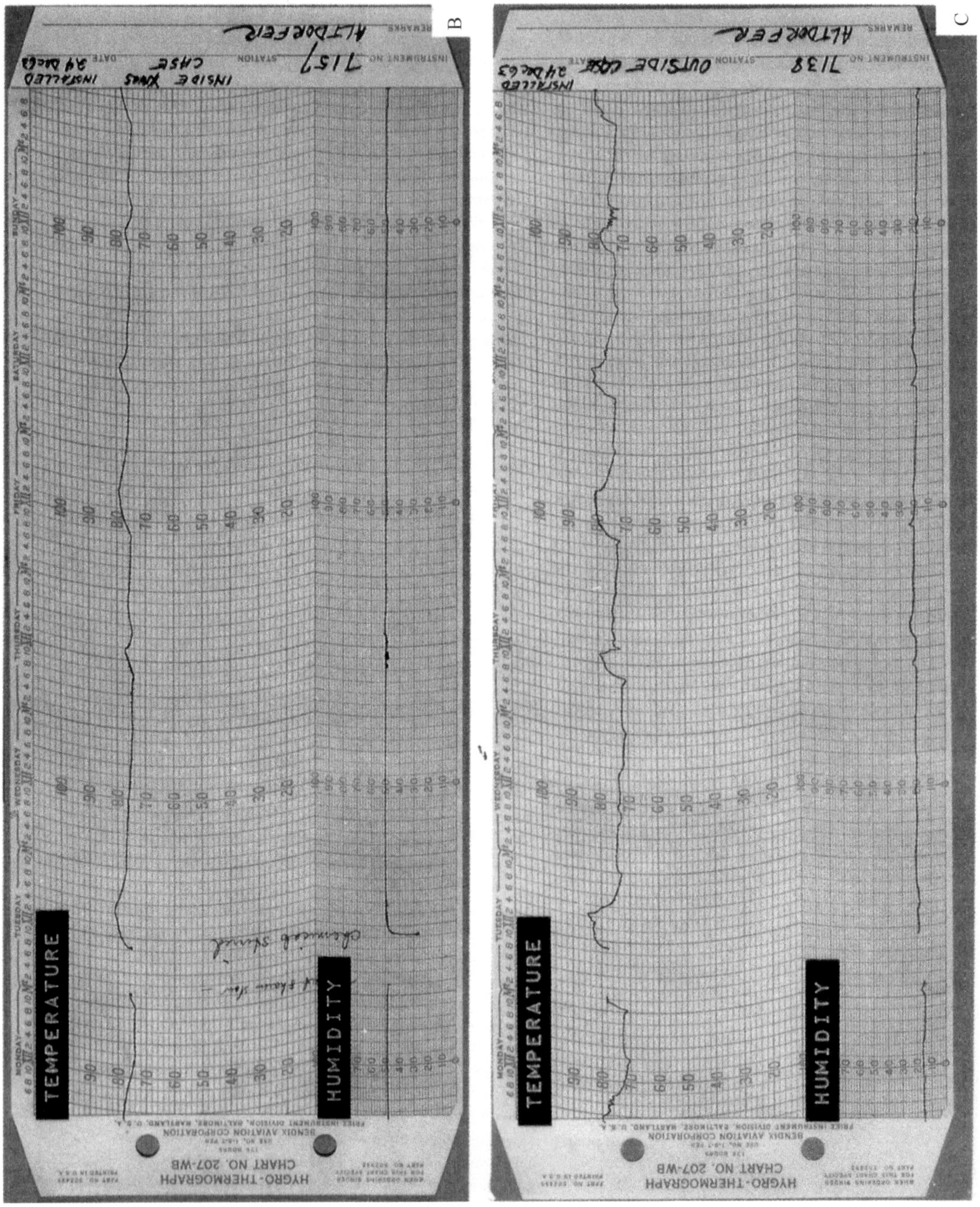

图 9.16　布鲁克林博物馆阿尔道夫镶版画的临时展览（续）。

B，C. 放置阿尔道夫镶版画的展柜内外温湿计图表记录。

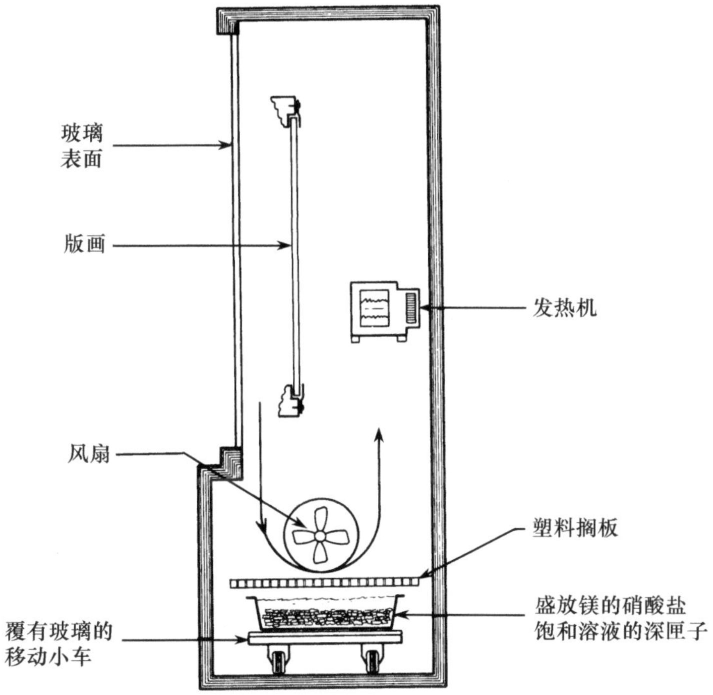

图 9.16　布鲁克林博物馆阿尔道夫镶版画的临时展览（续）。
D. 饱和盐溶液的系统装置和其他保持持续相对湿度为 50%~53% 的装置组成。

对展柜内部的相对湿度和温度条件监测、评价时，要考虑光照周期和光照方式及内、外部的所有装置。应特别注意局部相对湿度过高或过低的地方，并通过改变灯的距离和角度来减少这类影响。皇家安大略博物馆[284]已出版的关于陈列室和展柜灯光的评论，主要是从展览设计者的角度出发。其中描述了不同种类的灯及其性能和在展览中的应用，也详细讨论了保存要求。

9.7　展柜内污染物的控制

密闭展柜中的污染物一般有两个来源：一是展柜本身的制作材料，如胶黏剂、织物、外层涂料、木材和洗涤剂残留物；二是博物馆的空气。因为大部分博物馆位于大气污染的城区，大气中的二氧化硫、硫化氢、氮氧化物和二氧化碳透过窗户和门进入馆内，然后通过缝隙及裂痕，甚至通过扩散进入展柜。污染空气也能因气压和温度变化进入未密封的展柜。

第 8.5 节已讨论过污染物或污染水汽是运输期和储存期较长的包装箱存在的潜在危险。因展柜长时间（从数星期到数年不等）用于陈列器物或艺术品，所以确定并消除潜在的有害污染源十分重要。

参考资料中注明了严禁用于艺术品的材料[285]，如橡木、未风干的木材、胶合板、

图 9. 17　德累斯顿提香绘画作品的环境控制系统。

A. 用饱和氯化钠溶液控制 70% 相对湿度的展柜全景图；B. 展柜内部的控制和监测系统。

含硫黏合剂和塑料等。银、铅、铁和铜合金等器物均易受硫化氢、二氧化硫、甲醛和氯化物气体的影响，尤其在相对湿度较高和有二氧化碳存在的情况下。含有这些金属元素的颜料也十分脆弱。高浓度的二氧化碳会破坏质量差的绘画作品。这种情况经常发生在拥挤的美术馆中[286]。氨气是在观众流量大时产生的大气污染物。

要找到消除以一种或多种方式进入展柜的多种污染物的通用解决方法很难。易受影响的器物可以预先用可抵抗特殊有害气体的保护层加以处理。在降低相对湿度就可降低污染物活性的情况下，要考虑湿度敏感器物体积变化带来的危险。

为了取得最好的保护效果，对器物进行预处理，选择惰性和挥发性的展柜材料，并与污染气体“吸附剂”结合使用是非常必要的。污染气体“吸附剂”可能是专门的，如展柜中的饱和醋酸铅织物衬料用来吸收微量硫化氢。在众多可选择的吸附剂中，活性炭和各种分子筛能有效吸收大多数硫类污染物和各类有机气体[287,288]。活性炭可以置于展柜平台上的托盘内，表面用织物覆盖，莎士比亚作品展[263]中就采用这种方法。

据介绍，硅胶不仅能用来控制相对湿度，也能吸收少量污染气体，但不如分子筛中的活性炭有效。过量二氧化碳可被小托盘内的碱金属化合物[289]吸收。不论使用哪种化学吸附剂，首先必须监测其有效性，必要时还要再生利用。另外，还要注意将这些物质与展品隔离开，因为其中许多吸附剂具有腐蚀性或化学活性。

10 运输模式、策略和设备

10.1 综合考量

运输方式的选择取决于：包装系统和展柜构造、运输路线、运输期、气候因素、器物现状或物理条件、保险费及经济因素。器物在同一座城市内运输的包装显然要比洲际运输包装简单，后者可能包括陆地、海洋和空中联运，期间还包括在码头、储藏库等地的停留等。

运输方式按照合同计划事先决定后，包装系统必须进行相应的调整。依靠船只的海上运输，仅储藏期就需要数周时间，运输途中需要非常结实且密封良好的包装箱。需要说明的是，海上运输的费用取决于所运物体的体积而不是重量。因此，可以在制造更结实的双层包装箱上多下工夫。

当需要以最快速度和最少操作运输器物时，空运是首选。这时，重量就成为运输费用的重要因素。包装箱不仅要设计得轻巧一些，同时，又能够承受空运中的震动和压力。

“运输策略”[290]是在考虑了所有因素——器物的自然属性、安全性、距离、处理、费用和保险之后做出的决定。一个好的运输策略会同时让保护人员、管理人员、登记人员、运输人员、借入方和借出方及保险机构都满意。

下面内容涉及巡回展和借展中使用的各种运输方式。从博物馆或美术馆的角度来看，运输策略应优先考虑器物的保护、安全、包装费用、处理和运输等因素。也有例外，如因政治或宣传需要运输国宝级文物时，费用便成了次要因素，因此，包装、处理、随展人员和运输等环节要尽可能安排周详，而无须考虑费用问题。运输方面的文件和保险也是筹备展览的重要因素。但特殊的自然因素，这里不详细讨论，这些内容在之后的章节将充分论述[291~293]（合同和借贷协议将在第13章中讨论）。

10.2 公路运输

公路运输工具有许多种，如汽车、出租车、卡车、公交车、拖拉机、集装箱（带轮子的平台）和流动展览车（如流动博物馆车和流动艺术展览车）。在公路条件较好的国家，城市间的交通很便利，公路运输是许多展览运输的理想选择。因为公路运输很容易实现“门到门”运输，与铁路运输或航运相比，对包装箱的处理更少。

公路运输的包装更轻便（如果使用合适的运输工具），因为司机和操作者个人的操作过失和对器物的损害比其他运输方式少。运输公司经常运送易腐蚀、易碎物品，通过使用各种设备或做一些小的改进，就能满足博物馆运输的要求。

对于短途运输，如在一座城市内，较小的手提包装箱，可通过小客货车、小客车或者出租车运输。典型包装应包括：包装纸、聚苯乙烯、聚氨酯或作减震的泡沫塑料。器物必须与包装材料隔离，以防意外粘连或尘埃堆积。如果只有一两个小时的路程，包装箱内的微环境便不会发生可察觉的变化，除非外界的气温比较极端。在汽车运输中不可能进行加热（冬季）或制冷（在炎热的夏季）。

明智的做法是：博物馆工作人员（或随展人员）亲自照看包装箱，片刻不离，而不是将其托付给毫无经验的汽车司机或非博物馆工作人员。

如果选择公路运输，而且运输距离为1000～2000 千米，需用公共机构或商用的汽车。博物馆有自己的卡车更好，这些卡车经过专门的改造和装备，就可用较少的包装安全运输艺术品或易碎器物。卡车上可安装安全设施，比如杆、带子和可移动隔断，使其他附加装置和轻包装艺术品的堆放更容易。典型的卡车和内部硬件见图 10.1 和图 10.2。使用博物馆的汽车更易于直接控制管理、装载的标准及时间表。不利因素是操作费用无法与商业运输相比，后者可以安排连续使用汽车。美国、加拿大、英国、法国、比利时的许多博物馆委托专门运送易碎货物、精美家具和古物的运输公司 ICEFAT[294]完成运输工作，与这一发展方向一致，国际美术作品运输者协会的目标之一就是提升处理和运输标准。

雇用外面公司的车辆时，应该清楚他们通常是将博物馆器物与商业货物一起装运。需运载易碎或贵重器物尽快到达目的地时，最好单独雇用商业车辆，这种费用较高的安排尤为正确。保险公司会因为运载器物的不菲价值而要求使用单独车辆。因此，如果所载器物投保额很高，如 15 000 000 美元，即使器物重量未达到卡车运载量，也有必要将器物分别装载到两辆甚至更多辆卡车上。

不论是博物馆还是从商业公司租借的展品运输车，都必须仔细检查汽车的规格、车体坚固程度和新旧程度、车轮弹性、是否有轮轴垫、车体本身是否具有减震性能。卡车还应配有内部隔热材料、温度控制（加热和降温）、湿度控制（必要时）、可移动并可随意安置的安全带及控制装置、灭火设备、干扰报警及紧急电力系统。可以从军事、医学、信息领域中设计优良、有效配备的机动设备中吸收更多的技术和经验。

附录Ⅱ给出了供博物馆使用的简短的车辆规范和指南。这些规范本来用于铰接车型运输，但按比例缩小后也可用于小型卡车[295]。发动机和底盘制造细节未详细介绍，安全装置和相关系统也未包括在内，因为这些内容在一个国家内的不同地区或各国之间都有所不同。

实际上，环境因素中最难控制的是湿度。当器物包装可以防潮并可以产生一个缓冲的内部湿度环境时，在短途运输中可不必进行湿度控制（见第 8 章）。但是，保持车体温度水平接近博物馆内温度水平仍很重要，例如，如果包装好的器物在十分寒冷的气候条件下运输，在温度回升之前打开箱子，便可能发生冷凝。当然，包装箱内发生冷冻的时间无疑取决于包装箱的绝热类型、形状、材料以及箱体内外温差。到达目的地后，不应立刻打开包装箱，要原状保留数小时（一般为 12 小时）。对于恶劣气候条件下的长途运输，车内必须有温控设施（有时也要控制湿度）。任何时候，温度和湿度水平都应保持在 15～24℃和 40%～60%。具有内部加热系统的卡车或拖车以及停车时可以接通电源的车，在无法进行室内装载的情况下是非常有用的。装载和卸载最好在有防护措施的装载区进行。

图 10.1 A. 适用于精美艺术品运输的典型车辆（卡车），后部的液压板（X）用于装卸重物；B. 偶尔用平板卡车运输重型展品，如在堪培拉举办的“中国秦代兵马俑展览”；C. 运输几吨重的亨利·摩尔青铜雕像。

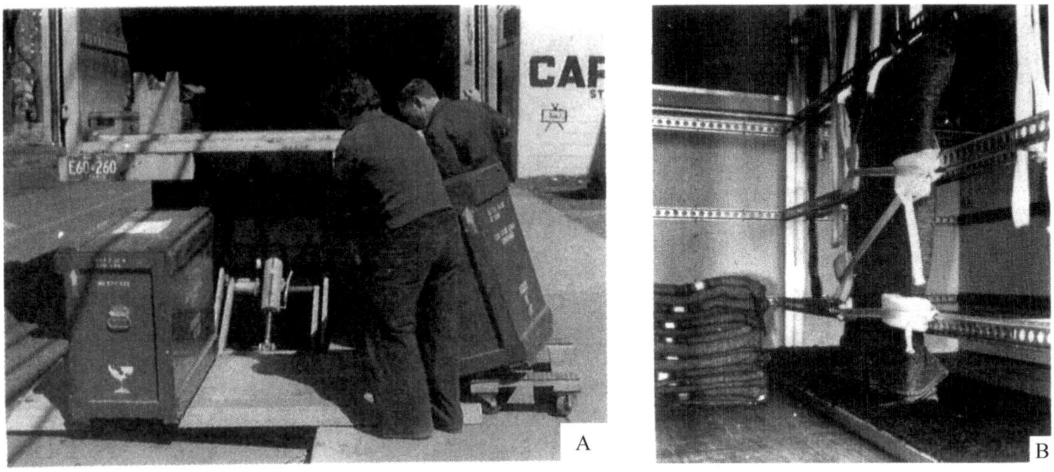

图 10.2 A. 液压板使用细节；B. 展览专用运输车内部。安装在车厢中心的铝和钢支架可增加装载能力。折叠底层可吸收震动和摇摆。

10.3 流动博物馆

展览车，如流动艺术展览车、流动博物馆车，实际上是将各类有教育意义的材料、艺术品和古物集中在厢体内进行展示的大型运输集装箱。拖车是由一地驶往另一地的设备齐全的单元。

流动博物馆车的一个应用实例是 1976 年华盛顿国家公园管理处曾举办的民族学流动展览——“移动的印第安人的光荣历史”[296]（图 10.3）。这次流动展览的行程达数千英里，从 1976 年 3 月到 12 月，穿越美国数个气候带。保管人员、保护人员和有关管理人员对行程中的经验进行了评价，并提出了改进意见。

一些技术数据和观察资料值得关注：

……移动的印第安人的光荣历史的核心是“流动的国家公园博物馆”，安装在一个 40 英尺（ft；1 英尺 = 0.3048 米）可扩展的半拖车上。拖车有两个 16 英尺长、可在两边扩展的舱，使拖车后部形成一间 16 英尺 × 11 英尺的小房间。旁边是两个更小的房间，大约 7.5 英尺 × 9 英尺。扩展部分的一面墙上有两组双扇门，形成两条 6 英尺的通道。这些门可满足不同的开、关需要，提供进入拖车内部的通道，也可作为投影屏的安装通道。一个由帆布遮盖的 6 英尺 × 14 英尺的阳台就布置在这里，可用作演示舞台或展出时的观赏通道。

拖车内安装有内置灯和加热、制冷装置，一个 15 千瓦的内燃机可为制冷机之外的所有设备提供动力。拖车底盘安装了一个 75 千瓦的柴油发电机，可以提供任何电力需求。

……装有哈龙（halon）1501 系统的电离检测器，用于烟、火警报。

……灯一般安装在展柜外面。

……安全报警系统包括……

相关观察资料和建议引述如下：

……灯一般都安装得比较高，防止

图 10.3　A，B“移动的印第安人的光荣历史”流动博物馆车在巡展期间准备在当地中心区域展出。

展品受热……光照系统应重新考虑；

……周围环境的相对湿度较低时，树脂玻璃柜和地毯上会产生静电。

……在一次雷雨中，拖车曾被闪电击中……虽然职员就在里边，但没有造成伤亡。

……民族学藏品的保存温度为65～75°F［°F＝（9/5）℃＋32］，相对湿度为50%～60%。安装的电子温湿计记录数据表明变化较大。……没有加湿措施……空气制冷功能失常……需要重新确定环境控制系统，并通过使用湿度控制系统保护民族学藏品。

……需要安装尘埃和含硫烟雾过滤器。

……关于摇摆……传到器物上的震动和摇摆速率应小于1……展柜内的迹象说明了器物发生了震动和摇摆……绑腿从固定装置中滑脱……4号箱内的链子从凹槽内滑出……灯碎了……建议通

过咨询研究摇摆过程……

另一个自然史主题即阿尔伯达省卡尔加里的泥盆纪遗物展的流动展览车曾在加拿大运营了 8 年[297]。所展出的器物不需要严格的环境控制，是不重要的藏品或复制品，不是珍品。控制温度的目的是让人感觉舒适，因为加拿大地区室外气温变化相当大，一般为 35 ~ 40℃。展览组织者发现必须安装专门的紧固装置来防止不同路况下产生的震动和摇摆。展览的安全性虽不是非常大的问题，但是有些器物，如灭绝的动物和鸟类标本、经切割的多面宝石以及易碎器物都需要装箱，大部分展品都放置在观众容易接近的范围内。在故意破坏艺术行为和偷窃风险较高的较大社区内，应该采取安全措施。拖车见图 10.4。

加拿大国家博物馆[298]设计的流动展览车主要用于级别较低的博物馆藏品、复制品或对温湿度变化不敏感的器物（图10.5 ~ 图10.7）。因为流动展览车和类似的展览拖车主要在室外（公共建筑附近、公园里或者商业区）停放，必须设有独立的加热和降温系统及内部安全监控系统。由于国家博物馆的展览规模非常大，因此用了多个展车，它们在展览区域往往被放置成 U 或 L 型。

流动工艺美术或艺术展览车是另一种流动展览车。在这一领域，弗吉尼亚美术馆的努力值得关注[299,300]。从一开始，他们就决定在小型展览会上展出原始艺术品和装饰艺术品。展览装置在几年内有了很大改进，现已包括温、湿度控制和安全、火灾控制系统（图 10.8 ~ 图 10.9）。随展管理人员负责记录参观情况，并监测拖车状况。1981 年 4 月的典型报告摘录如下：

> ……装饰性艺术品流动展览车停在弗吉尼亚汉普顿学院的一座校园建筑物外，这是全国巡展的其中一站。用电动除尘干湿计（Bendix）测量湿度和温度，同时还要测量光照水平，以确保提供一个令人满意的参观环境。
>
> （a）1981 年 4 月 21 日，下午 4:00 ~ 4:15，相对湿度 38% ~ 40%，温度 71°F，潮湿；多云，最高温度 60°F，最低温度 40°F。
>
> （b）同一时间在流动展览车内使用光测量仪测量入射光量（注：1 英尺烛光 FC 等于 10 勒克司）
>
> | | |
> |---|---|
> | （i）1830 沙发 | 3FC |
> | （ii）波士顿，夹层玻璃 | 10FC |
> | （iii）条形长椅 | 3FC |
> | （iv）镀银包装箱（A） | 10FC |
> | （v）镀银包装箱（B） | 10FC |
>
> 在抵达汉普顿之前，3 月 20 日至 27 日，相对湿度变化范围为 45% ~ 60%，温度变化范围为 68 ~ 75°F，而外部环境条件从干燥变为阴雨天，温度从 26°F 变为 40°F。
>
> 以上数字表明，对光敏感的纺织品（沙发，长椅）需在低光照度（3FC 或 30 勒克司）下展出，并控制好温湿度。自动调温器和测湿计放在靠近门口的地方，会受到外界影响，因此，巡展中，管理人员有时手动操作自动控制装置。
>
> 需连续记录流动展览车内温湿计的读数。这里存在需要校正的其他问题，例如，周边的帐篷一定要用更好的方法将其固定到地面上以防止风吹进展车内；安装震动记录器以获得从一个展览中心到另一个展览中心途中路面震动和摇摆情况的记录；在每个展览中心安排两个管理人员维持秩序，防止人群拥挤。另外，在展览开放的几个小时中，连续提供展览讲解（一个管理人员是不够的）；管理人员和工作人员还要定

期检查器物状况……

还有专门为学校设计的流动展览车，用于安大略（加拿大）西南部的一个地区，如贵湖（Guelph）艺术品流动展览车[301]。展览车的车体由商用流动橱窗的拖车改造而成，成本较低。在控制温度的条件下，该车展出了原始出版物、素描画和相关教学材料。

在所有流动展览车或流动艺术展览车的设计中都存在一个问题，即环境问题。除非在入口处设置门厅或其他过渡空间，否则每次开门时，外面的空气很容易进入，将极大干扰内部控制系统。如果每位观众进入后立即关闭入口，流动展览就不能很好地服务于等待参观的观众。在一年的某一段时间内，如果外部条件接近于控制水平，则较大的观众流量不会造成室内条件的改变。展览车的安全和维护也是要考虑的问题，尤其在偏远地区或在犯罪和故意破坏事件的高发地区。在这些情况下，就需要寻求当地警察和消防队的积极协作。为了能及时作出反应，需要在展车内安装防盗和防火报警器。在紧急事件中，应该将器物存放在当地博物馆或其他安全的地方。

随展人员通常经过特殊训练，可完成展品管理、展览讲解、给公众讲演、开车、修理机器及筹备展览等一系列工作。在运输途中，工作人员可能需要对展品和教学材料进行紧急修复。妥善处理详细巡展计划的制订、人员问题、预期行程、工作时间的延长，以及因意外天气状况、交通阻塞、道路事故造成的意外延误等情况。显然，流动展览比传统的、预先包装好的、在博物馆或陈列馆举办的展览更复杂，风险更大。

10.4 铁路运输

铁路运输通常有两种方式：货运和快运。由于前者速度较慢，因此博物馆很少采用，而重工业产品、商品及散装材料的运输经常采用这一方式，这类货物通常都经得住常规粗鲁搬运。铁路货运是从一个城市运送到另一个城市，在铁路货运行李处再通过卡车运达目的地。如果采用货运方式运送艺术品，需将艺术品包装后放入坚固的包装箱中以防止震动，并能够抵御各种剧烈的气候变化。这种方式需要的时间较长，因此对时间要求比较苛刻的展览不宜采用。

铁路快运更安全、快捷。在客车上，包装箱通常装载到专门的车厢内。铁路公司会联系机动车辆，将展品送达目的地——博物馆。因为在各个转运点可能发生粗鲁搬运，所以即便在铁路快运中也需要使用坚固且装有衬垫的包装箱。随展人员在场通常有助于搬运工作的顺利完成。使用坚固、抗撞包装箱的另一个原因是在铁路运输中，路基使车厢产生周期性震动和摇摆，并在转轨时产生强烈撞击。冬天，装有货物的车厢通常需要加热，而在湿热季节则需要制冷。站点频繁开门和关门会影响室内环境的稳定性，从而影响到包装箱，因此包装箱应远离车门。

利用火车快运的一个有趣实例是在冬季将凡·高画作从渥太华运送到温尼伯[302]。为应对各种艰苦的运输条件，采取了一些防范低温、低湿、震动和摇摆以及粗鲁操作的措施。从报告中摘录的内容值得我们注意：

> 1960 年，荷兰方面借给加拿大一本价值很高的凡·高绘画集。加拿大打算在几个大城市巡回展出，展览一直延续到冬季。在 12 月末从渥太华巡展到温尼伯（在本国境内），两地相距大约 3000 千米，室外温度零下 30℃，而且气候比较干燥。
>
> 有些画涂过蜡，但大多数没有。因为有湿度敏感性高的展品，所以在运送过程中需始终密切关注相对湿度。印刷

图 10.4　由大型商用拖车改装成的自然史和民族学展品流动展览车。

图 10.5　“加拿大大西洋省区”展在冬季中途停留期间，由三辆流动展览车组成 U 形。

图 10.6　准备展出的“北部加拿大”流动展览车。

图 10.7　A，B. “北部加拿大”流动展览车内部的陈列场景和展品。

图 10.8　弗吉尼亚艺术馆的一辆流动展览车。周边撑起的嵌板可为观众遮风挡雨，并能保证观众观看其他展板。

图 10.9　弗吉尼亚艺术馆展车内部。内部展品被安全地固定在箱内，以防止运送过程中产生震动和摇摆。

品和素描作品同样需要保护，以免出现干燥现象。虽然这些艺术品主要装在轻集装箱中从荷兰空运，但因为是冬季，需考虑重新包装所有展品。为此召开了由科技人员、包装和搬运人员以及国家铁路系统官员参加的咨询会，以最大限度确保安全。包装箱由高质量的白松木制成，在箱外刷上涂料，并在画和形象艺术品四周放置纤维板（压缩的粗木浆纤维板），作为隔热和防湿层。所有建材都储存在国家美术馆里，相对湿度为48%、温度21℃。在这样的条件下，木材的平衡水分含量（以烘干为基准）为10%，纤维板大约为8%。艺术品预先用牛皮纸包装以便更好保护。

图10.10中记录了运送途中温度和相对湿度的情况。其中一个包装箱内装有毛发温湿计，记录内部的相对湿度和温度；另外一个仪器放在包装箱外面，以记录周围的环境条件。包装箱中的初始条件为：相对湿度48%，温度21℃（图中A所示）。将货物装进一个大的有篷货车，运送至铁路仓库，然后立即装入已在等候的货车厢内，车内温度已加热到大约19℃。此时，外面的温度为零下3℃，相对湿度为30%。货车厢和客车对接后，奔赴温尼伯的旅程就开始了（图表中的C所示）。

大约31个小时后，货物到达温尼伯。在运输途中，两个随展人员要经常检查包装箱的摆放、处理、温度和记录仪等。其中一个是博物馆保管人员，另一个是国家美术馆的包装和搬运工作负责人。如图所示，包装箱中的相对湿度保持稳定，始终不低于44%，这意味着相对湿度下降了4%。车厢内的相对湿度一直很低，为18%～30%，温度在10～20℃之间。有趣的是，记录下来的途中天气变化很大，温度变化幅度为－3℃至－27℃。在画作运送途中，包装箱内部温度都在露点以上，露点会引起水汽凝结（在相对湿度为48%，温度为21℃时，露点温度接近11℃）。这些结果明显表明，木材和纤维板在保持稳定的相对湿度和平衡外界任何突发变化方面，起到了非常有效的缓冲作用。到达目的地时，由于包装箱温度比房间温度低7℃，24小时后才打开包装箱，以使箱内外温度平衡。未发现因温度、湿度变化引起的损坏……

在许多国家，铁路管理部门已经合理化，甚至减少了客运路线，在特殊情况下甚至用辅助的公共汽车代替部分铁路。因此，快递货运方式可能会出现额外的装载和转运等问题，由火车到机动车和由机动车到火车的转运都会增加货物损坏的风险。最好预先了解路线的变动。在运输过程中可能会对包装箱尺寸有所限制，这会影响特殊展品的运输。火车碰撞和出轨事件可能会发生，但一般概率非常低，因此火车运输比公路运输更安全，但是，在火车运输中货物搬运很粗鲁。如果采用这种运输方式，包装箱的设计应适应铁路运输中可能遇到的环境和搬运操作风险。

10.5 海运

目前，相对于航空和陆路运输，展品或艺术品的海运方式使用率并不高。对于横跨大洋、大陆的路线，航空运输无疑更可取、更有效。海运中在港口和轮船上的搬运比火车运输中的搬运操作更危险。包装箱必须非常坚固，以便能经受住野蛮搬运、掉落、气候条件的强烈变化、运输途中的储存以及在远洋船舶上的保存。然而，在特定情况下，

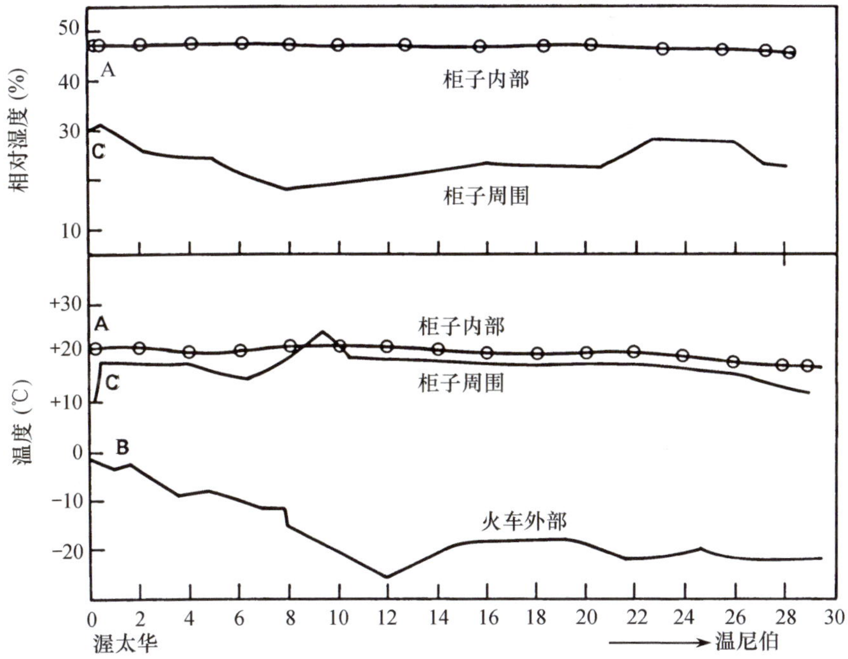

图 10.10 在冬季通过火车运输凡·高画作时的气候条件记录（从渥太华到温尼伯）。

需要采用这种运输方式。借出方有时会明确要求采用这种运输方式——国宝级珍品或非常重且体积大的器物（如雕塑作品）的运输。轮船运输费用是根据货物体积而不是重量来评估，当运输时间不作严格要求时，这种运输方式显然比较经济。

有时将装载物放在船上的保险库或甲板上的房间内。这些位置可以提供较好的保护，可防止气候变化和水渗入（例如在风暴中和公海上）引起的损害。无论如何，包装箱应非常坚固，并牢牢固定在存放地点。包装箱内的缓冲、包装材料应当小心放置，以免移动，这一点对较重的石器、金属器物尤为重要。

海上运输要特别注意相关文件的提供，预先沟通及执行正确的包装程序。通常，双层包装之间必须有防水屏障。应事先在博物馆进行海关检查，而不是在运输公司的码头或货棚里。进出口规定通常很繁杂，加之海洋运输的种种困难，因此博物馆很少选择这种运输方式。这种运输方式可能耗费几个星期或几个月时间（包括航海前后的储存，以及陆地上的转运）。在如此漫长的时间内，除非包装箱密封很好，否则温度、湿度敏感器物可能会受到严重影响。如果资金和其他条件允许，可以使用特殊的环境可控包装箱。

10.5.1 波兰珍品从加拿大至波兰的海运过程

波兰珍贵文物从加拿大返回波兰经历了两个阶段。战争年代保存在渥太华一家银行保管库中的一部分文物于 1959 年 1 月运回，保存在魁北克省博物馆的部分文物于 1961

年1月运回。第二阶段的海运情况由随行的保护人员马可尼[303]做了详细记录。以下是从他的记录中摘录的部分内容（图10.11和图10.12）：

……1961年，40个包装箱、一只大皮箱和14卷织锦等藏品用有篷货车从魁北克运至波士顿，由于道路运输持续了25个小时，温度下降不可避免，尽管事实上从渥太华出发时温度仅为12℃，而且在接近波士顿的途中温度一直在逐渐上升。运送家具和部分木制品的有篷货车内壁覆盖有气垫，地板覆盖有毛毡垫，器物也用毯子包裹。然而，尽管采取了这么多预防措施，车内温度仍然缓慢而稳定地降低……

……在波士顿，有一艘名为M. S. Krynica的船待用。离开波兰前往加拿大之前，我已经通过海运部门熟悉了这艘船的航行计划及其加热装置和空调设备。我很快作出决定，和J. DraczKowski船长一起将藏品存放到官员餐厅，餐厅位于舰桥的正下方。在听了我的说明后，全体船员很乐意且迅速地将织锦搬运到船上，然后用轮船起重机将包装箱卸到船尾码头上，经过走廊搬到餐厅里。餐厅地面上铺设了厚木板，以防止暴风雨到来时雨水聚集……用厚木板和绳子将包装箱固定在地板上以防移动。织锦卷放在包装箱上面，也用绳子固定……检测完相对湿度后，发现装载时的湿度太低，高级工程师Zb. Pospiesznski调整了温度，在整个行程中，大气条件基本保持稳定。

几乎每天都要检查湿度和窗户的密封性。楼梯处的主要入口用木板在餐厅一侧隔开，并且用外交专用封条将其封住。我们出发之前，已经在魁北克博物馆对所有包装箱和织锦卷进行了密封。通往餐厅的第二道边门（平时作为通道）也被密封了，只在控制环境和检查时打开。楼梯处放置了干粉灭火器（二氧化碳）而不用泡沫灭火器，干粉灭火器是唯一适合保护博物馆藏品的灭火器。贴在门上的使用说明方便紧急情况下的快速使用。

海运期间，暴风雨天气可使船只倾斜30°，由此导致包装箱顶部的织锦卷从原先位置移开，因此应将织锦卷捆绑得更牢固、更安全。

卸载时使用了与在波士顿装船时同样的方法。将织锦卷用人力直接扛到经过加热的火车行李车厢上，包装箱用起重机搬运到专用月台上。

在华沙总站，将所有货物搬运到有篷货车上，并运送至国家博物馆。短时间的卸载使包装很好的器物不会出现明显降温现象。打开包装后，由艺术和文化部门召集的专门文物保护委员会相关人员确认器物没有任何损坏，即使是非常轻微的损坏……

10.5.2 大型油画的海运

大幅卡拉瓦乔（Caravaggio）油画在罗马国家文物修复研究所经过大规模修复（1955～1957年）后从意大利海运回国[304]。图10.13和图10.14说明了这幅油画从意大利至马耳他的运输包装和船运所采用的特殊方法。除了海运，其他运输方式难以实现。这个包装箱非常大（5.2米×3.7米×0.6米），构造坚固并用支架固定以免发生扭曲。由于事先周密的计划和多方协助，运送过程中没有出现任何差错。

10.5.3 佛兰德版画从比利时至美国的海运过程

1960年，“佛兰德艺术杰作展”（由底特律艺术协会和布鲁日市共同组织）的展品通过海运方式归还比利时[305]。运输途中

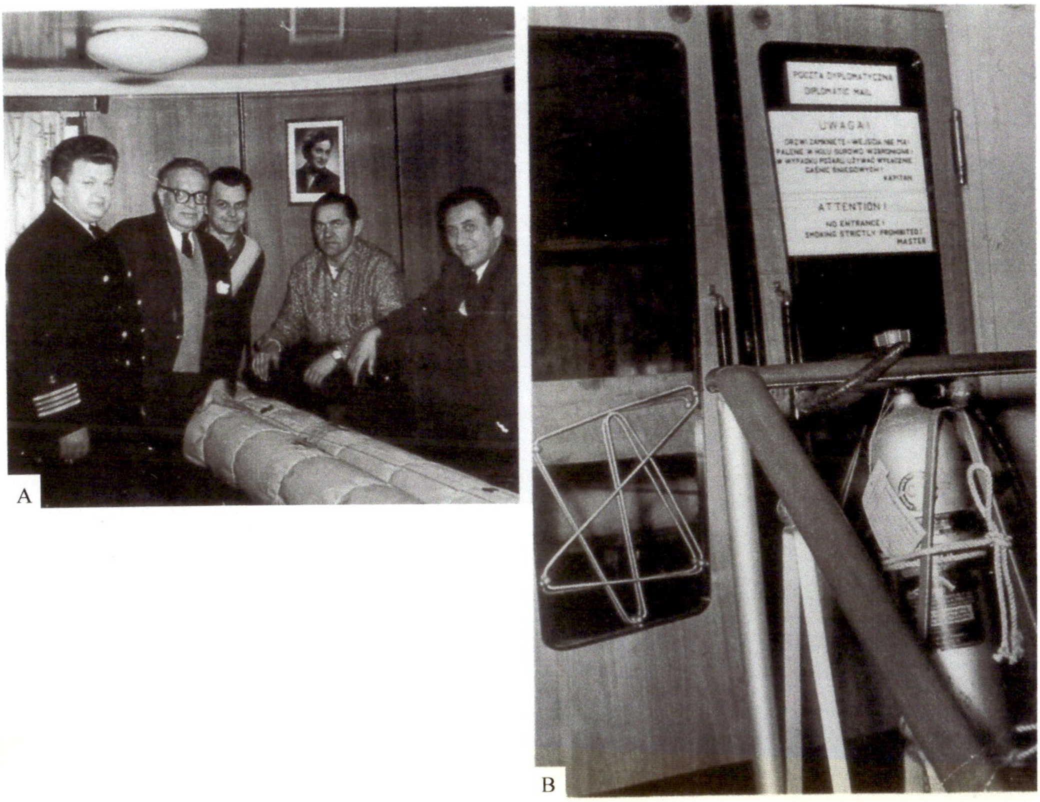

图 10.11 通过 M. S. Krynica 号船将波兰王室珍宝运送回国。

A. 经仔细包装的织锦和其他稀有珍宝被捆缚在上甲板的特等客舱；B. 船上的安全设防使随展人员和船长在接近展品时受到限制。

图 10.12 公海上的波兰船只。

的相对湿度记录见图 8.4（第 8 章）。以下注释摘自随展保护人员的旅行日记，日记记述了包装箱、环境条件及船上的运送货车。

……在初夏、初秋以及元月末，许多佛兰德版画在底特律市和布鲁日市之间运输。运输过程中，版画的水分含量依靠纤维素包装材料和衬料的绝热和稳定作用维持……

……在每段旅途中，最外层的绝缘材料是车篷，该货车在博物馆装载并密封，抵达另一博物馆时才打开。包装箱内装有一些较轻的盒子，用来存放特定的画作。这样，至少存在四层独立的绝缘层。所包装箱和衬料都使用纤维素类的、有吸湿性的木材和织物，它们比面板重，二者的重量比大约为10∶1……

……从一个博物馆到另一个博物馆的运输分别持续了 12、18 和 16 天。有篷货车被当作安保货物由一艘海军轮船运送，横穿大洋，运载，途中始终没有被打开过……

……例如，在 6 月份的旅行中，出发时的外界温度为 80°F，在前往法国的途中则变为 40°F。温湿计读数显示温度在 80°F 至 63°F 之间变化。绝缘材料使温度变化趋于平稳，变化范围从 40°F 降到 17°F……

……有篷货车内温度变化更小。我们很高兴地发现包装箱内的温湿计记录下了一个恒定的湿度。尽管季节变化引起了湿度的改变，但在每段运输途中记录到的数值都是恒定的。

图 10.13　马耳他首都瓦莱塔大教堂中卡拉瓦乔巨型油画作品的拆卸过程。

图 10.14 海运卡拉瓦乔作品的包装箱在前往罗马途中。

(当时错误地估计冬季的相对湿度为35%，而实际上美术馆中所有油画的相对湿度都超过了45%，然而，温湿计及外装盒没有预先调节至该条件。当到达布鲁日时，封装在每个包装盒里的干湿指示剂显示相对湿度值大于或等于40%）……

……包装箱内的稳定湿度使我们肯定了木材和其他纤维包装材料所起的“衬料作用”。经计算，每个有篷货车里用作包装箱和包装材料等的木材约有3吨。可能是版画重量的十倍。因此，木材本身似乎是一个很好的湿度稳定器……

……安装的各种设备可以记录有篷货车的内、外温度，在一个包装箱内安装有自动温湿记录计，这个包装箱和其他物品的包装箱类似，并一起装载。周期性读取运输途中有篷货车的温、湿度值……

……从保护角度来说，1960 年举办的 15 世纪艺术品联展具有重大意义。首个展出地点是布鲁日的格罗宁博物馆，之后是底特律艺术协会。大量版画三次横跨大西洋而没有出现任何损坏迹象。

10.5.4 蒙娜丽莎画像从法国至美国的海运过程

1962 年 12 月，巴黎卢浮宫收藏的达·芬奇创作的“蒙娜丽莎”画像通过远洋定期客轮从勒阿弗尔运往纽约。在 1963 年 3 月返回卢浮宫之前，先后在华盛顿国家美术馆和纽约大都会艺术博物馆展出。此前已经描述了所使用的包装系统及在巴黎预先做的试验[306]。同时，对“法兰西”号轮船的航程[307]、抵达美国时和之后旅行中的特殊安全措施作了说明。

10.5.5 综合评论

如今，海运成为重型器物运输或出借方不愿承受空运风险时的首选运输方式。如前所述，必须特别注意箱体强度，通常要求有双层“结构”。装载时，必须密切监管搬运操作。即使包装箱很严密，但高湿及含盐分的空气仍会快速渗入，因此，应详细说明船上的环境条件。关于长时间航运中，尤其经过热带和亚热带地区时，包装箱内有霉菌生长的事例已见诸报道[308]。在到达陆地搬运到卡车上之前，远洋运输货物要在港口放置很长一段时间，反之亦然。因此，当货物处在变化的环境中时，对其保护变得更加困难。货物的搬运和装卸往往很随意。作者想起了一个用起重机从船上卸载货物时，包装箱掉进水里的例子。包装箱内的油画由于盐水渗入，严重受损。防水包装箱能够杜绝这种现象的发生，但造价很高。也许，当随展人员在场时，就可避免这类不幸事故的发生。

10.6 空运

空运是最普遍、最有效的包装箱运送方式。虽然飞机发生坠毁事件时的损失是百分之百，但从统计学角度来讲，以运行每千米（或英里）的事故概率计算，空运最安全。空运有航空快递和飞机货运两类，前者更快速、更昂贵。空运也包含送货上门的陆路运输安排。空运货物由一种特制运输机运送，这种飞机携带有温度、压力控制设备[309]。一些机型改装自宽体喷气式客机，例如 747，或者改装自兼具客运、货运双重功能的飞机。大部分航空公司兼营客运和货运，一些公司专门从事商业运输。体积较小的货物可以装进客机行李间，费用最昂贵。下面例子记述了航空运输博物馆藏品和艺术品的各种经历。

10.6.1 意大利早期版画至日本的空运

1970 年，加拿大国家美术馆将一幅意大利早期版面画从渥太华空运至东京，然后再运至大阪，并在 1970 年国际博览会美术厅展出。在第 7 章已经对环境可控包装箱进行了描述。在绘画作品航运途中，作者始终伴随其左右。关于飞机装载和地面运输情况的记录如下所述[310]：

> ……从渥太华到温哥华，本人亲自护送装载这幅油画作品的包装箱。包装箱放置在波音 727 头等舱内，垂直捆缚在头等舱最后一排座位的后面，将带子系到地板套环上之前，把减震器小心地放置在包装箱下方的地板上。柔软的椅背可以缓解突然的前倾。在与温哥华至东京的班机联系时，由于这架飞机为 DC-8，因此，机舱内的安排有所不同。包装箱装在一个盒子状的封套内，垂直固定在飞机客舱后部，并固定在地板套环上。在盒子内部，不同方向的调节带可同时起到减震和保持包装箱稳定的作用。从渥太华到温哥华再到东京的飞行途中，选择不同地点记录温度和相对湿度。温度正常，在 65 ~ 70°F 之间，但在 35 000 英尺高度时，机舱中测得的相对湿度为 10% 。事实上，包装箱的气密性很好，装有油画的金属包装箱的气密性也较好，因此飞机

每次着陆时，机舱内的低湿度空气很难进入包装箱内（在高海拔高度，机舱压力低，包装箱“呼出”空气；在海平面高度，机舱内的干燥空气被“吸入”包装箱，从而影响油画）。总飞行时间大约 15 小时。

在经过调控的环境条件下，包装箱在东京机场存放一夜后，被搬运到东京至大阪的班机（1 小时）上，再从大阪机场运抵 1970 年国际博览会展厅……

图 10.15 显示了空运中包装箱的位置，图 10.16 显示了从大阪机场到 1970 年展览会美术展馆的卡车运输。

10.6.2 图坦卡蒙展品的空运

1972 年，从开罗将“图坦卡蒙”展品空运至伦敦[311]。艺术品运输人员报告了包装和运输安排[312]。这次特展包括 50 件易碎展品，为 3000 多年前的遗物。对每件展品的性质、状况作了详细研究，以决定最适合的搬运、包装和运输技术。空包装箱在英国做成后运到开罗。经过包装的珍贵文物由一架英国皇家空军飞机和租用的英国海外航空

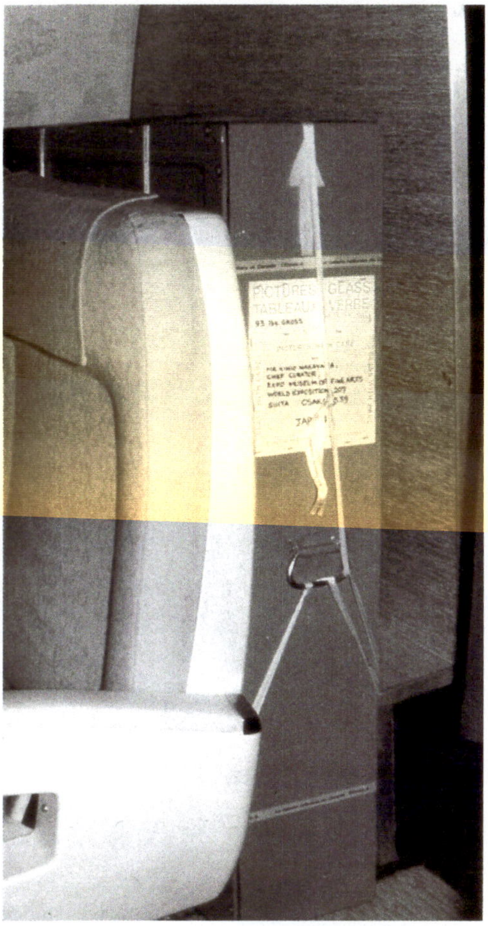

图 10.15 在机舱内西蒙马蒂尼作品的放置情况。

图 10.16 A. 用特别设计的卡车将西蒙马蒂尼作品从大阪机场运抵 1970 年国际博览会美术展馆；B. 卡车侧面。

图 10.17　A，B. 从开罗空运图坦哈蒙展品的准备工作。

图 10.18 A，B. 前往伦敦途中，在开罗机场停机坪装箱时的情景。

公司（BOAC）的两架飞机专门运送（图 10.17～图 10.18）。在展品抵达英国到运往大英博物馆的这段时间内，采取了周密的安防措施。只允许最初参与包装的工作人员搬运包装箱，因为他们熟悉器物的易碎性及其在包装箱内的放置位置。运送的体积最大的器物是“棺床”（2.13 米×1.52 米），需要专门设计包装箱。

10.6.3 空运中相对湿度、温度和压力的影响

在一段时间内，机舱内的压力变化会影响包装箱内的状况[313,314]。大多数包装箱未经密封，因此箱内外的压力差会造成箱内空气泄漏。这种密封的包装箱在飞机飞行期间，一旦周围环境（机舱里）压力降低，空气就

会从包装箱内逸出。空气的逸出不会对包装箱内的相对湿度产生明显影响，除非伴随有明显的温度变化。然而飞机降落时，机舱内的大气压会再次升高到正常值，由于此时包装箱内压力较低，外界空气会重新进入包装箱内。如果进入的空气比箱内环境潮湿或者干燥，就可能对箱内器物造成损害。在空运期间空气压力的变化会破坏湿度敏感艺术品的相对湿度平衡，并导致其结构发生变化。

图 10.19 显示了在不同海拔高度气压和温度的变化。包装工程师在设计空运包装箱时需参考这些数据。在箱内气密性相对较好的地方安装减压阀[315]以平衡着陆时的压力。如果气流剧烈变化，就必须注意“调整过的”空气相对湿度及其对器物的影响。此时可能需要在减压阀口插入一个装有干燥剂或调节物的管子，并使其缓慢运转，将相对湿度的波动幅度降到最低。

在最大飞行高度，喷气式飞机机舱内相对湿度水平值可低至 6%。作者曾乘坐 747、735 和 727 飞机飞越加拿大、太平洋和大西洋上空，在 9000 ~ 11 300 米（30 000 ~ 37 000 英尺）

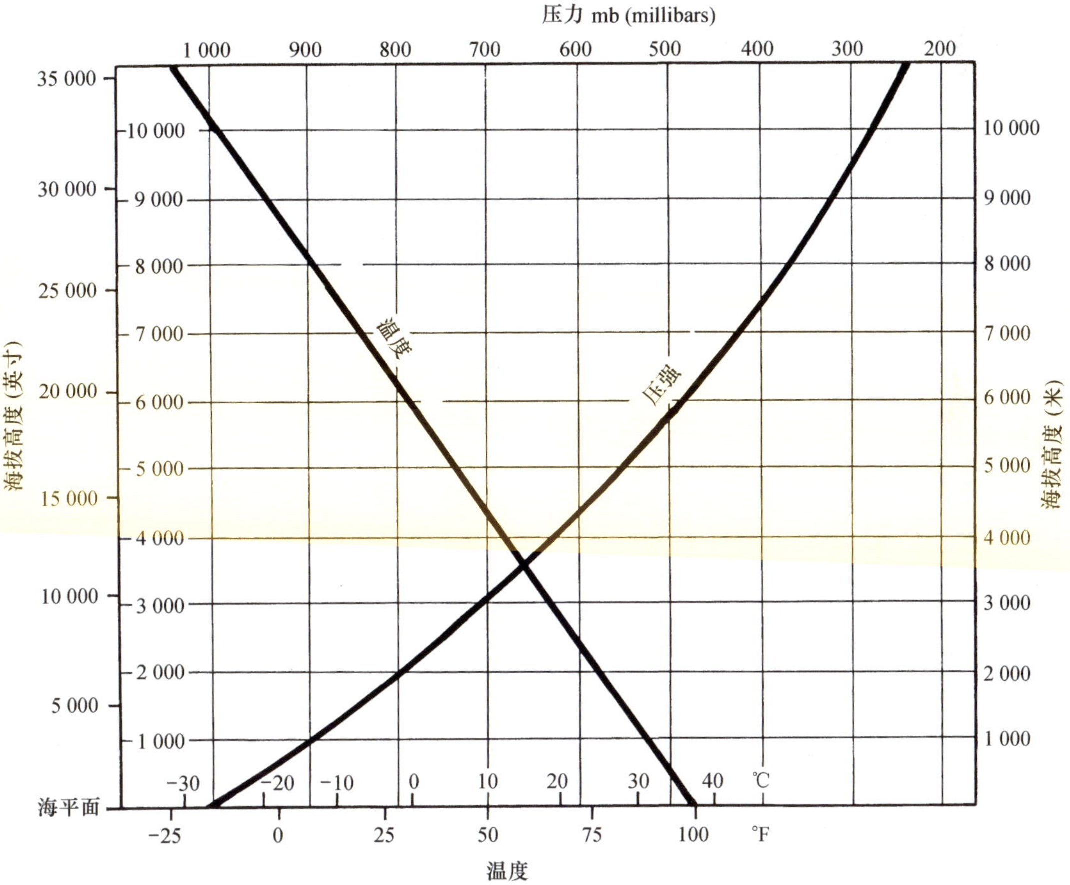

图 10.19　温度、压力和海拔高度的关系。

图 10.20 在英国—意大利空运途中造成一幅前拉斐尔派油画的损坏。

的海拔高度进行了测试。在机舱内，用阿斯曼干湿计测得到以下相对湿度读数（机舱内温度在20～24℃之间）：

（a）渥太华－温哥华，1970年2月21日，737飞机

飞行区间	RH（%）	高度（英尺）
渥太华—多伦多	20	17 000
多伦多—温尼伯	19	22 000
温尼伯—埃德蒙顿	13	31 000
埃德蒙顿—范库弗峰	13	31 000

（b）范库弗峰—东京，1970年2月22日，727飞机

范库弗峰—安克雷奇	10	35 000
安克雷奇—东京	10	35 000

（c）伦敦—蒙特利尔，1977年2月7日，727飞机

伦敦—蒙特利尔	12	30 000
（飞行时间1小时）		
	6	37 000
（飞行时间4小时）		

如前所述，在飞机飞行途中，建议选择着陆次数少的路线，因为飞机的每次起飞和降落都会引起包装箱内的空气交换。在航空运输中，出现了通过利用轻型包装材料减少费用的趋势。如果包装箱密封很差或缺少绝热材料、衬底和减震材料，那么器物就得不到很好的保护。虽然可以较低的费用将货物运抵目的地，但是，却存在由于保护不足而

导致展品损坏的风险。

关于空运中因大气压力变化造成艺术品损坏的报道非常少。图 10.20 显示了在伦敦至罗马空运途中严重损坏的一幅油画[316]。导致大块油彩脱落的原因是航行期间包装箱内相对湿度的急剧变化，这很可能是由于压力变化引起的。另一个例子是机场方面的不正确储藏[317]。装有一幅油画的包装箱在停机坪遭受了暴雨袭击，水渗入箱内使油画画面变形、损坏。

10.7 运输中的振荡和震动

大多数艺术品，除了由最耐用材料制作的艺术品外，都需要在运输中加以保护以避免振荡和震动。而且伴随着展品的大量运输，尤其是公路运输和空运的增加，这一点已经成为博物馆业内人士普遍关心的问题。目前，艺术品遭受的震动和振荡与损坏之间的关系仍不确定。艺术品后期出现的损坏很可能是之前遭受震动和振荡的结果。在此不详述震动理论[318,319]，只涵盖一些艺术品运输中得到的结论。

在之前的章节中已经描述了记录包装箱内振荡和震动的一些方法。在重要的工业运输中，需要最大限度地加以保护以免物体受到振荡和震动，并避免从一米高处垂直跌落。在这些研究中，包装工程师对货运期间模型可能受到的作用力进行评估测试后确定箱体的设计，并用各种仪器和检测设备评估震动、振荡和加速力（G）的影响。这些测试促进了新方法和新包装材料的出现。在易碎器物的运输中，用带子或弹簧悬挂（如在双层包装箱里）的方法已被证明非常有效。

在没有任何减震或缓冲设备时，箱体受到的外力几乎全部传递给箱内器物。这相当于一件未包裹任何缓冲材料的器物紧贴箱壁。箱体受到的震动、振荡或加速度直接传递给器物，造成器物损坏。在博物馆的运输工作中很少遇到这种极端情况。

所有运输方式都会使器物产生振荡，甚至精心设计的缓冲系统也是如此，但每种运输形式都有其频率控制范围。下面是包装工程师的研究数据摘要：

(a) 铁路——根据火车速度和铁轨长度（10～13 米），在 30～150 千米/小时范围内，相应的受力频率范围是 2～7 赫兹。

(b) 卡车（高速公路）——正常行驶在高速公路上，振动频率是 70～200 赫兹。

(c) 飞机——由于机型以及起飞、飞行和着陆条件不同，受力频率不同，在20～60 赫兹范围内变化。

(d) 轮船——在不同部位，振动频率不同，范围为 11～100 赫兹。

虽然可能通过使用合适的弹性衬垫，在很大程度上减少震动的影响，但是，防止跌落或突然产生的震动更困难。当然，增加填料和缓冲垫的厚度可实现更好的保护。前面提到“G”因子，是指强加在箱内器物上的力（由于跌落、震动、加速和减速造成）与物体静态重力的比值。因此，如果在坠落过程中作用在 150 千克器物上的加速力是 1500 千克，那么“G”因子是 1500/150 或 10。根据器物的脆弱程度，每件器物有一个特定的能承受的最大“G”值。如果超过这个最大值，器物可能产生破损、碎裂或其他损坏。火车、卡车紧急刹车或飞机起飞时会将相当大的力传递给经过包装的器物，除非在受力方向有足够的缓冲。缓冲材料、橡胶、瓦楞纸等都具有适当的弹性，可吸收全部或大部分冲击力。在大多数运输情况下，适度的减震就足够了。重要的是要注意太软的缓冲材料被超限度压缩后将变为刚性界面，而将强加其上的震动和振荡直接传递给器物。例如，一个非常重的器物放在高灵敏度弹簧上将会压缩弹簧，以至于会破坏弹簧的弹性，这种状态被认为是“下限”。可以通过增加缓冲材料的厚度（增加层数）或选择刚性更高的材料，如具有较高“弹性系数”的材料，以消除“下限”限制。

“G”值和振动频率评估应适当考虑外力的方向。表 10.1 中的数据为不同运输模式中三个相互垂直方向的“G”值[320]。

在各种运输模式中，特定“G”值的震动分布和次数非常有趣。波兰[322]的一项研究提供了火车行驶 2140 千米的相关数据。安装在车上的震动记录器记录了垂直震动次数（见表 10.2）。

对于不同吨位和装载量的卡车以及飞机，都有附加数据。在出版的波兰空运航线（LOT）资料中，涉及四种机型：IL-14，AN-24，IL-18 和 TU-134。在飞行震荡过程中，测量的机内垂直“G”值见表 10.3。

表 10.1　不同运输模式的“G”值和振动频率

运输模式	震动/振荡方向	最大震动 G 值	振动频率范围（赫兹）
火车	垂直的	5	3 ~ 9 和 50 ~ 70
	横向	2	—
	* 纵向	15	—
卡车	垂直	5. 1	2 ~ 10 和 33 ~ 150
	横向	2. 3	2 ~ 4 和 50 ~ 150
	纵向	3. 6	15 ~ 150
轮船	所有	2. 1	11 ~ 25 和 80 ~ 100
空运	垂直	6. 0	5 ~ 60 和 300 ~ 500
	横向	2. 1	5 ~ 25 和 300 ~ 500
	* * 纵向	10-40	—

* 在火车运输中，火车转轨时会产生很大的“G”值。

* * 在空运中，应该注意在飞机起飞和着陆时，纵向的 G 值相当大。飞机着陆时，急剧的减速对包装箱及箱内物体具有短暂但重大的影响。在平稳飞行阶段，纵向 G 值则较小。

表 10.2　火车旅行期间“G”值和震动

“G”值	记录的垂直震动次数	%
0 ~ 1	26380	69. 98
1 ~ 2	11297	29. 97
2 ~ 3	11	0 . 03
3 ~ 4	4	0 . 01
总计	37692	99 . 99

表 10.3　空运过程中的“G”值

	“G”值——垂直测量			
机型	轻微晃动	中度	强烈	非常强烈（暴风雨）
IL-14	0	0. 2	1. 5	3. 0
AN-24	0	0. 1	1. 0	2. 0
IL-18	0	0. 1	1. 0	2. 0
TU-134	0	0 . 05	0. 8	2. 0

应该注意，大多数飞机都能够应对暴风雨天气，表 10.3 最后一列的数据仅用于对比。飞机的震动频率不同，大约为 0 ~ 1000 赫兹。在飞机的不同位置，“声音”负荷也不同，强度范围为 70 ~ 110 分贝，而频率范围为 100 ~ 50 000 赫兹。

喷气式飞机在飞行过程相对比较安静，在高海拔航行中很少受到由于天气干扰引起的“G”震动的影响。经过设计改良，机体的整体震动出现得更少。卡车和公路运输车辆也进行了不少改进，在车架和轴距中安装了设计更精良的减震器[322]。火车运输仍较“颠簸”，而且大多数国家铁路运输的发展速度远远落后于空运和高速公路运输。铁轨和路基经过改进后，火车运输会更平稳、快速。

飞机和公路运输的低震动以及精良的搬运和运输设备表明它们是最安全的运输方式。火车运输中，需要在箱底和四周放置可吸收额外“G”力的缓冲材料（橡胶垫、毯子等）。

在渥太华—范库弗峰的往返途中进行了一个重要实验，研究了火车上出现的振荡和震动现象[323,324]。在试验箱上贴上“美术品运输”字样的标签，并贴上常用的易碎及相关标志。箱内安装了温、湿度仪和震动记录器。然而，在返程的某个地点，由于粗鲁搬运，箱体受到重击，震动记录器也遭受了不可挽回的损坏。显然，振幅已经超过了仪器的承受极限！

在大多数包装箱内可安装震动指示器和振荡记录器以提供旅程中粗鲁搬运和不寻常“G”力的佐证。可将单程震动指示器安装在窗口处，以备运输途中或旅程结束后在选定时间检查。在流动展览期间，博物馆工作人员依据放入艺术品包装箱内的廉价的震动和振荡记录器进行相关研究[325]，见第 8.6 节。需要仔细评估振荡和震动记录仪显示的图表和相关记录，了解被测器物的受干扰情况。不应忽视延时反应的可能性。

11 特展陈列室

11.1 引言

许多积极参与国际交流的大型博物馆都有特展陈列室，那里的环境条件，如相对湿度、温度和光照，都调整到特定水平。这种“环境受控”区域可以装备独立分区的机械系统，配有空调和湿度调节系统以应对可能的环境变化。

通常，特展陈列室的环境条件由整座建筑物的中央控制系统调控。光照水平也可通过轨道式系统进行调整，利用这种系统，可以通过来回移动灯（通常用白炽灯）以创造出特殊效果，或者通过调节灯光提供墙面必需的照明度。在这样的展馆里，窗户和天窗造成了很多问题。当环境可控区域受到影响时（如在老式建筑里），有必要封闭窗户或限制光线进入，以降低光照强度和消除可能的紫外辐射。

理想的特展陈列室应该提供所有必要的保护，满足安全和管理要求。安全和防火设施要好，并达到一个较高标准。如果在博物馆或大的公共机构里，应该慎重考虑陈列室的位置，以便有便捷的内部运输和通道。陈列室内部应该具有装卸和接收展品的区域，另外，如果不能紧临展区，至少在靠近展区的地方要有预备储藏室（或保管库）。

特展陈列室的设计必须有足够的墙壁空间和顶灯，并且能够容纳大量的参观人群。在评估空调和湿度控制系统的承受力时，往往忽略了参观人群的影响。例如，在环境条件设置为20℃和相对湿度50%的地方，大量观众能够轻易、迅速地使周围温度升高到25℃或者更高，也能破坏相对湿度控制系统。一些国际展览的观众流量通常根据在开放时间内展馆能够容纳的最大人数（如300～400人）来估算，以免破坏环境控制系统。

建议将对湿度和光非常敏感的器物放进展柜内。将艺术品或器物包裹起来仅仅是出于安全考虑，尤其是非常贵重或珍贵的器物或者是易碎器物。经过适当改造，这些展柜可以缓解由大量参观人群引起的相对湿度和温度变化，也可以缓解建筑物或展馆内环境控制设备的不足。运输和展览用微环境控制箱已在第8章和第9章中讨论过了。

11.2 蒙特利尔和大阪的特展陈列室

1967年蒙特利尔国际博览会美术厅的设计，仍可作为环境控制和展览安全设施的样本。回顾其中关于建筑物规划的设想很有现实意义[326]。

主办方决定设计、建造一座现代化的艺术博物馆，在2200平方米（20 000平方英尺）的空间内能够安全展出200幅油画、雕塑和绘画作品，展厅内夏季的相对湿度可控制在55%，温度控制在24℃（75℉），光照水平在可接受的范围。所有服务性区域受到特别关注，如装卸箱子的设施、包装区、操作区、用于应急保护处理的工作室和服务电梯；还要考虑到天花板的高度、消防和安防系统、悬挂装置和展柜（陈列用的玻璃橱柜）、运输模式以及职员和公众设施。

艺术博物馆应坐落于剧院、照相馆、影视中心等综合建筑附近。大多数此类建筑都为永久性建筑。

艺术博物馆首先要满足临时展览的所有技术、设计和审美要求，其次，为了长久使用，要融合最新的服务理念和适用于中型、永久性公共机构的环境控制。

展品保护是所有问题的重中之重。许多情况下，出借方明确规定了所出借艺术品需要的相对湿度和温度条件。日本和比利时的权威人士已经提出了特别详细的规范。所有规范的内容基本一致，艺术品必须在接近于展品原保存地的适宜环境条件下展出。事实上，在春、夏两季举办展览更容易保持所需的相对湿度水平，操作起来也比在冬季更安全。

特别要关注的是湿度敏感材料制成的艺术珍品，例如帆布、木材和纸，它们在变化的或者完全不同的相对湿度和温度条件下，会发生尺寸变化、破裂或扭曲变形。日本的卷轴画需要特别加以保护，以防止光照的影响，因此必须确定适宜的低光照水平［可参考国际博物馆协会（ICOM）制定的光照标准］。卷轴画最好间歇展出以避免过度光照，最长展出时间为六个星期。

另外，还有艺术品的安全问题，尤其是小件器物，可以通过使用具有单元结构的特制玻璃箱来解决。随着参观人数的增加，意外损坏和故意破坏行为可能更为严重，因此必须安装特殊围栏（栏杆）。

根据控制观众流量以及观众会增加环境控制系统运转负荷的观点，在任何时段内，建筑物内的参观人数须限定在 450 人以内。其他世界博览会和先前重要的国际艺术展览的经验表明，对观众流量控制的不力可能导致有害的结果，更不用说公众对拥挤状况的不满。

由于建筑物内需全年保持较高的湿度水平，必须考虑门口的结构和光滑的窗子表面。为了保持空气状况并使建筑物的“烟囱化效应”最小化，在前厅入口使用旋转门具有实质性作用。此外，门厅由一楼的一部调节系统的机器（整座建筑物中有四部）进行单独调控，要特别密封，使外部温度和湿度的影响降到最低。

冷凝问题在建筑规划早期就被提出，因此决定在墙的结构中使用防水屏障，并采用三层玻璃的窗子。通过使用“三层玻璃”，提高了绝热效率，因此，当冬季建筑物内的相对湿度被控制在 50%，温度控制在 20℃时，玻璃内表面上的冷凝现象减少了。在冷凝现象确实发生时（外面的温度低于 0℃），通过将建筑物内的温度降到 18℃或 15℃，可以减少或阻止冷凝现象。

展馆和大部分区域都选择了白炽灯照明系统。在规划过程中曾有关于荧光灯和白炽灯优点的争论。最后主要基于美学考虑（人们需要感觉温暖一些的光线）以及有些地方（如展柜和雕塑）需要聚光灯而决定使用白炽灯。

每个电灯的功率为 250 瓦，为管形反射灯泡，并且以较近间隔沿着 3 米带电轨道安装，最近的实际间隔大约为 80 厘米。至于灯的数量，原则上要使电负荷低于 5 瓦/平方英尺。超过此范围，就会有过多的热负荷作用于空调系统。照明系统确保了在晚上产生令人满意的视觉效果。在墙面的合适角度，测量的光照水平一般低于 250 勒克司（大约 25f. c.）。在这样的条件下，照明系统的色温大约为 3000°K。白天，大量日光通过陈列室四面墙上的大窗户投射进来，还有部分日光通过主楼梯上的天窗照射进来。在这些区域，墙壁光照度从未超过500勒克司。少量日光被反射到展览馆内，使馆内的光照度增加到大约300勒克司或350勒克司，并可能使展馆内的色温较周围环境升高大约500°K。

整个建筑物内的光照度都低于博物馆光化效应最新研究中建议的限值。三层玻璃窗为防阳光铜色玻璃，可以有效阻挡紫外线。据估计，只有不到21%的紫外线能够穿透三层玻璃（主要针对东南和西南方向的窗户）。所有窗户上都有窗帘，这使光线更加分散，从而降低了光照水平。白炽灯照明系统的紫外辐射也就无关紧要了。

建筑物一般都为防火结构。易燃的表面和材料包括四个展馆内的橡木地板、展柜和用来悬挂绘画作品的墙面，当然也包括艺术品。展馆墙壁和隔板上的胶合板表面都已经用发泡型防火涂料处理过。阻燃规格须符合加拿大保险试验所和美国材料与试验协会的规定。在展览前后，展厅周边放置有相当数量的空包装箱，这都是火灾隐患，因此更要严格执行禁止吸烟的规定，并提高保卫人员的警惕性。建筑物内要安装热敏感型火警装置和灵敏度高的烟雾探测装置。公众和职员都禁止吸烟，除了在员工办公室、警卫室和洗手间。

展览场地和类似区域，包括保护研究室，都备有二氧化碳气体灭火器，同时在工作场所和存储区域（未存有艺术品）设有消防管，并和消防设备相连。如果建筑物内不设置灭火装置，会大大增加展览支付的保险金。1967年国际博览会高效消防队的组建，以及直接、快速的应急通讯，保证了对可能发生的火灾或类似灾难做出快速反应。

从一开始，主办方就决定雇佣保卫人员，以保障安全和疏导观众。因为具有相当规模、训练有素的警卫队能满足大部分安全方面的需要。24小时不间断的保卫工作，由特殊电子监控装置、岗哨、报警电话和便携式内部无线电通信系统作为补充。在动力出现故障时，按设计要求，所有通讯装置可由柴油发电机立即供电。

保卫人员的雇佣期从3月1日一直延续到12月份，在正式展出期间，保卫人员上岗人数多达80人。整个夏天，他们的训练通知、与展馆有关的行动指令、对公众的态度以及报告程序都予以公布。保卫人员最初是由1967年博览会公共安全主任筛选出的安防员，一旦被美术馆选中，就不再调赴其他工作岗位。保卫人员负责控制在任何一个时段内展馆中的观众流量不超过450人，并维持主要入口处和一楼观众的排队秩序。

防止公众触摸展品是最基本的要求，因此安装了围栏、上锁的橡木或玻璃的展柜。柜子上装有两把锁，另外，玻璃是钢化玻璃，具有较强的抗冲击能力。贵重的小型展品尤其需要这样的安全措施。

显然，围栏的安装减少了建筑物内的使用面积，在一定程度上限制了参观人群的活动。但是，因为制定了450人的观众流量上限，展馆或展览区域的平均人员密度为5平方米/人。这不仅使参观者舒适，也避免观众因碰到围栏或被围栏绊倒而引起伤害。

1967年国际博览会艺术陈列室的典型场景如图11.1～图11.3所示。博览会结束后，建筑物可以很容易地改造成当代艺术博物馆。

随着1970年大阪博览会建筑物的建设，有关指导方针和规范得到进一步发展。关于整个规划的详细记录已经出版[327]。保护科学家在搬迁艺术品和器物之前进行的大规模预备性测试受到了特别关注。以下内容摘自引用报告：

碱度测试　建筑物还在建设中时，就已开始进行测试。至启用时，博物馆内空气碱度可令人接受。

光照　所有展品被摆放好后，对每一件展品都进行了光照度测量，对需要调整的地方进行调整。绘画、油画和东方艺术作品的最大光强度是 300 勒克司。

烟尘　吹入新鲜空气输送管的烟尘显示了气流在展馆内的流动方式，并由此确定输送管内节气阀的调节方法。吹入展馆的空气围绕着房间循环两次或三次，然后，部分空气沿着楼梯上升到上面楼层，显示了供暖建筑物内微弱的“烟囱效应”。

气流速度　尽管还没有制定相关标准，但最合理的最小气流速度能够满足必要的通风要求。测量显示：除了在风机下面，那里的气流速度大约为 0.2 米/秒，展馆内几乎所有区域的气流速度都低于 0.1 米/秒。这样的气流我们几乎感觉不到，但能提供令人满意的通风效果。

空调测试　为了解空调在最初阶段（预计大约持续一个月）的运行状况而进行的测试。结果表明，用一台锅炉和可用的电加热设备难以保持展馆和办公室的舒适温度。所以给展厅集中供热，这样在一定程度上牺牲了办公区域。

图 11.1　1967 年蒙特利尔国际博览会开展期间艺术陈列室外部。

图 11.2 A. 控制观众流量的场景；B. 其中一个展厅内的场景。

污染测试 将银、铜质地的小试块放在建筑物内、外的罐状器皿里，用 X 射线衍射检查其表面。在室外的小试块上检测出了银的氯化物和硫化物以及少量氧化亚铜和碱式硫酸铜。在整个博览会期间，测试放在玻璃陈列柜内的小试块，未发现类似的污染物。然而，通过碱性试纸却检测到一定含量的硫氧化物和氮氧化物。前者的日蓄积量统一用每天 100 立方厘米中三氧化硫的含量（毫克/天/100 立方厘米）表示。室外三氧化硫的含量是几分之一，而在展馆内是

图 11.3 在陈列柜内或围栏后的艺术品。

零。在室外检测到的量都很低。然而，用每天每 100 立方厘米中二氧化氮（NO_2）的含量（毫克/天/100 立方厘米）来表示氮氧化物的含量，室外氮氧化物的含量为 0.1 的若干分之一，玻璃展柜内的含量更低一些，但却具有可比价值。一般来说，氮氧化物可渗透到建筑物内，或者封闭区域。暴露在空气中银样品上氯化银的生成以及氮氧化物的存在表明，参观者的汽车会产生少量污染。

对空气中微生物的研究仅始于开放前，也是高温期，在开展前从不同地方采集的样品上长出了几个菌落（少于 10 个），而那些取自展览期间的样品上则没有菌落生长，或者很少，只有取自入口处的样品上生长了大约 10 个菌落。在室外两个样品都比室内样品生长出更多菌落，而且在博览会开放前获得的室外数值比博览会期间记录的大。室内样品上主要是青霉菌和芽枝霉素。

二氧化碳测试　展馆内产生的二氧化碳的排出速度有多快？将二氧化碳灭火器内的二氧化碳吹入通风管，随着时间推移，在通风的展馆里可检测到其含量。

11.3 展览中心设计指南

11.2节中引用的例子为大型、高投入、涉及诸多机构和各领域专家的规划。建筑物和设计规范涉及面很广，不可能适用于所有情况。附录Ⅲ列举了针对中等规模展览中心或现有博物馆内特展陈列室的建造指南或规范，可作为建筑师和用户在开发各种功能设备过程中的参考。

应该在计划早期就充分考虑相应的标准，并与建筑师充分交流。在用户（管理人员、保护人员、展览组织者）有机会表达他们的看法之前，全部设计细节通常已被确定。1968年，国际博物馆协会（ICOM）将建筑师、馆长、博物馆学家和展览组织者召集到一起，在墨西哥召开了一次针对这一主题的研讨会[328]。

在国际展览的筹备中，组织者预先了解建筑物、设施和出借方人员是很有用的。实际上，可能会有特展陈列室，但是为了确保借用物品的安全处理和展出，预先评估很重要。附录Ⅳ列出了一个常用的调查表。这个调查表中的技术和组织信息来自借用机构，有助于出借方做出借或不借的决策。最终，在展览中心、美术馆和类似机构建筑规范和标准的发展基础上，研究出国际标准。这些标准对展览组织者、藏品管理者、保护人员和建筑师来说具有极大价值。

最近，一位建筑师提出了一项关于建筑规划的研究课题，涵盖了管理人员和保护人员的需求[329,330]。其中一个调查表涉及特殊博物馆、美术馆或其他用于展览和相关功能的空间规划要求。在提出了诸如“观众应该是谁?”“应该提供什么样的规划?”等问题后，将规划按空间要求分类如下：

公共设施：教育性，服务性。

展览：永久性，解释性，临时性展览。

行政管理：办公室，功能支持。

藏品管理：运输，接收，登记，拍照；贮存，开放或封闭的库房；安全储藏室。

文物保护

安全设施

工作室：展品准备、维护。

特殊规划要求如下：

场地扩展和公众通道

观众流动

器物循环

技术要求：保护设备，锁，电子报警系统。

建筑物编码规范

灭火系统

环境控制，相对湿度，温度，灰尘控制，光照（自然的和人工的）。

展览区域和微环境箱。

详细列出全部要求后，建筑师才能开始设计不同功能的设施。在早期规划前，建筑师与博物馆或展览馆的相关工作人员保持密切联系很有必要，这样可以保证各种特殊要求能够充分体现在施工图上。博物馆有必要让自己的顾问与建筑师一起工作，以反映其自身需求，顾问可以是具有展览和文物保护背景的管理人员或保护人员。

一些特展陈列室的例子如图11.4～11.6所示，是对以上描述的说明。因为很多特展陈列室都是由机构内的现有空间改造而来的，通常是将已存在的陈列室升级改造，所以建筑结构将有所改动或调整。因此，特展陈列室在质量和功能上有相当大的变化，在组织展览计划的过程中必须考虑这一点。

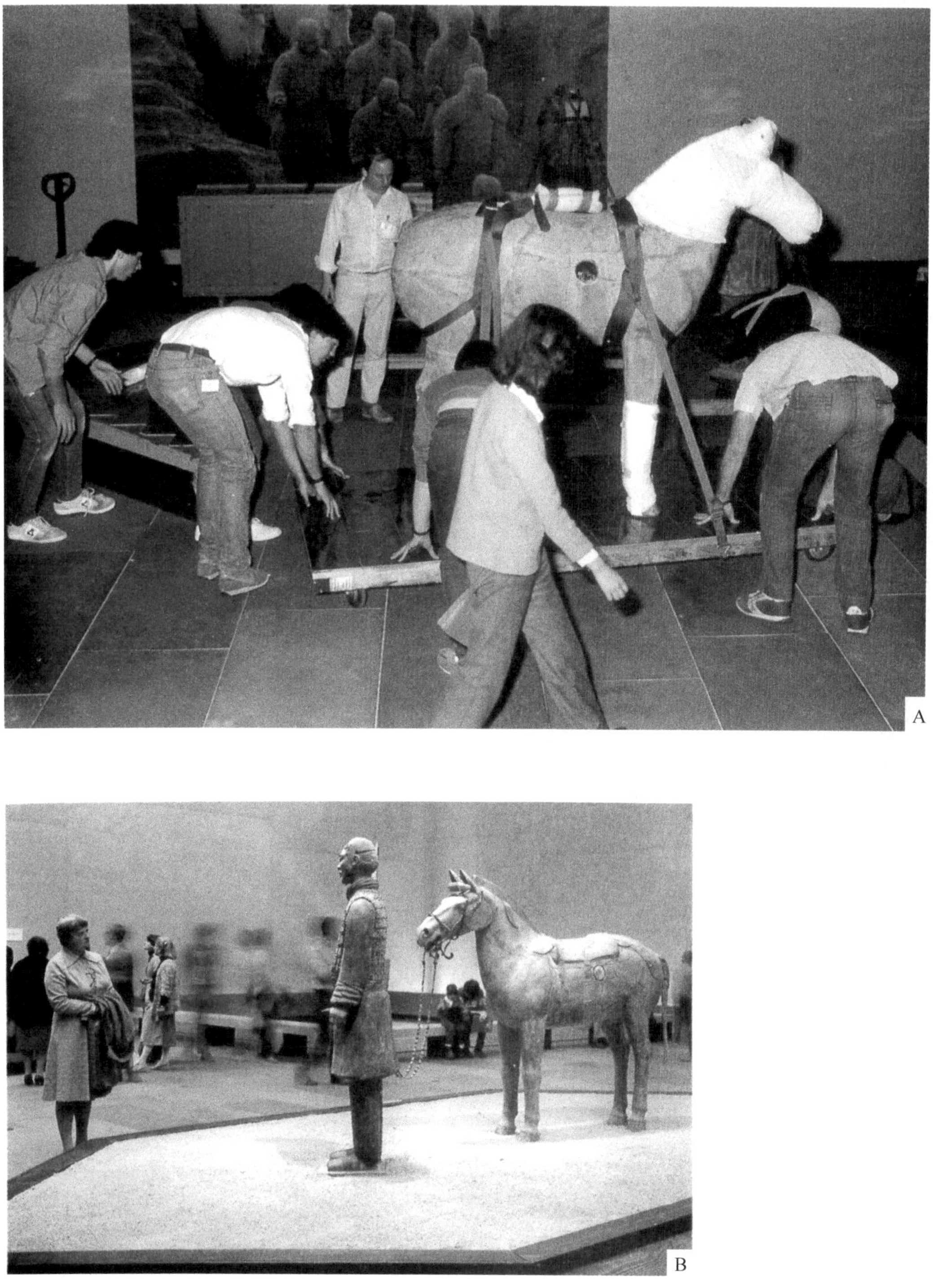

A

B

图 11.4　A. 澳大利亚堪培拉国家美术馆举办的“中国兵马俑展”中一件展品的安置情况；B. 正在展出的展品。

图 11.5 A. 1970 年大阪博览会展馆之一；B. 大阪博览会展馆内，正在可运输的微环境箱中展出的 Simone Martini 的油画。

A

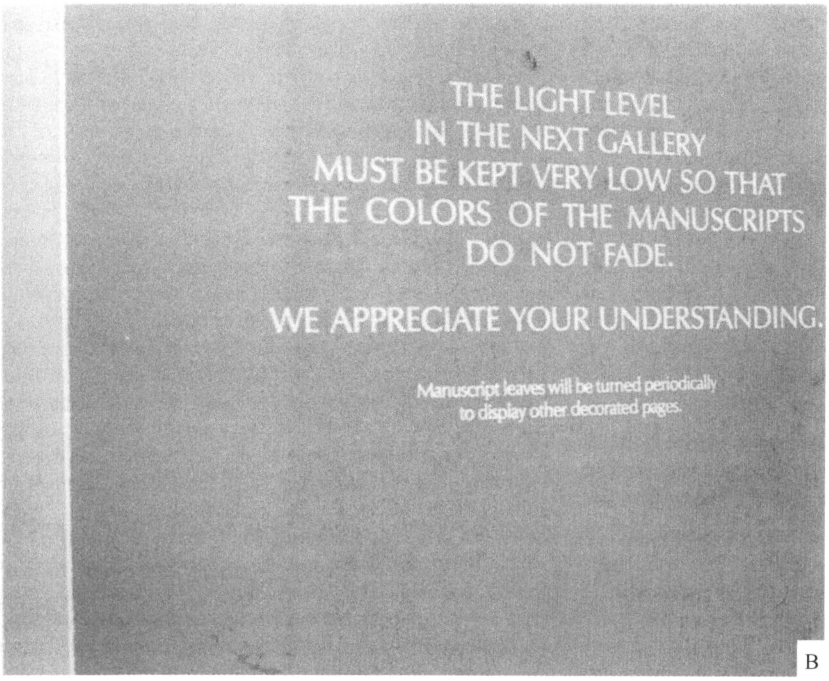

B

图 11.6　A. 爱尔兰珍宝展的陈列柜；B. 手稿展区保持低水平光照原因的说明牌。

12 出借协议和保险

12.1 出借协议与附加条件

出借协议或协议备忘录是借出和借入的个人或团体之间签订的具有法律约束力的契约。其中包含了特定艺术品或博物馆藏品的出借条件、期限和保险项目。出借协议可以是一份简明的协议书，也可以是一份复杂的法律文件。后者在涉及两个或多个国家的国际展览中往往是必需的，因为这些展览的保险费非常高或涉及国家级文物的展出。

在任何契约性的协议中，借出方和借入方就出借期间文物的安全、保护和技术条件达成共识非常重要，换句话说，正如保险人员描述的那样——“点对点”。这是指借出器物或艺术品的保护从借出机构的移交之日算起，经过巡回展览，到再次归还借出方为止。可能发生损坏或丢失的地点很多，例如运输途中、机场、码头、储藏区域以及在每个展览场点的抵达和发送过程中。

当充分的保护措施、保护标准被详尽地写入出借协议并被双方履行时，出借器物就会完好无损地归还借出方。过去，大多数出借协议并未包含技术规范，或者在现状报告、环境条件和保护要求等内容上表达含糊。经过一段时间的发展，特别是国际出借项目的增多，展览设计细节、安全措施和保护要求等条款都成为协议的常规内容。这是一个可喜的进展，对借出和借入双方都有益，并且保险业者也乐意接受，因为这使风险大大降低。

另一个令人鼓舞的进展是通过出借器物在借出前、展出中和归还后的现状报告和现状照相记录，更好地判定器物的状况。这样可以使变化量化，并且能够很容易地确定借出期间的损坏情况。在运输中文物对所受物理压力的滞后效应常常会引起索赔争议，这仍是保险和诉讼程序中的难题。关于出借协议、合同和相关文件的详细讨论，都要在文献资料中注明出处[331~333]。此处的讨论将集中在包含特殊条款，尤其是涉及重要国际交流的协议或合约。对于范围较小的展览，当涉及特殊的保护和技术条款时，文件内容可以简化或缩减。

在为1967年国际博览会和1970年国际展览会[334,335]准备的出借协议中，调查了必要的法律、保护和保险方面的建议，以形成全面的、涵盖一切的合同。这样的一份出借协议，其要点包括：

A. 展览标题或名称、借用和借出机构以及协议制定人和执行日期……

B. 所有权

详细说明借出方的名称、地址、电报或传真号码以及借出方授权人的电话号码……

C. 描述

艺术品或器物名称；是否有签名；艺术家、工匠或其他相关人员和作者的姓名；有记载的或估计的制作时间；制作材料或技术的描述；登记号、编号和清单编号……

D. 尺寸和重量

尺寸包括高度、宽度、长度，并明确指出使用的测量方法（如果是雕塑或三维器物，可能需要附有草图或图表）；器物重量对计算运输费用以及贵金属和珍宝器物的保护非常重要；湿度敏感器物的湿气含量与环境条件有一定关系；尺寸和重量最好采用国际单位（其他测量单位，例如英尺、英寸、磅等是辅助性的，可以写在括号中）。

E. 出借的技术条件

(1) 条款规定借出方或其代理商将艺术品或器物集中、包装和装箱，并且不得晚于指定日期运送到借入方的指定地点，除非借出方和借入方同意变更。

(2) 条款规定借出方提供一份器物现状报告，要充分描述它们在装运时的状态及相关照片和文件；现状报告要有借出方或其委托人的签名，如果需要，还要有出借方认可的授权专家（如保护人员）的签名。

(3) 借入方的专家（比如保护人员）在装运时对器物进行检查和现状评估。

(4) 自交货之日起，艺术品或器物的储藏、管理、保管和安装都由借入机构负责，并监管器物的保护。参考资料应列于附录中，其中应列出借出方要求的任何特殊处理方法。

(5) 借入机构将保持符合国际标准的环境水平（湿度、温度、光照）。相对湿度、温度和光照水平以及允许范围的参考资料应列入附录中。

(6) 借入机构要准备现状报告，并将器物状况及其外观的任何变化以书面形式及时告知借出方（或代表，如随展人员），未经借出方事先书面同意，借入机构不得对展品进行任何修补或处理。

(7) 借出方和借入方代表可能需要准备联合签名的现状报告，记录借出器物的状况或外观变化。

(8) 条款明确规定：因教育、电影、电视或公共关系等原因，可在允许的光照水平下进行摄影（通常为准备现状报告，借入方可进行摄影）。

(9) 在展览中不许移动展品的位置，除非遇到紧急情况或协议上规定可以用另一借出器物代替（多针对光敏感器物，如纸张、纺织品或羊皮手稿）。

(10) 条款中规定不晚于某个指定日期，借入方应主动将艺术品储藏、包装、装箱、运送，归还借出方（或授权代表），如果借出方要求监督，那么上述操作要在借出方指定专家的监督下进行。

(11) 条款指出借入方要向借出方发出归还器物事宜的书面通知。

(12) 器物要在借入方的监督下于指定地点放置，直到在借出方的监督下归还为止。

(13) 双方同意的器物价值也应包含在附录中，因为保险额和借入方的责任都限定在此价值之内。

(14) 借入方同意按照附录中规定的金额为全部器物办理保险，同意按保险政策以借出方和借入方的名义投保，并由借入方承担保险费用。

F. 协议签字与见证人

协议附录（除非这些要求已详细记述）

(1) 关于借入方或借出方是否为器物办理保险及保险额的说明……

(2) 借出方提出的交付（a）和归还（b）时的包装和运输要求。

(3) 借出方提出的关于环境或其他条件的详细要求，如相对湿度、温度、光照度、防护围栏等。

(4) 随展人员及其职责描述。

(5) 借出方的签名、称号、日期。

当然，出借协议内容因地区、国家的不同会有所变化，须与交换、借出或移动文化遗产的相关法律和保险规则相一致。

当几个博物馆联合起来规划一次国际性借展，并由其中一家博物馆担任代理人或代表时，情况会更复杂（这在大型交流中越来越普遍）。例如爱尔兰珍宝展由纽约大都会艺术博物馆举办，随后到美国另外四家协办博物馆[336]巡展。最初的出借协议由爱尔兰借出机构和大都会博物馆签署，之后大都会博物馆与协办博物馆之间签署了附加合同。

借出方需确保主办机构和协办博物馆都负有安全和保护责任。在爱尔兰珍宝展中，展览开放之前，每个借入机构都要签署关于手稿现状和环境的报告。报告通过电传或传真传送，并且经借出方授权的代表确认后，展览才正式开放。

出借协议的附录不仅包括具体保护措施，还有与运输过程有关的处理方法，可大致表述如下［注意：环境规范（d）可根据气候带或保护原因而变更］：

出借协议的“附录 A”

附件，保护和环境条件

(a) 器物在运送过程中要由借出方推荐的随展人员亲自护送，并尽可能得到运输人员和其他机构的帮助，为方便海关申报，要预先在机场和边境线作好安排。

(b) 在随行人员的授权和监督下，才可打开包装箱。

(c) 博物馆收到包装箱之后，须在接收地点（假设在室内）放置 12 小时后方可打开。

(d) 在 24 小时内，展室的相对湿度要控制在“50 ± 3%”，温度在“20 ± 2℃”。在协议被批准之前，借入方要给借出方提供一份真实的监测记录，作为确认依据……光照度保持在“50 勒克司，150 勒克司或 300 勒克司”……对光极度敏感的器物，连续展出时间为 3 周。

(e) 器物展出 3 周后，要由别的器物代替，同时应将前者存放在安全的地方，直到展览结束时再重新包装。

(f) 器物打开之后的现状报告连同辅助照片和相关证明须接受随行人员的检查；在重新包装之前还要准备一份现状报告。

(g) 如果环境条件，如相对湿度、温度和光照对器物有害时，随行人员可以要求借入方提供原来商定的器物存放场所之外的场所。

(h) 通常禁止摄影、拍摄电视和电影，但在控制条件范围内特批的拍摄活动除外。在这种情况下，需明确最高温度限制、灯光强度、安全设施以及对制片人或拍摄者的监管。

(i) 刚接收到器物时，或展览中器物发生任何变化，博物馆馆长要立即通知借出机构，并尽快提供书面报告，如有必要，报告中要附上细节照片。

一些博物馆有完善的关于借出藏品现状的文件。为了保证借出品的安全，借出机构会要求在出借协议中使用自己的协议格式。因此，纽约现代艺术博物馆在他们的借出协议中列出了借入方必须接受的条件[337]（与保护有关的第 3、4、5 条款特别受到关注）：

……现代艺术博物馆

从博物馆藏品中借出器物时，借入方应遵守如下协议条件：

(1) 如无特别记录，每件器物在收到时应状态良好。

(2) 每件器物自始至终都要得到应有的保护，避免丢失、损坏或恶化。一旦发现丢失、损坏或恶化，应立即通知现代艺术博物馆，并告知详情。如果在运输期间发生损坏，应立即通知博物馆和运送者，并且在运送者或其代理人检查之前，保留所有包装材料。

(3) 从现代艺术博物馆借出的器物应保存在适宜的条件下。未经现代艺术博物馆专门允许，不得以任何理由随意卸下边框、衬垫、托架或基座，不得在器物受损后进行清洁、修理或运输。

(4) 只有得到特别书面授权许可时，方可将借出器物在室外展出，器物自始至终应避免阳光直射、雨水、过分潮湿和过度干燥的环境条件。此外，对所有水彩画、素描、印刷品、海报、纺织品和照片都应加以保护，以免因阳光照射、强烈的人造光、荧光灯或接近热源而发生褪色、烧焦或起皱。

(5) 所有包装、运输和海关手续都由借入方安排，并通过现代艺术博物馆认可的公司来办理，因此发生的所有费用由借入方承担。然而，现代艺术博物馆也可能自己对借展品包装，费用由借方承担。如果借出器物需要特殊处理，如加框、装玻璃等，这部分费用也由借入方承担。

(6) 借入方必须为清单上列出的每件器物办理保险，保险单应涵盖器物从离开现代艺术博物馆直到返回期间的所有风险，并且保证支付修复、损耗等相关费用……当器物借出到美国或加拿大之外时，现代艺术博物馆在制定的特殊政策条例下，可随时向借入方提出购买保险的要求。

(7) 除非出借方提前发出反对的书面通知，否则，在展览前和展览中，为了制作正常的宣传资料和目录以及现状报告，可以对器物（影印品除外）进行拍照或复制，但是，除此之外，任何其他目的的复制以及影印品的复制必须得到专门的书面许可。除了细节描述，不管为何目的而制作的复制品，都要显示器物的整体外观，不得擅自剪裁。如果复制局部，应将这一事实在说明中明确指出。任何一类复制品都不得对原件加以渲染或扭曲。

表 12.1 手稿展出部分每日的温度、相对湿度记录

早期爱尔兰艺术珍品展——美国

博物馆：费城艺术博物馆，费城，宾夕法尼亚州，19101

1979. 5. 13 ~ 19

		1	2	3	4	5	6	7	8
5. 13 星期日	上午 9:30	57 19	58 19	58 19	59 18	58 19	60 18	58 18	49 19
5. 14 星期一	无记录	–	–	–	–	–	–	–	–
5. 15 星期二	上午 9:00	59 18	57 18	58 18	58 18	60 19	60 18	58 18	55 20
5. 16 星期三	上午 9:20	61 18	58 18	61 18	59 18	58 19	61 18	58 18	52 20
5. 17 星期四	上午 9:35	57 19	59 18	57 19	60 18	59 19	60 18	59 18	51 19
5. 18 星期五	上午 9:20	58 18	57 19	57 19	58 18	59 18	58 18	58 18	55 20
5. 19 星期六	上午 9:35	58 19	57 18	57 18	60 18	59 19	58 18	58 18	58 20

注释：手稿陈列柜用 1，2，3，4，5 表示。场地 6，7，8 是相关区域。相对湿度（第一个读数）直接给出，干湿球湿度计的读数未记入。每项记录中第二个读数是温度（℃）。

(8) 现代艺术博物馆同意出借的条件之一是借入方须事先支付借用费用。

(9) 用于制作宣传目录、标牌或其他用途的器物的信息，应该与现代艺术博物馆提供的资料保持一致，并应向现代艺术博物馆提供的信用额度，若需详细说明，应提供捐资者的姓名或购买资金。

(10) 展出借自现代艺术博物馆的展品时，对观众不能有任何种族歧视。

12.2 协议、现状报告和环境记录

各种现状报告形式在第三章中已有介绍。现状报告格式应经过协议双方同意，并在随后的信函中详加说明。现状报告和相关照片、环境记录、图表等应合理归类，以便在之后的保险要求或其他有争议问题中方便查找。

在借出展览期间，持续进行环境记录是一个相对前卫的想法，并且正处于修订当中。以收藏凯尔斯（Kells）一卷书籍的展柜在一周内的相对湿度、温度记录为例，其环境记录（表 12.1）作为整个展览持续监测中的一部分[338]。相对湿度的测量过程如图 12.1 所示，其中一卷的称重如图 12.2 所示。第二步操作是为了验证湿气含量是否恒定。

12.3 随展人员

随展人员，即随行工作人员，他们随货物或贵重器物一起旅行，以确保运输中各方面都按照计划进行，并确保操作、保护和环境条件都符合理想标准。若随展人员对运输和装运富有经验且有一定文物保护技能则更好。

大多数国际展览协议中规定，借出方委派的随展人员的费用由借入方负担。随展人员一般为管理人员、登记人员，有时候是借出方的技术保护人员，在出发前对他们的任务、职责和行程路线已有所了解。他们实际上是借出方的全权代表，一般都被授权在途中作出变更运输方式、安全方面的安排以及紧急情况的现场处理等决定。

有时，借入方会派出自己的代表和借出方随展人员一同参与运输。随展人员和陪同人员的职责是一个值得讨论的问题。最终会产生参与展览交流的各个机构都能接受的协议[339]。

基于这一考虑，维多利亚国家美术馆制定了一个草约和一系列指导方针，部分内容如下[340]：

……随展人员的主要责任：

(1) 随同运输队将器物运送到终点，并确保包装箱被安全卸下、固定在飞机的集装箱里或托板上。

(2) 记下集装箱的编号，确保在运抵停机坪并装入飞机的整个过程中集装箱的安全操作。

(3) 携带文件复印件。

(4) 避免对包装箱的违章操作，特别是在中途停留或中转时，并保护其免受自然环境因素的侵害。

(5) 充分确保其安全性。这样可能要求随展人员跟随运输队的时间比预定的长。

(6) 到达目的地后，与海关代理人和借入方代表联系，如果需要可协助办理海关申报。

(7) 从机场到展览地点全程跟随运输队。

(8) 到达目的地 24 小时后，监督器物拆包，检查器物状况，安排签署正式的

图 12.1　A，B. 爱尔兰手稿每日接受检查和相对湿度监测。

交付清单。

(9) 确保未打开的包装箱为封闭状态，并存放在清洁、可控的环境条件下。

(10) 检查展览场地，确保对博物馆标准环境条件和规定陈列条件的监测。

(11) 以传真或电报形式确认旅程。

(12) 提出详细的返程说明。

关于随展人员在航空、陆路运输中联络的详细说明：

> ……要求随行人员在出发前与保护人员和登记人员一起检查器物状况，封箱时必须在场。随身携带一份旅程表及必要的文件副本。

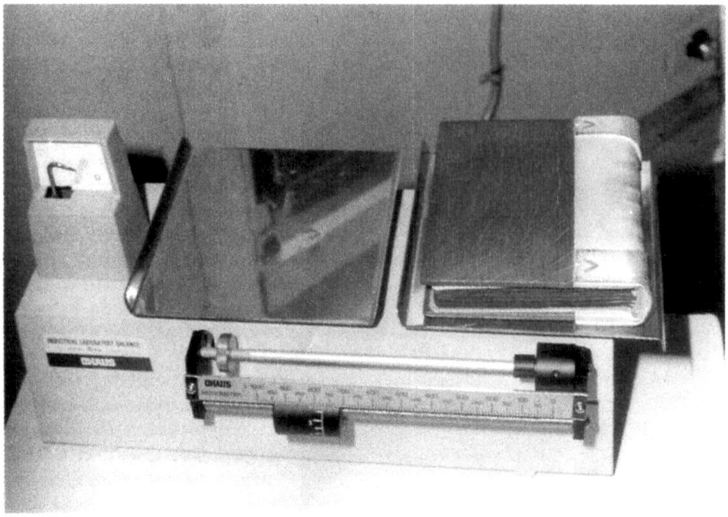

图 12.2 爱尔兰珍宝展中，在受控环境条件下，通过对其中一卷手稿称重进行恒定湿度监测。

出发当天，随展人员要随同运输队提前 3 小时赶赴机场，将器物从货车上卸下并转入集装箱中。如果需要，在出发前随展人员应始终与集装箱在一起。随展人员的座位将预先安排，并于飞机起飞前 1 小时登机。

从出发的那一刻开始，直到器物交回借出方，随展人员对运送的器物负全部责任。确保包装箱不受极端气候的影响，特别是雨淋或日晒，时常观察箱体外部的标记非常重要。所有操作必须非常小心、谨慎，并配备适量人员和适当设备。例如，用叉车移动包装箱时，必须确保将其固定在叉车上，或至少有一人扶着。当移动包装箱或在装载器物的卡车移动时，即便只移动几米，随展人员也应在场。

随展人员的另一职责是保持高度的安全性。如果有非预期的转载或卸载，唯一安全的贮存地是能提供 24 小时安全监督的封闭场所。在这种情况下，一刻也不要离开寄存器物，直到器物被安全封存在仓库中，并且要确认提取器物的联系人。货物中转时，如果被准予降落，随展人员须确保箱子不处在飞机排气口下方，因为那里可能会流出废水或热气。同时，可以请求将包装箱临时放在机翼下面，以免长时间暴露于阳光和风雨中。

登机后，及时向机长介绍自己是明智的。也要向飞机乘务员和其他预计在途中登机的工作人员作简要陈述。在某种程度上，随展人员必须依靠机组人员来保证器物的安全。在途中逗留期间，随展人员不可能登上停机坪，但停机时安全人员或机场官员会照看货舱，并报告机长。他发出的信号将通过机长传递给随展人员，在飞机起飞之前收到这样的信息非常重要。

请阅读随身携带的与集装箱同行的文件副本。

借入方职员及其代理人将接收运达

的器物。他们会对将要接收的器物进行报关，也会协助随展人员及其个人行李通过海关，并引领随展人员处理集装箱。随展人员要全程监督所有操作过程，直到器物被安全封入卡车。随展人员可要求借入方代理人通知借出方，以确认到达。

包装箱一旦装入卡车中，随展人员要确保它们被牢牢地捆绑在货车一端而没有受到卡车内的固定物或其他货物的挤压。车门应当用挂锁或类似的锁锁上。随展人员要与司机同行，并叮嘱司机保持每小时 65 千米以下的车速。

在担保状态下，器物可能被运到博物馆里，在完成报关后，包装箱才能打开，这估计需要两天时间。如果在机场报关，则需停留 24 小时后再打开箱子。通常的惯例是不能只为报关而打开箱子，而要在到达美术馆 24 小时后再打开，这是为了让器物逐渐适应新的环境。

必须在照明条件良好的清洁区域，由有经验的博物馆工作人员打开包装箱。操作者须戴上白手套，缓慢且有条理地将箱子打开，每次取出一件器物并将其放在桌子或干净的地板垫上。对照现状报告检查器物状态，并与借入方代表签署器物交接清单。借入方可能要求随展人员在收货清单上签字。

作为例行程序的一部分，随展人员要查看展览场地，以确保借出器物的安全和环境条件符合双方约定。

随展人员的职责这时才告一段落。然而，随展人员还应该要求借入方将包装箱竖直存放在环境可控的清洁场所。在此之前要检查所有插销、螺丝和垫圈是否正确固定在盖子上，并替换箱内已松动的配件。

最后，随展人员须要求借入方通知借出方器物被安全打开且处于良好状态……

随同艺术品运输是一项艰巨的工作任务，要求随展人员对运输器物进行小心谨慎的监督，以及有耐心、毅力和策略。不管遭遇何种困难，都应坚信机场工作人员和管理人员具有一定的道德准则，必须给予充分的尊重。此次和将来所有的运输都要依靠他们的合作，因此，随展人员无论如何也不能激怒他们。

如有必要，我们建议随展人员携带一架照相机，记录器物的损坏或运输过程中的不当操作……

12.4 保险

博物馆界对保险问题和保障计划（风险管理）进行了审查和重新评定[341,344]。过去，国际博物馆协会（ICOM）成立了专门委员会，以更好地将安全、保护和运输需求结合在一起。

最近，联合国教科文组织已在考虑扩大可移动文化遗产的范围，并起草了建议书，以获得国际上的普遍认可。根据国际展览的性质和借出方、借入方的不同情况，保险政策和政府保障协议差别较大是可以理解的。

协议的截止日期比较有趣。由于保险政策通常以“点对点”为基础，并且展期明确，因此，将保险的时间范围自归还借出方后延长一段时间（2～3 个月），以确定是否发生延迟的损坏现象是比较明智的。这种“有追溯效力”的原则将被研究和最终明确，以便明确区分延迟劣化和正常劣化（在出借间隔期内随时可能发生的劣化）。

13 故意破坏艺术品的行为、火灾和紧急情况

13.1 故意破坏艺术品的行为和疏忽

在展览中，故意破坏艺术品的行为是指污损、损坏甚至蓄意毁坏艺术品和其他展品的行为。虽然许多机构都使用了安全保护体系，但破坏艺术品的行为是无法预料的。博物馆应该有武装保卫人员以彻底阻止这类行为的发生。对收藏于华盛顿特区国家档案馆内《独立宣言》的安全措施也许是"防止蓄意破坏"的最佳典范。任何入侵都将使藏品下降至地库里。

藏品管理的疏忽和不合理管理在第2.8节中已经讨论。安全和管理标准经常被忽视，这种破坏和意外事件难以避免且时有发生。这不能与真正的事故混淆，这类事故即使在管理最好的博物馆和美术馆也可能发生。

作者回忆起在加拿大举办的18世纪英国绘画作品展开幕前发生的一桩事故：一名保洁员正在用电动打蜡机为地板打蜡，他向前走得太远致使电源插头从插座里拔了出来，他没有先"关闭"打蜡机而是直接插上了插头，此时打蜡机处于"开"的状态，接通电源后它自己沿着地板向前飞奔，直到保洁员冲上去使它停下来。在关掉开关之前，它倾斜在地板上并突然转向墙壁，金属手柄刮擦着墙面并拽下来许多绘画作品。

另外一起事故与一位美国同行的过度自信有关：一位馆长抓住一件沉重的半身雕像头部将它提起，雕像下部突然掉下，摔成了碎片。在另外一起意外事件中，一件非常重的石雕的底座被一种树脂腻子粘住了，布展人员没有注意到此处的粘连，在移动它时，使石雕底部脱落。在布展场地的一片忙乱中，例如粉刷、木工及其他最后的准备工作中，各种意外可能随时发生。

幸运的是，真正的故意破坏行为很少，因为大多数展览，特别是借展和巡展的安全措施很好，而且一般来说，参观者都很尊重展品。某些狂徒猛砍伦勃朗（Rembrandt）的作品"守夜人（Night Watch）"[345]，或用六千克重的大锤砸断保存在梵蒂冈的米开朗基罗的作品"圣母怜子像（Pietà）"的胳膊[346]，或将酸泼在古代大师的珍贵绘画作品上，这些行为的动机让人难以理解。上述行为经常发生在拥挤的美术馆里，由一些爱出风头的人有意为之，他们通过故意破坏文物的行为显示自己的侵略性。用铅笔、喷壶或毡笔等在绘画和雕刻上乱涂乱画的破坏行为，尤其是针对裸体和女性形象，这关乎道德和潜意识行为，需要心理学家分析研究。其他恶意破坏行为可以归因于政治、宗教或种族狂热。

大多数情况下，适当的保护和安全预防措施足以防止意外损坏、疏忽和蓄意破坏行为。这些措施包括物理和心理上的防护，例如将场地升高，使用绳子和支柱，或者将整件器物用防碎玻璃制成的陈列柜罩起来。围栏或其他不明显的物理障碍（如地板边缘）[347]，可以阻止观众因靠近展品而触摸、涂抹或意外擦伤展品。但是，有预谋的参观

者往往能找到欺瞒保卫人员的办法。

将绘画作品放在玻璃下面的早期方法，现在又逐渐被采用。如果玻璃性能不佳，可以用丙烯酸玻璃代替，这特别适用于临时展览的展柜。尽管教育家和设计者认为应该邀请公众参与其中，但是在展柜内的器物得到了更好的保护，而且更干净。

普通平板玻璃的反光性太强，现在已由带一层光学覆膜的低反光性玻璃做成的框架和展柜替代。传统的无反射玻璃有一层人工塑膜，效果较差，而且为避免颜色失真，参观者只有非常接近展品才能获得满意的参观效果。

在需要高度安全防护的特殊情况下，可以在展柜内安装各种电子报警设备。专业破坏者或窃贼需要特殊工具或设备才能使这些系统失灵。其他防范措施还包括用防弹玻璃或厚的硬塑料制成的展柜。金器、珠宝、国宝级文物或珍宝之类的展品需要用非常严密的安全措施加以保护。由于显而易见的原因，这些装置的细节是保密的[348]。

其他安全防护手段依靠保安人员对参观者反常行为的观察。对观众进行近距离闭路电视扫描，常能准确观察到某些异常行为，然后通过特殊警报系统提醒值班保安，使其特别注意某些人的异常行为。另外一个不常用的方法是让观众通过类似机场安检的电子围栏，以排除任何潜在的危险因素。

在那些极具轰动效应或震撼力的国际展览中，为保证展览安全，在人力和资源上的花费非常可观。这是与展览、保护和其他开支有关的一个重要财政预算项目。

13.2 火灾及预防

美国国家防火协会出版了一份非常全面的关于博物馆和艺术品陈列馆防火标准的总结性资料[349]。这份资料已经成为博物馆、消防部门、火险保险业者的指导方针和实施标准。

过去，博物馆火灾通常由于吸烟者的粗心、锅炉和取暖设备的故障、电路故障及故意纵火行为等引发。以下是两个由陈列馆设施引发火灾的例子。1958 年 4 月，现代艺术博物馆（纽约）发生的一场火灾造成 1 人死亡，33 人受伤，2 件重要绘画作品被毁、7 件严重受损。同时，弥漫的烟雾损坏了许多艺术品表面。火灾发生时，正在重新粉刷一个陈列馆以迎接新展览。最初并没有设计为防火墙的隔离墙突然猛烈燃烧起来。另一场火灾是 1970 年 8 月发生在国家自然历史博物馆（华盛顿特区），正值非参观时间，造成的损失相对小一些。由于线路故障造成博物馆内的一个展柜着火，从而引发了火灾。一个保安采取的果断措施阻止了火势的蔓延。当地的消防队反应迅速，并经过博物馆火灾处理的简单培训，减少了救火过程中造成的损失。

博物馆的救火工作与住宅、商业建筑不同。在住宅和商业建筑的火灾中，可以随便使用水，而在博物馆救火中水的使用可能造成无法挽回的损失。水会毁坏博物馆中由木材、纸张、帆布等材料制成的湿度敏感器物。在博物馆救火中不加选择地使用水造成的损失可能比火、热、烟造成的损失更大。

然而，火灾重在预防。建筑结构和材料如果不具有防火功能的话，必须改造以达到防火要求。为此可能要重建墙壁、改造电路、更改过道和安全出口，还要经常重述火灾的危害作用，以降低其危害。新建筑物在开始建造时就要为符合防火要求而调整。旧建筑物的改造要复杂得多，但如果作为公共建筑物，必须符合标准。

博物馆藏品的珍贵和不可再生性使火灾预防成为头等大事。保安人员和职员必须按照防火标准严格训练，可以请当地消防部门培训。正确认识常规灭火方法对藏品造成的危害是非常有用的。

首先是预防，小心谨慎地使用设备；禁止吸烟；全部使用防火材料。其次，要安装火灾探测系统，保证人工、自动灭火器的有效性以及在整个建筑物安装灭火装置。

13.2.1 相关区域

在展览计划中，涉及的区域包括装运、库房、保护工作室和展品陈列室。装运区域通常堆满包装箱、木料以及其他各种易燃的减震、包装材料。这使未包装的或包装箱内的艺术品处于巨大的火灾隐患之中。在防火操作中，火灾控制专家和保险业者要求有水喷淋系统——尽管从博物馆的立场来看，二氧化碳或卤化物等气体灭火系统对艺术品造成的损害较小。

干式喷水灭火系统很少出现故障，因为对“热”和“烟”敏感的报警喷淋头的第一反应是先释放管子中的空气，然后打开水阀。对于在包装区或货运区发生的小范围火灾，用手提式二氧化碳或有机碳卤化物灭火器很有效。释放出的气体以密集的蒸汽云形式覆盖在火焰表面。特别是二氧化碳气体，在房间内产生大量冷凝薄雾，具有显著的冷却作用。

表 13.1 中对各种便携式灭火器进行了比较[350]。火灾通常分为 A、B、C 三类。分别如下：A 类——木材、纸、植物纤维引发的火灾；B 类——电器引发的火灾；C 类——可燃性溶剂、油、油脂引发的火灾。针对可燃物种类及灭火系统对艺术品的危害，在相关区域内安装不同类型的便携式灭火器。没有绝对安全的灭火系统，但总体而言有机碳卤化物气体系统对艺术品的损害最小。

表 13.1 灭火器性能评估

	水	二氧化碳	ABC 干化学物质	Halon 1211
火灾类型	A	B、C	A、B、C	A、B、C
射程	好	差	好	好
能见度		产生烟雾	尘埃	好
对艺术品的可能损害	非常广泛	广泛	广泛	轻微
不正确使用的几率	高	中等	无	无
清洁	广泛	非常少	广泛	无
对 B 类火灾的相对有效性	非常差	差	好	好

13.2.2 库房

库房包括永久性和临时性储藏室，贵重器物储藏室存放的珍贵艺术品的数量比展区多。库房和贵重器物储藏室内基本上不允许安装自动喷淋系统，因为水造成的损害非常大。有些博物馆安装有二氧化碳气体自动灭火系统，但是最近，有机卤化物系统[351,352]（有机卤化物 1211 和 1301）已经代替了二氧化碳系统。有机卤化物系统不会像二氧化碳那样在灭火过程中产生浓重的烟雾，因此对人造成的危险较小。对热和烟，探测系统应具有高探测率和高灵敏性。

贵重器物储藏室一般为固定场所，通常

在保证通风的情况下可以安装二氧化碳或有机卤化物系统。贵重器物储藏室的墙壁通常很厚，可以有效阻挡外部火灾。

13.2.3 保护工作室和实验室

由于经常存储和使用溶剂、化学药品、蜡、塑料制品、黏合剂等易燃物质，保护工作室和实验室一般都被归入危险工作区域。其他隐患还有电加热板、水浴槽、灯、喷漆橱和各种机械设备。艺术品在这里接受检查和处理时，极易被液体污染，被溅溢出的溶液玷污或被烟和火损坏。在这类重要区域，我们建议安装二氧化碳和有机卤化物的人工、自动双重灭火器。喷漆橱以及化学药品和溶剂存储区域可通过二氧化碳自动灭火系统得到有效保护。

对文物保护人员必须进行预防措施的培训，包括只能存储小剂量易燃、有毒物质(2 升或 2 升以上时，应存储在偏僻区域的耐火橱柜里)。溶剂浸泡过的药棉和其他易燃性垃圾应放入指定容器，每天进行处理。

艺术品在工作室内停留的时间应该尽可能短，应该尽快放回安全的防火存储区域。在晚上或周末，应该将正在接受处理的艺术品送回存储区域。带轮子的工作台、活动架或手推车在这项工作中可派上用场。

13.2.4 陈列室

除非防火规范中要求，否则陈列室内不应该安装喷淋系统。如果要安装的话，应安装前面提到过的不易出故障的干式灭火系统。重点在于艺术品展柜材料，墙体和隔离墙的阻燃结构，电源和照明系统的安装，高灵敏性热、烟探测警报系统。还应该安装便携式二氧化碳和卤化物灭火器。

当艺术品放在展柜中展出并互相连在一起时，可以安装气体类灭火系统（如卤化物灭火器）。对员工特别是保卫人员的培训非常重要，这样可使他们能够迅速应对火灾探测器发出的各种信号，并采取有效措施。

近年来，对如何选择烟、热和火灾探测器进行了详细研究。结果表明有些探测器在博物馆和美术馆所起的作用令人满意[353,354]。探测报警设备主要分为两种，热敏型和烟雾型。应首选那些不会“误报”或灵敏的报警设备。

前面已经提到过阻燃材料。表 13.2 列出了陈列室使用建筑材料的火势蔓延值。

表 13.2 材料的火势蔓延值[355]

材　　料	火势蔓延指数
石棉板*	0
松木（6% EMC），1 英寸（25 毫米）	120 ~ 130
红色橡木，1 英寸，25 毫米	100
纤维板（白杨树纤维）0.43 英寸（11 毫米）（树脂浸透）	87 ~ 120
花旗松胶合板，0.75 英寸（19 毫米）	120
经磷酸铵处理的花旗松木胶合板	16
经阻燃涂料处理的花旗松木胶合板	25 ~ 70

* 在表中作为参照基础。

从表 13.2 可知，用磷酸铵浸透过的花旗松木胶合板的阻燃能力增强了，数值从 120 降到了 16 左右。虽然使用涂料不是很有效，但确实提高了阻燃性，因为涂过的表面需更长时间才能被点燃。

位于蒙特利尔的 1967 年国际博览会用

美术馆，其设计符合国际性展览非常严格的火灾防范要求。建筑物为长期使用而建造，并且在展览结束后用作博物馆。下面是对防火系统的整体描述[356]：

> ……建筑物是防火结构，唯一的可燃表面和材料是4个陈列室里的橡木地板、展柜、悬挂绘画作品的墙面，当然还有艺术品本身。展示墙和隔离墙的胶合板表面用膨胀型阻燃涂料处理。阻燃剂性能必须符合加拿大保险商实验所以及美国测试与材料协会的标准。
>
> 在展览前后，大量包装箱是额外的火灾隐患，但是严格执行禁止吸烟的规定，以及保卫人员对博物馆展览区域的严密警戒可以减少隐患。这座建筑内装备了热敏感型火警设备和烟敏感型探测设备。“禁止吸烟”的规定适用于公众和职员，但员工办公室、保安室及洗手间除外。
>
> 展览区域和其他类似区域，包括保护工作室都安装了二氧化碳气体灭火器，而工作区域和存储区域（其中没有艺术品）则安装了消防水管和相连接的灭火输水设备。把所有的灭火设备从建筑物中全部撤除可能会极大提高展览的保险等级。1967年国际博览会期间还设立了一个高效率消防站，以及快速紧急事故中的直接联系，一旦发生火灾或类似灾难时，可确保快速作出反应……

13.2.5 火灾或水侵害之后的修复

艺术品被火灾损害后，修复或恢复的可能性取决于损害程度。烟造成的破坏一般不太严重，因为烟的沉淀物可以通过专业处理清除掉。当然，已经烧焦或是受热变形的涂料、帆布、木材、纤维素材料或皮制品则无法修复。

需要考虑的问题是如何加固损坏的结构，以及修复缺损、变形或被烧毁的部分[357]。在灭火过程中，水和蒸汽产生的高湿度可能对艺术品造成损害。湿度敏感材料受到湿气的影响，会发生扭曲变形、严重的尺寸改变、开裂、剥落、污损，而且书、纸张及其他类似材料会黏连成块。除非及时采取补救措施，否则在上述情况下很可能会发生结块和生霉现象。

时刻牢记火灾产生的热量是很重要的，塑料展柜（如丙烯酸树脂结构）在100℃时会软化、变形，在更高温度下会熔化并黏附在里面的器物上。燃烧的丙烯酸树脂会产生有害气体，下面将讨论这方面内容。玻璃柜可以抵抗较高温度的热量，但在热应力下会爆裂。玻璃碎片可能擦伤或刺穿展品。

火灾中产生的气体[358]即使在一定的距离外仍可对展品造成一定影响。例如，当聚氯乙烯塑料燃烧时会产生氯化氢气体，这种酸性气体对金属的腐蚀性非常强。各种含氮的塑料材料（如尼龙、聚氨酯、聚丙烯腈）能产生氰化氢、二氧化碳和一氧化碳。聚甲基丙烯酸甲酯塑料（“树脂玻璃”、“塑胶玻璃”、“有机玻璃”）在低温下会生成甲基丙烯酸甲酯，甲基丙烯酸甲酯燃烧时又会分解为二氧化碳和一氧化碳。

13.3 能源危机、洪水、飓风中的紧急行动

在地震、飓风、洪水等自然灾害中，展品面临无法预测的危险，这些灾害的到来几乎没有任何预兆，而且会造成巨大的财产损失和人员伤亡。

在一场飓风或洪水将要来临时，现代气象技术和警报系统能够在一定程度上向我们

发出警告，使我们提前注意。但即使有警告，也没有足够的时间制订出合理的保护和运送措施，此时通常主要“拯救生命”。

1966 年佛罗伦萨的洪水[359]，给人们上了生动的一课，让人们看到了在水平面较低的建筑物里存储和展览的藏品是多么的不堪一击。尤其是借展的展品，应该在洪水蔓延不到的博物馆高层展出。从佛罗伦萨、纽约康宁[360]及后来密西西比飓风灾难[361]的紧急保护中获得的经验，对那些可能发生上述自然现象地区的博物馆在未来计划和藏品保护上具有借鉴意义。

另外一种灾难是大范围的电力中断。博物馆依赖电网供电，电网的整体崩溃会对博物馆环境调节系统造成严重影响。通常，应急发电机用来维持陈列室、走廊和楼梯间的照明用电，使观众能够顺利找到出口。然而，空调和环境控制设备所需的电量远远超过应急电机所能提供的电量。因此，博物馆应该为湿度敏感藏品提供辅助的、无需能源的环境控制系统。第 8、9 章列出了硅胶及类似的参考物质，这些物质可用于展柜内微环境控制。在特殊展厅和存储区域可用上述化学方法紧急调节湿度（或除湿）。

在电力短缺时期，减少博物馆能源消耗会出现同样问题。不时地关掉环境控制系统以节省电力，或减少油类、化石燃料的消耗，这些做法会对湿度敏感藏品产生永久性影响。文物保护人员和管理人员对此类情况的关注也成为 1977 年美国能源研究会的关注焦点。由此，美国国家保护咨询委员会发表了一个关于藏品微环境最低要求的声明[362]（见附录Ⅴ）。

国际性团体已经在关注武装冲突中博物馆藏品的保护问题，并确立了相应的指导方针[363]。然而，现代社会中突发的冲突和骚乱使有效的预防保护措施很难施行。现有的展览计划、保护范围的扩大、教育以及展览（被压缩的财政预算挫败了博物馆人的信心）消耗了博物馆内大多数员工的精力，他们几乎没有精力为此类突发事件制定有效计划。

也许要把建筑物和库房建造得像战舰或者碉堡一样坚固，才可能使博物馆和美术馆完好无损。因为博物馆在大多数时间都必须对外开放，因此用一个简单的通知将全部藏品包装并转移到安全地带是不可能的。要做到这一点，需要大量人力、机动车辆和操作设备时刻处于待命状态。

14 标准与保护指南

14.1 引言

现在，对前面章节的基本内容——检查、文件、准备、处理、包装、储存、包装和包装箱设计、环境控制、运输、合同和协议进行总结，形成展览和旅行标准及指南。本章进行总结时已考虑了国际博物馆协会[364]、Culcon[365]和其他推荐使用的标准和指南。指南中的内容并非适用于所有机构和展览程序，然而，某些要点对所有机构和所有展览程序都是必需和通用的。许多博物馆和美术馆将会发现指南中的大部分内容已经付诸实施并产生了很好的效果。

当一家博物馆或其他机构借出（或借入）艺术品或器物进行展览时，应该组建一个小规模工作组或委员会，由一位协调人或组织者领导，其中最好有一位对展览事务富有经验的资深保护人员。在规划初期，有许多保护及相关事务需要解决：相关器物的状况、准备活动的范围、借出协议和技术标准、运输方式、包装系统、运输中的环境控制等。展品保护人员和登记人员[366]是规划和执行阶段的关键技术人员，最好倾听并考虑他们的建议。

在早期阶段，甚至在决定出借之前，不仅要了解借入方过去处理和布置展品的信息，还要确定展区和相关区域的环境条件，如湿度、温度和光照水平。这些信息可以通过设备报告获得[367]，报告中要提供安全和防火措施，以及从运输区域到展览区域的进出通道等细节。

强烈建议借出或借入的器物必须始终保存在受控的相对湿度和温度条件下。包装、运输和建筑物环境都应该符合这一要求。有时难免对环境水平做出让步，但最好征求借出方和保管人员关于器物所能承受限度的建议。

14.2 备展艺术品和器物的准备、包装和运输指南

(1) 借出协议或合同中应包括现状报告、环境和包装要求、运输方式、随展方式（关于随展人员的职责和权限）、紧急情况下应采取的措施和行动（包括展览的取消）以及与决策者有关的必要条款（和附录）。

(2) 包装过程中，所有包装材料在使用之前应预先处理，使其达到与展品正常展出或储存环境相同的相对湿度和温度条件。因此，如果相对湿度和温度分别为 50% 和 20℃，那么木料、胶合板、纤维板、织物、减震材料、硅胶或其他吸收剂应该在这样的环境条件中放置一段时间（3 周左右），直到其水分含量达到要求的平衡水分含量（EMC）。

(3) 在包装前，帆布绘画和其他带框作品，如印刷品、素描、照片，应该安装压缩纤维板或结实的纸衬背。玻璃面应该取下来单独运输（如果需要）。对于巡回展览，最好用能够吸收紫外线的丙烯酸塑料代替玻璃。要检查绘画框是否合适，以确保画作不会产生滑动或移动，并且框和画作要有足够的强度

以应对运输过程中的震动。所有的螺丝和挂绳都要取掉。给平面作品装框时，建议在框的槽口内垫上泡沫乳胶条或其他减震材料。这样，运输过程中传到画框上的震动会被部分吸收。在包装前，应通过调整叉栓或画架四角其他的拉伸装置使帆布画放松。为防止“飘动”，有时必须对大型板式帆布画进行支撑。纸质作品（如照片和绘画类作品）应该用无酸材料装裱和保护以防止“滑动”。检查版画以确定它们在画框里可以自由地“自我调整”。对于这样的艺术品有专门的操作规范和湿度要求，因为它们对相对湿度的变化很敏感，因而有必要使用微环境控制箱。由于存在颜料缺失和被污损的危险，未加固的蜡笔画很少出借。

(4) 三维器物——雕塑、装饰艺术品、民族器物要求特殊的准备和包装技术。重型器物显然需要专门研究其重量分布和强度特性，并在包装箱内的不同位置很好地支撑以防下陷。结构复杂的器物，如带有异常突出部分的民族面具必须非常小心地包装起来(最终成为一个蚕茧状包裹)，以使所有组件在操作和运输过程中受到保护。预包装应该使用柔软的无酸绵纸和填充纸。应避免使用粗糙材料，也不能使塑料薄膜直接与器物接触，以避免温度突变时产生冷凝现象。复杂组件可在包装过程中拆分，单独包装。为方便重新组装，以上操作应有详细标记和照片说明。因为许多三维器物的安装都有装配装置，这些要独立包装，并附有识别标签和描述信息，以方便在展览地点组装。

(5) 在包装、运输之前，织物、服装和类似物品需分别预先裹好，专门悬挂起来或存放在托辊上。纸、填充物、卷轴或其他装置应是非酸性的、惰性的。要避免折叠。为运输平整的织物，需要合适形状的包装盘，这些包装盘以多种方式堆放在包装箱内。

(6) 考古发掘品常常需要特殊的处理和包装技术。在金属组件遭受深层腐蚀或大气污染的场合，首先应将器物放进袋子里或有合适干燥剂（例如硅胶）的微环境容器内，以保持较低的相对湿度，然后放入运输专用的包装箱内。

(7) 所有包装箱都应该使用新材料，最好是胶合板（防水型）和木质结构，其强度和厚度取决于器物的重量、尺寸和易碎程度。对缓冲和减震材料也应作出规定。特大型或特长型包装箱应有足够的交叉支架使箱体更坚固，并防止扭曲。包装箱也可以用韧性良好的瓦楞纸板、塑料，甚至金属制成。一般情况下，绘画、绘图及平面造型艺术品宜采用直立运输，三维器物的关键部位要用缓冲材料和控制装置加以保护。为有效防止热影响，包装箱的形状应该设计成近似立方体形，以使其在气候环境恶劣的运输过程中，与外界的热量交换降到最低水平（也可见 9 ~ 12 项）。

(8) 要有足够的把手和手持装置以方便操作；还要有用于机械提升和能使包装箱离地的底部垫木。“易碎”、“沿箱边缘堆放”、“保持干燥”、“朝上”等标志应与国际惯例一致，并标在醒目位置。标志不能用钉子钉在包装箱上，而要用防水黏合剂粘贴。箱体外表面也要涂上颜色醒目的防水涂料。要考虑到参与机构的实际操作能力，包括人员数量、入口大小、通道安排和设备有效性。鉴于卡车或飞机的现有条件，包装箱不能过大、过重。每个箱子在结构上应尽可能严密，箱盖上要有可靠的锁闭装置，既密封又方便开启。也许还需要安装调压阀。不主张使用木螺钉封闭箱盖。

(9) 箱子的内衬取决于运输条件和内部环

境控制程度。如果运输中需要避免空气和湿气交换或昆虫和微生物造成的污染，包装箱应依次用聚乙烯膜、泡沫塑料绝缘板（厚度为200~300毫米）、纤维板作为衬里。这样包装好的艺术品被放入纤维板缓冲材料“封套”内。聚乙烯膜夹层是隔离湿气和空气的屏障。箱子外表面的防水涂料可起到进一步的隔离作用。必须进行杀菌处理时，空包装箱应预先使用在运输中不会起反应的剂量进行熏蒸。需听取专家关于熏蒸技术、在包装箱中使用杀菌剂或杀虫剂的建议。

(10) 对于经过热带地区的漫长海运，包装箱应为金属箱或内部衬有金属和塑料膜的胶合板箱子，此时不能用聚乙烯膜。这样，外界的高湿空气很难渗透进去，同时，也可避免昆虫和害虫侵入。应特别注意箱盖与箱体的连接方式，以使包装箱尽可能密封。

(11) 使用预处理过的纤维隔板或类似的纤维素材料，可在箱子内部形成一个隔绝的相对湿度缓冲空间。在这种密闭的包装箱内，内部相对湿度的变化大约为温度变化的1/3，而且变化方向相同。此外，将预处理过的硅胶或类似产品放在较大的空间内，并不阻隔水汽的传递。预处理至50%相对湿度的硅胶含水量大约为30%。硅胶的规范用量通常为器物重量的一半甚至全部。在运输中，备用硅胶隔板在胶体需再处理时作为替换之用，应包装在标准的、厚大的聚乙烯膜内，标上水汽含量和调节日期。使用前应进行湿度检测。

(12) 在器物四周应放置震动缓冲材料，使其在运输过程中免受震动、坠落或其他严重的周期性振动。这些材料应当有适当的“弹性”，即对器物的重量来说要松紧适度。当包装重的雕塑或其他器物时，首先应确定器物重心，放置的衬垫才能有效吸收各个方向的震动和振荡。

(13) 为了防火，有时在运输中需使用由耐火材料制造的外层箱。可按保险行业要求和政府规定设计。典型的防火箱用钢制成，以矿物棉或玻璃纤维为绝缘材料，防火等级为1小时、2小时或更长。将装有器物的包装箱放置在防火箱内，直到抵达目的地。借出协议中，有时会要求包装箱放在防火箱内直至准备展出时为止。

(14) 记录包装箱内的状态。运输途中的相对湿度和温度可用稳定的记录仪配合七天或更长时间的图表检测。在市场上可买到各种震动和振荡记录仪。单向或多向振动仪可记录运输途中振动的强度和方向及发生时间。记录仪应安装在合适的位置，以便可以完成三个方向的记录，也可以安放在窗口，以便于从外部进行观测。

(15) 如果出借艺术品或器物已经过保护人员或登记人员的仔细检查。“借或不借”的原则在以下内容里作了总结。在包装前准备好现状报告，并配有足够的摄影资料或图表。包装技术、环境控制以及相对湿度、温度和震动等的记录表都应包含在运输和展览文件中，以备后期研究之用。

(16) 装货区、汽车、运载工具、火车、机舱、码头、仓库、轮船等的温度都应控制在15~25℃范围内。所有堆放器物的区域都应被遮盖起来，使器物免遭雨、雪、风、渗水和害虫的侵袭。包装箱不应紧靠散热器、热气出口或暴露在阳光直射下。若是长距离运输，如穿越热带地区的海上运输，应明确指定外部相对湿度，通常应为35%~60%。

(17) 重要或长距离的运送中应有熟悉保管和运输业务的人员随行。他们有权建议官员和其他人员遵守双方协议，并处理紧急情况。最好配备两名随行人员，这样，其中一个人下班或需要换班时，可保证始终有一个人在工作现场。

(18) 空运时飞机的机舱或货舱应是加压的，温度应控制在 15 ~ 25℃。在飞机中未经加压和加热处理的堆放物，在多次起飞和着陆后，箱内空气会与更潮湿或更干燥的空气进行交换。空运途中应尽量减少停机站点。密封良好的包装箱应装有调压阀，以便在着陆后打开包装箱之前，平衡包装箱内外的压力。阀门上须附加干燥管，以干燥进入箱内的潮湿空气。

(19) 作为避免环境影响或产生冷凝水的预防措施，包装箱在到达目的地后，应放置 12 ~ 24 个小时再打开。假如包装箱无意中在较冷或较热条件下放置了一段时间，就更有必要这样做。例如，如果温度低的包装箱一进入博物馆的控制环境就立刻打开，水汽会在温度更低的未包装的艺术品表面凝结，造成损害。

(20) 拆包时，应该完成第二份现状报告，可与运输前的现状报告相比较。从包装箱中取出温湿计图表以便研究，并仔细检查震动检测仪（假如已安装），以确定是否有违规操作或野蛮运输的行为。应记录对包装箱和器物产生的任何可见损害，并拍照。为了检查和后期保护修复，应仔细保留任何碎片或颗粒。

(21) 空包装箱、包装材料、硅胶隔板等都应储存在环境可控的条件下，或者至少在重新包装前应在此条件下放置 3 个星期。建议将硅胶板包装在厚聚乙烯袋内，或将其放置在密闭防潮的容器中，以保持其湿度缓冲能力，或者用新鲜的、经过处理的硅胶板代替。

(22) 在展览过程中，必须对艺术品和陈列馆的环境条件进行日常检查。应记录所有的状态变化，并立刻向借出方报告，以获得相应建议或措施。在每一个协议中，都应有监测陈列馆环境的条款。监测用的温湿计或类似仪器应定期用干湿球湿度计（旋转式或抽气式）校准。版画、素描、手稿、染色材料或织物的光照度已详细说明，需用精确的照度仪（余弦值已被修正）检测，以确定勒克司（英尺烛光）读数。异常情况下，还需要监测尘埃含量和空气污染物。

(23) 整个过程中，展览地点、包装和运输计划的改变都应与借出机构协商，以确保保护和技术规范得以实施。

(24) 一些博物馆已使用简化了的展览标准，作为说明书包含在与器物随行的文件中。事实已经证明，加拿大国家美术馆[368]的简要指南在艺术品的巡展保护和管理中具有实际意义：

……A. 包装说明书

(1) 除去框架上所有的螺丝和金属线，板条箱里不应有这些东西；检查板条箱状况。

(2) 依照器物收到时的包装方式将其再包装，但是不能把已经严重损坏的绘画送往下一个展览地。

(3) 必须保证所有包装材料都重新放回到器物周围。每个展馆都能提供瓦楞纸板、遮蔽胶带、纤维板*和包装纸。

(4) 装了玻璃框的绘画应该使用宽胶带（至少 1 英寸或更宽）捆缚，胶带间隔不能超过 1 英寸。不可将胶带粘贴到标签或框架上。不要使用普通的牛皮纸胶带，因为去除时需要润湿。

(5) 板条箱的盖子应该上门闩或拧紧。不要使用钉子。

*一种木质纸浆纤维板，类似厚纸板。

B. 运输中艺术品的保护

在火车、飞机、轮船或卡车运输中，或是途中在仓库、码头的储存，艺术品保护一般都会遇到下列情况。为防止冬天运输中的低温和夏天的高温、潮湿及阳光直射，需要采取一些预防措施。

(1) 完全依照“包装说明书”中指定的方法包装。

(2) 卡车、有篷货车和有轨电车的温度须保持在14～24℃，必要时可以加热。包装箱不能放在散热器、导热管或其他加热和空调设备附近。在空运时，包装箱应放在处于类似温度条件下、加压的隔间内。

(3) 装载艺术品的运输工具应该避免阳光直射、雨、雪和强震动。应使用封闭的有篷货车，必要时应提前预热。

(4) 任何时候，包装箱都应由认真熟练的技术人员在借入方的监督下处置。

(5) 应立即报告任何由于错误保护导致的异常情况。未经借出方授权，不应采取任何修复措施。

(6) 包装箱打开前应放置12～24小时。在此期间，未开封的板条箱只能放在展览馆中。

C. 开箱指南

(1) 艺术品应小心处理。借入方馆长对借入艺术品的安全保障负有直接责任。除非特别要求弃权，否则借入方对损害负责。

(2) 艺术品包装箱（或重新包装）应该在与展览要求类似的室内环境条件下开封。空包装箱在使用之前，都应该预先存储在类似环境条件下。打开之前，最好将密封的板条箱在新环境中放置24小时，以使温度和相对湿度缓慢改变（见B6）。

(3) 要非常小心地将艺术品从包装箱中取出，任何损坏都要记录在现状报告中。报告应该立即反馈到办公室，以便及时采取必要措施。为此专门提供针对这一情况的表格。这些表格往往可以使借入方免于承担错误认定的损害。

(4) 每件绘画作品都应有单独的托盘或固定位置，托盘是可移动的，而且应该按标记放在包装箱中。不要移动已固定了的隔离物。如果按照借出方的安排移动了绘画作品，应该在板条箱上做出标记。

(5) 使用托盘时，一定要小心，因其特殊的设计，要求两个人一起使用。

(6) 所有装了玻璃框的艺术品，都可使用胶带纸，但丙烯酸或塑料表面不能用胶带纸。如果用溶剂清洁玻璃，要非常小心地减少用量，而且此时绘画作品要处于水平位置。不能混淆玻璃和有机玻璃的处理方式。要在框架背面贴关于有机玻璃、树脂玻璃或透明合成树脂的专门说明，要严格按照制造商提供的说明使用……

14.3 陈列室管理指南（拆包后或重新包装前）

应该制定关于陈列区域相对湿度、展览和微环境控制箱、照明系统、安全、防火等在前面章节中的参考标准。以下条件普遍适用于大多数展览：

(1) 美术馆或陈列设施必须安全，环境条件可控，并且远离其他建筑、装饰以及相关活动和设备的影响。新刷的油漆须在空气流通条件下至少干燥两天，涂抹灰泥应提前数星期完成。

(2) 美术馆必须有一定数量的可控制入口，白天（开放时间）由经过训练的保安人员看守，其他时间，启动侵入和烟、火探测器。除非当地法令要求，一般尽量避免安装和使用喷淋系统。即使安装，也应该是干式灭火系统。

(3) 艺术品与器物不应暴露于风口、阳光、暖气管、散热器、中央空调机房的环境下，也不能放置于靠近灯的地方。地板清洁工和清洁操作不能使艺术品面临溅湿、化学品污染或机械损伤等危险。

(4) 平面艺术品必须安全地悬挂或贴在墙上或展板上。三维器物必须放置在底座上或有足够支撑装置的展柜中展出，支撑装置与器物接触时不能在展品上留下印痕或弄脏展品，不能与之发生化学反应。

(5) 展览期间，记录相对湿度和温度的温湿计应该安装在合适位置（不能在地板上）。

(6) 对光敏感的器物和材料，展出时的光照度不能超过 100 勒克司，在有限的照射时间内，通常是 50 勒克司。在某些展览中，协议要求展品的最长展出时间不超过三周，之后要用其他类似展品代替。

(7) 摄影、电影和电视的拍摄活动必须在严格控制的无危险的环境条件下进行。

(8) 必须限定展馆内参观人数的最大流量，这取决于展览空间和空调系统的承受能力。

关于在展览中使用的支撑材料，以下指导方针与上面第 4 段的内容相衔接，切记不能对古物或艺术品进行任何方式的改变，也不能对其造成任何不应有的损伤：

(a) 钉子和支撑线（最好是不锈钢绳）应该是不生锈的，并用尼龙或聚乙烯管包住；

(b) 一般使用尼龙单丝，因为它不会损伤器物，而且足够牢固；

(c) 钩环在使用时不能与器物直接接触（要覆盖隔绝材料）；

(d) 丙烯酸塑料，如有机玻璃、树脂玻璃，很适合于定制装置，最好由保护专家设计；

(e) 织物，如服装，应该用加衬垫的衣架、人体模型或其他合适形状的装置悬挂起来，这些装置要覆有惰性材料并符合文物保护规定；

(f) 对光敏感的织物、纸制品、皮革制品应该装上可吸收紫外线的丙烯酸树脂材料制成的框子，最好不直接接触，使用无酸衬纸或类似隔离物将它们隔离开；

(g) 基座、底座和展柜架的表面应该用既防滑，又不与器物产生反应的材料覆盖；

(h) 展柜密封材料应该使用惰性材料、黏合剂及涂层，以防止长时间暴露可能引起的老化或变色。应避免使用未经处理的胶合板，因其可能释放出甲醛。

14.4　借出和禁止出借标准

下列清单[369]总结了各种藏品的准备工作，并描述了禁止借出的标准。在能够采取特别保护措施及处理程序的情况下，可以不考虑禁止借出标准。关于禁止借出政策，不同机构的规定有所不同。

绘画和涂漆面

——检查保护记录。

——检查作品的框架或其他支撑装置是否合适。

——所有帆布绘画作品要装上合适的保护背

衬（纸板、纤维板等），要安全附着在框子上。
——用适于移动的框架代替易碎或华丽的框架。
禁止出借标准
——极易受相对湿度变化影响的木质支架上的绘画作品。
——未涂底漆的画布或易污损的表面。
——不易处理的、颜料粉化或脱落的绘画作品。
——由于技术或美学原因不能加支撑体的不牢固的画布。
——玻璃或者其他类似易碎支撑物上的绘画。
——大幅绘画。

纸质作品

——检查保护记录。
——作品必须用透明胶带固定在石板或无酸板上，配有窗口和背板等。
——玻璃必须密封防尘，在外部粘上十字形胶带，最好使用能吸收紫外线的丙烯酸塑料。
禁止出借标准
——粉状颜料绘画，如蜡笔画、未固定的碳精画和水粉画。
——脆弱的纸张或不能移动的衬纸。
——对光特别敏感的器物。
——体积非常大的器物。

雕塑、石质或金属质地的重型器物

——检查保护记录。
——在可拆分的位置将组件分开。
——为方便包装和运输，将重的基座或底座分开。
——为金属器物（如青铜）和脆弱的表面涂上防护蜡或丙烯酸涂料（参考保护要求）。
禁止出借标准
——极易受潮的木制品。
——遭受“青铜病害”的青铜器。
——因气候影响遭受严重腐蚀的器物。
——很难进行加固、结构脆弱的器物。
——浸渍了盐的石头或陶瓷制品，在湿度条件变化的情况下会发生变化。

纺织品和类似器物

——检查保护记录。
——如果作品太大而不能平展运输，用减震和绝缘材料将其卷在筒子上运输，所用材料应是惰性的（无酸的、无摩擦的）。
——设计防护模子来支撑、盛放或容纳服装、衣服、地毯，以避免发生变形、折叠或起皱现象。这些装置应该同样使用惰性材料。
禁止出借标准
——没有支撑衬背的极脆弱的纤维和材料。
——对光极其敏感的器物。

其他类器物（例如历史、科学、民族学物品）

——检查保护记录。
——决定拆卸和其他程序。
——单独运输支撑体及附属结构。
——如有必要，使用保护性涂层。
禁止出借标准
——极其脆弱或形状复杂的器物。
——容易损坏或褪色的器物。
——极易腐蚀或老化，且由于技术或美学原因，不易修复的器物。
——非常重，或体积太大的器物。
——部落禁止出借的某些民族学或人类学藏品。

附录Ⅰ　硅胶和有关的相对湿度缓冲材料，调节和再生技术

1. 概述

硅胶是一种人造的、结晶状的、无色的惰性化学物质，由硅元素和氧元素组成。硅胶最重要的物理特性是具有很强的吸水能力。它在工业上广泛用作干燥剂，偶尔也用作大气污染物吸收剂。在近代（始于20世纪50年代），博物馆开始将硅胶用于湿度缓冲剂。只有很少一部分硅胶产品用于此用途。用作湿度缓冲材料的硅胶，制备方法详述如下：将干燥的硅胶暴露于潮湿的大气环境中一段时间，直到硅胶晶体吸收了一定量的水分。通过取样、称重、烘干、再称重，最后计算（以干燥状态为基础）以确定水分含量。通过等温曲线将周围环境的相对湿度和硅胶的水分含量［即平衡含水率（EMC）］联系起来，由此可以确定得到符合要求的硅胶的条件。以这种方式制得的硅胶可存放在聚乙烯袋中或其他防潮容器中备用。

这种“指示”型硅胶，其颗粒在制造过程中都加入了少量钴盐。干燥状态的硅胶呈深蓝色，当湿气含量增加时，它的颜色逐渐变为紫红色和粉红色。各种硅胶，通风条件良好时，在250℃加热一个小时左右，都能完全干燥。

硅胶能多次再生、复原，并仍能保持其吸收能力。硅胶和相关吸附材料（包括木材、纸张等）的等温线在第8章图8.12和图8.13中已给出。其中比较感兴趣的“Art Sorb”硅胶 Kaken 胶（Nikka 小球）、蒙脱石以及标准硅胶的等温线见图AⅠ.1。

Art-Sorb 硅胶比标准的 Davison 胶具有更强的吸附能力。同样，Kaken 胶（或黏土状物质）也有很强的吸附能力。对于达到40%～50%控制水平的缓冲作用来说，标准硅胶不仅令人满意而且比较便宜，应用也更加普遍。在需要保持较高相对湿度的情况下，如高于60%的相对湿度，推荐使用吸附能力更强的胶体和缓冲剂。图中也包括了抗爆型硅胶，这种胶体在用水直接淋湿时，不容易爆裂，但其吸附能力较低。Kaken 胶如果被淋湿，会完全分解成“软泥”，而其他等级的硅胶则会分解成微小的晶体。在建立调节系统时，这些反应都需要考虑。

对于指定的吸收剂而言，假定整个过程温度保持不变，特定的平衡含水率（EMC）取决于它最初的水分含量、周围环境的相对湿度、颗粒大小、晶体深度及空气流通程度。

如果调节环境的相对湿度为45%，平衡含水率（EMC）从0增加到30%，01级硅胶需要几个星期的时间才会产生45%的相对湿度水平。通过把硅胶晶体稀疏地平铺在很大的表面上，将周围环境的相对湿度提高到80%，吸附进程会大大加快，然而，在这种情况下，必须监测平衡含水率（EMC）的增长，以免调节过度。不论何种调节步骤，在手边放置一份能够提供特定等级吸附剂性质的等温曲线很重要。

如果在相对湿度为50%的环境中，100克01型干燥硅胶，最后的平衡重量是128g，则

$$\text{EMC} = \frac{128-100}{100} \times 100\% = 28\%$$

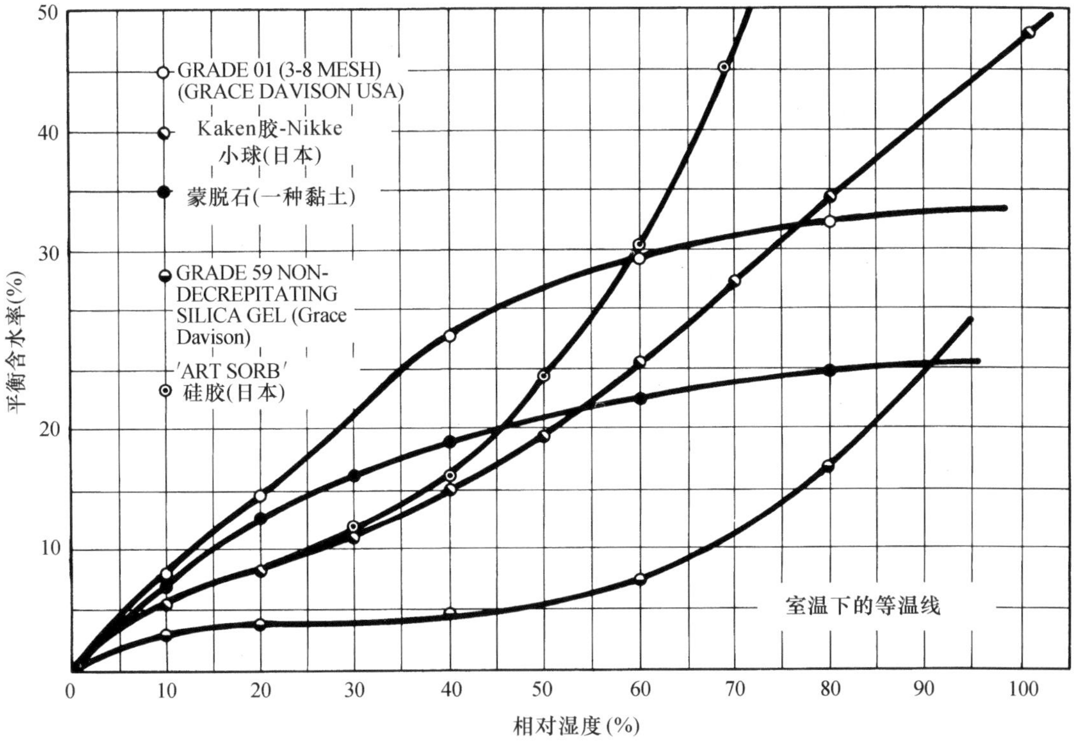

图 AⅠ.1 “Art Sorb”硅胶、Kaken 胶（Nikka 小球）、蒙脱石以及标准硅胶的等温线。

假如现在将平衡状态的硅胶转移到相对湿度为 70% 的环境中，硅胶将进一步吸收水分，最后硅胶的重量将稳定在 131 克，则

$$EMC = \frac{131 - 100}{100} \times 100\% = 31\%$$

假如经过调节的硅胶现在被置于更干燥的环境中，水分会丧失，直到达到一个更低的平衡含水率（EMC）。然而，解吸过程比吸附过程更缓慢，而且还会出现滞后现象（见第 8 章图 8.13）。如果硅胶在烤箱内烘干（EMC 为 0），其正常的吸收特性又会恢复。

平衡含水率（EMC）为 30% 的硅胶，如果放置在一个密封的广口玻璃瓶中，相对湿度会至少达到 60% 。如果还有其他吸收材料，经过一段时间调整，最终的相对湿度取决于这些材料的性质、初始水分含量、等温线特征、质量和空气体积。在第 8 章和第 9 章中，已经论述了用吸附剂维持密封箱内相对湿度水平的原理和应用技术。在陈列柜或玻璃陈列柜里，经过调整的硅胶的缓冲作用时间受展柜密闭性的制约。因此，每隔一段时间要检测硅胶，以确定其平衡含水率（EMC），从而确定是否补充或再生。

硅胶和其他吸附剂的工业生产商详细说明了硅胶晶体或珠子的大小、筛孔（或目）大小。一些典型的颗粒尺寸指定如下：

3～8 目（美国）　6～2.4 毫米筛孔
6～16 目（美国）　3.4～1.2 毫米筛孔
8 目（美国）　2.4 毫米筛孔

上述范围的硅胶，加或不加指示剂，生产商主要是美国公司及其在不同国家的子公司——格雷斯与戴维森化学制品公司。Art-Sorb 硅胶的生产商为日本爱知县的富士-戴维森化学制品股份有限公司，而 Kaken 胶（Nikka 小球）由日本 Showa Kosan 公司生产。

2. 普通调节技术

如果要在一个封闭环境中维持 50% 的相对湿度，首先要提供一个相对湿度为 50%（或更高）的恒定环境，对干硅胶进行调节。参见图 A Ⅰ.1，EMC 必须从 0 提升到 28%。如果展馆内或其他开放空间的相对湿度已经稳定在 50%（或更高），就可简单地把一定数量的硅胶平铺在较大面积上，例如自助餐馆或摄影用的托盘里，或者放在桌子或其他表面的大片聚乙烯薄膜或纸上。在这些表面上安放遮篷是明智的，因为一段时间后，可能会有灰尘或污垢积聚。达到平衡所需的时间由胶层厚度、筛孔大小、对硅胶进行“搅拌”的次数决定。

大部分硅胶的密度为 700 千克/立方米，60 厘米×90 厘米的盘子能够容纳 5 千克、厚度约 1 厘米的干硅胶。用风扇吹拂其表面有助于加快吸附平衡，如图 AI.2 所示。需要 2～3 周的时间才能使 EMC 达到要求的 28%，假如周围环境的相对湿度处于更高水平，例如 60%，需要的时间则会更短一些。每隔一段时间取 10～20 克样品进行水分含量测试，以确定 EMC，这将在第 4 节讨论。

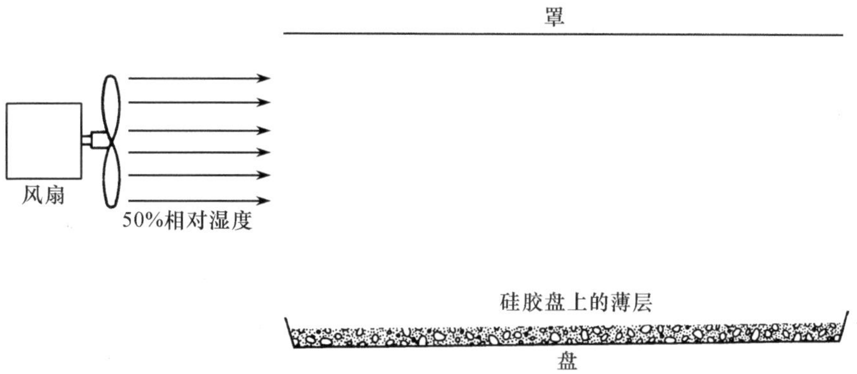

图 A Ⅰ.2　在硅胶盘上方使用风扇加速调节进程的技术。

如果利用环境控制室，可方便地将相对湿度设置在 60% 或更高，很可能在两周内就可调节好硅胶。另一种调节方法是使用一种带有湿度调节器和帐篷似围栏的家用蒸发型（转鼓式）增湿器，见图 A Ⅰ.3。随着湿度超过设定的水平，在增湿器停止运转之前湿度调节器会变得不精确。

另一种方法是使用饱和盐溶液，为调节过程提供恒定的相对湿度环境。一些饱和盐溶液在室温条件下产生的相对湿度如下（亦见第 9 章图 9.15）：

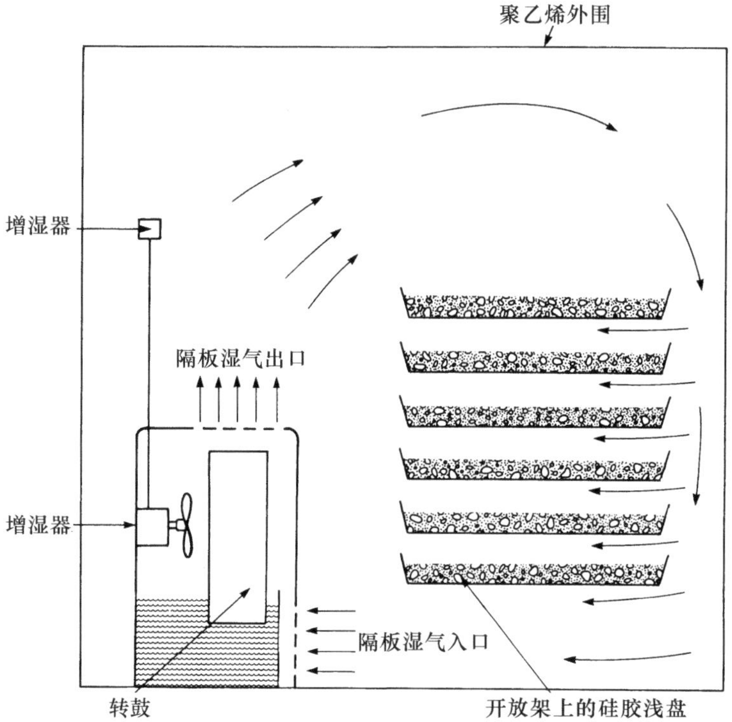

图 AⅠ.3 使用带有湿度调节器和帐篷似围栏的蒸发型（转鼓式）增湿器的调节技术。

饱和溶液*	相对湿度
氯化锂	12
氯化镁	34
硝酸镁	55
溴化钠	59
氯化钠	75

*在饱和盐溶液中要含有大量未溶解的盐晶体，这一点很重要。

这种典型装置见图 AⅠ.4（也可见第9章图9.16）。防止调节溶液溢出很重要。风扇有助于加快相对湿度的分布并使其达到平衡状态。应每隔几天搅拌一下盐溶液和未溶解的晶体。

3. 快速调节技术

放在盘子中的硅胶暴露于95%相对湿度时，在2～3天或更短的时间内，就能够快速完成水分吸收。一种方法是把硅胶放置在一个不透湿气的隔离罩子里，同时有一台增湿器满负荷运行，使相对湿度维持在95%～100%。要小心防止罩壁上的冷凝水滴落到硅胶上。平衡含水率（EMC）应当在不同阶段进行测定。因为硅胶在饱和环境里极易吸收水分，所以可能会超过所要求的平衡含水率（EMC）。建立的装置类似于图 AⅠ.3 所示。

还有一种技术，但不是很可取，是用已知重量的水直接喷淋硅胶。这项技术很难准

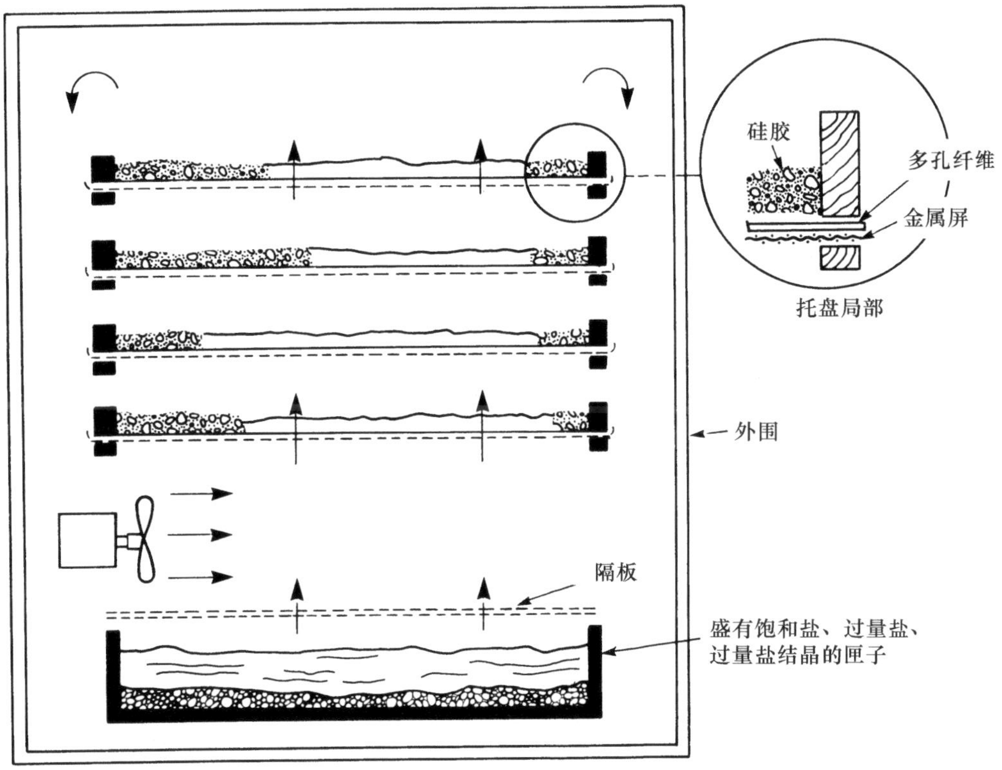

图AⅠ.4 利用饱和盐溶液的调节技术。

确把握，因为靠近表面的硅胶层可能过分湿润，而喷溅到遮挡部分的则较少。而且硅胶晶体有分解的趋向，即“爆裂”现象。黏土类材料，如Kaken胶，会变成软泥。在必须保持颗粒尺寸的地方，不能使用喷淋技术。如果硅胶已部分调节过，喷淋时爆裂现象会减少。因此，如果硅胶被调整到25%的平衡含水率（40%相对湿度），就可以计算出把平衡含水率（EMC）调到28%（50%相对湿度）所需的喷淋水量。

可以在一个大聚乙烯袋子里喷淋，然后把袋子密封几天，使湿气扩散到所有硅胶中。不时抖动袋子可以加速这一过程。在操作过程中，应当每隔一段时间提取少量样品测定其平衡含水率。

无论采取什么方式制备或调节，吸附材料都应当储存在密封的袋子或容器中，并且标明硅胶类型、目数、EMC、调节过程、温度以及再生步骤的相关信息。

4. EMC测定方法

用来测定硅胶和相关吸附剂平衡含水率的设备和技术不必很复杂。使用昂贵仪器（水分检测器）能直接给出读数。这里讨论的方法很简单，使用普通仪器即可：

仪器：

- 可调的轻便电炉（600瓦）；
- 表面温度计，测量温度高达350℃；
- 小铝盘（厨房用）（重量大约0.4克）；

- 称重天平，灵敏度为0.02克；
- 钳子或长镊子，用来夹盘子；
- 小而厚的标准封口聚乙烯袋子，用来存放待测的硅胶样品。

步骤：

(a) 打开轻便电炉，直到表面温度计指示读数稳定在250℃左右（大约要30分钟）；

(b) 以克为单位称量空铝盘的重量（W_p）；

(c) 在移动硅胶样品前，例如Art-Sorb硅胶，要搅拌或摇动盘子，使取得的样品更具代表性。取大约20～30克“经过调整的硅胶”，然后临时封入一个小聚乙烯袋子中；

(d) 记录移动硅胶样品的时间，并详细描述所采用的调节技术；

(e) 将袋装的约10克样品转移到已称重的空盘子里，然后称量盘子和样品的质量（W_i）；

(f) 将第二份硅胶样品转移到一个预先已称重的空盘子里。这是一个完全相同的实验，以便取两次实验平均结果。确保每个盘子都有标志，例如Ⅰ和Ⅱ；

(g) 把盘子和样品一起放在轻便电炉上。5分钟后轻轻摇动使晶体分散开，以加快干燥。可以用镊子尖小心地搅动颗粒，确保晶体颗粒不被摇出盘子。加热期间，可用金属细纱网圆盘遮盖保护；

(h) 10分钟后用镊子和钳子将盘子从轻便电炉上取下，迅速在天平上称重（称重时间大约为10秒）。记录加热时间和重量（盘子+样品）；

(i) 每隔10分钟重复一次实验，直到两次重量不变。最后盘子和样品干重是W_f克。对样品副本Ⅱ同样称重。

注意：如果硅胶是指示型的，完全干燥时样品应全部呈深蓝色。

含水率计算：

$$EMC = \frac{W_i - W_f}{W_f - W_p} \times 100\%$$

例如：

空盘子=0.4克（W_p）

经过调节的硅胶+盘子=12.6克（W_i）

加热过的硅胶+盘子=9.7克（W_f）

因此，$EMC = \frac{12.6-9.7}{9.7-0.4} \times 100\% = \frac{2.9}{9.3} \times 100\% = 31.2\%$

如果第一份样品的平衡含水率为31.2%，而第二份（副本）样品为31.8%，两个数平均值则为31.5%。

要用多个副本样品来检测平衡含水率，以使结果更加可靠。通过参照图AⅠ.1中已经建立的曲线关系，可以看到，对Art-Sorb硅胶来说，当平衡含水率为31.5%时，对应的相对湿度约为62%。

如果未达到所要求的含水率，重复前述步骤。测量水分后，将用过的硅胶样品收入单独容器内，作为备用干燥硅胶。

5. 硅胶何时需要再调节或再生

首先，当在陈列柜或其他密封环境里测得的相对湿度低于（或高于）所要求的数值时，这时确保记录设备（需经常校准），如温湿计读数的准确性很重要。假如硅胶完全干燥（如果使用指示型硅胶，颜色会越变越蓝），然后就可以通过前述的轻便电炉技术来测量硅胶的平衡含水率。如果EMC已经降到一个不可接受的水平，则有必要再调节，或用新的已调整到合适EMC的备用硅胶代替“失效”硅胶。

如果硅胶需要频繁更换或再生，如每隔6个月，那么就应该重新检测陈列柜的结构和硅胶的放置与数量。为了保持长期稳定和低维护率，陈列柜应密封良好，尽量减少打开次数，并且将硅胶以大约20千克/立方米的比例平铺在一定面积的平面上。

附录Ⅱ 博物馆用拖车或运输工具规格的建议

普通构造

(i) 尺寸——全长 13.7 米（45 英尺），整体宽度不少于 2.4 米（95 英寸），内部宽度不少于 2.23 米（88 英寸），整体高度不低于 3.96 米（13 英尺），车厢高度不少于 2.34 米（9 英尺）。车厢距地面高度不低于 1.32 米（52 英寸），轮胎（特定型号的）数目要合适。

(ii) 板材——最小厚度 1 毫米（0.040 英寸），预着色铝材，滚刷涂膜后完成表面烤漆。板材以最大 55 毫米（2 英寸）的间隔镶有珠子或铆钉。

(iii) 侧壁柱——镀锌钢或铝（材），最小宽度 130 毫米（5 英寸），最小厚度 35 毫米（1 $\frac{3}{8}$英寸），以最大 0.62 米（24 英寸）的间距安装。

(iv) 前车厢壁——应该有 6 个镀锌钢柱，其最小厚度 35 毫米（1 $\frac{3}{8}$英寸）。应装有隐藏式电路连接装置。

(v) 车厢顶——应有一层 1 毫米（0.032 英寸）厚的铝材，经过预先强化处理，并安装和焊接到最大间隔不超过 0.61 米（24 英尺）的弓形高延展性钢横梁上。周边完整铆接。

(vi) 矮栏杆——应该有一个铝制的突起部分，外层、栏杆和横梁末端应在一条垂直直线上。

(vii) 横梁——以最大间距 250 毫米（10 英寸）排列的 0.1 米（4 英寸）厚的高延展性工字形钢柱，用高强度机械扣件连接到导板上。车厢板、绝缘材料和底层地板都连在横梁上。

(viii) 车厢板——用最小宽度为 28.6 毫米（1 $\frac{1}{8}$英寸）的企口硬木板制成，每块板子都固定在横梁上。

(ix) 底层地板——用 6.4 毫米（1/4 英寸）的胶合板和铝构成。

(x) 绝缘材料——由坚硬的、不燃烧的泡沫塑料板材组成，其厚度应该能使整个热传递系数达到 155BTU/hr/°F（或是相应的公制单位）。要通过测试证明其效果。车的壁面、地板、顶棚和车门里都要均匀铺设绝缘材料，建议厚度为 10 厘米。

(xi) 衬层——车厢两边和前壁为 6.4 毫米（1/4 英寸）厚的室外用胶合板，顶棚上是 13 毫米（1/2 英寸）的室外用胶合板，较好的一面朝外。所有胶合板衬层用保护性密封材料涂刷。

(xii) 车门——全宽度后门以及一个 2.38 米（7.2 英尺 1/4 英寸）×1.22 米（4 英尺）的侧门，中心线距车厢外壁前 1.14 米（54 英寸）。侧门应该是齐平的，并且所有门都应该是绝缘的。

(xiii) 外门硬件——听取安全系统设计者的建议。

(xiv) 面漆——所有钢质部分用防腐蚀、耐脏的非漂浮型银灰漆进行涂刷（底漆和面漆）。

(xv) 悬挂——为空气控制装置配备空气悬挂系统，承重为 9800 公斤，将不同负荷的空气压力值在控制阀附近清晰地标记。

(xvi) 承建者应该提供胶合板，作为可移动的、全高度和全宽度且结构坚固的隔板，安装在距前拖车壁后部0.6米（2英尺）。隔板用优质消音材料制作，而且应该有入口以便于维护隔板与车厢前壁之间的设备。遵照空调制造商的建议，设计的隔板应包括回流空气散热格栅和回流空气稳压室等。

(xvii) 承建者应提供特定的悬挂装置，如挂钩和吊带，挂钩在距车厢底层2英尺、4英尺和6英尺处安装，并且从车厢尾部延续到2.44米（8英尺）标记处。顶棚和车厢地板的凹槽处要有垂直隔离装置。

(xviii) 承建者应在2.44米（8英尺）处提供一个展开的金属安全隔板，隔板要盖住整个车厢。在空调管道插入的地方，展开的金属板要强化处理。

环境控制系统

(xix) 所有需要开口与拖车外部相连接的环境控制设备应按以下方式安装：所有固定装置都在拖车内部，使这些设备不可能远离卡车外部。

(xx) 所有环境控制和附加设备的安装，都要使传递给拖车本身的震动最小。所有胶皮管、线和其他连接物的安装或连接，要将长途运输的颠簸和气候变化引起的损失或故障降到最小。

(xxi) 承建者提供安装在拖车前厢壁的可移动空调系统。压缩机应该安装在（16）中所说的隔板和前厢壁之间。上述设备的回流空气通过一个水平安放在前面隔板上的格栅输送。格栅的尺寸须符合制造商的建议。

(xxii) 承建者要提供输送补充空气的通风管。两个安装在顶棚上的矩形镀锌钢管的位置要有一定间隔，其中心线距拖车中心线0.58米（23英寸）。距后门2.15米（8英尺）以内都要安装通风管。每个通风管有4个垂直排气格栅，每个格栅提供一股预定气流。还有一个同样流速的水平排气格栅，例如3立方米/。

(xxiii) 在需要控制湿度的区域，承建者应提供湿度调节系统以维持特定的相对湿度，如45%或50%。防止这个系统发生结冰、水分流失和缺水。这个系统安装在前隔板后面，与外部系统相通。

(xxiv) 承建者提供一个特殊的双重温度控制记录仪，以7天为一个转动周期。同时还要提供一个附属的湿芯。为控制空调和湿度系统，两个检测元件要位于回流空气室中。记录仪安装在前隔板的合适位置，而且要防止天气和人为干扰。

电力系统

(xxv) 承建者提供安装在拖车底部的特定机车发电机组。油箱容量为400升（100加仑）。所有门都可上锁，而且油箱的盖子也能够上锁。

(xxvi) 承建者提供内部照明系统（110伏或220伏），为内部提供足够光照。照明用品必须坚固。电灯开关安装在靠近后门的内墙上。

(xxvii) 承建者按照安全和防火系统要求设置线路。

(xxviii) 承建者提供安装在边墙上的两个110伏（或220伏）双向电源插头，在地板上或接近地板处，在1.22米（4英尺）和1.83米（6英尺）处安装。

(xxix) 所有线路、固定物、控制设备和其他仪器、附件都要按照政府专门机构的建议安装，并使用相应机构推荐的材料。

防火系统

(xxx) 承建者提供恰当的有机卤化物灭火系统。喷嘴位置须符合制造商的建议。灭火器安装在前厢壁与前隔板之间。

(xxxi) 承建者提供火警探测/控制设备及下列附件：探测器和声音报警器。探测器的位置以及火灾探测系统和灭火系统的配合要符合制造商的要求。承建者要在拖车内的适当位置设置一个系统关闭开关。

安全

(xxxii) 承建者须按照警方要求提供门锁系统。在安装前要与相关部门取得联系。除车顶部分外，拖车不应保留法律要求之外的任何标志。承建者应提供设备失灵时的特定电子警报和安全系统。

附录Ⅲ 展览中心或美术馆设计指南

以下标准针对中等规模的展览中心或者博物馆内的特展陈列室制定。特展陈列室附属区域，如接收、运输、储存、公共入口等，可能位于建筑物其他地方，而不是在拟建的展览中心附近。这个说明以1975年10月加拿大国家博物馆关于国际展览中心的部分报告为基础。

1. 最优空间分配

	平方米
A. 展览区	200
B. 接收/运输区	25
C. 准备和保护区	50
D. 包装箱储存区	50
E. 办公区	20
F. 公共设施（洗手间）	20
G. 公共入口	40
H. 机械设备区（空调）	50
I. 坐椅、音像设备间	25
J. 放映室和储存区	30
K. 流通区域	40
最优总面积	550

2. 设计要求

A. 展览区（200平方米）

形状：长方形/椭圆形。

天花板：最好净高4米。

地板：无特定模式（推荐使用中性地毯）。

墙壁：表面柔和，可打钉（无窗户）。

照明设施：具有可移动性（如活动式投影灯），安全，可变。推荐照度：50～200勒克司。

电力：提供足够的地面、墙面插座。

入口：展室门和公众出入口尺寸达到3.5米×3.5米。

安全：烟/热探测；防盗；内部警报；阻燃表面。

环境控制：见本附录结尾部分。

艺术品要远离流通空气、暖气和空调。

B. 接收/运输区（25平方米）。

出入口：3.5米×3.5米的门或相应通道。

装载方法：要求半挂车长度达到14米，以便将货物直接卸入接收/运输区。必须提供码头式工具。

地板：混凝土、强负荷系数。

天花板：最佳净高4米。

墙体：混凝土或石材（或其他）；防火。

照明：推荐光照度为500勒克司。

电力：在几条电路上装有足够的插座。

安全：内部/远程报警器。

C. 准备和保护区（50平方米）

出入口：3.5米×3.5米的门或相应通道。

地板：混凝土/强负荷系数。

天花板：最佳净高4米。

墙体：混凝土或石材（或其他）；防火。

照明：推荐照度为500勒克司。

电力：要有足够的110~220伏插座。

安全：内部警报，可上锁。

D. 包装箱或板条箱储存区（50平方米）

出入口：3.5米×3.5米的门，与接收区隔离。

地板：混凝土，防潮。

天花板：最好净高4米。

照明：推荐照度为500勒克司。

电力：电源插座尽可能少。

墙体：混凝土或石材（或其他）；防火（无窗户）。

安全：内部警报，可上锁。

E. 办公区域（20平方米）

出入口：标准门。

天花板：最低3米。

照明：办公室类型。

墙体：可以任意选择，有窗户。

地板：可以任意选择，以舒适为主。

电力：常规电源插座。

安全：可上锁。

位置：可对陈列室、入口处监督。

F. 公共设施（20平方米）

洗手间（符合公众健康要求，选址要有安全方面的考虑）。

衣帽间：留出足够空间以满足预期参观人数。

G. 公共入口（40平方米）

入口：外观具有吸引力，提供两组间隔至少在3米以上的双层自动门，以防止经过调节的空气在门开关时流失。要有通向办公区、展览区、洗手间和衣帽间的过道。

公众安全：符合官方要求。

地板：用特制的格栅和垫子控制入口门廊处的灰尘（尤其在冬天）。

天花板：最适合的高度为4.5米。

照明：明亮、舒适。

墙体：可以任意选择、有窗户。

安全：符合要求；可上锁，可报警。

H. 机械设备区（50平方米）

地板：设备所需要的足够空间，带有减震器。

墙体：混凝土、石材或其他。

天花板：任意高度。

照明：充足。

入口：标准门。

安全：可上锁。

电力：满足设备要求。

I. 坐椅、音像设备间（25平方米）

地板：混凝土。

天花板：最低高度为3米。

墙体：任意结构。

入口：标准门。

照明：推荐照度为500勒克司。

电力：最小化。

安全：可上锁。

J. 放映室储存区（30平方米）

与展览区域相邻的放映室能够提供放映设备，作为展览的补充或独立项目。插入式扬声器和内部通话设备是有用的，可将放映机放在玻璃隔墙后控制声音。室内照明开关也可以安置在这里，最好通过电阻箱控制，使放映员能够通过单一装置操控室内灯光。一般陈列室音响系统也可以放置在这里。

K. 流通空间（40 平方米）

3. 一般设计考虑

（1）便于停车、公共运输。

（2）适中、安全的建筑方法、材料。

（3）设计要考虑到未来的扩建。

（4）合理的环境控制（见 4.3 节）。

（5）充分的安全控制、内部报警系统。

（6）关注当地、外地和博物馆自身的防火标准，不安装天花板喷淋系统。

（7）考虑残疾参观者。

（8）空间功能的合理安排和定位。

（9）运输区以及连接展区、准备区、储存区和工作区的走廊入口小于 3.5 米 × 3.5 米。

（10）建造费用要与当地平均水平比较。

（11）为了扩大或缩小展览空间，展览区应设计有活动墙系统和便利的照明。

（12）藏品储存区禁止吸烟。

4. 环境标准

结构要求

4.1.1 展览区域不用考虑窗户和日光。如果冬季特别寒冷，中心其他区域的窗户应安装三层玻璃，否则两层就足够。

4.1.2 在外部极端环境条件下，墙体结构应该能够维持适宜的相对湿度。

4.1.3 冬季，隔热层应能阻止室内表面温度降至 11℃ 以下，在室外温度很高时，也应该有相应标准。

温度要求

4.2.1 展览和储存的最佳温度为 20℃，一天内的温度波动不应超过 ±1.5℃。

4.2.2 可接受的最小温度条件变化应在 16℃ 到 25℃ 之间。冬季，在设计温度下，内部气温在 16℃ 基础上月最大变化不超过 0.5℃，夏季气温为 25℃ 时，日最大波动范围为 ±1.5℃。

相对湿度要求

4.3.1 展览和储存区域的常年最佳相对湿度为 40% ~55%，日波动不超过 ±3%。

4.3.2 从冬季到夏季的六个月中，相对湿度从 40% 变到 55%，每月相对湿度的变化需低于 2%。相对湿度日波动幅度以固定值为基准，为 ±3% 左右。

空气清洁度要求

4.4.1 直径在 1μm 以上灰尘颗粒，去除率为 95%；直径为 0.5μm 的颗粒，去除率为 50%。

记录要求

5.1 应该始终记录回流空气的温度和相对湿度。

5.2 便携式温湿计应安放在建筑内的重要区域，以记录展出器物周围的相对湿度和温度。

照明要求

6.1　纸张、羊皮纸或纺织品等光敏感艺术品的光照度不应超过 50 勒克司(5fc)。绘画作品不超过 200 勒克司(20fc)。展览区次要位置的照明由设计者自行决定，但是应该牢记：公众需要逐渐减弱的照明以适应光线强度的对比。

6.2　白炽灯更实用，因为它们发出的紫外线辐射量微乎其微。如果使用荧光灯，则必须用 Plexiglass UF-1 或 UF-3 之类的塑料过滤膜，将其中的紫外线过滤掉，或者用专为标准荧光灯管设计的塑料管过滤紫外线。如果不能避开日光，可以在窗户上贴特制的过滤紫外线塑料薄膜。

附录Ⅳ　展览设备调查表

此调查表是搜集关于设备性质以及欲借用展品或参与重要借展活动机构的关键信息。尽管调查表由借出方编写，但对借入方同样有用，因为它说明了借出展品的保护和管理要求。

设备和活动状况调查表

1.0　机构名称

1.1　地址

1.2　填写调查表的官员及头衔

2.0　支持状况

2.1　政府：□中央□省（或州）□市

2.2　基金会□

2.3　个人□

3.0　藏品概述

3.1　美术品□　　3.6　雕塑□

3.2　装饰艺术品□　　3.7　纸质艺术品□

3.3　民族学□　　3.8　概念艺术品□

3.4　考古学□　　3.9　档案□

3.5　科学技术□　　3.10　历史学□

3.11　其他，详细说明□

4.0　展览活动和职员概述

4.1　外借展品□

4.1.1　省（州）□

4.1.2　国家（联邦）□

4.1.3　国际性□

4.2　巡展组织机构□

4.2.1　省（州）□

4.2.2　国家（联邦）□

4.2.3　国际性□

4.3　其他，详细说明＿＿＿＿＿＿＿＿

4.4　保护人员□；展览人员□；设计者□

备注＿＿＿＿＿＿＿＿＿＿＿＿

＿＿＿＿＿＿＿＿＿＿＿＿＿＿＿＿

5.0　展览空间概述

5.1　永久性展览空间＿＿＿＿＿m^2（ft^2）

5.2　临时性展览空间＿＿＿＿＿m^2（ft^2）

5.3　开放储藏室（用于展览）＿＿　m^2（ft^2）

5.4　展览总面积与非展览储藏面积的关系，用百分比表示＿＿＿＿＿

用附属平面图显示＿＿＿＿＿＿＿

＿＿＿＿＿＿＿＿＿＿

6.0　展览空间的自然环境

6.1.1　自然照明□

6.1.2　人工照明□

6.1.3　白炽灯照明□

6.1.4　荧光灯照明□

6.1.5　以英尺烛光表示的光照度范围□□

勒克司＿＿＿＿＿至＿＿＿＿＿

6.1.6　是否使用保护滤膜　是□否□类型

＿＿＿＿＿＿＿＿＿＿＿＿＿＿＿＿

6.1.7　照明监控设备（类型）＿＿＿＿＿

＿＿＿＿＿＿＿＿＿＿＿＿＿＿＿＿

6.2.1　相对湿度控制　　24小时□仅在开放时间□

6.2.2　未控制相对湿度□评注＿＿＿＿＿

＿＿＿＿＿＿＿＿＿＿＿＿＿＿＿＿

6.2.3　相对湿度测量□

夏季＿＿＿＿%至＿＿＿＿%

冬季＿＿＿＿%至＿＿＿＿%

6.2.4 测量和记录相对湿度的仪器________

____

6.3.1 温度控制（℃）24小时□______至______℃
仅在开放时间□______至______℃

6.3.2 未控制温度□ 评注________

6.3.3 温度测量□
夏季________%至________%
冬季________%至________%

6.3.4 测量与记录温度的仪器________

6.4.1 灰尘和大气污染物过滤 是□否□

6.4.2 过滤水平，精确到微粒大小（微米）
评注________

6.5 专门设计的展柜 □

6.5.1 未控制环境的展柜 □
概述________

6.5.2 环境调节或缓冲展柜 □
概述________

6.6 展览空间和储藏区域适宜自然环境概述。博物馆各类藏品控制水平的具体建议（分类见3.1—3.11）________

____

7.0 展览组织—文献、保护要求

7.1 影响展览和出借的保护标准
评注________

____

7.1.1 因脆弱程度、状况、国家珍宝、尺寸大小而做的限定。评注________

____

7.1.2 不出借木版画、蜡笔画、未加衬的绘画及其他艺术品，具体、简要的解释________

____

7.2 附加的指导方针、标准或相关政治文件

7.3 现状报告、程序，由馆长□记录员□管理员□编写

7.3.1 报告类型：有照片□无照片□图□

7.4 借贷文件与合同________

____

7.4.1 关于特定自然环境因素的条款和附件，如相对湿度、温度、照明、震动、振荡、操作、展览位置、物理处理、电视、电影、摄影

7.4.2 关于随展人员的条款和附件，如管理人员或保护人员________

____

7.4.3 带有附件和条款等的出借协议样本。

8.0 展览组织——准备、包装、运输

8.1 展览、运输之前藏品的保护：保护背衬□特殊框架□装玻璃□固定装置（如支柱，塑料围栏）□照明控制装置和过滤膜□
评注________

8.2 设计作为陈列组件与器物一起运输的标准尺寸包装箱。
评注________

8.3 包装程序和系统：

8.3.1 操作地点：展览馆□工作间□外部机构□

8.3.2 包装箱原料 木板□胶合板□金属□塑料□瓦楞纸板□其他，详细说明________

8.3.3 锁闭装置类型________

8.3.4 绘画、印刷品、图画、照片的包装：预包装使用：纸□塑料薄膜□其他，详细说明________

____

包装方式：金字塔形□盘子□单独包装（每个包装箱装一件）□

8.3.5 三维器物的包装；预包装使用：纸□塑料薄膜□
其他，详细说明________
包装方式：支架□木质模板□塑料泡沫□浮子系统□
其他，详细说明________

8.3.6 针对结构复杂的三维器物（例如：民族学藏品、概念艺术品、工艺学器物）的包装
评注________
____

8.4 集装箱运输技术的详细说明________
____

8.5 衬垫和震动隔离技术，使用：纸□泡沫橡胶□橡胶□泡沫塑料□（聚苯乙烯，聚氨酯，聚乙烯泡沫）弹簧装置□其他，详细说明________

8.6 隔热技术，使用：纤维板□瓦楞纸板□木刨花□
泡沫塑料□厚度________
其他□，详细说明________
____

8.7 环境控制展柜的使用
□包装材料的相对湿度预调节至________%
□预调节硅胶的使用，具体的相对湿度________%
□温度保持系统________℃
□相对湿度保持系统；其他，详细说明________
□监测仪器________
□干湿计读数记录________
□温度记录器________
□震动记录器________
□其他有用信息，概述________
____

8.8 运输工具：卡车□博物馆货车□商用运输工具□特殊设计的运输工具□集装箱□空运□铁路运输□海运□
运输中环境控制________
随展人员□，时间________
____

9.0 其他信息

日期________
签名________
标题________

10.0 问卷机构的反馈地址

____
____

附录V　能源短缺情况下控制文化遗产保存环境的声明*

以下声明提醒相关责任人注意文化遗产保护环境控制的特殊要求。对这些关注的日渐理解，尤其是负责能源分配人员对此的理解，将推进共同目标和相互责任的实现，并促进国家艺术和历史文物的保护。

通过与美国博物馆协会能源委员会、艺术博物馆董事会和国家艺术捐赠部门能源协调者的合作，NCAC将继续努力寻求更好的方式，使美国历史文化遗产能够在能源消耗最少的情况下得到最安全的保护。

声明

博物馆、图书馆、档案馆和历史建筑最初和最主要的功能是保护文化和历史资料。为了最大限度减少珍贵和不可再生资料的损坏和丢失，这些机构必须控制建筑内的环境条件，包括温度、湿度和大气污染物。对环境控制必须加以重视，以发挥其保护国家文化遗产的基本功能。

博物馆和档案馆的专家很早就已经意识到环境和老化之间的关系，并已编写成文。未加控制的湿度、温度变化已经被认为是导致文化遗产损毁的两个主要原因。温度和相对湿度波动会导致很多材料的巨大或剧烈破损、断裂和扭曲变形。如果65%以上的相对湿度持续一天以上，将导致霉菌生长。因此，将温度、湿度保持在规定限度内是防止严重和不可逆转损坏的根本措施。

使用增湿器、去湿器、加热和冷却系统可以保持适宜的温度和湿度。大气污染物，不论化学污染物还是颗粒污染物都会给保护带来威胁，为了消除这一威胁，通常要用到洗涤器和过滤器。所有这些保护系统的运行都需要能量。

保持稳定的环境条件非常重要，因此大多数新建博物馆和档案馆内安装的环境控制系统必须不间断地运转。由于安装费用及其他困难，一些古老和较陈旧的建筑物内仍然只有少量控制系统，这些机构内温度和湿度的变化导致建筑和藏品遭到损坏。

尤其需要关注的是，在没有警示的情况下，可能出现的能源中断。由此产生的环境条件剧变将导致藏品和建筑的普遍损坏。温度和湿度变化对文化遗产的影响，同样出现于博物馆及建筑物内的展品。例如，在没有现代隔气层的古建筑里，温、湿度的改变将使墙内温度达到露点，并导致冷凝现象和木材腐烂。

综合上述因素，NCAC签署了能源不足情况的指导方针：

(1) 在能源优先原则制定后，需对担负文化遗产保护工作的机构给予优先考虑。

(2) 尽可能保持温、湿度稳定是头等大事，因为突然的变化会造成惨重损失。当温、湿度的巨大变化不可避免时，必须采取特别措施以控制变化速度，使其至少在一周内缓慢

---

* 作为大型文献（1977）的一部分，由华盛顿特区的国家保护顾问委员会筹备并发行。委员会已改为国家文化遗产保护研究所，A、I2225，华盛顿史密森协会，20560。

变化。在某种程度上，如果事先通知，损坏就会降低，这是紧急状况下必须采取的最低限度的预防措施。

(3) 在现代博物馆和档案馆，被广泛认可的避免藏品损坏的长期环境标准为：相对湿度50%（±5%）、温度65℉（±5°）。

如果不能保持上述环境标准，必须设法使相对湿度保持在不低于40%（冬季）或不高于60%（夏季）的水平。温度应保持在不低于55℉（冬季）或不高于80℉（夏季）的水平。如果环境条件的变化或波动超出了这个范围，将会对藏品造成不可逆转的损坏。

(4) 特殊材料，如缩微胶片、电影胶片以及其他摄影底片材料的保存，除了满足上述条件外，还要求保持特殊的温度和湿度水平。藏品保护人员必须让能源分配和控制人员了解所有特殊要求。

(5) 由于大多数收藏机构都有对环境标准要求不同的各种藏品，因此在能源不足的情况下，将不同种类的藏品存放在一起是不恰当的。

参考文献

Chapter 1

1 SHAPIRO, H. L., 'Borrowing and lending', *Curator* (American Museum of Natural History, New York), 13, No. 3, pp. 197-203 (1960)

2 ANON, Editorial: 'Too many exhibitions-and usually of the wrong kind', *The Burlington Magazine* (London), 99, No. 892, p. 471 (July, 1977)

3 MICHAELS, P., 'Lender beware', *Museum News* (AAM, Washington, DC), 43, No. 1, pp. 11-12 (1964)

4 This was emphasized at the International Council of Museum (ICOM) Triennial Meetings in Leningrad and Moscow in May 1977 where a number of keynote speakers rose to the theme of increasing and expanding exhibitions at national and international levels. The conservation and technical concerns over increased exhibition programmes were voiced at the relevant meetings of the Committee for Conservation, and the International Exhibitions Committee.

Also see: Stolow, N., 'The conservation of works of art and exhibitions', *Museums Journal* (London), 77, No. 2, 1977, p. 61-62, which was also presented in Leningrad.

5 *Private communication* January, 1984 with Antionette King, Acting Director of Conservation at the Museum of Modern Art, New York. She referred to the conservation examinations carried out in previous years by Jean Volkmer, herself and other staff members and the final handling and packing arrangements at the time of the transfer of LaGuernica and its associated materials to Spain.

6 At the Brussels Meeting of the ICOM Committee for Conservation (1967) the Working Group on the Care of Works of Art in Transit was already under way with N. Stolow (Canada) as co-ordinator, and members R. D. Buck (USA), N. S. Brommelle (UK), Mme. M. Hours (France), B. L. Marconi (Poland), G. Thomson (UK), K. Toishi (Japan), and F. D. Bo Wennberg (Sweden). In subsequent years the Group has studied, and members have contributed, papers on humidity in cases, condition reporting at micro levels, instrumentation, and guidelines and standards for conservation protection of exhibitions. A number of the guidelines are now common practice. and have been incorporated into the ICOM Guidelines for loans. The various studies of the Working Group are continuing in similar areas and in newer ones as dictated by present-day requirements.

7 The 17th session of the UNESCO General Conference authorized a study of the practical arrangements which could be adopted nationally and internationally to reduce the risks to works of art, particularly the risk of theft, and to reduce the cost of covering such risks. Two meetings of experts took place in Brussels in 1972. After such deliberations and the contributions of relevant studies by ICOM, as well as further

discussions at the UNESCO General Conference in Nairobi in 1976, an international policy has evolved concerning international exchanges of cultural property, and *recommendations* made concerning the prevention and coverage of risks to moveable cultural property (UNESCO General Conference, Paris, 1978).

Cultural property within the meaning of these recommendations include items in the categories of: (a) zoological, botanical and geological collections; (b) archaeological objects; (c) objects and documentation of ethnological interest; (d) works of fine art and of the applied arts; (e) literary, musical, photographic, and cinematographic works; (f) archives and documents.

A number of important items are embodied in this policy. Thus... 'protection and prevention of risks are much more important than indemnification in the event of damage or loss...';... 'take all steps necessary in order that the tasks of conservation and restoration be carried out in accordance with the most advanced scientific methods and technology...';... 'protection of moveable cultural property which is in transit requires very special attention because of the risks of damage which can arise from inept handling, faulty packaging, poor conditions during temporary storage or climatic changes, as well as inadequate arrangements for reception ...'.

8 'ICOM Guidelines for loans', *ICOM News* (ICOM-UNESCO, Paris), 27, No. 3/4, 1974, pp. 78-79. These guidelines cover such categories as: responsibilities and expenses of lenders and borrowers; condition reports-particularly specifying environmental requirements, and frequency of reporting; insurance, customs formalities; packing-safety, examination prior to dispatch, storage of packing materials in conditioned areas; transport of 'agreed upon quality' with security devices; escorts, persons of experience; physical environment. This last section is quoted in full:

'9.1 The borrower undertakes to maintain constant and adequate protection of the loan from the hazards of fire and flood, exposure to excessive light levels or harmful radiations, extremes of temperature and relative humidity, insect attack and pollution. The Borrower will also notify the Lender of any unusual environmental exposure.

9.2 The Lender reserves the right to define specific conditions relating to item 9.1 above, and to require that the Borrower undertake to maintain environmental conditions within preagreed limits. (*Note*: ICOM recommends that light-sensitive loans should not be exposed to direct sunlight. Moderately lightsensitive loans should only be exposed to ultra-violet filtered light at intensity levels not exceeding 150 lux, and for very lightsensitive loans, not exceeding 50 lux. Relative humidity in normal circumstances should be maintained at 54 ±4%).

Other sections in the guidelines refer to: security; and photography and reproduction. In this last section specifications are given for lamps and temperatures, e.g.:

'11.2 In the case of the Lender agreeing to the loan being filmed, photographed or televised, the Borrower will ensure that:

(a) Lamps are not placed closer than 2 m from the loan.

(b) The lamps used do not raise the surface temperature of the loan more than 3℃ above

room temperature.
(c)The loan is not touched or moved, except by the qualified employees of the Borrower. '
9 STOLOW, N., 'Care of works of art in transit and on exhibition: Review and assessment', *ICOM Conservation Congress*, Ottawa(1981)
10 SILVER, S., 'Almost everyone loves a winner. A designer looks at the Blockbuster Era', *Museum News* (American Association of Museums, Washington, DC), pp. 25-35 (Nov./Dec. 1982). The author discusses in broad terms the Blockbuster phenomena particularly from his experiences as a designer for a number of these which were mounted at the Metropolitan Museum in New York
11 STOLOW, N., 'Conservation policy and the exhibition of museum collections', *CMA Gazette* (Canadian Museums Association, Ottawa), 9, No. 4, pp. 13-17(1976). A supplementary article on this subject is also published by the author under: Recent development in exhibition conservation: policies and directions. *Museum*, UNESCO, Paris(1977)

Chapter 2

12 DUDLEY, D. H., WILKINSON, I. B., *et al Museum Registration Methods*. 3rd Ed. Rev. American Assoc. Museums, Washington, DC, pp. 3-9(1977)
13 HOACHLANDER, M. E., *Profile of a Museum Registrar*, Academy for Education Development, Washington, DC, pp. 13-42, 43-48 (1979)
14 STOLOW, N., 'Recent developments in exhibition conservation-policies and directions', *Museum* 29, pp. 192-205(1977)
15 ANON. 'Preservation of the Declaration of Independence and the Constitution of the USA', *National Bureau of Standards*, Washington, DC, Circular 505(1951)
16 CLAPP, V., 'The Declaration of Independence—A case study in preservation', *Special Libraries*, *Washington*, DC, Dec., pp. 503-508 (1971)
17 PLENDERLEITH, H. J. and WERNER, A. E. A., *Conservation of Antiquities and Works of Art*. 2nd ed. OUP, London, pp. 246-255(1971)
18 Observed by the author on some gold artifacts from the Tut-ankh-amon Treasures Exhibition circulated in North America in 1961-63. Some localized greenish coloration was noticed in a winged cobra ornament which may be due to copper-rich areas in the gold
19 BRILL, R. H., 'Incipient crizzling in some early glasses', *Bull. Am. Gp. IIC*, 12; No. 2, pp. 46-7(1972)
20 BRILL, R. H., ' Crizzling—a problem in glass conservation' in *Preprints of* 1975 *Stockholm Congress—Conservation in Archaeology and the Applied Arts*, IIC, London, pp. 112-134 (1975)
21 ANON, *Canadian woods, their properties and uses*, Forest Products Laboratories, Ottawa, pp. 135-137(1951)
22 BARKAS, W. W. *The swelling of wood under stress: forest products research bulletin*, HMSO, London(1949)
23 JOHANSSON, C. H. and PERSSON, G., 'Moisture absorption curves for building materials', *Byggmastaren* 17, pp. 311-314. in Swedish (National Research Council of Canada, Technical Translation 747, 1958, Ottawa, 1-12)

(1946)
24 BUCK, R. D., *The behaviour of wood and the treatment of panel paintings*, Upper Midwest Conservation Association, Minneapolis, Minnesota (Collective papers by R. D. Buck compiled by James S. Horns) (1978)
25 STEVENS, W. C., ‘Rates of change in the dimensions and moisture contents of wooden panels resulting from changes in ambient air conditions’, *Studies in Conservation*, 6, pp. 22-26 (1961)
26 HOADLEY, R. B., The dimensional response of wood to variations in relative humidity’. in *Preprints of the Oxford IIC Congress*, ICC, London, pp. 1-6 (1978)
27 *Hysteresis*. The phenomenon exhibited by many cellulosic, leather, horn, protein and fibre materials as well as certain types of polymers in which the reaction to a stress depends on its previous stress history. Thus the amount of absorption of moisture by wood depends on whether it was previously exposed to a higher or lower RH level.
In materials showing hysteresis, the absorption process (going to higher RH levels up the isothermal curve) produces lower EMC values for a fixed RH than in the desorption process. Drying out occurs more slowly than the absorption process in such materials. The proper characterization of the hygroscopic properties of the material should include both the absorption and desorption curves relating EMC to RH (for fixed temperatures). These curves may diverge and rejoin forming a ‘loop’ between minimum and maximum RH values.
28 ANON. The Care of wood panels. *Museum (ICOM)* 8, No. 3, pp. 143-5; 148 (Fig. 10) (1955). Also *Canadian Woods*, *loc. cit.*, p. 81 (ref. 21)。
As a general rule the radial shrinkage factor is 9.1 times the specific gravity of che wood (based on the ‘green’ volume and the oven-dry weight), and the tangential shrinkage is 16.3 times this specific gravity. Values are given in, *International Critical Tables*, McGraw Hill, New York, 2, p. 7 (1927)
29 STOLOW, N., *Controlled environment for works of art in transit*, Butterworths, London, pp. 3-7, 11 (1966)
30 The EMC can be measured by means of electrical (or capacitance) probes which are designed for surface readings, or in the form of pins to obtain readings in depth. Calibration procedures are necessary using standard materials of known EMC. The *Protimeter* and *Delmhorst* meters are two types of instruments made in the USA for determining moisture contents of wood and other materials. See also Ref. 28 *The Care of Wood Panels*
31 *Loc. cit.* Ref. 28, pp. 160-4
32 See Ref. 24, Buck, which describes supporting systems using balsa blocks, or honeycomb structures. Conservators have also used fibreboard and aluminium as rigid supports attached with thermoplastic adhesives (marou- flage technique)
33 BUCK, R. D., ‘Note on the effect of age on the hygroscopic behaviour of wood’, *Studies in Conservation* 1 pp. 39-44 (1952)
34 Private communication with Dr. A. Iskander, Cairo, 1963, in which he confirmed that the deformation had diminished after some months of

exposure to the original environmental conditions at the National Museum

35 GROSSO, G. H. (ed). *Pacific Northwest Wet Site Wood Conservation Conference Sept.* 19-22, 1976. *Neah Bay, Washington, Proceedings*. 1&2, PO Box 194, Neah Bay, Washington 98357 USA. Various papers on waterlogged wood and conservation problems

36 ANON., *Problems of the Conservation of Waterlogged Wood*. National Maritime Museum. London. *Maritime Monographs and Reports*, No. 16(1975). Proceedings and papers of the Symposium held in Greenwich 5-6 October 1973

37 SAWADA, M., *Conservation of waterlogged wooden materials from the Nara Palace Site in International Symposium on the Conservation and Restoration of Cultural Property-Conser- vation of Wood*, National Research Institute of Cultural Property, Tokyo, pp. 49-58(1978)

38 A comprehensive review of wax-relining and related conservation techniques for canvas paintings was prepared by Percival-Prescott, W. M. (ed). *Conference on Comparative Lining Techniques (Proceedings)*, National Maritime Museum, London(1974)

39 CLAPP, A., *Curatorial Care of Works of Art on Paper*, Intermuseum Conservation Association, Oberlin, Ohio. 2nd Rev. ed., pp. 62-66 (1974)

40 Specifications of materials and processes of encapsulation and lamination of archival materials(paper) are described in contracts for archival and paper conservators by the Federal Archives and Records Center, 380 Trapelo Road, Waltham, MA USA

41 KOYANO, M., *Japanese Scroll Paintings-A Handbook of Mounting Techniques*. Foundation of the American Institute for Conservation, Washington, DC(1979)

42 TOISHI, K., *The Scroll Painting*. Ars Orientalis, Freer Gallery of Art, Washington, DC, 11 pp. 15-25(1979)

43 FINCH, K., and PUTNAM, G., *Caring for Textiles*, Watson-Guptil, New York(1976)

44 LEENE, J. E. (ed)., *Textile Conservation*, IIC, London& Smithsonian Institution, Washington, DC(1972)

45 REED, R., *Ancient skins, parchments, and leathers*, Seminar Press, London(1973)

46 PLENDERLEITH, H. J. and WERNER, A. E. A., *loc. cit* Ref. 17, pp. 21-41, 371-2

47 Tests were carried out by the author in 1964-5 at the National Gallery, Ottawa, on a model (dummy) parchment book of large format to establish dimensional changes as a result of RH variations in a climate controlled chamber. This study was in connection with the project to improve the environmental conditions of the Books of Remembrance in the Memorial Tower of the Houses of Parliament, Ottawa

48 Private communication and consultations with Prof. E. Ortman, Director of the Entomology Museum, Purdue University, Indiana, USA, regarding the flooding of the building and subsequent damage of the entomological collections in early 1981; Report by Stolow, N. *Water and related damages to insect and other collections in the Entomology Museum at Purdue University—Conservation Assessment*(July 29, 1981)

49 Based in part on Plenderleith, H. J. and Werner, A. E. A., *loc. cit*. Ref. 17

50 The exhibition 'Treasures of Early Irish Art:

1500 BC to 1500 AD' included treasures from Trinity College. Dublin, the Royal Irish Academy, and the National Museum of Ireland and travelled widely in the USA (October 1977-May 1979). Specially devised environmental systems for transit and on exhibition for maintaining 60% RH throughout for the two volumes of the Book of Kells and other priceless manuscripts. The exhibition in revised form travelled in Europe 1980-83

51 Private communication with Prof. B. Marconi. National Museum, Warsaw, on the occasion of the ICOM Conservation Committee Meeting in Amsterdam (September 1957)

52 The exhibition *Shakespeare: The Globe and the World was* circulated through the USA (October 1979-April 1981); organized by the Folger Shakespeare Library, Washington, DC. The Shakespeare folios and related artifacts were transported flat in specially designed humidity controlled cases. In transit and during exhibition the RH was maintained close to 50% RH

53 STOLOW, N., 'Environmental control during transport of an early Italian painting from Canada to Japan', *Report of the Working Group on Care of Works of Art in Transit*. Proceedings of the ICOM Committee for Conservation—Madrid (October 1972), ICOM, Paris, pp. 5-9 (1972)

54 Based generally on levels given in Dudley, D. H., and Wilkinson, I. B., *loc. cit.* Ref. 12, pp. 73-87; and Leisher, W. *Humidity—Temperature Requirements for Museum Collections*, A. A. M. Energy Workshop Resource Booklet, American Association of Museums, Washington, DC, pp. 1-5 (1977)

55 Private communications 1976-7, with Dr. K. H. Weber, Dresden, GDR, regarding the specially designed case for a Titian painting controlled at 70% – 75% RH (utilizing saturated salt solutions for RH control) thereby stabilizing the geometric dimensions of the panel which otherwise tends to take on a pronounced warp at lower (more conventional) RH values

56 STOLOW, N., 'The technical organization of an international art exhibition', *Museum*, 21, p. 190 (1968). Reference is made to a programmed RH and temperature variation over the year—January through to December

57 THOMSON, G., 'Air pollution—a review for conservation chemists'. *Studies in Conservation* 10, pp. 147-166 (1965)

58 THOMSON, G., *The Museum Environment*, Butterworths, London, pp. 124-151 (1978)

59 Private communication with T. Morita, Tokyo Museum of Modern Art, October, 1975, who published studies of dust levels at EXPO'70 in Osaka. He found that in the Fine Arts Exhibition Gallerv the largest airborne particles were cloth fibres, and the smallest were marble dust worn away from the floors by public traffic.

60 According to preliminary studies of airborne dust in the Australian National Gallery, Canberra by the author (January, 1984)

61 WERNER, A. E., 'Conservation and display (1) Environmental Control', *Museum Journal* 72, pp. 58-60 (1972)

62 ODDY, W. A., 'An unsuspected danger in display', *Museum Journal* 73, pp. 27-8 (1973). See also Carpenter, Jane M., *Formaldehyde: How great is the danger to museum collections?* Pt. 1, pp. 1-17; and Hatchfield, Pamela

B. , Pt. II, pp. 18-42 in *Preprints of Annual Meeting of American Institute for Conservation, Washington, DC*, (May 21-25, 1985)

63 FELLER, R. J. , 'Control of deteriorating effects of light upon museum objects', *Museum* 17, pp. 57-98 (1964)

64 THOMSON, G. , *loc. cit* Ref. 58, pp. 2-46, 175-185

65 *Lux* is the metric unit of illumination. the instrument often being referred to as a 'luxmeter'. Foot candles are still used in the USA 1 lux = 0.0929 foot candles

66 HORTON-JAMES, D. , 'Light transmission characteristics of some window films', *Bull. Inst. Cons. Cultural Material* ICCM, Canberra) 8, Nos. 1&2, pp. 73-80 (1982)

67 HANLAN, J. F. , 'Effects of electronic photographic lamps on the materials of works of art', *Museum News* (Washington, DC) 48, pp. 33-41 (1970); also see Kühn, H. , 'The use of heat protection filters when works of art are filmed or televised', *Studies in Conservation* 12, pp. 102-115 (1967)

68 An ultraviolet light monitor is made by Littlemore Scientific Engineering Co. , Oxford, UK, which reads to 300 μW/lumen. The International Light Co. of the USA markets various measuring instruments which assess levels in the UV, visible and IR regions

69 *Report of the Study Group on Care of Works of Art in Travelling Exhibitions of the Museum Exchange Subcommittee of the United States-Japan Conference on Cultural and Educational Interchange (CULCON)*, Japan Society, Inc. , New York (1980)

70 AGRAWAL, O. P. (ed.), 'Preservation in South and South-east Asia', *Museum* 27, No. 4, pp. 166-204 (1975)

71 NAIR, S. M. , 'Biodeterioration of museum materials in tropical countries, pp. 150-158 in *Conservation in the Tropics* (ed.), O. P. Agrawal (ICCROM, Rome and the National Museum, New Delhi) (1972)

72 PLENDERLEITH, H. J. and WERNER, A. E. A. , *loc. cit.* Ref. 17, pp. 43, 64, 128-34. Ethylene oxide, methyl bromide, and sulfuryl fluoride are the principal fumigants in use commercially, in agriculture, and for museum purposes. These substances, particularly ethylene oxide, have been re-examined recently in terms of reactivity with organic materials

73 CASEY, P. and WALSTON, S. 'Systems for the control of pests'. *Bull. Inst. for Cons. Cult. Mat.* (ICCM, Canberra), 6, No. 1, pp. 31-35 (1980)

74 NORTH, N. A. *Conservation for small museums*. Western Australian Museum, Perth, pp. 20-30 (1981)

Chapter 3

75 STOLOW, N. , Condition reporting for major international exhibitions; Preprints ICOM Committee for Conservation, Ottawa 81/12/2-4 (1981)

76 BUCK, R. D. , What is condition in a work of art? *Bulletin American Group IIC* (Pittsburgh, USA), 12, No. 1, pp. 63-67 (1971)

77 STOLOW, N. , Conservation policy and the exhibition of museum collections. *Gazette of the Canadian Museums Association* (*Ottawa*), 9, No. 4, pp. 13-17 (1976)

78 STOLOW, N. , *The conservation of works of*

art and exhibitions. Paper presented at the Congress of the International Council of Museums (ICOM) in the meeting of the International Exhibitions Committee, Leningrad (1977). (Also published in *Museums Journal* (London), 77, No. 2, pp. 61-62 (Sept. 1977)

79 POMERANTZ, L. A standard for recording angle of light in photography. *Bulletin American Group IIC* (Pittsburgh, USA), Vol. 10, No. 2, p. 10 (1970). Here a 'sun-dial' type pointer casts a shadow across a measured grid. The position and length of the shadow depends on the raking angle of illumination. The method of raking lighting can be readily duplicated in photography

80 The various terms should be defined. *Macroscopy* and *macrophotography* are respectively low magnification observations using the microscrope (e. g. binocular); and the camera plus close-up lens and bellows extension. The range of magnification is up to 20x. *Photomicrography* is the technique of photography through the microscope to record features of a surface under higher levels of magnification, e. g., up to 500x.

81 WENNBERG. BO. A report on preliminary study of damage to paintings during transport and temporary exhibition by means of photographic enlargment (64 : 1); in *Report of the Working Group on the Care of Works of Art in Transport* (*Proceedings of the ICOM Committee for Conservation*, *Amsterdam*, *September* 1969, pp. 6-12. (Stolow, Editor, Ottawa) (1969)

82 The visible spectrum ranges from 400-700 nm. The term 'nm' (nanometer) replaces the former unit millimicron 'mμ'. The nm is one billionth part of a metre or one millionth part of a millimetre, or one thousandth part of a micron. The ultraviolet region 300-400 nm is useful for fluorescence examinations of different kinds. For paintings, drawings, sculptures the near ultra-violet region 350-400 nm is perhaps more useful in distinguishing restorations, repairs, surface coatings, from the original layer

83 In recent years such equipment has become less and less bulky. These are usually sold by laboratory supply houses, for use in geological, chromatographic examinations, biological and forensic science applications. Worth noting is that the heavy duty electronic flash systems used by professional photographers can also be used for ultraviolet fluorescence photography. The flash bulbs are covered with the Corning 5874 filters. A series ot high intensity flashes, 50 or so, are needed to develop the image on normal black and white film. In che conventional method using ulcra-violec lamps exposures can run into hours with attendant vibration problems affecting the negative image

84 The military sniperscope (infrared image convertor) used in the Second World War is a well-known infrared viewer. Various adaptations of this instrument have been developed since for criminological and forensic work. In the museum field conservators use portable viewers of this type (e. g. F. J. W. Industries Ltd., USA) or video-type cameras with filters and monitors (Sony Co. and others).

85 More elaborate systems have been devised by Van Asperen de Boer, A. (*Applied Optics*, 7, No. 9, pp. 1711-14, 1968) using the Barnes IR Camera equipped with a lead sulphide detector.

This technique is referred to specifically as infrared reflectography
86 In one international exhibition in the late 1960s the travelling curator from the USSR had radiographs of the Russian loans to accompany the condition reports
87 In the X-ray technique the radiation is in the range of 0.1 to 10 nm
88 The Energy Dispersive X-ray (EDX) technique is more properly called *Non-dispersive x-ray fluorescence*. A radioactive source is used to excite the characteristic X-radiation of the elements present in the surface of the sample. A set of standard materials is required for comparison purposes. The technique is fast, of the order of a minute per element determination over an area of about 1 mm square, and is very useful for objects which cannot be sampled, or not readily transported. The EDX equipment is manufactured in compact form and can be portable
89 An example of the weighing of an object before and after the exhibition in the loan of an early Italian panel painting which was kept under constant RH conditions for the entire duration of the loan period. Described by Stolow. N. in *Report of the Working Group on the Care of Works of Art in Transit-Proceedings of the ICOM Committee for Conservation, Madrid* 1972, pp. 5-14 (Ottawa) (1972)
90 American Federation of Arts. *Preserve your pictures: a handbook on the care and preservation of works of art* (American Federation of Arts, New York), entire issue of *AFA Quarterly*, Vol. 1, No. 4 (1963). The particular graphic technique is described on p. 13
91 National Gallery of Canada. *Guide for completing a cumulative condition report for the National Programme (including glossary)*. (National Gallery of Canada, Ottawa) (1977)
92 STOLOW, N. The technical organization of an international art exhibition. Expo'67. *Museum (Paris)*, 21, No. 3, p. 182-240 (1968). The form is described on p. 210, 240, and the technique of condition reporting on pp. 200-202
93 TOISHI, K.; SEKINO, M.; MORITA, T.; SAKAMOTO, M. The Fine Arts Museum at Expo'70-Osaka. *Museum (Paris)*, 24, No. 2, pp. 66-101 (1972). Reference is made to preliminary condition examination prior to loan by the participating museum. Such information was included in brief form in the loan agreement document (pp. 100-101). The form illustrated in *Figure* 3.14 was obtained by private communication with Dr Toishi
94 *Loc. cit.* reference 90, pp. 21-24
95 BUCK, R. D. The inspection of art objects and glossary for describing condition. Article 3, pp. 164-170, in *Museum Registration Methods* by Dudley, D. H. and Wilkinson, I. B. (Editors). (American Association of Museums and the Smithsonian Institution, Washington, DC), Rev. Ed. (1968)
96 STOLOW, N. *Glossary of terms describing condition, techniques, examination, environment*, pp. 101-128 in longform *Catalogue to Progress in Conservation Exhibition (12 parts)* (National Gallery of Canada, Ottawa) 1972, unpublished
97 STOUT, G. L. *The care of pictures* (Columbia University Press, New York) (1968)
98 Fogg Art Museum. *Loan procedure and criterion* (Harvard University, Cambridge, USA) (1974)

Chapter 4

99 STOUT, G. L. , *The care of pictures*(Columbia University Press, New York) (1948). Also reprinted in paperback form by Dover Press, New York(1975)

100 KECK, C. K. , *Handbook of the Care of Paintings*, Watson-Guptil, New York(1967)

101 CHOUDHURY, A. R. , *Art museum documentation and practical handling*, Choudhury, Hyderabad (1963), particularly pp. 96. 102

102 FALL, FRIEDA KAY, *Art objects, their care and preservation* (McGilvery, La Jolla, California), pp. 9-37(1973)

103 WEIDNER, M. K. , Damage and deterioration of art on paper due to ignorance and use of faulty materials. *Studies in Conservation* (London), 12, No. 1, pp. 5-25(1967)

104 CLAPP, A. F. , *Curatorial care of works on paper* (Intermuseum Conservation Association, Oberlin, Ohio (1974), also Doloff, W. , and Perkinson, R. L. *How to care for works of art on paper*(Museum of Fine Arts, Boston) (1971)

105 A good description of the hinge type mount is given in Ref. 104(Clapp)

106 *Loc. cit.* Ref. 104, Clapp, p. 65. The inherent danger of this method is the possibility of locking-in a high RH environment with possibility of mould growth within the very confined static space

107 The various kinds of ultraviolet filtering plastics and devices are described in Chapter 2

108 PLENDERLEITH, H. J. , and WERNER, A. E. , *The Conservation of antiquities and works of art*, Oxford University Press, London(1971), 2nd ed. , particular mention on pp. 62-63. See also Ref. 104(Clapp), pp. 46-48, 94

109 Acrylic plastics develop electrostatic charges particularly at RH levels below about 50%. There are a number of proprietary antistatic materials(e. g. Rohm and Haas recommend AR-8 manufactured by Rogers Antistatic Chemicals, Inc.), which should be allowed to thoroughly evaporate before sealing up the work on paper in its flame

110 The care of books and manuscripts to standards set by conservators is dealt with in Horton, C. *Cleaning and preserving bindings and related materials* (*Program of Library Technology*) (American Library Association, Chicago (1969). Also: Cockerell, D. *Bookbinding and the care of books* (Pitman, London), 5th ed. (1955)

111 CLAPP, A. , in Ref. 104, p. 68, refers to interleaving with clean mylar film Type S and D (USA) for works of art on paper. A. G. Cains, Trinity College, Dublin, in a private communication, recommends the use of a thin polyester web form of interleaving tissue to place between the pages of ancient vellum manuscripts. This latter material has less electrostatic forming properties, and is less clinging acc ording to his experiences

112 TOISHI, K. , *Concerning the conservation of ancient works of art* (Tokyo) (1970) (in Japanese). Particular reference to the environmental problems of scroll paintings and stretched screens, in Chapter 7, pp. 157-168. Also see Koyano, J. , *Japanese scroll paintings: a handbook of mounting techniques* (AIC, Washington, DC) (1979)

113 See Ref. 17, pp. 247-250, 264

114 STOLOW, N. , Conservation of the contemporary. *Arts Canada* (Toronto), Nos. 128/129,

pp. 14-18 (February 1969). Reference is made here to the 'spare parts' concept. Also see the following for an indication of the scope and problems generated by concemporary art techniques: Althöfer, H. Fragment und Ruine, *Kunstforum International* (Mainz), Vol. 19, No. 1, pp. 57-92 (1977), plus illustrations pp. 93-225 (in German)

115 These are papers impregnated with chemical substances known to inhibit or stabilize the corrosion of iron and ferrous alloys. They are usually wrapped around the object. Vapour phase inhibitors should be tested for possible chemical attack on other metallic components possibly present, e. g. copper alloys. Most metallic surfaces can be protected with an acrylic type coating (e. g. 'Incralac') which slows down corrosion processes

116 There are few comprehensive works on conservation of ethnographic collections. Reference may be made to the construction material in question, e. g. textile, leather, fibrous components, bone, etc.: as in Plenderleith, H. J. and Werner, A. E. A., *The conservation of antiquities and works of art* (Oxford University Press, London), Second Edition (1971). Chapters I, II, IV, V, VI. General information is also to be found in relevant sections of: Lewis, R. H. *Manual for museums* (National Park Service, US Government Printing Office, Washington, DC) (1976); and also in Guldbeck, P. E. *The care of historical collections* (American Association for State and Local History, Nashville) (1972). Articles on specific subjects such as: Peters, Karel. Taking care of your Taonga. *Te Kaea* (Department of Maori Affairs, Wellington, New Zealand), No. 2, pp. 16-18 (March-April 1980)

117 VAN DER LEIDEN, A. C., Ethnographic textile collections, pp. 224-227; also Govers, H. J. Ethnographical featherwork, PP. 228-234: both articles in *Textile Conservation*, edited by J. E. Leene (IIC and Smithsonian Institution, Washington, DC) (1972). Additionally articles appear from time to time on ethnographic conservation subjects in *Studies in Conservation* (IIC, London) and the *Journal of the American Institute for Conservation* (AIC, Washington, DC)

118 THOMSON, G., Textiles in the museum environment, pp. 98-112 in *Textile Conservation*, edited by J. E. Leene

119 FINCH, K. and PUTNAM, G., *Caring for textiles*, Watson-Guptill, New York, London (1987)

120 BUCK, A. and LEENE, J. E., 'Storage and display', Chapter 8, pp. 113-127, in Leene, J. E. (ed.), *Textile Conservation* (1972)

121 Private communications with conservator Alejandro Rojas G., I. H. A. H., Mexico and his wife conservator Rosa Diez de Rojas, Tepotzotlan (1975, 1976)

122 For a general coverage of this area consult: PLENDERLEITH, H. J. and WERNER, A. E. A. *The conservation of antiquities and works of art*, Chapters IX through XIII for archaeological metallic objects, and XIV to XVI for stone, ceramic and glass artifacts

123 Articles on specific subjects pertaining to archaeological conservation, examination, restoration, preparation, etc. are to be found in *Studies in Conservation* and listed in IIC Abstracts

(IIC, London and the Institute of Fine Arts, New York University)

124 GROSSO, G. H. (ed.) *Proceedings of the Pacific Northwest Wet Site Wood Conservation Conference September* 19-22, 1976, *Neah Bay, Washington*, Published by Editor, Neah Bay, Washington (1976), 1, 2

125 ROWLINSON, E. G., Rules for handling works of art. Article Q, pp. 355-366 in *Museum Registration Methods*, Dudley, D. H., and Wilkinson, I. B., Editors (American Association of Museums, Washington, DC), Third Edition (1979)

126 DUDLEY, D. H. and WILKINSON, I. B., *Museum Registration Methods*, Washington, DC, A. A. M. and Smithsonian Institution, 3rd ed. rev. (1979)

Chapter 5

127 LEWIS, R. L. 'Specimen storage equipment', pp. 93-105 in *Manual for Museums*, Washington, DC, National Park Service (1976)

128 *Loc. cit*. Ref. 12 Dudley and Wilkinson, pp. 7-8, Chapter 5 Storage and care of objects, pp. 65-87

129 STANSFIELD, G. 'The storage of museum collections' *Museums Association (London)-Information Sheet* I. S. No. 10 (1974)

130 FIKIORIS, M. A. 'A model for textile storage', *Museum News*, Washington, DC, 52, No. 3, pp. 33-41 (1973)

131 LEHMBRUCK, M. 'Museum Architecture'. *Museum* (UNESCO, Paris), Nos. 3-4, pp. 125-280 (1974), particularly section pp. 206-208

132 The first International Conference on Museum Storage was held on December 13-17, 1976 in Washington, DC and was co-sponsored by UNESCO, ICOM, and the Smithsonian Institution. Twenty-five specialists from countries around the world presented papers and discussed such matters as storage planning and programming, conservation, security, access and retrieval, and the newer technical systems. The proceedings have been summarized in the publication: Johnson, E. V., and Horgan, J. C. *Museum Collection Storage* (UNESCO, Paris). Technical handbooks for museums and monuments-2, 56 pp. (1979)

133 An important contribution to the evaluation of storage technology in museums, particularly science museums, was made a few years earlier, also at the Smithsonian Institution, by Coopers & Lybrand, Welton Becket, Nottingham&Associates. 'Smithsonian Institution Museum Support Facility Initial Planning Study'. Final Report November 21 (1978), 200 pp. The facility in question was built in 1982-84

134 Preference is for shelving and support structures including cabinet units to be of enamelled steel. i. e. where the finish is baked on and of great durability. A distinct advantage of steel hardware is its permanence, strength, insect and vermin resistance, flexibility, and probably cheaper than the wood equivalent. Where wood is chosen it should be well-seasoned, relatively free from knots, and of a species which does not emit harmful vapours. Thus oak is to be avoided. The wood selected should be well-sealed with a neutral, hard, non-polluting varnish. Metal drawer units of extra large dimensions, e. g. 2 × 3m. can be made to special order, and steel storage cabinets likewise con-

structed for special purposes.
135 There are various manufacturers of compaction or high-density mobile storage units for museum use. One such companv in the USA is the Spacesaver Corporation, Fort Atkinson, Wisconsin; the Lundia Corporation (in Various countries) also makes a compacter type unit of wood construction called the 'Fullspace unit. It is estimated that these units save up to 60% in floor space area
136 *Loc. cit.* Ref. 50 'Irish Treasures'. The steel vault was built at the Metropolitan Museum of Art in New York to meet the exhibition and storage requirements for the Book of Kells and other early Irish MSS as determined by the Trinity College Library, Dublin authorities
137 Halon is a halogenated gaseous compound, colourless, odourless, and much denser than air, which can be liquefied by compression and stored in metal cylinders (tanks). Halon can be breathed and is considered safe at concentrations of up to 78% for short periods of time, unlike carbon dioxide which is highly toxic at this level interfering with respiratory functions. Its properties and uses are described further in: National Fire Protection Association. *Halogenated extinguishing agent systems.* (NFPA, Boston, USA), NFPA No. 12A (1970)

Chapter 6

138 STOLOW, N., *Conservation standards for works of art in transit and on exhibition* (Museums and Monuments-XVII, UNESCO, Paris) (1979)
139 STOLOW, N., 'Conservation policy and the exhibition of museum collections', *Canadian Museums Association Gazette* (CMA, Ottawa), 9, No. 4, pp. 13-17 (1976). The subjects of planning, and interrelated functions of museum personnel in exhibition organization, are discussed within the context of care of collections. There is very little 'packing' research in the museums field yet so much is to be gained by improving techniques and standards
140 Private communication with the Metropolitan Museum of Art, New York, regarding packaging studies carried out by a private corporation in 1969. Industrial packaging techniques were considered for use in shipment of fine art at this time
141 In 1968-69 a large plastics fabricating company in the USA produced a polyester-fibreglass modular type container for transporting paintings or other flat objects. The Metropolitan Museum of Art and the Museum of Modern Art, New York, as well as the National Gallery of Canada, Ottawa, participated in a short series of tests and evaluations. No further action was taken
142 A number of commercial firms are now manufacturing plastic and heavy construction corrugated cardboard containers for re-use. The Prime users at this time are commercial enterprises and military establishments
143 At the sessions of the International Exhibitions Committee (International Council of Museums-ICOM) held in Leningrad, May 21, 1977, this matter was discussed at length. It was suggested by a number of specialists that works of art returning from exhibition should be carefully examined at intervals up to six months or longer (of the order of a year or so in some cases) to establish whether 'delayed-action' had occurred

144 STOLOW, N., The technical organization of an international art exhibition-Expo' 67, Montreal, *Museum* (UNESCO, Paris), 21, pp. 182-240(1968). Contractual forms described

145 SEKINO, M. and TOISHI, K. Conservation techniques; Fine Arts Museum at Expo' 70, Osaka. *Museum* (UNESCO, Paris), 24, No. 2, pp. 66-101 (1972). Special conditions and forms discussed within the article which deals with the various conservation and technical arrangements

146 KURATA, B. Opening of the Exhibition of Ancient Japanese Art, *Gekkan-Bunkazai* (Tokyo), No. 27, pp. 9-12 (1965) (in Japanese). Describes precautions taken during transport of Japanese art objects to USA

147 *The exhibition of Archaeological Finds of the People's Republic of China* was shown at the Royal Ontario Museum, Toronto, Canada, in August 1974 after travelling from Stockholm and prior to exhibition in Washington, DC. In private communications with B. Leech, Conservator and J. Anthony, Designer (both of the Royal Ontario Museum) information was obtained on the precise conditions of preparation, handling, and environment. These 'working' specifications were part of the loan agreement contractual arrangements

148 *Treasures of Early Irish Art*: 1500 *BC to* 1500 *AD*. This exhibition travelled to New York in October 1977 for a two-year itinerary. The conservation conditions for the manuscripts in particular were specified in detail—as an attachment to the loan agreement. The RH, tem perature, and light levels were specified as were the reporting procedures from the USA exhibition centres to Dublin on the maintenance of the agreement

149 At the 'Shakespeare, the Globe, and the World' Exhibition (organized by the Folger Shakespeare Library, Washington, DC) the environmental conditions were maintained at 50%-55% RH over the itinerary1979-1981. The environmental specifications. including light levels were agreed upon by the participating institutions in major centres in the USA

150 In many museums the practice persists in storing empty packing cases in uncontrolled (lack of climate control) basements, storage warehouses or other low priority areas. When the cases are brought back for repacking the result is an improper humidity environment after sealing. This can have a damaging effect on humidity sensitive works which have been kept under steady conditions during the exhibition

151 CHOUDHURY, A. R., *Art museum documentation and practical handling* (Choudhury, Hyderabad), P. 196 (1963) (after Sugden). Another version of the tray technique, but for 'unframed' paintings is in Bryantsiv, A.: Gashkov, A. Restoration and packing (Leningrad, Ermitage Museum), pp. 65-6 (1960) (in Russian); also Bogdanow, G. and Gorine. I. The Russian insert frame method of packing *Int. J. Mus. Management and Curatorship*, 12, No. 4, pp. 359-362(1983)

152 OSBORN, E. C. and MORLEY, L. M., Principles of Packing, Chapter 5, pp. 80-93, in *Temporary and Travelling Exhibitions* (Museums & Monuments X, UNESCO, Paris) (1963)

153 A variation of the 'sliding' technique was developed at tne Canadian Industries Limited,

Packaging. Research Department, Montreal in 1963 by John Allen in cooperation with the author

154 Again referring to the Shakespeare Exhibition(Ref. 149), the packing cases for the books and manuscripts utilized the system of sliding shelves to which were attached the works in horizontal enclosures

155 HOURS, M., Rapport sommaire sur la construction et l'utilisation d'un container special destiné au transport de la Joconde. *Bulletin de laboratoire de Musée du Louvre* (Louvre, Paris), No. 8, pp. 45-51(1963)

156 SNEYERS, R. V., Note on the transportation of the 'Descent from the Cross' by Rubens. *Bulletin Institut royal du patrimoine artistique* (Brussels), 16, pp. 52-56 (in Flemish) (1963)

157 Private communciations with Dr. McCaughey and staff at the National Gallery of Victoria, Melbourne, Australia(January-February, 1984)

158 VOLKMER, J., Special problems in the packing and handling of modern art. *IIC American Group Technical Papers* 1968-70(American Institute for Conservation, Washington, DC), pp. 97-99(1970)

159 Private communication(March, 1981), with Margaret Watherston, Conservator, New York

160 Private communications with Antionette King and Jean Volkmer, Museum of Modern Art, New York (December, 1983). The 'Guernica' was shipped in September 1981

161 Special packing arrangements were made for transporting the large size frescoes in the Exhibition 'Frescoes from Florence', exhibited in London, 1969, afterwards travelling to New York

162 DUDLEY, D. H.: WILKINSON, I. B., *Museum registration methods*(American Association of Museums, Washington, DC)

163 GORDON, J. B. Packing of Michelangelo's Pietà. *Studies in Conservation* (International Institute for Conser vation, London), 12, No. 2, pp. 57-69(1967)

164 See Ref. 152, Figures 47a, 47b, 48

165 The 'Burghers' was transported by flat bed truck from Philadelphia to Montreal in the early months of 1967 for the Fine Arts Pavilion at Expo'67. A commercial trucking firm specializing in the movement of heavy machinery was used

166 BEALE, A., Materials and methods for the packing and handling of ancient metal objects. *IIC American Group Technical Papers* 1968-70 (American Institute for Conservation, Washington, DC, pp. 89-95(1970)

167 Private communication, 1976, with A. Beale, Fogg Art Museum, Harvard University, Cambridge, Mass. The original saran material polyvinylchloride (PVC) was believed to be reactive with the bronze surfaces on long periods of contact, particularly at elevated temperatures and levels of RH. For short term use, in packing cases, the effect is negligible. In any event polyethylene film was used to replace the PVC. The latter had the advantage, however, of being very 'clinging' to the bronze surfaces thereby eliminating much of the air in contact

168 'In situ' foam packing is where the 'two-phase' foammaking ingredients are poured in place around the object (which is usually protected with polyethylene film). There are not many museums employing this essentially indus-

trial technique because of the technical difficulties in getting careful balancing of the reactive chemicals. The ingredients are toxic, and the heating effects produced are appreciable. Rigid foam plastic packing whether prefoamed, or poured in place, have been in use in industry since the 1950s, particularly for packing cases used to transport fragile electronic components

169 See Stolow. N. Ref. 114

170 ALTHÖFER, H. , Einige probleme der Restaurierung moderne Kunst (Some problems in the restoration of modern art), *Dask Kunstwerk*(Germany), Vol. 14, No. 5-6, pp. 51-59; Also: Althöfer, H. Zur Restaurierung moderner Kunstobjekte. *Zeitschrift for Aesthetik und allgemeine Kunstwissenschaft* (Bonn, Germany), Vol. 17, No. 2, pp. 195-213 (1972). At the international level there is an ICOM Study Group on the Conservation of Contemporary Works of Art organized by the ICOM Committee on Conservation, headed by P. Cadorín. Occasional reports available through the ICC(Rome)

171 See Volkmer, J. Ref. 158

l72 Private communication with J. Volkmer, Museum of Modern Art, New York

173 ROSEGRANT, R. G. , Packing problems and procedures. *Technical Studies in the Field of Fine Arts*(Fogg Art Museum, Harvard University, Cambridge, Mass.), Vol. 10, No. 3, pp. 138-156 (1942).) This article was written at the time to describe packing methods for use during hostilities. The information given is still valuable. and a number of the techniques are presently in routine use

174 Based on tabular information from *Modern Packaging Encydopedia* 1972-73 (MeGraw-Hill, New York), p. 110 (1973). The original table in more complete form was prepared by Kupersmit

175 PLENDERLEITH, H. J. and WERNER, A. E. , *The conservation of antiquities and works of art*(Oxford University Press, London), pp. 239-24 1, 274(1971)

176 HOPWOOD. W. R. Choosing materials for prolonged proximity to museum objects. *Preprints of papers at Seventh Annual Meeting of American Institute for Conservation* (AIC Washington, DC), pp. 44-49 (1979). Also see: Blackshaw, S. M. and Daniels, V. D. The testing of materials for use in storage and display in museums. *The Conservator* (Journal of IIC-UK Group, London, 3, PP. 16-19(1979)

177 Private communications with P. Hermesdorf, Ulestraten, Netherlands and Dr. M. Wurfbein, Leiden, Netherlands, 1976-77

178 These devices can be manufactured in natural or synthetic rubbers having different degrees of hardness, hence cushioning or spring factors. They can be specially designed in different shapes and sizes with screw fittings so that they can be anchored at one end to a case wall or corner

179 Private communications with R. Sneyers, IRPA, Brussels, and with M. J. Grunewaldt, also of Brussels, Belgium. 1976-77. The ' Châsse ' case and transport is reported bv Lefeve, R. and Thomas-Goorieckz, D. Le transport de la châsse de St. Remacle de Stavelot à l' Exposition de Montreal. *Bulletin de l' Institut Royal du Patrimoine Artistique* (Brussels), 10, pp. 183-188 (1967-68)

180 Fall, F. K. , New industrial packing materi-

als: their possible use in museums, *Museum News* (*AAM*, *Washington*, *DC*, *Vol.* 44, No. 4, pp. 47-52(1965). Tech. Supplement 10

181 *Modern Packaging* is published monthly by Morgan-Grampian Inc., New York, USA. This publishing house issues an *Encyclopedia* approximately annually which includes useful articles and data summarizing developments in various fields of related importance

182 These data and decriptions appear in various tables in *Modern Packaging* (*Encyclopedia and Buyer's Guide* 1972-73) (New York), 45, No. 12A, pp. 88-107(1972)

183 In che USA they go under such registered names as 'Bubble pack' and 'Air Cap', which are manufactured by the Sealed Air Corporation

184 A definition of *creep*, in this context would be: When a load is placed on a cushioning material, two things occur that cause a deterioration in protection against shock. The first of these is the immediate compression of the material on application of the load. The second factor is the additional, more gradual loss of thickness over a period of time under load, or *creep*. The combined effect of these two factors can result in some materials experiencing permanent loss in thickness

Chapter 7

185 BARAIL, L. C. *Packaging engineering* (Reinhold, New York) (1954)

186 BROWN, K. *Package design engineering* (Wiley, New York) (1959)

187 *Modern Packaging* (Morgan Grampian, New York) is published monthly. The same publisher issued an *Encyclopedia* approximately annually which has articles on newer materials, packaging techniques, and cushioning and case design. For example: Engineering for shipment and handling. *Modern packaging* 1975 *Encyclopedia*, pp. 32-37. Other industrial journals, e. g. *Kiinstoffe* in Germany publish articles and reviews on packaging design developments in Europe

188 FRIEDMAN, W. F. and KIPNEES, J. J., *Industrial packaging*, Wiley, New York(1960)

189 Containers as a mode of shipping actively developed in the 1950s. Specifications for containers have gradually evolved allowing for international standardization. An interesting example of a plastic moulded container for transport by road, rail or ship with refrigeration and heating control was reported in *Seaports and the Transport* World, March 1964, pp. 22-23. The dimensions overall are 20 × 8 × 8 ft. (6.1 × 2.4 × 2.4 m)

190 ANON. C. I. L. Art Collection. *Visual Art News* (Visual Arts Ontario, Toronto), 2, No. 2 (1976). This article refers to the travelling exhibition programme of a large industrial clemical firm. The cases are well desi gned and engineered and have survived with little damage travels 14 years across Canada, USA, and to exhibitions abroad. *See Figure* 6.7 in Chapter 6

191 British Standard Packaging Code 1950, and various supplements to 1956 (British Standards Institution, London)

192 Canadian Standards Association, DIN Germany, GOSTUSSR, ASTM USA, have various packaging codes and standards for materials of concern in this field

193 See Osborn and Morley, Ref. 152, Chapter 6

194 See Choudhury, Ref. 151, Chapter 6

195 MILLETT, R. S., *The design of wooden boxes, pp.* 22-25 (Department of Mines and Resources, Ottawa), Circular 39 (revised) (1948)
196 See Ref. 190. The cases were designed by John Allen, of Canadian Industries Ltd., Montreal, in 1963, after consultation with the author
197 STOLOW. N. Environmental control during transport of an early Italian painting from Canada to Japan (Expo'70). *Report of the Working Group on Care of Works of Art in Transit*, pp. 5-9 (*Ottawa*, 1972). *Proceedings of the, ICOM Committee for Conservation-Madrid Congress. October* 1972
198 See for example British Specification 1133, Section 7, Chapter 7.5, 1976 *Packaging Code* (British Standards Institution, London), pp. 2-4
199 This type of metal case of double wall construction was designed for transporting humi dity-sensitive paintings, e.g., the Largillière Exhibition to Montreal, 1981. The cases 'Klima-Safe' are made by Schenker, Berlin, FRG
200 See Hours, Ref. 155, Chapter 6
201 In 1969-70, Poly-Con Industries Corporation, Detroit developed a prototype polyester fibreglass container for possible use in transporting paintings. It underwent brief tests at the Museum of Modern Art in New York and at the National Gallery of Canada, Ottawa. The tests were discontinued and no further development work was carried out on this project. Art Networks Inc., of Houston, Texas and Corton, England have developed in 1984-85 a range of plastic cases with metal fittings for transporting two and three dimensional art works. These cases were tested for vibration and shock absorption characteristics by P. I. R. A. in England. Unpublished reports 1984-85, 10p. Communicated by Christine L. Sitwell and Karen F. Leback (Ref. Fig. 7.9)
202 Private communications 1976-77, with Alejandro Rojas G., INAH, Mexico, D. F., Mexico
203 FELLER, R. L. Transportation of a panel painting by courier in winter. IIC-American Group Technical Papers 1968-70, American Institute for Conservation, Washington, DC, pp. 101-102 (1970)
204 Private communications with Mr. J. F. Roffey, E. P. S. (Research & Development) Limited, UK, regarding the design and testing of a special case system for transporting the 'Lincoln Magna Carta' to the USA. The author designed a transportation and humidity control system for the Perot *Magna Carta* which was exhibited at 55% RH in the Rotunda of the National Archives. Washington, DC from May 1, 1985 to May 1, 1986. It was then returned to Austin and Dallas, Texas for a continuing series of exhibitions through the US
205 Private communications with Victoria B. Hill, Los Angeles County Museum of Art (November-December 1983)
206 STOLOW, N., Ref. 197, also Chapter 10, Section 10.6.1
207 STOLOW, N., *Controlled environment for works of art in transit*, Butterworth's, London, pp. 32-34 (1966)
208 Obtained from various sources. e.g. *Packaging Encyclopedia*, Smithsonian Tables, and Ref. 167. The thermal conductivity units were uniformly converted to the metric equivalents for ready comparison
209 For example in the USA some timber manu-

facturers, e. g. Koppers Co. Inc. treat Douglas fir, cedar, spruce, of moisture content 12%, with various fire-retardant chemicals to provide a flame spread classification (US Underwriters' Fire Hazard Classification) of 20 or less. (Also US Specification MIL-L-19140c covers fire retardant treatment of timber and plywood)
210 Usually a fire rating of one half hour, as most museums have internal security and fire fighting systems which come into effect at the first sign of smoke
211 Fire boxes, as the one described, are made of steel with double wall construction containing mineral wool, fibreglass, or similar thermally protective but fire resistant materials. It is important that this type of insulayion does not settle within the walls. The Chubb Co. (America and the UK) manufactures fire safes and vaults of all steel construction, with 3 in. walls (76 mm) to resist furnace test of two hours at 1850 °F (1010℃) and a drop test of 30 ft. (9. 1 m). The tests followed were those specified by the British Standards Institution in BS 476 *Fire tests on building materials and structures*
212 Irish Treasures Fire Box. *Also loc. cit.* Chapter 6, Ref. 148
213 Private communications 1969, 1970 with Radec Corporation, USA on Metropolitan Museum of Art Packaging Project (Radec Corp.', Michigan) (1969). The 'Klimp Fastener' system is mentioned in Section 2, pp. 5, 13, 20
214 'Klimp Fasteners' are described in the following US specifications: MIL-B-2624 1A; MS24535, MIL-P-9902 (USAF)
215 CANNON-BROOKES, P., Transportation of the exhibition Two Centuries of British Art' shown in Prague, Bratislava, and Vienna (1969), *in Report of the Working Group on the Care of works of Art in Transit*, pp. 21-28 (Ottawa, 1972). *Proceedings of the ICOM Committee for Conservation-Madrid Congress, October* 1972

Chapter 8

216 'Dunnage' is a term used in the transportation and packaging industry to describe the various materials used in the isolating, wrapping, and cushioning of the packed object. It also includes the construction material of the container itself. 'Cellulosic dunnage' refers specifically to wood, paper, fibreboard, cotton, or jute which have moisture buffering properties, and whose basic composition is cellulosic in nature
217 See Ref. 6 1, Werner and Ref. 62 Oddy for discussions on pollutants generated by the case materials
218 TOISHI, K., *Humidity control in a closed package*. SIC 4, pp. 81-87 (1959)
219 STOLOW, N, *Controlled environment for works of art in transit*, Butterworths, London (1966)
220 THOMSON, G., *Relative humidity variation with temperature in a case containing wood*, SIC 9, pp. 153-169 (1964)
221 STOLOW, N., 'Fundamental case design for humidity sensitive collections', *Museum News*, Washington, DC, 44, No. 11, pp. 42-49 (1966). Also by the same author: 'The microclimate: a localized solution', *Museum News*, 56, No. 2, pp. 52-63 (1977). See also Special issue on Show Cases, Museum, 146 (1985) with various contributions on climate controlled display cases by Barrette, B., pp. 81-84; Cassar,

M. , pp. 104-107 ; Michalski, S. , pp. 85-88 ; Padfield, T. , pp. 102-103
222 THOMSON, G. , RH *stabilization in exhibition caseshygrometric half-time*, SIC 22, pp. 85-102 (1977)
223 The dew point is the temperature when condensation (dew) forms as air at a particular RH and temperature is cooled. The higher the initial RH the sooner is the dew point reached on cooling
224 BUCK, R. D. , Private communication 1972 regarding the transit conditions of the exhibition *Masterpieces of Flemish Art: Van Eyck to Bosch*: Detroit and Bruges, 1960
225 Private communciation with David Vance. Museum of Modern Art, New York, 1970 (currently with Museum Computer Network, SUNY)
226 Peg-board masonite is a compressed fibreboard made from ground wood fibres and binder under very high pressure, and has evenly spaced punched holes which permit various hardware attachments. These fibreboard sheets are 7 mm thick
227 Preconditioned silica gel may be packed in the case in the form of small paper bags surrounding the object in the Japanese style (Nikka pellets are used as in Ref. 218), or positioned within screened panels
228 In the Exhibition *Early Irish Treasures. 1500 BC to 1500 AD* 1977-79 some of the most humidity sensitive objects were packed in cases alongside screened panels containing the preconditioned silica gel. It was decided to control the case environment to 60% RH
229 STOLOW, N. , 'Environmental control during transport of an early Italian painting from Canada to Japan', *Report of Working Group on Care of Works of Art in Transit*, pp. 6-9 (Ottawa, 1972). Proceedings of the ICOM Committee for Conservation-Madrid Congress (October 1972)
230 Private communication with Mr. Knud Holm, National Museum, Copenhagen (1976)
231 *Loc. cit.* Ref. 218; also private communication with Dr. K. Toishi, Japan, 1975 for the descriptions of Nikka pellets (formerly Kaken gel) and the case construction
232 Such cases, controlling to 45%-50% RH, have been designed by the author for old master panel paintings, such as a Breughel panel painting which was transported overseas, and for selected humidity sensitive paintings from the travelling exhibitions of the works of Alfred Stevens (19th c. French/Belgian). This work was carried out at the Montreal Museum of Fine Arts, Montreal, 1977-78
233 HAZEU, W. and HUECK, H. J. *Changes of humidity inside packages due to environmental conditions.* pp. 224-231 *in Microbiological deterioration in the tropics* (Society of Chemical Industry, London), 1966, Monograph Series 23. Studies were made of diffusion from high humidity environments of water vapour through polyethylene packages containing cotton and wool
234 British Standards Institution. *Use of desiccants in pack aging. BS* 1133 *Packaging Code.* British Standards Institution, London (1968)
235 1 mb is approximately 0.75 mm mercury pressure. The current SI unit for pressure is the kilopascal. In countries such as Great Britain where the climate is generally on the damp side, the equilibrium moisture content (EMC)

for wood is set higher than in Canada or the USA. Thus wood in Britain is seasoned to an EMC of about 14% and in the temperature zones of America to about 10 or 11%

236 *Art Sorb* is a type of silica gel manufactured by the FujiDavison Company in Japan. and is available in uniform beads, approximately 3 mm diameter

237 The heat of melting may be described in this way. To convert 1 g of ice at its melting point 0° to liquid water requires an *input* of 80 calories. This energy goes into activacing the ice molecules from che structured 'solid' state to the more 'chaotic' liquid state. The temperature of the mixture ice and water remains constant at 0℃ until all of the ice is melted and further heat input then causes the temperature to rise. Upon cooling the opposite situation prevails and 80 calories per gram are *liberated* as the water at 0℃ solidifies into ice

238 Private communication with Mr. A. D. Hoch. of the Charles Stark Draper Research Laboratories, Inc., Massachusetts Institute of Technology, Cambridge, USA (1976)

239 Volumetric changes may be calculated approximately from Charles' Law which describes the effect of temperature on gas volumes. It is found that the volume (of air) varies directly as the absolute temperature (° Kelvin) when the pressure is constant. For 1° of temperature change (℃ or Kelvin) the air Volume changes by approximately 0. 3%. In this way non-air-tight cases can 'breathe' as the ambient temperature changes

240 See Plenderleith and Werner, *loc. cit.*, p. 274, 275

241 Werner, A. E. A., 'Conservation and display: environ mental control', *Museums Journal* (*London*) (1972), No. 2; also Hopwood et a1.. Ref. 176

242 See Ref. 62 Oddy. One way is to take small samples of the metal or other material similar to the artifact in question and expose for a period of time under higher temperature conditions in a small chamber together with the questionable plastic or foam

243 Polyvinyl chloride films have been largely withdrawn in the food packaging industry because of their tendency after long periods of atmospheric exposure to produce small quantities of vinyl chloride and hydrogen chloride. The related vinylidene plastics are also believed to break down in a similar fashion. Even traces of chlorides are harmful to metal surfaces and such plastic films are therefore to be avoided for wrapping or encasing reactive objects

244 Reference to use of paradichlorobenzene in Chapter 6, section 6. 5. Also in a private communication 1975 Dr. K. Toishi. Tokyo mentions the use of paraformaldehyde as a fungicide in art shipments

245 See PLENDERLEITH and WERNER, *loc. cit.*, P. 240, 290

246 BIEK, L., 'Vapour phase inhibitors', *Museums Journal*, London, 53, P. 110 (1953)

247 Activated carbon is obtainable in different grain sizes. To prevent its scattering or dusting it should be placed in a flat container with a very fine screen top surface. There is a summary comparison made with silica gel and other clay absorbents in Cullen, J. S., *The right desiccant: your weapon against moisture ravages, Package*

Engineering, USA (February, 1975)
248 Pen type styli operate in vertical fashion and can easily be dislodged by shock or vibration, the 'dry type' have simpler stylus mechanisms and because of their compact form can be fitted into tight spaces within the case and not necessarily in a vertical position. One such instrument, recording type with 7-day clockwork movement is made by the Pacific Transducer Co., USA
249 MARRINER, P., 'A case history', *Gazette of the Canadian Museums Association* (CMA, Ottawa), pp. 12-16 (Spring, 1975)
250 ROGERS G. DE W, 'A study of factor influencing the internal environment of packing cases in transit'. *Report of Working Group on Care of Works of Art in Transit* (Ottawa, 1975). *Proceedings of the ICOM Committee for Conservation Venice Congress* (October 1975)
251 Such instruments are manufactured by Impact Register, Inc., Champaign, Illinois, USA; or by Impact-O- Graph, Bedford, Ohio, USA; as well by Bruel&Kjaer in various countries
252 Inexpensive non-recording, single trip shock indicating devices are used in the shipping industry when very fragile items are transported. There is usually some visual change in the device if a certain pre-determined level of shock in the mounting direction is exceeded. These onetrip devices (some of which can be reset) are available from Impact-O-Graph Corp., Index Packaging Inc., NH, USA, and other companies specializing in vibration and shock recorders
253 The proposal to obtain shock recording records within cases for various modes of transport was discussed at various meetings of the ICOM Conservation SubCommittee of the Working Group for the Care of Works of Art in Transit, 1967 and afterwards. Also see Stolow, N. 'Standards for the Care of Works of Art in Transit' in *ICC London Conference on Museum Climatology-Proceedings*, IIC London, 1967. See also Piechota, D. V. and Hansen, Greta *The Care of Cultural Property in Transit: A Case Design for Travelling Exhibitions*. Technology and Conservation, pp. 32-46, (Winter 1982); and *Preprints of Contributions on Packing Cases-Safer Transport for Museum Objects-London, June* 21, 1985, Ed. Sarah Staniforth, with short articles on shock protection and vibration considerations by E. Mills, G. Bambos and T. Green
254 SCHRÖDER, O. E. H. and HAMM, F. M., 'Art in Transit', *Maltechnik-Restauro* (Callwey, Munich), Vol. 81, No. 4, 1975, pp. 225-227. Also private communication with Schröder, University of Stellenbosch, South Africa (December 1974)

Chapter 9

255 STOLOW, N. (Consultation Report) -*Environmental Conditions in the Field Museum of Natural History, Chicago and Recommendations for Improvement* (Ottawa and Chicago) (1972)
256 SWARNAKAMAL. *Protection and Conservation of Museum Collections*, pp. 29-49 (Baroda Museum and Picture Gallery, Baroda) (1975)
257 The Leonardo da Vinci 'Cartoon' climate case is described pp. 26-28 in the article by: Thomson, G. Impermanence-some chemical and physical aspects. *MuseumJournal* (London), 64, PP. 16-36 (1964)

258 National Bureau of Standards, USA, *Preservation of the Declaration of Independence and the Constitution of the USA* (National Bureau of Standards, Washington, DC), 1951, Circular No. 505
Also discussed in:
CLAPP, V. The Declaration of Independence-A Case Study in Preservation. *Special Libraries* (Washington, DC), pp. 503-508 (December 1971)
259 The travelling case for the Simone Martini panel painting was described in Chapter 8. section 8.3.2. The full description of the outer and inner cases is given in: STOLOW, N. Environmental control during transport of an early Italian painting from Canada to Japan. In *Report of the Working Group on the Care of Works of Art in Transit*, pp. 5-14. *Proceedings of the International Council of Museums. Committee for Conservation Congress*, *Madrid*, 1-8 *October* 1972. The silica gel control system described here was developed by the author
260 *Loc. cit.* Stolow. ref. 221
261 TOISHI, K. and MUIRA, s. On the control of temperature and humidity at the time of the 'Mona Lisa' Exhibition. *Science for Conservation*(*Tokyo*), 14, pp. 1-7 (1975)
262 Nikka pellets formerly described by Toishi (see Ref. 218) as Kaken gel
263 See Ref. 149
264 The Alfred Stevens Exhibition was organized by the University of Michigan Museum of Art (Ann Arbor, Michigan) and travelled as well to the Walters Art Gallery in Baltimore and the Montreal Museum of Fine Art. Works were borrowed from Belgium, Britain, France and the USA-the itinerary extending from September 1977 to March 1978. In some of the loan agreements RH levels of 50% were specified for panel paintings or humidity sensitive canvases. It was on the suggestion of Dr. Myra Rosenfeld, Research Curator at the Montreal Museum of Fine Arts that the author designed single and multiple microclimate exhibition cases for ensuring RH control
265 Private communication with the late Dr. A. van Schendel, former Director of Rijksmuseum, Amsterdam; and later with the present Director, Dr. S. H. Levie, 1977-78
266 Private communications 1977-78 with B. Leech, former Chief Conservator at the Royal Ontario Museum, Toronto; and also with J. Anthony, former Chief of the Design Department of the same institution. The silica gel for the cases was kept in porous cylinders in the display vitrines
267 PLENDERLEITH, H. J.; PHILIPPOT, P.; and others. Climatology and conservation in museums. *Museum* (UNESCO, Paris), Vol. 13, No. 4, pp. 242-289 (1960). Various apparatus and units for humidification and dehumidification are described in pp. 265-271. A synoptic table for centrifugal humidifiers is also included in which specifications and performance are described. See also Thomson, G. *Museum Environment*, pp. 93-105
268 The Egyptian Galleries were renovated in 1976 and reopened in early 1977. The cases and installations were designed by the Architects Roche and Dinkeloo of Hamden, Connecticut. Information was obtained in 1977 and 1978 through private communciations with the archi-

tects, and Arthur Rosenblatt, Vice-Director, Planning and Architecture at the Metropolitan Museum of Art in New York

269 ORGAN, R. M., Humidification of galleries for a temporary exhibition, pp. 1-13. *Preprints of the IIC-London Conference on Museum Climatology, September* 18-23, 1967 (IIC-London)

270 Private communications with C. Noonan, Winnipeg Art Gallery, 1975-76; and also the paper by him: Solving a humidity control problem. *Gazette* (Canadian Museums Association, Ottawa), pp. 21-25 (Spring 1975)

271 Private communication, 1976-77 with R. Broussal, Conservator, Asian Art Museum (Brundage Collection), Fine Arts Museums of San Francisco

272 For example, equipment made by Dryomatic Division Logetronics Inc., Springfield, Virginia. The particular unit used is the model 25-CT with single bed of dessicant; an absorption airflow of 27 cfm. and with humidistat. Silica gel of 3-8 mesh is the dessicant used in this dehumidifier

273 The exhibition *Treasures of Early Irish Art*: 1500 *BC to* 1500 *AD* was organized by the Metropolitan Museum of Art. NY in cooperation with the lending institutions Trinity College. National Museum of Ireland and the Royal Irish Academy. Dublin. It was circulated in the USA October 1977 to early 1979. The Librarian of Trinity College, Dublin, Peter Brown, asked the author to be conservation consultant for the travel and display of the manuscripts. These included two volumes of the Book of Kells, the manuscripts of Durrow, Dimma, Armagh, and Stowe. Close liaison was established with A. Cains, Conservator at Trinity College on the environmental requirements for the manuscripts, and the method for their handling. The roomette and the exhibition cases for the six books were designed and built to the consultant's specifications by H. Schmidt, Designer, and F. Schmidt, Engineer and their respective staffs and contractors of the Metropolitan Museum

The Irish Harp had its own independent microclimate case. The Harp sat on a raised platform underneath which there was a fairly large quantity of conditioned silica gel (about 15 kg). During exhibition the vitrine humidity was somewhat lower than the gel's capacity, of the order of 50-55% RH. A closer positioning of the gel to the Harp would produce approximately 60% RH

274 VIRY. C. La stabilisation du climat autour de la Joconde. 7 p.. in Preprints of the' ICCROM Symposium on *Climate and Conservation in Museums, November* 6-10, 1978 (ICCROM, Rome) (1978)

275 O'BRIEN, F. E. M., The control of humidity by saturated salt solutions. *Journal of Scientific Instruments* (London), 25, pp. 73-76 (1948)

276 WEXLER, A. and HASEGAWA, S. Relative humidity-temperature relationships of some saturated salt solutions in the temperature range 0℃ to 50℃. *Journal of Research National Bureau of Standards* (Washington, DC), 53, pp. 19-26 (1954)

277 PADFIELD, T. The control of relative humidity and air pollution in showcases and picture frames. *Studies in Conservation* (London), 11, pp. 8-30 (1966). The author refers to

'creeping' which occurred in experiments carried out with saturated solutions of sodium bromide (used to maintain 58% RH at 20℃). It was observed that such solutions can slowly creep up the walls of the container after a number of cycles of re-solution and re-crystallization

278 SACK, SUSANNE P. A case study of humidity control. *Brooklyn Museum Annual* (Brooklyn, NY), 5, pp. 99-103 (1963-64). Also private communications 1976-77

279 WEBER, K. H. Restaurierung und Konservierung des Tizian-Gemaldes 'Der Zinsgroschen' (The restoration and conservation of Titian's painting 'The Tribute Money'). *Neue Museumskunde* (Berlin, GDR), 11, pp. 176-193 (1968). Also private communications 1976-77

280 SWARNAKAMAL. *Loc. cit.* ref. 256

281 An environmentally controlled. glove box was developed in the laboratory of the National Gallery of Canada, in 1967, by N. Stolow, and R. Boyer. The RH could be altered utilizing different saturated salt solutions. The chamber was also temperature controlled. This device was used essentially for calibrating hygrothermographs and dial hygrometers under fixed conditions of RH and temperature. A fan in the chamber ensured speedy equilibration of moisture exchange between the surface of the solution and the air so that the required RH level could be reached and maintained throughout the space

282 *Loc. cit.*, Thomson, *The Museum Environment*, Part I, Light, p. 23, 43

283 FELLER, R. L., Control of deteriorating eff ects of light upon museum objects. *Museum* (UNESCO, Paris), 17 No. 2, pp. 57-98 (1964)

284 *Communicating with the Museum Visitor-Guidelines for Planning* (Royal Ontario Museum, Toronto), Appendix I, pp. 429-474, material compiled by Paul Ellard (1976)

285 BLACKSAW, SUSAN M., and DANIELS, V. D., The testing of materials for use in storage and display in museums. *The Conservator* (IIC UK Group, London), 3, pp. 16-19 (1979)

286 SEKINO, M. and TOISHI, K. Conservation techniques; Fine Arts Museum at Expo '70 Osaka. *Museum* (Paris), 24 No. 2, pp. 82-83 (1972). Large attendance produces high levels of atmospheric carbon dioxide which may affect the pigments in oriental works of art, e. g. screen paintings, and water colours

287 GARVER, T. H., Control of atmospheric pollutants and maintenance of stable climatic conditions within museum buildings, in *Proceedings of the London Conference on Museum Climatology*, pp. 23-35 (International Institute for Conservation, London), 1968. The author reviews the various kinds of air conditioning filtration systems used in museums to remove atmospheric pollutants. Efficiency ratings of activated carbon filters for a variety of substances are given. Activated carbon can absorb up to 50% of Its own weight in contamlnants

288 CULLEN, J. S. The right dessicant: your weapon against moisture ravages. *Package Engineering* (Cahner Pub. Corp., USA) (February 1975). The author describes the relative moisture and pollutant absorption capacities for montmorillonites, activated carbons, silica gels, and molecular sieves. Molecular sieves are synthesized sodium or potassium alumino silicates of crystalline structure and have good moisture

absorbing properties below 40% RH and at temperatures above 25℃. They are strong absorbers for sulphur-containing pollutants. e. g. hydrogen sulphide, being more effective than even activated carbon

289 For example the trays can contain calcium hydroxide (slaked lime) in pellet or coarse powder form which readily absorbs atmospheric carbon dioxide forming calcium carbonate

Chapter 10

290 Private communication with P. Cannon-Brookes, Cardiff, Wales, 1978-79 on the transportation strategy concept which he elaborated upon earlier at the ICEFAT Conference in Amsterdam, October, 1977 in *Museums and Fine Art Transporters*

291 CHOUDHURY, A. R., *Art museum documentation and practical handling* (Choudhury, Hyderabad (1963); specific section on transportation and related matters, pp. 115-126

292 DUDLEY, D. H. and WILKINSON, I. B., *loc. cit.* ref. 162; particularly Chapter 7, p. 150 and Chapter 8, pp. 136-137

293 Various articles and notes of interest for registrars, exhibition conservators, shippers, insurance specialists in *Registrars' Report* (Ed. P. Nauert, Los Angeles), 1977-1978, occasional publication. Also see: *ICOM News* (Paris), 27, Nos. 3-4, pp. 76-87 (1974). Special section on 'insurance'

294 ICEFAT (International Convention of Exhibition and Fine Art Transporters). This body, comprising the leading fine art shippers throughout the world, meets every few years, e. g., Amsterdam 1977, New York, 1980, where such matters as standards, customs, and documentation are discussed

295 Specifications prepared at the National Museums of Canada, Ottawa in 1972-74. These were developed subsequently for production of 'semi-trailers' to transport lightly packed works of art and exhibition models across Canada. Specifications were drawn up also for the construction of smaller trucks with temperature control incorporating most of the electrical and constructional features for the larger semi-trailers. These were sent out for tender by the National Museum of Canada in 1976, and the vehicles supplied afterwards to museums cooperating on this project

296 The details of the museomobile 'Indian Pride on the Move' was communicated by Fonda Ghiardi-Thomsen, National Parks Service, Harpers Ferry Center, West Virginia, USA. A general survey article on Museomobiles and Artmobiles is reported by Supplee, C. 'Museums on wheels', *Museum News* (Washington, DC, pp. 27-35 (October 1974)

A museomobile was developed in Poland in 1949 for circulation of exhibit material from the National Museum in Warsaw. which is briefly described in *Temporary and Travelling Exhibitions* (UNESCO, Paris), Museums and Monuments-X, 1963. Other examples of museomobiles developed in the late 1940s and 1960s are travelling exhibition units at the Oakland Museum (California), at the Minneapolis Institute of Arts (Minneapolis, Minnesota), and those developed by the Royal Ontario Museum in Toronto, Canada. A transportable mobile exhibition system called 'National Art Fleet' was designed

as a pilot project for the National Endowment of the Arts, Washington. DC in 1971.
The exhibition items are placed inside transportable microclimate cases approximately 4 ×2. 7 × 0. 8 m. These are also designed to be shockproof and have fire protection. The cases and all associated exhibition equipment travels in tractor-trailers to the various sites. At the destination, exhibition spaces are created from inflatable hemispheres 8 m high bv 17 m diameter in which the controlled cases are displaved. The system of displav here is not that of the true museomobile concept where the vehicle itself is the display facility

297 Private communication. Iune 1977 with B. L. Mackenzie, Devonian Foundation, Calgary, Alberta, Canada

298 Private communication with G. potoczny, Director of the Museomobile Project, National Museums of Canada, Ottawa. 1976-77. The National Museums instituted this cross-country service in 1973. The tractor-trailer units are specially built and fitted out with history, natural history and museum artifacts in sealed display units. The museomobiles are temperature controlled and can be set up in groups in remote regions of Canada

299 DALE, D., 'The Artmobile: Versatility, Mobility, and Original Works of Art', *Arts in Virginia*, Fall/Winter 1978-79, 37-45. (Virginia Museum of Fine Arts, Richmond, VA); also Hudson, D. S. 'The Artmobile: Fine Art on the Road', *Curator*(New York), 9, No. 4, pp. 337-355(1966)

300 STOLOW, N., 'The Virginia Museum Artmobile' in *Consultation Report on the Virginia Museum of Fine Arts' Richmond*; *Warrenton, Leesburg, and Hampton*, pp. 13-22 (March 23-27, 1981)

301 Private communication with J. Nasby, Guelph Art Museum, Guelph, Canada(1978)

302 STOLOW, N., 'Some studies on the protection of works of art during transit', pp. 9-11 in Thomson, G. (Ed.), *Recent Advances in Conservation*: *IIC Rome Conference* 1961 (IIC, London) (1963)

303 MARCONI, B., Techniczne warunki przeworu skarbow marodowych z kanady do Polski (Technical conditions in the transport of Polish National Treasures from Canada to Poland) *Ocbrona Zabytkow* (Warsaw), 1961, 14, Nos. 1-2, pp. 33-38. In Polish with French summary

304 The exhibition of Caravaggio's works is described in Carita, R., 11 restauro dei dipinti Caravaggeschi della Cattedrale di Malta. *Bolletino Istituto Centrale del Restauro* (Rome), Nos. 29-30, PP. 46-50, 81-82 (1957) Also private communications with F. S. Mallia. Director, National Museum of Malta, Valleta, 1977(the owners of the large painting) regarding the handling and transportation arrangements

305 *Loc. cit.* Ref. 224 Buck, and Chapter 8, Section 8. 3. 1

306 *Loc. cit.* Ref. 200 Hours; also see Chapter 7, Section 7. 2. 3, and *Figures* 6. 11 *and* 6. 12 of Chapter 6

307 FOLLIARD, E. T., Escorting Mona Lisa to America. *National Geographic Magazine* (Washington, DC), 123, pp. 838-847(1963)

308 TOISHI, K., Jet transport of art objects. *Preprints*, *IIC London Conference on Museum Climatology*, *1967*(IIC, London), p. 41. Refer-

ence is made to experiences of mould generation during sea transport

309 ANON. ,*Air Cargo from A to Z*(Air Transport Association of America, NY) (1979). Particular mention is made of pressurization and temperature control, pp. 27-8. The major international air carriers issue brochures on the spatial and technical features of stowage areas, occasionally referring to environmental control levels during flight

310 *Loc. cit*. Ref. 229. Stolow, for description of the travel arrangements and the climate controlled case for the Simone Martini' ' St. Catherine'. The travelling display case is described in Chapter 8, Section 8.3.2

311 An earlier version of the Tut-ankh-amon Exhibition travelled to the USA and Canada in 1964-65. A more comprehensive showing in 1976 was transported to the USA in two US warships, the *USS Milwaukee* and the *USS Sylvania*

312 Private communications 1977-78 with Ian Pearson, of the transport firm Wingate and Johnston (South) Ltd. , London, who were responsible for the packing and shipping arrangements

313 *Loc. cit*. Ref. 308, Toishi, pp. 41-3

314 *Loc. cit*. Ref. 138, Stolow, p. 102

315 BARAIL, L. C. , Packaging Engineering (Reinhold, New York), pp. 289-326 and 328-9 (1954). Reference is made to ' breathing' devices containing dessicants which are attached to containers to protect the interior climate. Such devices have been used for military air shipments of humidity-sensitive instruments. See also Toishi, K. *Concerning the Conservation of Works of Art* (Tokyo), 1970 (in Japanese), Chapter 7, *Special Environments*, PP. 187-246. Toishi proposes a specially designed buttered case which allows for the conditioning of the incoming air

316 Private communications in 1976-77 with G. Urbani, Director Istituto Centrale del Restauro, Rome; and T. Stevens, Director Walker Art Gallery, Liverpool; regarding the extensive damage to a painting of the PreRaphaelite School (' Dante and Beatrice' by Henry Holiday) resulting from the air trip UK to Italy

317 Private communication in 1977 with H. Lank, then at Cambridge University, regarding the damage to a painting through water penetration into the case. It was believed that this occurred from exposure on the airport tarmac

318 OPSTREM, F. and RUMERMAN, M. , *Shock and vibration transportation environmental criteria*. (NASA, Huntsville, Alabama, USA), Final Report Contract NAS-8-11451 (September, 1965). A shorter paper is by McKay, R. L. ' Shock mounting systems', in *Modern Packaging*(New York), pp. 122-5, 186, 188-9 (April 1954)

319 A more theoretical treatment of vibration and shock phenomena is given in Broch, J. T. *Mechanical Vibration and Shock Measurements* (Bruel & Kjaer, Naerum, Denmark) (1972); reference is made to characteristics of vibrations and shock, pp. 14-31; and to control systems, pp. 144-220

320 *Loc. cit*. Ref. 315, Barail

321 LUKEWICZ, K. and MARCONI, B. L. , ' Report of the Main Packing Centre regarding transport by trucks and railroad', pp. 17-20; and Zimakowski, H. ' Report on air transport

conditions', pp. 21-22, in *Report of the Working Group on the Care of Works of Art in Transit*、*ICOM Committee for Conservation*, *Amsterdam*, *September* 15-19. 1969

322 Special shock-absorbing devices at the wheels as in 'Air Ride USA)' utilize a cushion of air to absorb road shocks. For transport of museum objects it is superior to the spring suspension system

323 *Loc. cit.* Ref. 249, Marriner

324 *Loc. cit.* Ref. 250, Rogers

325 *Loc. cit.* Ref. 254, Schröder and Hamm: also *loc. cit.* Ref. 253. Research proposals for instrumenation in cases for air and other modes of travel were given by Thomson, G. *Measurement and recording of climate inside packages in transit*; and Toishi, K. *Proposed equipment for recording environmental conditions in the hold of jet planes* . Both of these papers appeared as addenda to the 1969 *ICOM Report of the Working Group on Care of Works of Art in Transit*(ed. N. Stolow)

Chapter 11

326 *Loc. cit.* Ref. 144. Stolow, pp. 186-198

327 *Loc. cit.* Ref. 145 Sekino, Toishi, pp. 67-76

328 ANON. *Symposium on museum architecture. access. and circulation*: *Report of Proceedings of the Symposium*, *Mexico*, 8-14 *December* 1968. *ICOM News*(*Paris*), pp. 39-42 (March 1969)

329 HILBERRY, J. D., 'What architects need to know and don't want to hear', *Museum News* (AAM, Washington, DC), 61, pp. 55-61 (June 1983)

330 SMITH, M. A., 'Renewed Museums; Ten Case Studies', *Museum News* (Washington, DC), 59, No. 1, pp. 19-26 (September 1980). Of relevance is the section *Adaptive Use for Museums*: *a Planning Checklist*, pp. 22-23, which include categories such as environmental control, security, conservation services, shipping and receiveing, exhibit areas, and storage

Chapter 12

331, *Loc. cit.* Ref. 12. Dudley and Wilkinson, Forms and Records, pp. 167-198; Loans from Museum Collections, pp. 89-94

332 *Loc. cit.* Ref. 101. Choudhury, pp. 76-87

333 ANON., 'ICOM guidelines for loans', *ICOM News* (Paris), 27, pp. 77-79(1974)

334 *Loc. cit.* Ref. 144, Stolow, pp. 198, 207-210

335 *Loc. cit.* Ref. 145, Sekino and Toishi, pp. 99-101

336 *Loc. cit.* Ref. 148. Relevant clauses from the 'Agreement relating to security, condition, and participation of the other museums are reproduced in part here: '... The Metropolitan accepts responsibility for the security and the condition of the Exhibition items while the Exhibition is on its premises and for assuring that the participating museums will adhere to the highest standards of security and conservation for the Exhibition while it is on their premises, as will be subsequently set forth in the participants' contract.

A memorandum setting out specific travel and exhibition arrangements in the United States with respect to security and conservation will be submitted to the Irish participants for approval before the Exhibition leaves Ireland, and shall be adhered to by the Metropolitan and the participating museums. The effectiveness of this

Agreement in all respects is expressly conditional upon such approval being forthcoming. If at any time during the course of the absence of the exhibition items from Dublin, the authorised representative of the Irish parties has reason to believe that the detailed security precautions and conditions of Exhibition are not satisfactory, he shall immediately inform the Director of the Metropolitan. If the matter is not rectified forthwith. the Exhibition shall be closed at the location where the unsatisfactory condition exists until the matter is rectified, and the participating museum in question shall not be entitled to any refund...

... Four United States museums in addition to the Metropolitan are expected to participate in the Exhibition... As soon as practicable after this Agreement has been signed by all four parties hereto, and in any case not later than 30 March, 1977, the Metropolitan will enter into the above-mentioned participants' contract with each of the four participating museums, the said contract to be produced for review in advance by the Irish parties to this Agreement.... '

337 *Loc. cit*. Ref. 162. Dudley and Wilkinson

338 Private communication with S. O'Seanoir, Manuscript (Curatorial) Representative of Trinity College Library, Dublin during the Irish Treasures-USA Exhibition, 1977-78. Prior to the exhibition the 'roomette' housing the manuscript display cases was subject to exhaustive environmental tests carried out by various technical specialists including the conservation consultant. Once the levels required were achieved authority was then given to place the works on display. Extracts from the relevant reports are as follows:

(a)... Letter/report 16 October, 1978 to Trinity College, Dublin signed by the Assistant Building Manager, Metropolitan Museum of Art, New York and the Superintendent, Chief of Security, and the Chief Engineer, of the Museum of Fine Arts, Boston.

'... This is to confirm that on this date at 10. 20 a.m. the roomette and manuscript exhibition cases with their mechanisms have been fully tested by Mr. Franz Schmidt, Assistant Building Manager. The Metropolitan Museum of Art.

The following were present and were instructed on the operational procedures of the roomette and the necessary action that must be taken in case of an emergency: John Morrison, Superindent; Clifford Theriault, Assistant Superintendent; Gerard Shirar, Chief of Security; Stanley Jackson, Assistant Chief of Security; Anthony DiIeso, Chief Engineer; and Henry Glaze and Vahe Tourian, Maintenance Mechanics.

The manuscripts may now be moved into position. Responsibility for them will be assumed by the Museum of Fine Arts, with our guarantee that any malfunction that may occur will be rectified promptly.

(b)... Letter/report 21 October, 1978 to Trinity College, Dublin signed by N. Stolow, Conservation Consultant.

'... As consultant to Trinity College Library, Dublin, on the environmental conservation of the manuscripts in the Irish Treasures-USA Exhibition I have checked conditions of humidity, temperature and light in the roomette and display module within. This was done in the period 18-21 October inclusive. Account has also been

taken of hygrothermograph records made available for the period prior to this date, from 13 October (reference also to the technical acceptance report of F. Schmidt, J. E. Morrison, *et. al.*, 16 October, 1978).
This is to confirm that the conditions within the roomette and modules are stabilized to 60% (±2%) RH and the temperature at 65° F (±2). Within each of the five modules, and in the fire safe the pre-conditioned silica gel is expected to maintain the RH at 60(±2)% RH. Standby quantities of conditioned silica gel are available for minor adjustments of the RH levels; as well as a silica gel conditioning and regenerating apparatus is on hand at the Museum of Fine Arts, Conservation Department.
I consider it now safe to move the manuscripts in their travel containers into the roomette, and following this the manuscripts into the fire safe, and then into their respective display modules'
339 CANNON-BROOKES, P. 'A draft code of pratice for escorts and Jouriers', *International Journal of Museum Management and Curatorship* (London), I., pp. 41-60 (1982)
340 Private communications with C. Henry, Registrar, National Gallery of Victoria, Melbourne, Australia 1983-4, from whom these draft guidelines were obtained
341 ANON. 'Insurance-Notes on Insurance', *ICOM News* (Paris), 27, pp. 76-87 (1974)
342 *Loc. cit.* Ref. 162. Dudley and Wilkinson, pp. 139-154
343 NAUERT, P. and BLACK, C. M. *Fine Arts Insurance: A Handbook For Art Museums* (Association of Art Museum Directors, AAM, Washington, DC) (1979)
344 PFEFFER, I. and HERRICK, D. (eds.) *Risk Management Manual* Ⅰ. 1974-1975 (Association of Art Museum Directors, AAM, Washington, DC) (1974) and *Risk Management Manual* Ⅱ (1976)

Chapter 13

345 VAN THIEL, P. J. J., The damaging and restoration of Rembrandt's Night Watch. *Bulletin van het Rijksmuseum* (Rijksmuseum, Amsterdam), 1976, Nos. 1-2, pp. 4-13 (January 1976). The attack took place on 14 September, 1975
346 The hammer attack by a deranged individual was perpetrated 1972, on Michelangelo's famous sculpture '*Pietà*', in St. Peter's the Vatican
347 Some designers employ textual changes near the wall. For example the floor carpeting may end at a distance from the exhibition wall, with a border containing a trough of small pebbles, or there may be a slight incline on the floor to inhibit the visitor from getting too close
348 TILLOTSON, R. G. *Museum security-La securité dans les musées.* (ICOM, Paris) (1977). The book is published in a combined English and Frencn edition. Comprehensive treatment of the various security techniques, including electronic and radiation devices in Chapter 5, pp. 70-113
349 National Fire Protection Association, *Protection of museum Collections* 1974 (NFPA, Boston, USA). NFPA No. 911
350 Based in part on:
POTOFF, L. Fire extinguishing systems: an evaluation. *ICA Newsletter*, 12, No. 3, pp. 5-6

(1980) (Intermuseum Conservation Association, Oberlin, Olhio, USA)

351 *Loc. cit.* Ref. 137

352 *Loc. cit.* Tillotson *Museum, Security*. Extinguishing systems of the halon type are discussed on pp. 60-62, 64 and 186

353 PROBST, T., Fire detection/fire protection. Museum *News* (AAM, Washington, DC), 44, No. 9, pp. 11-17 (May, 1966)

354 FISCHER, W. R., Protecting our treasures from threat of fire. *Technology & Conservation* (Technology Organization Inc., Boston) Fall, No. 2, pp. 14-17 (1976)

355 GALBREATH, M., *Flame spread performance of common building materials* (National Research Council, Ottawa), Division of Building Research NRC 7820, Technical paper 170 (April, 1964). This work is a useful compilation of published information flame spread performance by a number of test methods. The definition of/*flame spread performance* is as follows: 'In the standard Tunnel Test (ASTM E 84, USA), a sample of material 2 ft × 25 ft forms the top of a 2 × 2 × 2 5 ft. tunnel. Controlled flame and air for combustion are introduced at the one end and the products of combustion are exhausted at the other. The flame-spread rating is dependent on the time taken for flame to travel along the surface and on the distance travelled by the flame front. The figures are relative to *redoak at* 100 *and asbestos at O*. Smoke and toxic gases are measured in the exhaust stack and independent ratings given for each'

356 STOLOW, N., See Ref. 144, p. 195

357 SCHMIDT, K-P., Brandschaden-Restaurierung (Restoration of paintings damaged by fire), Maltechnik (Callwey, Munich), 74, No. 2, pp. 35-40 (1968). See also: CORNELIUS, F. DU P. Further developments in the treatment of fire-blistered oil paintings. *Studies in Conservation* (IIC, London), II, No. 1, pp. 31-36 (1966)

358 SUMI, K. and TSUCHIYA, Y., Toxic gases and vapours produced at fires. *Canadian Building Digest* (National Research Council, Ottawa), 1971, CBD No. 144, pp. 1 – 4

359 MARCHINI, G., Opere danneggiate in Firenze e provincia (Damaged works of art in Florence and district), *Antichita Viva* (Florence, Italy), 5, No. 6, pp. 35 – 40 (1966). See also: GIORDANE, G. Sui danni alle opere d' arte in legno (Damages caused by the Florence floods on works of art on wood). *Antichita、Viva*, 5, No. 6, pp. 91-100 (1966)

360 MARTIN, H. H. Editor, *The Corning Flood. museum under water* (Corning Museum of Glass, Corning, New York) (1977)
See also: HORTON, CAROLYN, *Report and recommendations on the rescue of the water-damaged books and prints at the Corning Glass Centre, New York*, June, 1972. (Carolyn Horton & Associates, New York) (1972)

361 ORGAN, R. M. and MCMILLAN, E., Aid to a hurricanedamaged museum. *Bulletin International Institute for Conservation-American Group* (American Institute for Conservation, Washington, DC), 10, No. 1, pp. 31-39 (1969)

362 Published by the National Conservation Advisory Council, Washington, DC, in December 1977 after lengthy deliberations by experts on its Energy SubCommittee. See text in Appendix V

363 NOBLECOURT, A. F., *Les techniques de*

protection des biens culturels en cas de conflit, arme(UNESCO, Paris)(1954). Also published in English

Chapter 14

364 ICOM. *Loc. cit.* Ref. 8

365 CULCON. *Loc. cit.* Ref. 69

366 STOLOW. *Loc. cit.* Ref. 11; also Hoachlander, M. E. *Profile of a Museum Registrar*(Academy for Educational Development, Washington, DC)(1969)

367 See Chapter 11, Section 11.3, and Appendix III

368 First developed at the National Gallery of Canada, Ottawa, in the early 1960s. Subsequently the specifications for travel and transit care were published in a series of forms sent out by the Extension Department. Private communications with J. P. Morisset(1970)

369 Based in part on ANON. *Loan Procedure and Criterion* (Fogg Art Museum, Harvard University, Cambridge, MA)(1974)